한국
교육의
진로

이경태
박영범
편저

박영사

머리말

교육은 우리나라가 동아시아의 구석의 가난한 나라에서 1인당 국민소득 3만 달러가 넘는 G20국가로 발전하는데 결정적으로 기여하였다. 그러나 교육이 어느 때부터 우리 사회의 문제가 되었고 풀어내야 할 숙제가 되었다.

학교가 교육다운 교육을 하지 못한다고 비판받고 있다. 과다한 학습경쟁으로 학교는 사교육의 식민지가 되었고 교사들은 교육자로서의 본연의 역할과 자녀들을 우수대학으로 진학시키고자 하는 부모의 요구 사이에서 혼란스러워 하고 있다. 학교는 교육부, 교육청의 과다한 관여와 간섭으로 책임이 있는 자율적 경영을 하지 못하고 있다. 수학, 과학 등 학업 성취도는 OECD 국가 중에서 상위권이지만 학생들이 느끼는 성취감이나 행복감은 바닥권이다. 학습에 투입한 시간대비 학업성취도는 최하위이다.

정부가 바뀔 때마다 공교육 정상화 방안, 사교육 근절 대책을 내놓지만 대학에 들어가기 위한 경쟁은 더 치열해지고 학부모의 사교육비 부담은 오히려 늘어나고 있다. 정부에 따라, 교육감의 성향에 따라 교육정책의 기조가 바뀌면서 일선 교육현장과 학부모, 학생들은 혼란스러워 하고 있다.

경제와 사회가 발전하면서 계층의 상향이동이 과거에 비해 어려워지면서 교육의 사다리 역할이 무너졌다. 또한, 교육이 공정성 논란의 중심에 있다. 현 정부는 교육의 공공성 회복을 위해 특목고, 자사고, 국제고를 일괄적으로 일반고로 전환하는 방안을 발표하였는데, 오히려 부모의 경제력 격차에 의한 고교 서열화를 더욱 공고히 할 것이라는 우려가 제기되고 있다.

디지털 시대로의 대변환으로 우리 교육이 풀어야하는 숙제는 더 어려워졌다. 과거의 산업혁명과는 비교할 수 없는 ICT화, AI화로 대표되는 4차 산업혁명으로 지금도 어려운 일자리 문제가 더욱 심각해질 것이다. 우리나라의 AI 인재 양성 및 확보 성과는 초라하다. 몇 개의 AI 전문대학원이 뒤늦게 설립되고 있으나 교수 확보 등에서 어려움을 겪고 있다. 창의성이 핵심역량인 4차 산업혁명시대에 필요한 인재를 길러내기 위해서는 일방적인 주입식 교육에 머물고 있는 대학의 전반적인 개혁이 있어야 한다. 고령층에 집중되는 디지털정보격차를 해소하기에는 현재의 평생교육체계는 미흡하다. 인구의 고령화가 유례없이 빠른 속도로 진행되면서 학령인구가 급감하고 있으나 초중등학교 및 대학의 구조조정은 더디기만 한다. 코로나19의 급격한 확산으로 준비가 안된 상태로 대학 등 학교들이 비대면 수업을 전면적으로 하도록 강제되었다.

'한국 교육의 진로'는 디지털시대로의 대변환 등 급변하는 교육환경의 변화 속에서 우리나라 교육이 나아갈 길을 모색하고 대안을 제시하였다. 본인과 대외경제정책연구원장과 OECD대사를 지낸 이경태 박사가 연구를 총괄하고 중앙대학교 강태중 명예교수, 한성대학교 장명희 교수, 서울대학교의 최수정 교수, 한국기술교육대학교 김우철 교수가 참여하였다. I은 이경태 박사와 박영범 교수, II는 이경태 박사, III의 01은 강태중 교수, III의 02는 장명희 교수, III의 03은 박영범 교수, III의 04와 05는 장명희 교수와 최수정 교수, IV와 V는 김우철 교수, 그리고 VI은 최수정 교수가 집필하였다.

연구는 소이문화원(素怡文化院)의 약 1억 5천만 원의 지원으로 이루어졌다. 그러나 연구의 내용에 대한 의견과 책임은 연구자들에게 있다.

연구 수행과정에 도움을 주신 분들께 감사드린다. 서울대학교 박사과정의 고귀영, 유현주 연구원이 민주시민교육, 경제교육, 진로교육, 직업교육 부분, 중앙대학교의 송혜정 교수와 동남보건대학교의 김진경 교수가 교원부분, 한국기술교육대학교의 박지원 교수, 김지영 박사, 우혜정 박사가 대학교육과 평생교육 부분에서 도움을 주었다.

2021. 7.
저자들을 대표하여
박영범

차례
CONTENTS

I 한국 교육의 진로(요약)

01 ▶ 주요 교육환경의 변화 ··· 4
   1. 디지털 시대로의 대변환 ·····································4
   2. 한국의 학령인구의 감소 ·································13
   3. 학교에 대한 교육예산의 증대 ·····················15
   4. 학원의 기승과 학교교육 ·······························16

02 ▶ 앞으로 필요한 인재상 ··· 20
   1. AI기반의 창의적 인재 ····································20
   2. AI시대의 윤리적 인재 ····································21
   3. AI로 무장한 글로벌 인재 ······························22

03 ▶ 교육내용의 설계 ··· 23
   1. 교육 내용설계에 대한 다양한 견해 ··············23
   2. 교육내용의 설계 ··24
   3. 교육내용의 기대: 교육은 결과적으로 '사다리' 역할을 해야 ···27

04 ▶ 교육과정의 설계 ··· 33
   1. 외부에서 바라보는 한국 교육과 함의 ···········33
   2. 학교운영의 자율성 확대 ·······························35
   3. 학교 구성요소의 개혁 ···································42

차례

한국사회의 발전을 위한 교육의 상

01 ▶ 한국사회의 발전과 교육의 역할 ·· 55

02 ▶ 한국사회의 발전방향과 바람직한 인재상 ······························ 61

초·중등 교육의 정상화

01 ▶ 사교육의 식민지가 된 초·중등교육 ···································· 67
    1. 경쟁과 입시에 매몰된 교육을 어찌할 것인가? ················67
    2. 훌륭한 선생님은 어디로 갔나? ···································89
    3. 사교육 정책, 100년의 무지(無知) 또는 기만(欺瞞) ············114
    4. 특목고·자사고 문제, 평준화냐 서열화냐의 갈등? ·········133

02 ▶ 참여와 체험의 인성교육과 민주시민교육 ···························· 146
    1. 학교 교실에 머무는 민주시민교육 ·····························146
    2. 변화의 시대, 생활 속 실천하는 민주시민교육으로의 전환 ··156

03 ▶ 자유와 경쟁을 가르치는 경제교육 ···································· 163
    1. 부실한 경제교육과 심각한 경제교육 격차 ·····················163
    2. 윤리의식과 큰 정부를 강조하는 고등학교 경제교육 ·········166
    3. 편향된 역사교육 관점에서 평가받는 산업화의 성과 ·········178
    4. 자유와 경쟁을 가르치는 경제교육이 되어야 한다 ············184

04 ▶ 노동시장과 연계된 진로교육 ·················· 186
 1. OECD 회원국 중에도 손꼽히는 진로교육 인프라 ········186
 2. 학생·학부모의 진로고민은 줄지 않았다 ·········189
 3. 진로교육, 무엇이 부족한가? ·········192
 4. 모두를 위한 직업: 진로교육과 노동시장의 연계 강화 ······202

05 ▶ 경제의 허리가 되는 직업교육 ·················· 208
 1. 84대 16: 16%를 위한 정책은 어디로 가고 있는가? ········209
 2. 직업교육과 정부정책의 영향력 ·········211
 3. 지방분권화 시대의 직업교육 정책 ·········218
 4. 직업교육 활성화, 경제의 허리를 만들자 ·········223

21세기 미래인재를 키우는 대학교육

01 ▶ 왜 대학교육은 변해야 하는가? ·················· 233
 1. 교실에서만 공부하는 시대는 지났다 ·········233
 2. 포스트 코로나의 시대를 맞이하다 ·········235
 3. 일자리와 핵심역량이 변하고 있다 ·········236
 4. 대학입학 자원이 줄어든다 ·········238

02 ▶ 4차 산업혁명의 물결에서 대학은 안녕한가? ·················· 240
 1. 교육과정에 대하여 ·········240
 2. 교수에 대하여 ·········244
 3. 학생역량에 대하여: 뛰어난 성적은 뛰어난 역량을
   갖춘 학생을 말하는가? ·········245
 4. 정부의 규제 및 지원에 대하여 ·········246

차례

03 ▶ 4차 산업혁명 시대의 대학교육, 어떻게 변해야 할까 ·························· 250
　　1. '학생 맞춤형' 교육이 되어야 ······························250
　　2. 학습공간의 혁신이 이루어져야 ·························251
　　3. 성인학습자의 재교육의 장이 되어야 ··············252
　　4. 전공 및 교육내용의 융복합, 산학연계가 이루어져야 ·······253
　　5. 교수법과 교수(teaching)역량 혁신되어야 ··········256
　　6. 등급이 없는 성적표가 현실화되어야 ··············257
　　7. 민주적, 자율적, 혁신친화 대학운영이 되어야 ··················258

V

기술혁신, 고령화에 부응하는 평생학습

01 ▶ 지금은 '평생'학습 시대이다 ································· 265
　　1. 우리의 일자리는 안전한가? ·························265
　　2. 죽을 때까지 노동해야 할지도 모른다 ··········267
　　3. 우리가 일하는 이유는 더 이상 생계유지만이 아니다 ·······267

02 ▶ 그런데, 우리는 '평생'학습을 하고 있는가? ································· 269
　　1. 국민 절반은 학습하지 않는다 ······················269
　　2. 인적자본 감가상각률이 높은 나라, 대한민국 ··········270
　　3. 평생학습 취약계층이 있다 ··························271
　　4. 시장원리에 따라 인기 직종에 집중되는 평생학습 ··········272
　　5. 평생학습으로는 상향 이동할 수 없는 노동시장의 구조 ···273
　　6. 평생학습 안 해도 월급 오르는데, 왜? ··········274
　　7. 일은 많이 하는데 노동생산성은? ···············276
　　8. 평생학습은 이직하려고? ··························277

03 ▶ 전 국민 평생학습체계 구축되어야 ·············· 279

　1. '평생'학습을 유도하는 학습시스템이 구축되어야 ············279

　2. 조직 내 학습전략 구축되어야 ············282

　3. EduTech 등 효과적이고 효율적인 학습방법 활용되어야 ··286

　4. 근로자의 '평생학습 권리' 보장되어야 ············289

　5. 능력있는 사람이 인정받는 사회가 되어야 ············293

　6. 노동조합의 역할이 강화되어야 ············296

VI 무너진 교육사다리와 닫힌 사회

01 ▶ 줄어든 개천용과 중산층의 축소 ·············· 301

　1. 부모세대보다 잘 살 수 있을 것이라는 믿음 사라져 ·······302

　2. 개천용의 성공신화는 과거보다 줄어들고 있어 ············304

　3. 줄어든 중산층 ············305

02 ▶ 금수저에게 유리한 대입제도 ·············· 308

　1. 다양한 형태의 수시 전형제도 ············309

　2. 학생부 종합전형도 금수저에게 유리하다 ············311

　3. 고교서열화: 특목고, 자사고일수록 대입에 유리하다 ·······313

　4. 애매한 개천출신에게는 더욱 불리한 입시제도 ············315

03 ▶ 부모의 경제력이 자녀의 대학입학 경쟁력 ·············· 319

04 ▶ 평준화 교육은 개천출신에게 유리할까? ·············· 323

　1. 평준화 vs 수월성: 오래된 논쟁의 역사 ············323

　2. 평준화 교육의 결과 ············324

　3. 자사고 폐지, 개천용에게 도움이 되지 않는다. ············326

차례

05 ▶ 대입이 끝이 아니다: 취업준비도 사교육 ··························· 328
    1. 대기업 공채 폐지로 인해 취업의 문은 더욱 좁아져 ········328
    2. 고스펙도 수저계급론, 금수저일수록 기회 많아 ·············329

06 ▶ 좌절하는 청년세대: 높아진 역량과 부족한 일자리 ··············· 332
    1. 부모보다 높은 역량의 청년 세대 ···························332
    2. 괜찮은 일자리의 부족 ···································334
    3. 학력 인플레이션과 하향취업 심화 ·······················335
    4. 소비 증가에 따른 필요소득 증대 ·························337

07 ▶ 개천용과 중산층을 늘리기 위해서는 ························· 340
    1. 대입제도는 투명하고 시장원리에 따라야 ·················340
    2. 노동소득이 더 가치 있는 사회가 되어야 ················341
    3. 수시채용 트렌드에 따른 공정한 채용방식 고민해야 ·······342
    4. 중산층이 늘어나야 경쟁이 줄어든다 ····················343

찾아보기_ 347

I

한국 교육의
진로(요약)

01 주요 교육환경의 변화
02 앞으로 필요한 인재상
03 교육내용의 설계
04 교육과정의 설계

이 장은 본 보고서의 주요 핵심내용을 요약하면서 필요한 추가적인 사항들도 포함하고 있다.

제1절에서는 한국교육의 진로와 개혁을 논의하는데 고려해야 하는 주요 환경변화를 설명한다. 정보통신혁명과 인공지능혁명, 학령인구의 감소, 사설학원의 기승과 학교교육의 위축, 교육예산의 지속적 증대는 한국교육이 처한 제반 문제점들을 잉태, 확산시키면서 그 해결을 위한 대개혁을 더는 늦출 수 없는 절박성을 던져주고 있다.

제2절에서는 한국이 앞으로 필요한 인재상을 제시한다. 인재양성을 위한 교육의 진로를 탐색하기 위해서는 먼저 어떤 인재가 필요한지를 그려 보아야 한다. 미래의 인재상이 과거와 현재의 인재상과 동떨어지지는 않겠지만 시대의 변화를 이끌고 변화에 잘 적응하는 인재상은 분명히 다를 것이기 때문이다.

제3절에서는 교육내용을 어떻게 설계해야 되는지에 대한 논점을 제시한다. 한국이 필요로 하는 인재를 양성하기 위해서 초·중·고등학교와 대학교에서 어떤 내용을 어떻게 익히게 할 것인지를 제시한다. 나아가 학생들이 자신의 운명을 개척하고 목표를 성취하는 역량을 배양하여 생애주기에 걸쳐서 발전의 사다리를 올라갈 수 있는 길을 제시해 보고자 한다.

제4절에서는 교육과정을 어떻게 설계할 것인지를 논의한다. 한국교육의 현위치를 국제적 시각에서 비교해 보고 학교에 자율성을 부여하기 위해서 중앙정부와 지방교육청의 비대한 권한을 조정하는 문제를 다룬다.

마지막으로 교사와 교수, 학부모 역시 변화의 물결을 수용하고 이끌어 나가야 하는 필요성에 대해서 언급한다.

주요 교육환경의 변화

한국 교육은 디지털 시대로의 대변환, 학령인구의 감소, 사설학원의 기승과 학교 교육의 파행, 학교에 대한 교육예산의 증대라는 환경변화에 직면하고 있고, 이러한 변화는 직접·간접으로 한국교육에 영향을 미치면서 도전적 과제를 던져줄 것이다.

한국 교육이 도전을 회피하고 응전을 게을리하면 학생 개개인에게 불이익일 뿐만 아니라 국가와 사회의 발전을 가로막는 심각한 직무유기를 피해 갈 수 없다.

1. 디지털 시대로의 대변환

1) ICT화와 AI화

정보통신기술과 인공지능의 결합으로 산업은 물론 경제전반과 사회 각 부문에 걸쳐서 깊고도 광범위한 변화가 일어나고 있다.

2016년 세계경제포럼에서 의장인 클라우스 슈밥은 이를 제4차 산업혁명이라고 일컬었다.

18세기 후반 영국에서 일어난 제1차 산업혁명은 증기기관과 기계를 이용하는 공장제 대량생산시대를 열었다. 20세기 초에는 철도, 전기, 전화 등 교통과 통신혁명이 이끄는 제2차 산업혁명으로 고도화되었고 컴퓨터가 등장한 20

세기 후반에는 정보통신사회의 도래를 알리는 제3차 산업혁명이 진행되었다.

제4차 산업혁명은 3차 산업혁명의 연장선상에 있으면서도 차원이 다른 새로운 변화를 가져 올 것으로 예상된다. 4차 산업혁명이 3차 산업혁명과 구별되는 특징은 기술적으로 인공지능의 눈부신 발전이라고 할 수 있다.

인공지능은 인간만이 가지고 있다고 여겨졌던 지적 능력을 컴퓨터 역시 가지게 되는 현상이다.

아직도 기억에 생생한 이세돌과 알파고의 대결은 인공지능의 정체를 실감 있게 보여 주었다. 바둑의 신이라고까지 불렸던 세계 바둑챔피언 이세돌은 눈에 보이지도 않는 인공지능 컴퓨터기사인 알파고에게 패배의 쓴잔을 마셨던 것이다.

4차 산업혁명의 핵심기술을 인공지능, 사물인터넷, 빅데이터, 자율주행이라고 하는데 이들은 별개의 것이 아니고 상호 밀접히 연관되어 있다. 특히 핵심 중의 핵심은 인공지능이다. 고도연결사회에서 축적되는 대규모데이터를 분석하는 것은 물론이고 판단까지 하는 인공지능이 4차 산업혁명을 이전의 산업혁명과 구분짓게 하는 것이다.

산업혁명은 1차적으로 생산과 소득, 일자리에 파괴적 변화를 초래한다. 1차 산업혁명은 농업사회를 산업사회로 변화시키면서 생산력의 비약적 발전과 소득의 상승을 가져왔고 농촌인구가 공장노동자로 대거 이동하였다.

2차 산업혁명은 1차 산업혁명의 주된 에너지였던 증기기관을 대체하여 전기에너지가 등장해 에너지이용의 편의성을 증대시켰다. 내연기관의 발명으로 수송혁명이 일어났고 전화의 발명으로 통신혁명이 일어났다. 수송혁명은 공간적 거리를 단축시키고 통신혁명은 시간적 거리를 단축시켜서 첫번째 세계화를 진행시켰는데 이는 제1차 세계대전 이전까지 계속되었다.

산업구조는 1차 산업혁명의 경공업에 이어서 철강, 기계, 자동차 등의 중화학공업이 발달하여 제조업의 황금기를 맞이하였고 노동시장은 대량으로 창출되는 일자리에 힘입어서 완전고용이 현실이 되었다.

3차 산업혁명에서는 정보의 생산과 유통이 새로운 성장 동력을 제공하게 되었다. 정보통신산업을 중심으로 하는 지식집약적 서비스산업이 제조업을 제치고 주력산업으로 등장하게 되었다.

4차 산업혁명은 새로운 산업이 등장하기 보다는 정보통신기술과 인공지능 기술이 모든 산업에 적용되고 산업간 융복합이 일어나면서 종래의 산업간 경계가 허물어지는 특징을 지닌다. 자동차가 기계와 전자의 결합체가 되는 것이 단적인 예이다.

산업혁명은 사회전반의 변화를 초래한다. 1, 2차 산업혁명으로 등장한 부르주아계급은 귀족사회를 민주사회로 변혁시키는 주도적 역할을 수행하였다. 공장노동자계급의 등장은 계급대립을 야기하여 사회주의를 배태하였고 이후의 이념갈등은 오늘날까지 계속되고 있다.

대가족제도가 무너지고 핵가족이 주류가 되었으며 공동체의식이 약화되고 개인주의가 팽배하게 되었다. 도시화, 대중문화의 보급, 과학기술의 발달 등도 산업혁명이 가져온 광범위한 변화의 결과이다.

정보통신혁명과 인공지능혁명으로 특징지어지는 3차, 4차 산업혁명 역시 광범위한 파급효과를 낳고 있는데 가장 논란이 되고 있는 분야는 인간노동의 위상에 관한 것이다.

기계가 노동을 대체하는 자동화효과는 1, 2차 산업혁명부터 발생하였다. 농기계가 농민들의 노동을 대체하고 공장제 대량생산은 수공업노동을 대체하였다. 그러나 새로이 생기는 일자리가 없어지는 일자리를 월등히 능가하였기 때문에 과도기적인 마찰적 실업은 있었을지언정 대량실업은 발생하지 않았다. 1, 2차 산업혁명과 더불어 인구는 정체상태를 벗어나서 증가세로 돌아섰으나 산업사회의 괄목할 만한 일자리 창출능력은 신규노동력을 흡수할 수 있었던 것이다.

기계에 의한 노동배제가 심각해진 것은 정보통신기술의 비약적 발전과 시기를 같이 한다. 제조업에 종사하는 비숙련노동이 먼저 타격을 받았고 공장자동화기술의 고도화에 따라서 숙련노동자들 역시 충격을 피해 갈 수 없었다. 그 결과로 한국의 제조업 취업자수는 이미 감소세로 돌아섰다.

인공지능의 발달은 육체노동을 넘어서서 두뇌노동, 전문직까지도 대체해 가는 현상이 이미 진행되고 있고, 앞으로 어디까지 계속될지에 대해서 낙관과 비관이 엇갈리고 있다.

옥스퍼드대의 프레이와 오스본 박사는 2013년 미국의 702개 직업에 대해서 컴퓨터화 가능성을 계산하였다. 소득과 전문성이 높은 직업일수록 컴퓨터로 대체되는 가능성이 낮고 소득과 학력수준이 낮은 직업은 대체가능성이 높았다. 미국 전체 일자리의 47%가 자동화위험에 노출되어 있는데 이들은 10−20년 안에 사라지거나 일자리 형태가 크게 변화할 것으로 내다 보았다.

대체 가능성이 높은 일자리는 회계사, 은행직원, 법률비서, 부동산중개인, 기자, 도서관사서, 요리사 등이었다. 대체가능성이 낮은 일자리는 의사, 간호사, 과학자, 예술가, 교사, 소방관, 성직자 등이었다. 즉, 단순반복적 업무는 자동화 가능성이 높고 고도숙련, 대면, 창의성 등이 요구되는 업무는 자동화가능성이 낮았다.

4차 산업혁명은 없어지는 일자리를 상쇄하고도 남을 정도로 충분하고 새로운 일자리를 만들어 낼 것인가? 새로운 일자리의 창출은 상수가 아니고 우리의 노력여하에 좌우되는 변수이다. 인공지능 등의 핵심기술을 확보하고 디지털 산업을 키워야만 일자리가 생긴다. 그렇지 않으면 선도국가들에게 일자리를 내어 주게 된다. 여기서 교육의 역할이 중차대하다. 디지털시대가 요구하는 인재를 길러 내어야만 기술과 산업이 발전하고 일자리가 생기기 때문이다.

또한 일자리를 잃는 사람들을 재교육, 재훈련시켜서 새로운 일자리로 옮겨 가게 하는 것 역시 교육이 떠맡아야 할 책임이다.

정보통신기술과 인공지능기술은 노동생산성을 획기적으로 증대시키기 때문에 생산물 한 단위에 필요한 노동은 획기적으로 감소한다. 총고용이 늘기 위해서는 총 생산이 생산성 향상 속도보다도 더욱 빠르게 증가해야 한다. 즉, 경제 성장률이 올라가야 하는 것이다. 적어도 지금까지는 4차 산업혁명이 경제성장률을 끌어 올리는 효과는 가시적으로 나타나지 않고 있다. 1, 2차 산업혁명이 그 이전의 농업시대에 비해서 눈에 띄게 높은 경제성장을 이루어 내었던 사실과는 대조적이다.

2008년 세계금융위기 이후에 세계경제의 장기전망을 놓고 저성장이 뉴노멀이라는 견해가 강해졌고 장기침체국면에 들어설 것이라는 비관적 견해도 있었다. 코로나대유행을 겪으면서 저성장론은 더욱 힘을 얻게 되었다. 세계경제가 코로나 이전의 성장세를 회복하고 거기에 더해서 4차 산업혁명이 추가적인 성장을 이끌어 낼 수 있을 것인지에 대해서는 단언하기 어렵지만 총 고용이 감소할 가능성이 더욱 높은 것으로 보인다.

고용주가 지능로봇을 사용하면 피고용인은 일자리를 잃게 될 것이다. 그러나 로봇을 이용하여 자신의 능력을 높이는 사람들은 노동에서 해방되어 더욱 창의적인 활동을 하면서 여가도 늘어나서 생활의 질이 향상될 것이다. 이는 독립적인 일자리(프리랜서)를 선호하는 변화를 가져올 것이다.

4차 산업혁명시대의 노동시장에서는 수혜자와 피해자, 참여하는 사람과 배제되는 사람 간의 사회경제적 격차가 커지는 양극화현상이 더욱 첨예화될 것이다.

심지어는 인공지능이 극도로 발전하여 로봇이 인간을 지배하고 조종하는 디스토피아가 도래할 것이라고 보는 극단적인 견해도 있다. 공상과학소설에 등장하는 이러한 광경이 실현될지는 미지수이지만 기술적으로 가능하다고 하더라도 집단 지성적 논의를 통해서 방지해야 할 것이다. 즉, 과학기술자의 윤리코드를 확립해야 한다. 인공지능의 연구목적은 궁극적으로 인류의 행복에 기여할 때에만 가치가 있는 것이지 인류를 지배하는 것은 그 가치에 반하는 것이다. 또한 인공지능기술을 자신의 이익을 위하여 악용하는 행위는 엄격한 규제와 처벌의 대상이 되어야 한다.

2) 각국의 디지털 정책의 전개

(1) 미중간 디지털 경쟁의 양상

1, 2차 산업혁명은 국가간 지정학적 위상의 판도를 바꾸면서 서양, 즉 유럽이 동양을 압도하고 세계질서를 주도하는 전환점이 되었다. 3차 산업혁명은 2차대전 이후에 미국으로 기울어진 지정학적 우위를 더욱 공고히 하면서 미국이 세계 최강국으로 올라서는 계기가 되었다.

4차 산업혁명 역시 경제, 사회의 판을 바꾸는 대전환이기 때문에 경쟁에서 우위를 선점하려는 국가간 경쟁이 치열할 수밖에 없다. 특히 주도권을 계속 유지하려는 미국과 이를 추격, 추월하겠다는 중국 간의 경쟁은 총성 없는 전쟁이라고 할 정도로 가열되고 있다.

미국은 자유 시장 경제가 갖는 기업가정신, 창의성, 활력을 십분 활용하여 정보통신기술에서 독보적 지위를 확보하였으며 실리콘밸리의 성공역사는 이를 웅변적으로 대변한다. 기술, 인재, 자금을 블랙홀처럼 빨아들이면서 대학과 기업이 수미상응의 협력체계를 구축하고 새로운 아이디어가 샘물처럼 솟아 나오고 이를 상업화하는 혁신생태계를 구축하고 있는 것이다.

후발국인 중국은 첨단기술경쟁에서 미국을 따라잡기 위해서 국가주도적인 전략을 채택한다. 정부가 목표산업과 기술을 선정해서 자금과 인력을 집중하여 정책적 노력으로 경쟁력을 키워나가는 것이다. 13억 인구의 광대한 국내시장을 자국기업에 배타적으로 개방하여 국내시장에서 먼저 경쟁력을 확보한 이후에 해외시장으로 진출하게 하는 전략을 구사한다.

이러한 노력의 결과 중국은 인공지능 분야에서마저 미국을 무서운 속도로 추격하고 있다. 인공지능분야 논문 수에 있어서는 2006년에 미국을 추월하였다. 정부 주도적 성격은 AI논문에서도 드러나는데 2017년 정부부문의 논문 수가 민간의 4배에 달하였다.

그러나 아직도 미국과 중국은 AI 인재에 상당한 격차가 있다. 출판 전 AI 논문 공유 사이트인 아카이브(arXiv)에 등록된 논문 저자는 2019년 말 기준 57,654명인데, 국가별 비중은 미국 47.9%, 중국 11.4%이다. 세계의 AI 전문 기술 인력 규모는 총 477,956명으로 추정되는데, 미국 39.4%, 인도 16.0%, 영국 7.4%, 중국 4.6%의 순이다.

AI 전문 인력 확충에는 미국과 중국 모두 적극적이다. 미국정부가 2019년 발표한 'American AI Initiative'의 5대 과제 중 하나는 '전문인력 확충'이며 '펠로우십 및 연수프로그램 운영'과 '국민의 AI 잠재력 향상 목적의 STEM 교육 확대'를 내용으로 하고 있다. 중국은 '차세대 AI 발전계획(2017년)'에 따라 체계적인 전략을 기반으로 전국민 대상으로 스마트 교육 프로젝트가 추진되고 있으며 초·중·고등학교에 AI 관련 교과목이 개설되고 있다.

후발국인 중국이 단시간에 이러한 성과를 이룩한 배경에는 여러 요인들이 있겠으나 가장 중요한 것은 과학기술인력을 정책적으로 양성하는 교육의 역할이 지대하다. 특히 기술선진국인 미국 등에 대거 유학생을 보내고 미국대학에 대규모 연구비를 지원하여 고급두뇌를 확보하며 그들을 파격적으로 대우해 모국으로 유치하고 있는 것이다.

미중간 패권경쟁은 겉으로는 중국의 불공정한 무역관행과 불법적인 기술탈취에 대한 미국의 제재와 중국의 반발로 이어지는 대립과 갈등의 양상을 띠고 있다. 여기에 더해서 중국의 해군력 증강과 남중국해에서의 영유권 주장 등 지정학적 경쟁도 가세하고 있다.

그러나 기본적으로는 가치와 이념투쟁의 성격이 자리잡고 있다. 권위주의적 이념과 자유주의이념이 맞서고 있는 것이다. 중국은 중국특색의 사회주의를 표방하면서 자국의 체제를 정당화하고 중국몽의 실현을 내세우는 배타적 민족주의정신으로 국민단합을 도모한다. 중국은 세계금융위기, 코로나대유행에 대한 미국과 유럽의 방역실패, 극우세력의 미국 의사당공격 등을 기화로 서양 민주주의를 비판하고 심지어는 조롱마저 하고 있다. 미국은 신장위구르족에 대한 인권탄압, 홍콩의 민주화 투쟁 압살 등을 계기로 중국의 인권탄압에 대한 비판을 본격화하고 팽창주의에 대한 경계를 높이고 있다.

미중패권경쟁은 장기전이다. 미중 어느 쪽도 일방적으로 상대를 굴복시킬 수 있는 힘의 절대적 우위를 갖고 있지 않다. 중국의 경제력과 군사력은 빠르게 미국을 따라 잡고 있으며 러시아는 중국 편이고 인도와 동남아 국가들은 어느 한쪽 편만을 들지 않는다.

중국은 미국이 요구하는 개방, 개혁, 억압적 체제수정을 쉽게 들어 줄 의사가 없다. 중국이 공산당독재체제와 국가자본주의 체제를 수정하지 않는 한 미국과 중국의 패권경쟁은 가열되고 세계정세는 불안정과 불확실성으로 점철될 것이다.

한반도는 미국과 중국이 첨예하게 부딪히는 각축장의 중심무대이다. 한국의 미래 번영은 미국과 중국에게 일방적으로 휘둘리지 않고 국가이익을 지켜나갈 수 있는 힘의 비축에 좌우되며 특히 교육개혁은 국력배양의 성패를 좌우하는 핵심이다.

디지털 대변환은 한국교육에 새로운 과제를 부여한다. 첫째, 4차 산업혁명이 필요로 하는 인재를 양성하는 것이다. 둘째, 디지털 기술을 교육에 도입하여 맞춤형교육을 통해서 교육의 생산성, 효율성, 공정성을 높이는 것이다. 셋째, 디지털 기술격차가 새로운 교육격차를 만들고 나아가 사회경제적 격차를 만들지 않도록 예방하는 것이다.

미중·경쟁하에서 한국이 샌드위치가 되지 않고 독자적인 위치를 설정하기 위해서는 기술우위의 확보가 절대적이다. 미국과 중국이 모두 필요한 고유한 기술과 산업을 보유함으로써 한국은 두 강대국 사이에서 눈치 보지 않고 국가이익을 지켜 나갈 수가 있다. 독자기술우위확보의 요체는 AI 인재 양성이다.

(2) 한국의 디지털·AI 정책

한국은 세계최상위급의 인터넷통신망, 반도체생산, 5D 기술을 바탕으로 해서 디지털대전환을 가속화하기 위한 다양한 정책을 시행하고 있다.

4차 산업혁명의 핵심기술인 인공지능기술개발을 위해서 막대한 연구개발예산을 투입하고 구체적으로는 양자컴퓨팅, 지능형반도체개발을 국책사업으로 추진중이다.

공공데이터방과 활용을 촉진하고 100개의 빅데이터센타와 10개의 빅데이터 플랫폼을 구축할 계획이다.

인공지능전문가를 중심으로 하는 4만명의 4차 산업혁명 대응인재를 양성할 것이며 3개의 인공지능대학원을 신설하고 이공계연구중심대학과 이노베이션아카데미를 설립할 예정이다. 또한 소프트웨어 교육선도학교를 1,800개로 확대하고 소프트웨어 핵심교원 2,600명을 양성할 것이다.

디지털기술을 사회 각 부문에 응용하여 사회전반의 디지털화를 이룩하고 일자리를 만들어 나가려고 한다. 산업부문의 스마트공장, 교육부문의 K·에듀통합플랫폼, 비대면산업의 스마트병원, 사회간접자본부문의 스마트시티와 스마트물류 등이 포함되어 있다.

이러한 정책을 통해서 data, network, AI가 유기적으로 융복합되어 디지털 사회를 앞당기는 D·N·A 생태계를 구축해 나갈 계획이다.

교육이 수행해야 할 임무는 인공지능전문가 등 디지털인재를 키우는 일이다. AI 인재 양성 방안은 초·중·고등학교에서는 코딩과 컴퓨터기초지식을 가르치고 직업계고교 학과 개편, 영재학습 운영 및 영재학교 지원을 강화하고, 대학에서는 분야별 대학군을 형성하는 공유형 체계 구축, SW 중심대학을 통한 인재 양성, 대학자율의 학과 정원 조정을 통한 AI학과 확대 및 융합전공 신설, 우수 해외대학 교원 및 민간 전문가를 유치하기 위한 제도 정비 등이다.

대학원의 경우 AI 전문대학원 확대, BK21을 통한 AI 등 신산업분야 석박사급 연구인력 지원, 박사학위 취득자를 위한 장기연수 지원 등을 확대해야 한다.

3) 디지털정보격차(Digital Divide)의 확대와 평생교육의 필요성

디지털 친숙도(digital familiarity)에 따라서 X·Y·Z·Alpha 세대로 구분할 정도로 세대간 디지털활용도는 큰 차이를 보인다.

특히 고령인구의 디지털 문해력은 낮다. 2019년 기준으로 디지털 친숙도는 고령층이 일반 국민대비 64.3%로 농어민 70.6%, 장애인 75.2%, 저소득층 87.8%와 대비하여 일반 국민과 격차가 가장 컸다.

고령층의 디지털 친숙도를 높이는 것도 중요하지만 사회에 진출한 국민들이 하루가 다르게 변화해 가는 기술 변화 속에서 뒤처지지 않고 디지털 친숙도를 유지해 나갈 수 있도록 하는 평생교육도 역시 중요하다. 인공지능이 기존 일자리를 없애고 새로운 일자리를 만들며 직업과 업무의 성격을 바꾸기 때문에 학교 졸업 이후에도 컴퓨터과학, 수학 등의 기초지식과 인공지능에 대한 이해를 높이는 교육이 필요하다.

한국에서 평생직장의 관행은 외환위기 이후에 사라졌지만 4차 산업혁명시대에는 직장을 바꾸는 것이 뉴노멀이 될 것이다. 따라서 변화하는 환경에 적응하고 새로운 기회를 포착하여 자기의 인생을 개척해 나가는 능력을 국민 개개인에게 심어주는 평생교육은 학교교육 못지 않게 중요해 질 것이다.

2. 한국의 학령인구의 감소

1) 초·중·고등학교의 학령인구감소와 대응

(1) 학생 수 감소

초·중·고등학교의 학생수는 2020년 기준으로 600만 명인데, 1999년 867만 명 대비 69.2%로 줄었다. 이에 반하여 교원 수는 1999년 36만 7천 명에서 2020년 49만 8천 명으로 증가하였다. 그 결과 교원 1인당 학생수는 OECD 평균수준으로 감소하였다.

2020년에 우리나라는 사망자가 출생자보다 많은 '인구 데드크로스(dead cross)'가 시작되었으므로 학령인구 감소세는 더욱 가속화될 것으로 예상된다. 초·중·고등학교 학령인구(6~17세)는 2017년 582만 명에서 2020년 546만 명, 2025년 509만 명, 2030년 426만 명으로 급격히 감소할 것으로 전망된다.

학령인구의 급격한 감소를 고려하면 학교 통폐합 등 구조조정이 시급하다. 그동안에도 통폐합이 추진되기는 했으나 아직도 부족하다. 지역주민들의 반대가 강하기 때문이다.

학교가 위치해야 하는 지역사회의 범위는 교통과 통신의 발달로 날이 갈수록 넓어지고 있다. 과거에는 자녀들이 걸어서 통학할 수 있는 거리를 선호했지만 지금은 스쿨버스제도를 이용하면 통학거리가 확대된다. 비대면 교육기술의 발달은 등교일시를 줄여서 원거리 통학의 불편함을 줄인다. 학교가 통폐합되면 해당 학생들은 더욱 좋은 교육환경에서 자라날 수 있다. 그러므로 학부형들과 동창회는 통폐합을 반대하는 것이 자녀들이 더욱 좋은 교육을 받을 수 있는 기회를 빼앗는다는 점을 인식해야 한다.

(2) 다문화 가정의 증대와 교육

초·중·고등학교에서의 다문화 학생 비율은 2002년 0.6%에서 2020년 2.5%로 증가하였다. 유형별로는 외국인가정 24,453명, 국내출생 113,774명, 중도입국 9,151명으로서 국제결혼에서 출생한 학생들이 대부분이다.

13

그러나 단일민족강조 등 초중고 교육과정에 다문화 사회의 현실과 상충되는 내용이 포함되어 있고 교육내용이 추상적이며 일부 다문화 사회 구성원에 대한 부정적 고정관념을 형성할 소지가 있는 내용도 포함하고 있다. 교사들의 다문화 환경에서의 수업에 대한 준비나 자신감이 부족하다. 학교에서 다문화 아동은 우리와 하나가 아니라 별개의 존재이고 추가적인 다른 방식의 지도와 보호가 필요하다고 교사들은 인식하고 있다.

2) 대학의 학령인구 감소와 대응

(1) 대학생 수 감소와 아시아인 유학생 증가

2020년 기준 대학교 학생 수는 327만 6천 명이다. 2011년 373만 5천 명으로 가장 많았으나 그 이후 줄어드는 추세이다.

2019년부터 대학 정원보다 입학가능 학생 수가 적은 역전현상이 일어나 2024년에는 대학정원이 입학가능 학생 수보다 12만 4천 명 많아질 것으로 전망된다. 2037년에는 대학정원의 40%도 채우지 못할 것으로 추정되고 있다.

지방대학의 입학생 부족은 2020년에 현실로 나타났다. 이전에도 정원을 채우지 못하는 대학과 학과가 존재하였지만 2020년에는 정원의 20% 이상을 채우지 못하는 대학이 상당수 나타나게 되었다.

70%의 대학 진학률이 더 이상 증가하는 것은 기대하기 어렵고 우리나라 대학 중 사학 비율이 75%인 상황에서는 많은 대학들이 폐교 위기에 처할 것으로 전망된다. 대학 입학 연령층이 감소하였던 2000년대의 경험에 따르면 전문대학, 그리고 비수도권 대학의 타격이 더 클 것으로 예상되고 이미 46.4%에 달하고 있는 수도권대학생 비율은 현저하게 상승하여 대학의 수도권집중이 심화될 것이다.

외국인유학생은 2019년말 기준 180,131명으로 전년대비 12.1% 증가하였다. 국적별로는 중국인이 71,719명으로 제일 많고, 베트남 57,539명, 우즈베키스탄 10,499명, 몽골 8,739명, 일본 2,887명, 네팔 2,331명의 순서이다.

전체 학생수의 5%까지 늘어난 외국인 유학생이 대학, 특히 지방대학의 재정난 해결의 대안이 될 수는 없다. 외국인 어학연수생 및 재학생들은 유학을 내세워서 취업을 하고 있다. 특히 한국어 어학당은 외국인 유학생이 들어오기 시작한 1990년대부터 불법취업의 온상이었으나 개선되지는 않고 있다.

아시아유학생들이 한국에서 부족한 고급인재를 공급해 주고 해외에 진출한 한국기업들이 필요한 현지인 인재를 채워주는 역할을 할 수 있도록 바뀌어야 한다.

3. 학교에 대한 교육예산의 증대

1) 초중고 교육예산의 증대

학생수는 빠르게 감소하는데 교육예산은 지속적으로 증가하고 있다. 2019년도 교육예산은 74조 9,478억 원으로 1999년 17조 4,563억 원과 대비하여 4.3배 증가하였다. 정부예산대비 교육예산은 2019년 기준으로 18.7%로 2007년 15.4%이후 증가기조를 유지하고 있다.

우리나라의 교육비 지출 비중은 다른 나라보다 높다. 2016년 기준으로 우리나라의 정부 총지출 대비 교육지출 비율은 16.1%로, 32개 나라 중 칠레 20.6%, 이스라엘 17.7%, 스위스 16.4%에 이어 4번째로 높았다. OECD 국가 평균 12.3%의 1.3배, G7 국가의 평균 10.5%의 1.5배였다. 이에 더해서 다른 나라에 비하여 월등히 높은 사교육비지출을 포함하면 교육비지출비율은 더욱 높아진다.

높은 예산 투입 비율에도 불구하고 국제경영개발연구원(IMD)의 교육 분야 국가 경쟁력 순위에서 우리나라는 63개국 중에서 30위에 그치고 있다. 이는 예산이 효율적으로 쓰이지 않고 있다는 점을 증명하는 것이다.

우리나라는 매년 내국세의 20.46%를 지방 교육 재정교부금으로 전국 교육청에 지급하도록 법제화되어 있기 때문에 학생 수는 줄어도 교육 예산은 지속적으로 증가하는 경직적 구조이다. 교육 예산 수요를 감안하지 않고 기계적으로 예산을 증가시키는 구조인 것이다. 이미 교육 예산이 낭비되고 있다는 비판이 나오고 있는 실정에서 이제, 교육 예산의 자동적 증가제도를 재고해야 한다. 매년 자동적으로 늘어나는 교육 예산이 과연 교육 내용을 충실화하고 교육의 질을 높이는 데 적절하게 쓰이고 있는지 점검이 필요하다.

2) 사립대학의 재정난 악화와 교육예산지원

사립대학의 재정 상황을 보면 2019년 기준으로 23조 7,669억 원의 수입 예산 중 '등록금 및 수강료 수입'이 13조 5,550억원(57%)으로 제일 많고 다음으로 '전입 및 기부수입'이 6조 898억 원(25.6%)이다.

정부의 고등교육 예산이 늘어나고 있으나 사학에 대한 국가지원의 70%는 학생들에게 지급되는 국가장학금이다. 학생에게 직접 주지 않고 학교를 거쳐서 지급하기 때문에 학교 회계에서는 국가 보조금으로 잡히나 학교는 지급을 대행하는 역할을 할 뿐이다.

사립대학의 운영수지는 2009년 흑자였으나 '반값 등록금' 정책 시행 1년 후인 2010년 흑자 수지가 절반 정도 줄어들었다. 2015년 적자로 전환하였고 2018년 적자 규모는 3,808억 원이다.

등록금 동결로 대학의 연구비와 교육에 대한 투자가 줄어들고 있다. 낡은 기자재를 바꾸지 못하고 2020년 상반기 기준으로 이러닝(e-learning)에 필요한 기본적인 플랫폼을 구축하지 못한 대학이 4년제는 15%, 전문대학은 32.6%에 달한다.

고등교육 예산 중 학자금 지원 사업비 외의 예산이 늘어나고 있으나 공모 사업에서 선정된 대학을 중심으로 지원하기 때문에 정부 정책에 대학운영이 종속되는 부작용이 있다.

4. 학원의 기승과 학교교육

초·중·고 학생들의 사교육 참여율은 2019년 74.8%였다. 자녀 교육을 학교와 교사에게만 의존해서는 안 된다는 생각은 이제 상식이 되었다.

사교육의 우월한 서비스제공은 공교육에 대한 신뢰를 떨어 뜨린다. 사교육 수업은 학생에게 더 '맞춤'일 수 있다. 학급당 학생 수가 적고 심지어 1:1 수업도 가능한 여건이므로, 수업이 학생의 수준과 필요에 충분히 부응할 수 있다. 즉, 족집게 과외가 가능한 것이다. 부족한 과목을 표적사격으로 성적을 향상시켜주니 내신 성적이 올라가고 수능 성적도 올라가서 결국 대입에 유리해지는 것이다.

암기식 주입교육의 폐단을 시정하기 위해 논술을 도입하니 족집게 논술과외를 제공하고, 봉사활동 등 스펙을 도입하니 이 역시 학원에서는 족집게로 도움을 준다.

사교육에서는 도덕이나 공의(公義)에 구애되지 않고 '점수'에 매달리는 전략을 구사할 수 있다. 단순 주입이나 편법의 과목 선택과 같이, 교육적으로나 사회적으로 용납되지 못할 수단까지도 동원할 수 있다.

'학원'들은 부모가 돌볼 수 없는 동안에 아이들을 맡아 가르치며 간식까지 챙겨주고, 자녀들의 진로가 보이지 않아 당혹해하면 솔깃한 '컨설팅'으로 전략을 마련해 주기도 한다. 가정에서 이렇게 보기 시작하면, 학교 다니는 것이 돈과 시간 낭비로 여겨질 수도 있다. 학교는 학교생활기록이나 졸업장을 얻어야 해서 하는 수 없이 등록한다고 느끼게 된다.

2020년 3월 10일, 주요 신문들은 일제히 사교육비 기사를 실었다. 전날 교육부가 발표한 '2019년 초·중·고 사교육비' 조사 결과를 보도하는 것이었다. "총 규모 약 21조원, 참여율 74.8%, 전체학생 1인당 월평균 32.1만원."

사교육을 제어해보려는 정부의 시도는 끈질겼지만, 사교육 현상은 더 끈덕졌다. 지난 30년 사이 사교육비 규모가 9조 4천억 원에서 21조 원으로 2배 이상 뛰었다지만 30년전의 사교육비 포함범위가 지금보다 훨씬 넓었던 점을 고려하면 실제 거의 10배 넘게 늘어났다고 볼 수 있다.

신문보도를 검색해 보면 일제 시대에도 과외, 방과후 보충수업을 금지하고 어기면 엄벌하겠다는 공문이 학교로 내려 갔었고 해방후에도 그랬고 이후 계속되었다. 그러나 1960년대 초까지는 학습이 부진한 학생들이 주로 가정교사로부터 과외를 받는 경우가 많았다.

1960년대 중반을 넘어서면서 입시경쟁이 치열해지고 따라서 과외도 과열되기 시작했는데 급기야는 과외의 주범인 입시경쟁을 없애는 정책이 실시되었으니 1968년의 중학교 무시험 입학제도, 1973년의 고등학교평준화다.

그래도 대학입학을 위한 과외가 오히려 더욱 기승을 부리니 1980년에는 과외전면금지가 실시되었다. 군사정권의 서슬 시퍼른 권력의 힘으로나 가능한 일이었다.

민주화열풍이 불면서 교육에도 자유화바람이 불었고 1995년에는 수요자중심의 교육을 표방하는 교육개혁이 이루어지면서 과외는 양성화되고 수요는 늘어났다.

1995년 5.31 교육개혁은 시장중심, 수요자중심 교육을 지향하면서 사교육에 대해서는 '사교육을 공교육으로 흡수'하는 것을 사교육대책의 핵심으로 삼았다. 이 기조는 오늘날까지도 정부 정책에서 변함없이 유지되고 있다.

처음에는 방과 후 활동의 일부로 사교육 수요를 충족시켜보려고 했고, 그것으로 부족하자 '활동'을 더 확장하고 체제화해서 방과 후 '학교'를 만들었다. 정규의 '공교육'과 방과 후 '사교육'으로 학교를 두 개로 쪼갠 것이다.

수요 감당은 그래도 안 됐고, 급기야 '사교육 없는 학교' 사업에 이르러서는 방과 후만 아니라 학교 교육을 통째로 사교육 수요 해소에 동원하려는 발상을 보이게 되었다. 학교가 학생들을 밤까지 수용하여 학원에 갈 시간을 학교에서 보내도록 하며 학생이 원하는 사교육 서비스를 모두 제공하도록 한다는 취지였다.

학교는 학생이 바라는 모든 사교육 서비스를 해주도록 강압 당했다. 학교들은 '사교육 없는 학교'가 되기 위해 역설적이게도 '사교육에 충실한 학교'가 되어야 했다. 그리고 "교육방송(EBS) – 수능 연계" 조치는 정규 수업까지도 적극적으로 사교육을 닮아가도록 변질시켰다. 학교교육은 '입시 위주 교육'이 되었지만, 우리 사회는 이제 이런 사태를 이상하다고 여기지 않게 되었다.

고등학교 평준화와 학교의 입시학원화가 중첩되면서 공교육이 붕괴되기 시작했다. 학력이 차이가 나고 대학입학에 대한 관심이 상이한 학생들을 한 학급에 모아 놓고 가르치다 보니 상위 학생은 배울 것이 없고 하위학생은 따라

가지 못하는 문제가 야기되었다. 학교에서 수면을 취하고 학원에서 열심히 공부하는 것이 효과적이라는 웃지 못할 정경까지 벌어지게 되었다.

지금까지의 과외대책은 전부 실패하였고 학교를 학원화하면서 사교육의 식민지로 만드는 중대한 과오를 저질렀다. 공교육을 복원하고 사교육을 억제하기 위해서 어떤 정책이 남아있는지 고민해야 할 때가 되었다.

앞으로 필요한 인재상

한국의 총경제규모는 세계 10위권에 올랐지만 국민의 생활수준은 아직도 세계 30위권에 머물러 있다. 만약 디지털 대변환에 뒤떨어지면 한국의 최선진국 진입은 발목이 잡히게 된다.

변화의 속도가 빠르고 방향이 불확실하며 기존 질서를 파괴하는 기술과 산업이 출현하는 시대에는 모방과 추격전략은 수명을 다하였고 창조와 선도전략만이 성공을 보장한다.

그렇기 때문에 창의적으로 생각하고 윤리적으로 행동하며 세계무대를 향하여 활동하는 인재가 필요하다.

1. AI기반의 창의적 인재

한국이 추격형에서 선도형국가로 나아가기 위해서는 미래를 짊어지고 나갈 학생들이 창의적 사고에 익숙해 져야 한다. 그리고 기성세대의 생각의 틀에 억매이지 말아야 한다. 스스로 문제를 찾아내고 참신한 해결을 모색하는 역발상형 인간이 되어야 한다. 정해진 답을 외우는 대신에 끊임없이 질문을 하고 기발한 착상을 두려워하지 말아야 한다.

디지털 대변환 시대의 필수적 품성을 제시하는 대부분의 연구에서는 창의성을 가장 중요한 덕목으로 포함한다. 세계경제포럼(WEF)과 Think Strategic은 4차 산업혁명시대에 필요한 핵심 역량의 하나로 창의력을 꼽는다. 우리나라의

4차 산업혁명위원회는 창의성을 고도의 문제해결능력 등과 함께 4차 산업혁명 시대에 필요한 역량으로 제시하였고 고용정보원도 필요능력의 하나로 창의력을 본다.

2. AI시대의 윤리적 인재

4차 산업혁명시대에는 존중, 공감, 연대, 화합 등 공동체의 발전에 필요한 가치를 갖춘 윤리적 인재가 필요하다. 기술융합은 인간융합을 전제로 하고 일자리의 감소와 소득양극화가 심화될 우려가 있으므로 공동체적 연대감의 필요성은 더욱 강해진다.

다른 사람의 입장을 존중하고 이해하는 공감능력으로 갈등을 해소하고 상생협력을 이룩해야 한다. 취약계층을 수용하고 적극적으로 지역사회에 참여해야 한다.

윤리적 인재는 환경과 자연을 존중하는 가치를 가져야 한다. 지속가능한 지구를 위해서 기술발달의 결과물인 환경오염에 대한 대안을 찾는 데 있어서 새로운 기술을 응용하는 것이 시급하다.

AI 등 기술혁명으로 윤리적 문제가 더욱 중요해질 것이다. 자율주행차, IBM 왓슨(AI 의사)의 사고 시 모든 책임을 기계에게 미루고 인간은 면책될 수 있는가? 인공지능이 무기에 탑재되어 인간을 살육하는 것을 어떻게 규제할 것인가? 인공지능 로봇이 프랑켄슈타인같은 파괴적 괴물로 등장하는 것을 예방하기 위해서는 신기술이 치밀한 윤리의식으로 통제되어야 한다. SNS는 인간관계 형성의 새로운 프레임으로 자리매김하였으나 익명성으로 인한 사회적 폐해는 이미 심각한 수준에 이르렀다.

한스 요나스는 "현대 기술은 철학의 대상이고, 윤리학의 대상이다."라고 하였다. 다중지능이론을 제기한 하워드 가드너(Haward Gardner)는 '윤리적 마음'을 '훈련된 마음', '종합하는 마음', '창조하는 마음', '존중하는 마음'과 함께 미래사회 인재가 갖춰야 할 마음으로 제시하였다.

3. AI로 무장한 글로벌 인재

반복되는 경제위기, 확대되는 소득양극화, 코로나 대유행은 세계화에 대한 회의, 반감을 야기시키고 있다. 더해서 격화되고 있는 미중갈등은 민족주의를 고양시키고 공급망 사슬을 약화시키며 다자주의 세계질서를 흔들고 있다. 이러한 요인들이 복합적으로 작용해서 세계화의 동력이 떨어지고 속도가 느려지고 있다.

그렇다고 해서 세계화가 뒷걸음질 치는 것은 아니다. 국경을 넘나드는 재화, 용역, 자본, 인력을 차단하는 것은 어느 나라도 원하지 않기 때문이다.

우리나라 노동시장이 정규직/비정규직, 대기업/중소기업, 대졸/고졸로 고착화된 구조아래 젊은이들은 제로섬게임(zero-sum game)을 하는 국내 노동시장을 넘어서 세계로 눈을 돌려야 한다.

해외기업, 국제기구, 시민단체 등에서 일하려면 전문지식은 물론이고 어학실력, 이국문화 수용성을 갖추어야 한다. 다행히 한국의 젊은이들은 세계 공통어인 IT기기에 친숙하고 이질적인 문화에 대해서 개방적이므로 세계무대를 향한 포부와 정열을 가진다면 많은 기회를 가질 수 있다.

교육내용의 설계

1. 교육 내용설계에 대한 다양한 견해

　교육목표와 내용에 대해서 정부, 교사, 학부모, 동창회의 다양한 견해가 있다. 전교조 등 교사 노동조합은 자신의 이념가치를 담은 주장을 펼치고 있다.

　인성교육과 민주시민교육은 항상 으뜸가는 중요성으로 강조되어 왔다. 1997년 문민정부는 제4차 교육개혁안에 '민주시민교육을 위한 개혁'을 하나의 영역으로 포함시켰다. 문재인정부에서는 민주시민교육과를 교육부에 신설하여 민주시민교육을 강조하고 있다. 2015년에는 '인성교육진흥법'이 시행되면서 법·제도적 측면에서 도덕심의 함양과 인성교육의 토대가 구축되었다.

　그러나 입시경쟁이 최우선인 교육풍토에서 가정과 학교에서의 인성교육이나 민주시민교육이 제대로 이루어지지 않고 있다. 부모들은 자녀들이 입시준비를 잘 하도록 뒷받침하는 데 대부분의 시간과 관심을 쏟는다. 자녀들이 예의바르고 남을 배려하며 주관을 가지고 자신의 인생을 개척하는 사람으로 커 나가는 것은 우선순위에서 밀리고 있다.

　학교도 크게 다를 것이 없다. 2019년 한국교육개발원이 실시한 교육여론조사에 따르면 고등학교 학부모의 80% 정도가 교사들에게 가장 우선적으로 필요한 능력을 '진로·진학지도 능력' 혹은 '학습지도 능력'이라고 응답하였다.

　교사들은 '교과 지식이 풍부하고 잘 가르치는 선생님'이나 '학생의 강점을 찾아내 진로지도하는 선생님'보다는 '학생을 믿어주고 잘 소통하는 선생님'이나 '학생을 진정 사랑하는 선생님'이 되고 싶어 한다. 그러나 이러한 바람의 실현은 입시경쟁이라는 거대한 장벽 앞에서 가로막히고 있다.

민주시민교육은 내용과 학습방법에서 갈 길을 찾지 못하고 방황하고 있다. 대한민국의 헌법가치인 자유민주주의는 현대사의 정통성을 에워싼 정치적, 이념적 대립 때문에 그 정체성마저 흔들리고 있다. 자유와 평등에 대한 학습도 정권의 입맛에 따라서 어느 한편으로 쏠리고 다른 한편을 경시하는 상황이 전개되고 있다. 민주시민교육이 권력의 인질로 잡혀있다.

교육의 수월성과 형평성도 균형 잡힌 접근과 실용적인 해법을 뒤로 한 채 교육 권력을 가진 자들이 자신의 믿음을 강제하는 일이 벌어지고 있다. 그 피해자는 오롯이 학생들이다.

정치편향성으로 논란이 되고 있는 전교조 등 노동조합도 학교 교육이 지향하는 교육 목표에 대한 주장을 지속적으로 강하게 하며 원하는 목표를 성취하였다. 2010년대에 '자사고·특목고 폐지', '국가수준 학업성취도 평가폐지', '내부형 교장 공모제도 도입 및 확대', '학생인권조례 제정', '고교 무상교육', '무상급식' 등이 교육 현장에서 도입되는데 전교조가 일정 역할을 하였다.

교육목표와 내용의 정립은 대한민국의 헌법가치에 부응하되 단기적인 정치권력의 영향으로부터 독립되어야 한다. 국민적 합의하에 결정된 내용은 정권을 넘어서 지켜져야 하며 교육부, 교육청등은 합의된 내용이 지켜지는지를 감독해야 하는 것이지, 정권의 요구를 반영해서는 안된다.

2. 교육내용의 설계

1) 초·중·고등학교: 민주시민 양성

(1) 인성기반으로 민주시민 양성

인성교육을 회복시키는 첫걸음은 초·중등교육을 입시경쟁으로부터 해방시키는 것이다. 대학이 어떤 방법으로 신입생을 선발하는가를 고려하지 말고 학교본연의 교육이 무엇인가를 먼저 결정해야 한다.

인성교육이 입시준비보다도 훨씬 더 중요하다고 합의되었으면 효과를 거둘 수 있도록 교육방법을 바꾸어야 한다. 윤리의식은 지식의 주입만으로는 마음속에 체화되지 않는다. 학교라는 공동체에서 생활하면서 선생님과 친구들과의 관계속에서 무엇이 옳은 행동인지, 바람직한 행동인지를 깨닫도록 해야 한다. 그러기 위해서는 옳지 않은 언행을 분명히 지적하여 되풀이 되지 않도록 해야 한다. 교사의 올바른 교권확립이 요구되는 것이다.

소통, 공감, 협력의 인성은 원만한 사회생활을 영위해 나가는 데 필요하며 공동체를 유지·발전시키기 위해서도 필요하다. 이러한 품성은 체험을 통해서 더욱 효과적으로 습득된다. 예를 들면, 팀별로 수행하는 프로젝트 수업 등을 통해서 소통과 협력이 자기팀의 성공을 가져온다는 자각을 할 수 있다. 주입식 교육을 지양하고 질문을 자유롭게 유도하고 스스로 답을 찾아 나가는 토론수업을 통해서도 소통과 공감능력이 키워진다.

결국 인성교육은 도덕시간에 교과서에 의존하기만 해서는 안되고 학교생활 곳곳에서 올바른 인성이 길러지도록 하는 교육방법의 개선과 이를 통한 체험이 더욱 효과적이다.

인성교육은 학교만으로는 한계가 있고 가정과 사회가 공동으로 역할과 책임을 떠안아야만 효과를 가져올 수 있다. 가정 역시 입시경쟁으로부터 해방되어야만 부모들이 아이들을 가르치고 형제들과 어울리고 친구들과 동네에서 어울리면서 올바른 인성을 습득할 수 있다.

올바른 인성을 갖춘 성숙한 시민의식이 민주주의의 발전에 필요불가결하다는 점은 새삼 강조할 필요가 없다.

세계각국의 청소년들을 대상으로 시행하는 민주시민역량 측정조사에 의하면 우리나라 청소년의 시민의식은 매우 우수하나 실제 사회활동에 참여하는 비율은 낮다고 보고되었다. 다시 말하면, 머리로는 민주시민지식이 많지만 이를 체험할 수 있는 사회참여기회가 제한되어서 지식과 행동의 불일치현상이 나타난다는 것이다.

이러한 진단은 희망적이다. 청소년들이 적어도 지식적으로는 민주시민에 대한 이해를 하고 있으므로 이들을 입시전쟁으로부터 해방시켜서 학교와 학교

밖에서 공동체활동에 참여하는 기회를 늘려주면 지식과 경험이 상호작용하여 죽은 지식이 아니라 산 지식이 될 수 있기 때문이다.

학교현장에서의 민주시민교육은 지금처럼 질서의식과 준법정신에 국한되어서는 안되고 비판적 사고, 주체적 판단, 민주주의의 가치존중, 상생 등 민주시민으로서의 폭넓은 능력배양으로 넓혀가야 한다.

민주주의의 가치에 대해서도 정권과 이념에 따라서 흔들리는 것이 아니라 정권을 넘어서는 합의된 준거가 마련되어야 한다.

또한 기후변화, 전염병대유행 등 지구적 문제해결을 위해서는 민족을 초월하는 협력이 필요하다는 세계시민정신을 고취시켜야 하며 교육을 담당하는 교사들의 철저한 준비와 올바른 자세가 중요하다.

2) 대학 교육: AI기반의 창의적 인간의 양성

디지털 대변환 시대에는 새로운 구조를 주도적으로 만들어내는 창조적 능력과 복잡한 문제를 풀기 위해 다른 사람들과 협업할 수 있는 높은 사회적 지능을 보유한 인재가 필요하다.

새로운 인재를 양성하기 위해서 이미 IT기술을 활용하는 새로운 교수방법들이 등장하고 있다. 강의실에서 교수가 흑판에 쓰면서 지식을 전수하는 광경은 이미 과거가 되었지만 흑판이 power point로 바뀌었을 뿐이고 아직도 강의 위주의 방식은 답습되고 있다. 여기서 탈피하지 않으면 창조적, 융합적, 문제해결형 인재를 길러내는 것은 어렵다.

이론 강의는 대규모 온라인 공개강의(MOOC, Massive Online Open Course) 등을 온라인으로 듣고 오프라인에서는 소통 및 심화토론을 하는 플립러닝(flipped learning)과 블렌디드 러닝(blended learning) 등을 본격적으로 도입해야 하고 기준을 충족하는 타대학의 온라인 강의에 대해서는 학점도 부여해야 한다.

선진국에서는 새로운 강의방법을 도입하여 학생들의 참여를 높이고 창의성과 융합능력을 강화하는 혁신이 활발하게 이루어지고 있다.

미국 샌프란시스코에 본사를 두고 있는 미네르바 대학은 2012년에 개교하여 모든 강의를 온라인 플립러닝으로 진행하는 학교로 유명하다. 미네르바 대학에서는 효과적인 교육이란 열정적인 학생과 현실을 반영하는 교육내용, 그리고 다학문적인 이해가 필요하다는 기조 아래 이를 실천하는 데 걸림돌이 되는 모든 요소들을 제거하고 오직 교육목표 달성을 위한 대학을 설계하여 운영하고 있다.

미국의 퍼듀대학과 아리조나대학은 인공지능을 활용하여 맞춤형교육을 제공하는 adaptive learning 방법을 채택하고 있다. 천편일률적인 강의 대신에 개별 학생의 진도와 학력을 감안하여 수업을 제공함으로써 교수와 학생 간의 지적 교류를 늘리는 것이다.

융복합적 지식은 창의성과 밀접히 관련되어 있다. 미네르바대학에서는 '사회과학과 뇌신경과학' 강좌를 개설하였으며 아리조나대학은 기존의 학과를 통폐합하여 '지속가능성학부', '인간진화와 사회변화학부' 등을 개설하였다.

한국에서는 코로나 대유행으로 온라인강의가 일반화되면서 여러 문제점들이 드러났다. 온라인설비와 소프트웨어 부족, 강의의 질 저하, 교수와 학생의 소통부족 등이 야기되었는데 이를 기회로 삼아서 주입식강의를 지양하고 학생들의 창의력을 길러주는 강의를 확산하는 것이 필요하다.

3. 교육내용의 기대: 교육은 결과적으로 '사다리' 역할을 해야

1) 계층상향 이동성에 대한 국민인식

통계청 '한국의 사회조사'에 따르면 '나의 인생에서 계층 이동이 가능한가'란 질문에 긍정적인 답을 한 비율이 1994년 50%였으나 2019년에는 22.7%로 급격히 감소하였다.

자식의 계층상향 가능성에 대한 기대 역시 1999년 41.2%에서 2019년 28.9%로 감소하였다. 가구소득이 100만원씩 감소할수록 상향 이동 가능성에 대한 기대는 약 2%씩 줄고 있어서 소득이 낮을수록 상향이동을 비관적으로 보고 있다.

2) 계층상향 이동성의 현실

상위소득 20% 중에서 하위소득 20% 출신의 비율을 반영하는 개천용 불평등지수는 1에 가까울수록 개천에서 용이 날 확률이 낮아짐을 의미하는데 2001년 0.13에서 2014년에 0.38로 상승하였다.

OECD 국제학생평가프로그램(PISA) 자료를 활용한 개천용 비율은 2015년이 2006년에 비해서 3.21%p 감소하였다.

재정패널 조사자료를 이용한 분석에서도 2007년 이후 우리나라의 소득계층 이동성은 낮아지는 추세이다. 즉, 초기의 소득 수준이 시간에 따라 크게 변화하지 않는 것이다.

빈곤지위 이동성 역시 점차 낮아지고 있다. 2007년 이후 빈곤탈출의 확률은 감소하는 추세에 있고, 빈곤상태에 머물러 있을 확률이 증가추세에 있어 빈곤의 고착화가 심화되고 있을 가능성이 높다.

3) 붕괴된 교육사다리: 교육과 계층상향 이동성

계층상향이동의 가장 중요한 경로는 교육이다. 지식과 역량, 사회성을 학습하여 사회구성원으로서 역할을 하다 보면 계층사다리를 올라가고 있는 자신을 발견하게 된다.

과거 대학을 우골탑(牛骨塔)이라고 불렀다. 농촌에서 가장 소중한 재산인 소를 팔아서 자식을 대학에 보낸 데서 비롯된 말이다. 가난한 농부는 자식을 대학에 보내어 도시에서 넥타이를 매는 화이트 컬러로 출세시키고 싶었던 것이다.

그런데 교육사다리가 붕괴되었다는 것이 여러 지표로 확인된다. 부모의 사회경제적 배경이 학생의 성적에 주는 영향이 커졌다. 2020년 1학기 기준 서울대, 연대, 고대 학생의 55.1%가 가구소득 9분위(월 소득 인정액 949−1427만원)와 10분위(월 소득 인정액 1,427만 원 이상) 계층 출신이다. 2013~2017년 평균은 41.4%이어서 고소득층 가정 자녀의 비율이 높아지고 있다.

교육사다리가 첫 번째 단계부터 붕괴된 것은 사교육비의 지속적인 증가

등 부모의 사회경제적 영향력이 대입에서 차지하는 비중이 커졌기 때문이다. 복잡성, 불확실성, 장기성, 불신성으로 요약되는 현행 대입제도의 특성으로 결국 부모의 정보력과 사교육 투자여력이 자녀의 좋은 대학 입학 여부를 상당부분 좌우한다.

　1인당 월평균 사교육비가 2010년부터 2019년까지 초등학생은 8만 3천원에서 34만 7천원, 중학교 학생은 35만 3천원에서 47만 4천원, 고등학생은 41만 2천원에서 59만 9천원으로 증가하였다. 서울과 비서울, 서울 강남과 나머지 지역 간의 사교육비 격차가 증가하고 있고 사교육이 집중적으로 이루어지는 고교시기에 격차가 더 커진다.

4) 교육사다리 붕괴의 원인

　교육사다리가 붕괴되었다는 말의 의미를 분명히 정의해 보면 "자녀의 사회경제적 지위는 부모의 사회경제적 지위에 의해서 결정된다."이다. 속된 말로 금수저 자녀는 사회에서도 금수저이고 흙수저 자녀는 사회에서도 흙수저로 살아간다는 것이다.

　물론 붕괴라는 표현은 어느 정도 과장되었다는 지적도 틀린 것은 아니다. 흙수저 가정에서 태어나서 대기업을 일으킨 사람들도 있고 고관이 된 사람도 있고 대통령이 된 사람도 있다. 과거에 비해서 사다리가 좁아지고 흔들린다는 표현이 사실에 더 가까울 것이다.

　사다리 붕괴론은 출신의 한계를 뛰어 넘는 본인의 의지와 노력의 가치를 평가절하한다는 문제점을 지닌다. 젊은이들에게 자신의 선택과 노력의 중요성을 깨우쳐 주는 대신에 출신의 한계 앞에서 좌절하고 포기하는 잘못된 가르침을 주지 않는지 아무리 경계해도 지나치지 않을 것이다.

　그럼에도 불구하고 많은 학생들과 학부모들이 사다리를 오르는 것이 갈수록 어려워진다고 인식하고 있는 점을 무시할 수는 없으므로 사다리 붕괴의 원인과 해결책을 모색하는 노력을 기울이고 또 기울여야 한다고 본다.

　몇 가지 원인을 열거해 보기로 한다.

첫째, 현재의 중고등학교 평준화정책이 사다리를 튼튼하게 강화하는 것이 아니고 반대로 사다리를 약화시킨다는 지적이 있다.

둘째, 현재의 대입제도가 금수저에게 더 유리하다는 지적이 있다.

셋째, 취업기회가 금수저에게 더 넓게 열려 있다는 지적이 있다.

넷째, 노동시장이 분절화되어서 정규직과 비정규직, 대졸과 고졸, 대기업과 중소기업 간의 임금과 사회적 격차가 너무 크고 이것이 사다리를 오르기 어렵게 만든다는 지적이 있다.

이들을 차례로 살펴 보기로 한다.

첫째, 평준화정책이 교육사다리를 강화시켰다는 확실한 증거는 약하다. 평준화가 사교육비를 줄이고 학교 간 격차를 줄여서 출신가정과는 무관하게 학생들이 동질의 교육을 받는다면 사다리는 분명히 튼튼해졌을 것이다. 그러나 평준화 이후 50년 가까이 경과한 오늘의 현실을 보면 사교육비는 현저히 늘어났고 지역에 따른 학교간 격차도 엄연히 존재하기 때문에 사다리가 튼튼해졌다고 결론짓기는 어렵다.

오히려 과거 고교 입시가 존재했을 때는 이른바 개천출신이지만 우수한 학업능력을 가진 학생들이 좋은 고등학교와 대학을 진학하는 경로가 열려있었다. 하지만 지금과 같은 평준화하에서는 일부 부유한 집단이 거주하고 있는 지역 중심으로 더 높은 질의 교육이 이루어지고 있고 타지역 학생들이 오르는 사다리는 닫혀 있다.

둘째, 현행 학생부 대입전형이 금수저에게 유리한 방식이라는 증거들은 다양한 곳에서 발견된다. 현행 대입전형 제도는 복잡성, 불확실성, 장기성, 불신성으로 요약된다. 이러한 특성은 결국 부모의 정보력과 사교육 투자여력이 유리한 학생이 좋은 대학에 입학하는 기회를 확대한다.

셋째, 취업기회에서도 부모 찬스가 작용할 소지가 크다. 취업문호가 상위권대학졸업생에게 더 넓게 열려 있고, 상위권대학 입학문호는 유복한 가정출신의 학생에게 더 넓게 열려 있다는 것이다.

대기업의 취업기회가 서울 명문대, 수도권명문대, 지방 국립대, 지방사립대의 순으로 좁혀진다는 비판이 강하다. 심지어는 수도권 비명문대가 지방 국립대보다도 취업에 더욱 유리하다는 비판도 있다.

만약에 대학의 서열이 졸업생의 학력, 능력서열로 이어진다면 취업기회의 차별을 무작정 나무랄 수는 없다. 그러나 취업준비생의 개별적인 능력을 간과하고 출신대학만으로 평가하는 학벌주의는 교육사다리를 흔드는 심각한 문제점을 야기한다. 현실적으로 맹목적 학벌주의가 어느 정도 작용하고 있는 것으로 보인다.

넷째, 한국 노동시장의 이중구조가 교육사다리를 취약하게 만들고 있다. 다른 나라에 비해서 과다한 비정규직과 영세자영업자, 중산층의 위축, 좋은 일자리의 부족은 용의 개체수를 줄여서 개천의 새끼 용들이 승천하지 못하고 가재, 붕어로 일생을 보내게 한다. 다른 나라에 비해서 과도한 기업 규모 간, 학력 간 임금격차 역시 좋은 일자리를 줄여서 용이 될 수 있는 문호를 좁게 만들고 있다.

5) 교육사다리 복원을 위한 과제

첫째, 평준화는 사다리 복원효과가 검증되지 않았고 수월성 희생 등 부작용이 심각하기 때문에 폐기되어야 한다. 대학까지 평준화한다면 입시경쟁은 없어질지 모르지만 경쟁이 취업단계에 집중되기 때문에 대학생을 대상으로 하는 취업준비학원이 기승을 부리게 될 것이다.

평준화 속에서 가정형편이 좋은 학생들은 외국유학을 선택할 것이지만 그렇지 않은 우수한 학생들은 학업성취를 통해서 자기발전과 행복추구의 권리를 포기해야 하는 불공정에 노정된다. 또한 학업성취 욕구를 충족하기 위한 과외수업이 더욱 성행할 것이다.

무엇보다도 대학의 전반적인 학력저하로 인하여 개개인의 인생개척이 어려워지고 기업에서는 외국 인재 선호현상이 농후해 질 것이며 나아가서는 국가경쟁력이 훼손될 것이다.

둘째, 금수저에게 유리한 대입제도를 더욱 투명하고 공정하게 바꾸어야 한다. 현재의 대입시스템은 사교육을 잡지 못했다. 특히 비교과 영역 중 논문,

인턴 등 학교외 활동들은 돈으로도 해결 못하는 계급 간의 차이를 만들었다. 아버지가 교수가 아니면 만들어낼 수 없는 논문과 연구실 인턴들은 개천과 금수저 간의 격차를 유사 이래 가장 크게 벌려 놓았다.

그간의 입시제도 개선은 학생들의 학업 성취 동기, 대학의 우수학생 선발 등 기본적인 욕망을 억누르는 방향으로 진행되어 왔다. 학생들의 학업 성취 수준을 직접적으로 평가할 수 없게 억누르면, 대학은 다른 요소들로 평가를 하기 시작하고 이것이 최근 대두되고 있는 부모 찬스, 고교 등급제 등의 부작용으로 연결된다. 결국 개천에서 더 많은 용이 나게 하기 위해서는 대학이 학생의 학업성취 수준을 직접적으로 측정할 수 있는 기회를 최대한 많이 열어주는 것이 방법이다.

기회 균형 선발제도를 확대해야 한다. 교육 접근성이 부족한 지역의 학생들이나 사회적 배려계층의 학생들을 일정한 쿼터를 두어 선발하는 소수자 우대 정책이 확대되어야 한다. 특히 서울대 이외의 명문대학에서 보다 적극적으로 관련 전형을 확대해야 한다. 특히 이 집단의 학생들에게는 학비 지원뿐만 아니라 일정 기간 동안의 생활비 지원 등 강력한 지원 정책이 병행되어야 한다.

셋째, 초중고 교육을 정상화해야 한다. 입시 준비 학교가 아니라 인성교육, 민주시민교육, 불확실성의 시대에 자신의 인생을 개척해 나갈 수 있는 지식, 소통, 세상에 대한 건전한 이해의 역량을 키워주는 요람이 되어야 한다.

학생에 대한 교사들의 평가가 신뢰와 권위를 갖출 수 있도록 올바른 교사상을 확립해야 한다. 대학 입시는 학생 개개인에 대한 교사의 평가에 기반해서 이루어지도록 한다. 이러면 사교육수요는 줄어들 것이며 부모의 경제력과 부모 찬스의 영향력이 줄어들고 교육사다리는 튼튼해 질 것으로 기대된다.

교육과정의 설계

1. 외부에서 바라보는 한국 교육과 함의

OECD 국가와 비교하면, 우리나라의 대졸자 비율은 높고 대졸자 고용률은 낮으며 사립대학의 비중이 높고 외국대학 재학 내국인 학생 비중은 높다. 그리고 직업교육훈련기반은 취약하다. 공식적인 영유아교육에 참여하는 비율이 높고, 영유아교육기관에서 사립의 비중이 높다.

국공립 초중등학교 교실당 학생 수는 OECD 평균보다 약간 많다. 교사의 보수 인상률이 높다. 교사의 의무수업시간이 적고 행정처리에 투입되는 시간의 수업시간대비 비율이 낮다. 교사 1인당 학생 수는 평균과 비슷하거나 약간 적다.

OECD 국제학생평가프로그램(PISA)의 읽기, 수학, 과학 성적은 상위권이나 하락하는 추세이다. 국제경영개발연구원(IMD)의 교육부분 경쟁력은 2020년 기준으로 63개국 중에서 27위로 상승 추세이다. IMD평가에서 문맹률 등 정량 지표는 상위권이나 노동시장 수요자가 평가한 정성지표는 하위권이다. 60여개국 중에서 초등 및 중등교육(경쟁사회 요구에 부합 정도) 44위, 대학교육(경쟁사회 요구에 부합 정도) 48위, 경영교육(산업계 요구에 부합 정도) 48위, 언어능력(기업 요구에 부합 정도) 38위이다.

이러한 비교가 우리나라 교육과정설계에 던지는 시사점이 있다. 첫째, 교육여건을 개선해 나가야 한다. 학급당 학생수, 교사 일인당 학생수, 정보기기의 활용도 등에서 OECD 평균이거나 미달하고 있는데 상위권진입을 목표로 해야 한다. 앞으로 인공지능 등을 활용하여 학생 개개인의 수요를 감안하는 맞춤형 교육을 하고 공교육의 정상화에 필수적으로 요구되는 학생평가의 정확성을 확보하기 위해서는 교사 일인당 학생수를 더욱 줄여 나가야 한다.

둘째, 교육성과에 대한 비판적 성찰이 필요하다. PISA에서는 항상 최상위 그룹에 속하였고 최근 순위가 다소 하락하고 있으나 여전히 상위그룹이다. 그러나 질적인 비교는 다르다. 국제경영개발연구원(IMD) 평가에서 기업이 평가한 지표가 모두 하위권이다.

결국 초중등학교에서는 공부 몰입형 교육으로 성과가 높게 나타나지만 대학 진학 후의 교육성과는 급격히 저하하고 있다. PISA에서도 학업에 대한 흥미는 낮게 나타나고 있음을 볼 때 앞으로 학생들이 흥미를 가지는 교육, 사회가 필요로 하는 교육, 세계무대에서 경쟁할 수 있는 교육을 지향해야 한다.

셋째, 직업교육이 양적, 질적으로 개선되어야 한다. 직업교육의 참여율이 낮고 일터기반교육보다는 학교수업위주의 교육이 이루어지고 있어서 실효성이 떨어진다.

넷째, 평생교육이 획기적으로 변화해야 한다. 기술, 경영환경이 빠른 속도로 변화하는 4차 산업혁명의 시대에는 대학에서 습득한 지식의 감가 상각 속도가 가속화되어 졸업 이후에 재충전은 물론이고 새로운 지식과 기술을 부단히 흡수해야 한다.

다섯째, 교사의 경제적 대우나 근무환경은 일반적으로 알려진 것보다 양호한 것으로 보인다. 봉급인상율이 OECD 평균보다 높고 행정업무부담은 OECD 평균보다 낮다. 남은 과제는 교사들이 입시준비의 과부하에서 해방되어 인성교육과 학생개개인의 적성파악, 학업성취에 기반한 맞춤형 교육 등 교사본연의 모습을 되찾아 주는 것이다.

2. 학교운영의 자율성 확대

1) 학교운영의 자율화 확대의 필요성

2009년 교육자치가 실시되었으나 교육부의 권한이 교육청으로 이관되었을 뿐이고 학교단위에서의 교육자치는 실질적으로 이루어지지 않았다. 교육감이 선거를 통해서 선출되는데 주민들의 위임을 받은 교육감이 지방교육을 총괄한다는 의미에서 교육자치의 구현이라고 볼 수도 있으나 실제 내용은 판이하다.

교육감이 정당소속이다 보니 정당의 이념과 이해가 일선교육현장에서 구현되고 있다. 교육자치의 정신에 따라서 학교운영에 참여하는 권리가 부여된 학부모들과 정치적 이념을 교육에 반영하려는 교육감 간의 갈등이 일상화되고 있다. 정치적 입장을 공공연히 표명하는 교원단체들까지 교육자치의 미명하에 학교운영에 참여하면서 학생들은 최대의 피해자가 되고 있다.

교육 자치에 앞서서 교육의 탈정치화가 선행되어야 한다. 교육은 백년지대계라는 당연한 요구가 회복되어야 한다.

대한민국의 헌법가치에 부응하고 시대적 요구에 합당한 교육정책이 중앙정부 차원에서 정립된 이후에 지역 교육청은 지역의 다양성과 특수성을 살리는 교육지침을 마련하는 역할을 해야 한다.

이러한 정책과 지침하에서 일선현장의 교육은 학교가 자율성을 가지고 수행해야 한다. 지금처럼 교육청이 군림하는 양태는 교육자치의 정신을 훼손하는 것이다.

일선학교에서는 학부형이 참여하여 교육현장에서의 교육이 제대로 이루어지는지를 모니터링하고 문제가 발생하면 학교와 함께 개선책을 찾아나가고 교육정책에 반영되는 풀뿌리 교육자치, 상향식 교육자치가 이루어져야 한다.

학교자치의 최종책임자는 교장이다. 학부형, 교사, 학생들의 민주적 참여 위에서 교장은 권한과 책임을 가지고 학교에서 참다운 교육이 이루어 지도록 해야 한다. 이 관점에서 보면 현재의 교장공모제는 재검토가 필요하다.

학교를 입시경쟁의 도구화에서 해방시켜야 진정한 교육자치가 이루어 질

수 있다. 그렇지 않으면 학부모들은 자녀의 학업성취에만 관심을 쏟고 학부모들의 참여는 교권침해와 치맛바람으로 둔갑할 가능성이 농후하다.

　학교 자치는 가르침과 배움이 학교 자율적으로 최적의 길을 찾아 가도록 하는 것이다. 포기된 인성교육을 회복하고 경시된 창조교육을 중용하며 불확실성의 시대를 헤쳐 나가는 지식과 역량을 키우는 교육의 장으로 만들어 가는 것이다. 이를 위해서는 교장의 책임하에 사도의 길을 회복한 교사들이 집단지성의 힘을 발휘해야 한다.

　학생개개인의 적성과 자질을 개발하고 학력수준에 맞추어 교육해야 하며 그 도구로서 인공지능기술을 활용해야 한다. 평등성에 경도되어서 수십 명의 학생들을 앉혀 놓고 획일적인 교육을 해서는 아니 되며 맞춤형 교육을 통해서 수월성을 확보해야 한다. 우열반 편성이 논란의 대상이었으나 인공지능기술을 응용하면 개인별 맞춤교육으로 대체가능하다. 집단적 우열반이 아니라 개별적 맞춤교육을 통해서 진정한 교육기회의 평등성을 확립해야 한다.

2) 교육부의 초중고 통폐합정책의 적극화

　초중등학교 구조조정은 1999년에 798개의 학교가 통·폐합되는 등 강도 높게 추진된 이후 큰 진전이 없다. 2000년부터 2019년까지 1,344개의 학교가 통·폐합되어 연평균 67개이다.

　부진한 것은 통·폐합이 지역사회 갈등을 야기한다는 이유로 일정 수 이상의 학부모 동의를 받도록 제도를 변경한 것에 상당 부분 기인한다. 통학거리 등을 이유로 지역에 소규모 초등학교라도 존치하기를 희망하는 주민들의 반대를 극복하기가 어렵다. 지방재정교부금법으로 안정적인 교육 예산이 확보되고 있는 것도 통폐합이 어려운 이유이다.

　코로나19의 경험으로 교육을 위해서 공간을 확보한 학교가 반드시 필요한 것은 아니라는 것이 입증되었다. 비대면 수업과 대면 수업을 결합하면 학교 통·폐합을 통해 교육의 질도 높이고 국가 예산도 효율적으로 활용할 수 있을 것이다.

초·중·고등학교 통·폐합은 지자체가 아니라 정부가 주도적으로 추진하여야 하며 폐교후의 지역경제·문화거점화 등 통·폐합의 인센티브도 강화하여야 한다. 급격한 학령인구 감소라는 냉혹한 현실에서 지자체 수준에서가 아니라 국가 전체 교육정책 차원에서 초중등학교 구조조정을 접근하여야 한다.

3) 사학의 자율성과 학생의 학교 선택권

평준화정책은 국가가 개인의 학교 선택권을 과도하게 제한하였다는 논란을 불러 일으켰다.

고등학교 체계 문제와 관련된 우리사회의 논의는 수월성과 평등성 간의 선택문제에 중점이 두어지고 있으나 이는 택일의 대상이 아니고 조화와 균형의 대상이다. 이를 간과하고 평등성가치를 위해서 수월성가치를 무시하는 것은 절름발이 정책이며 사교육을 더욱 부추길 것이다.

사립학교는 정의상 '독자적(independent)'일 수 있는 학교라는 점이 간과되고 있다. 2020년 기준으로 고등학교 단계에서 사립학교 비중은 학교 수 기준으로 40.0%, 학생 수 기준으로 41.9%가 된다.

국가가 교육방향이나 기조를 정하는 공립학교와는 달리 사학은 설립 목적에 부합하는 교육을 추구하고 실천할 수 있는 권리가 보장되어야 한다. 특히 인성을 갖춘 창의적 인재가 요구되는 4차 산업혁명시대에 모든 고등학교들이 국가와 관료가 지시하는 체제에 맞추어서 학생들을 교육해서는 안된다.

(1) 국가주도 대입이 공교육 붕괴초래

현재의 대입제도는 국가시험인 대학수학능력시험(수능)과 학생부 전형을 주축으로 하고 있다. 수능은 물론 학생부 전형(학종)도 국가 주도로 만들어진 것이고 세부적인 시행도 국가의 규제를 받고 있기 때문에 학생 선발에 있어서 대학의 재량은 매우 제한적이다.

학생부 전형이 갖는 가장 큰 교육적 문제는 학교(교사)와 가정(학생, 학부모)의 관계를 서로 경계하고 견제하는 관계로 만든다는 것이다. 학생부 전형은 또한 같은 학교에서 동급생 간의 관계를 경쟁적으로 만들어서 협동심, 이해와 배려를 중시하는 인성교육의 근간을 허물어버리는 결과를 가져왔다. 학종은 '부모학생부 전형'으로 불리기도 한다. 부모의 정보력과 사교육 투자 여력이 학종을 통하여 대입에 큰 영향을 미치기 때문이다.

현행 국가주도 대입제도의 가장 큰 문제점은 겉으로 드러나는 객관적 공정성에 집착하여 창의성이 더욱 중요한 4차 산업혁명 시대에 획일적인 학습을 강제하고 원래 취지를 망각한 채 오로지 남에게 보여 주기 위한 스펙에 집중하도록 한다는 것이다. 즉, 고등교육에 적합한 학생을 선발한다는 대입제도의 1차적 목표를 도외시하고 교육기회평등과 사교육억제를 대입제도의 목표로 하여 왔는데 이 목표마저 실패하고 있으니 두 마리 토끼를 모두 놓친 셈이 되었고 급기야는 공교육붕괴의 주범이 되고 있다.

대입제도의 개혁은 공교육정상화와 맞물려 있으므로 상호연계성을 고려하여 종합적으로 접근해야 한다. 공교육이 인성교육과 창의적, 융합적 지식역량 교육을 주축으로 하여 정상화된다고 하더라도 대입제도가 점수와 스펙 중심으로 남아 있으면 학생과 학부모는 학교를 외면하고 학원으로 향할 것이다. 그러므로 대입 역시 학교에서의 학생평가를 중심으로 해서 학생을 선발하는 방향으로 그 기본이 정립되어야 하는 것이다. 공교육 정상화방안을 마련할 때에는 대학도 참여하여 대학이 요구하는 교육내용과 수준이 공교육정상화에 반영되어야 한다.

대학서열이 존재하므로 대입준비를 위한 공교육의 학업성취도는 상이할 수밖에 없다. 공교육이 높은 수준의 학업성취를 충족시키지 못하면 사교육수요가 발생할 수밖에 없다. 우열반 편성, 인공지능을 활용한 맞춤형교육으로 공교육 내에서 교육 성취 욕구를 최대한 충족시켜 주어야 한다.

이와 같은 여건조성과 동시에 학생선발권은 대학에 돌려 주어야 한다. 학생 선발을 국가가 대신해 주는 현 체제는 교육적으로 실패하였고 공정성, 수월성, 형평성의 그 어느것도 만족시키지 못하였다.

(2) 학생부는 폐지해야

국가주도의 대입을 위한 학교생활기록부는 폐지해야 한다. 대신 학생들의 성장을 살피고 교육을 그 과정에 맞추기 위한 기록을 학교자율로 작성하여 학생 개개인의 자아발전을 위한 교육자료로 쓰면 된다.

학생부가 있어야 한다면, 전국 표준의 서식 기록은 오히려 최소한으로 제한하고, 교육 공동체인 학교가 학생들을 이해하기 위해 재량껏 기록할 수 있는 여지를 넓혀야 한다. '학교생활기록'은 전형을 위한 것이 아니라 학생 이해와 교육을 위한 것임을 확고히 하는 정책이 필요하다.

이런 제안에 대해서, 그러면 학생부 전형은 어떻게 하느냐고 반문할지 모른다. 그것은 학교가 걱정할 문제가 아니다. 학교는 최선의 교육을 위해 필요한 것을 관찰하고 기록하면 그만이다. 전형방식은, 이를테면 대입의 경우, 대학이 걱정할 일이다. 학생들에게 요구하든 학교에 요청하든 아니면 스스로 만들어 내든, 대학들이 원하는 학생들을 선발하기 위해 최적의 방안을 마련할 일이다. 이제까지 그 일을 국가가 대신해주고 학교가 지원해야 하는 체제를 유지해왔지만, 이 체제를 유지해야 할 교육적인 이유는 없다. 그 체제는 우리의 습관일 뿐이고, 그 습관은 학교 교육에 매우 해롭다. 이제 그 해로운 습관을 버릴 때가 되었다.

학교와 대학의 재량과 전문성을 인정한다고 해서 대입제도에 대해 방임하자는 뜻은 또한 아니다. 중앙의 정책은 학교에서의 학교생활 기록이나 대학의 입학전형 양식이 갖추어야 할 표준을 설정하고 학교와 대학 단위의 방향을 향도할 수 있다. 그렇지만 이런 일이 교육부 주도로 이루어져 관료적이고 획일적으로 비화하는 일은 없도록 해야 할 것이다. 학교와 대학이 개별적으로 또 집합적으로 교육의 격을 유지하기 위해 노력하도록 새로운 체제를 모색해야 할 것이다. 우리는 교육부의 개입에 의존하는 것보다 학교와 대학의 도덕성과 전문성에 의존하는 것이 더 나을 것이라는 교훈을 그간 역사에서 충분히 얻었다.

(3) 수능도 폐지해야

국가시험을 무조건 없애야 한다는 뜻은 아니다. 국가 수준에서 교육 실상을 확인하고 보편적인 교육복지를 실현하기 위해서도 전국 단위 표준적인 시험이 필요하다. 그러나 이때 필요한 시험은 상대적인 변별을 위한 시험이 아니다. 학교 교육과정을 통해 학생들을 성장시켜 가려고 설정했던 '절대' 목표 지점을 기준으로 학생들이 지금 어디에 있는지 확인하기 위한 시험이 필요하다. 그리고 이런 시험은 모든 학생이 같은 '문제'를 풀도록 치러져야 할 필요도 없다. 전국 표집을 대상으로 이루어질 수도 있고, 지역이나 학교에 따라 달리 시행되어도 무방할 것이다. 필요한 것은 학생들의 위치를 교육 목표에 비추어 제대로 파악하려고 노력하는 일이다.

이 일을 중앙 정부가 도맡아야 제대로 된다는 보장도 없다. 궁극적으로 전국 모든 교사가 자신이 맡은 교육과정의 목표를 수업과 학생지도에 충실하게 반영할 때 학교 교육이 성공하기 때문에, 국가시험도 교사 개개인이 전문성을 키울 수 있도록 운영하는 것이 바람직하다.

교사들이 직접 참여해서 교과 목표에 합당한 문제(평가 도구)를 만들고 평가 결과를 온당하게 해석하는 역량을 키울 수 있도록, 국가시험이 학교와 교사의 자율과 노력을 가능한 한 고무하는 방향에서 이루어지는 것이 낫다. 이렇게 되면 '국가시험'은 더이상 전국에 일률적으로 강요하는 시험이 아닐 것이다. 전국을 단위로 오늘의 학교 교육을 검토 및 성찰하고 미래 교육을 바르게 구상하려는 국가사업의 한 부분이 될 것이다.

전국 표준의 변별력을 갖춘 수능 같은 시험이 사라진다면, 다양한 지역과 다양한 학교에서 오는 학생들을 어떻게 순위 매겨 사정(査定)할 것이며, 수많은 동점자는 어떻게 처리할 것이냐고 반문할 것이다. 입학전형을 위해서는 입학 지원자 모두를 동점자 없이 순위 매기는 작업이 반드시 필요하겠지만, 그 작업이 '교육적으로' 가능하거나 합당한 것은 아니다. 교육의 쪽에서 보면, 수십만 명을 한 줄로 세우는 것은 물론이고, 수백 명을 한 줄로 세우는 것도 무리이다.

변별이 교육상 온당하지 않다면, 정직한 전형 방법은 무리해서 변별하고 순위 매기는 것이 아니다. 확연하게 변별되지 않는 '무리'(群)에 대해서는 모두 동등하게('같은 실력'으로) 취급해야 하고, 굳이 그 가운데 일부를 선발해야만 한다면, 수능과 같은 단일한 잣대로 커트라인을 긋기보다는, 여러 측면의 지표들을 함께 고려하는 전문적이고 교육적인 판단 과정을 거치는 게 낫다.

점수로 순위를 정하긴 하지만 그 순위가 무슨 차이를 반영하는지 확신도 없으면서 마치 특정한 기준을 가지고 변별하고 있는 것처럼 군다면 그것은 자기기만이다. 특히, '커트라인' 부근에는 변별이 사실상 불가능한 경쟁자들이 조밀하게 몰려있기 마련인데, 근거 없이 커트라인을 긋고 당락을 가르는 것은, 그리고 합격자를 '실력 있다'고 수용하고 불합격자를 '실력 없다'고 낙인하는 것은 허위이고 불의하다. 전형에 시험을 활용하더라도, 변별이 어렵고 교육상으로도 의미 없는 '점수대'에서는 추첨으로 당락을 결정하는 것이 오히려 사리에 맞다. 추첨의 방식은 적어도 그 대상자들이 서로 대등한 실력자라는 사실을 인정한다는 점에서 정직하다. 그리고 그런 전형 방식은 커트라인을 절대시하는 '대학 서열화' 경향에 경종이 될 수도 있다.

이런 제안에 대해, 사람들은 많은 부작용을 우려하고 대입제도에 큰 혼선이 일 것이라고 경계할 것이다. 그런 걱정은 당연하고, 실지로 걱정했던 일들이 터질 것이다. 이를테면 대학들이 부정과 비리를 저지를 수 있고, 학교에서도 비교육적인 반칙을 자행할 수 있다. 역사적으로 경험했던 일들이 반복될 수 있다. 그러나 그런 부작용과 범칙이 일어난다고 해서 현재와 같은 학생부 전형제도가 정당화될 수는 없다. 그런 문제가 있더라도 지켜야 할 원칙은 견지해야 한다. 부수적인 문제를 해결한다고 본연을 버려서는 안 된다는 뜻이다. 부수적인 문제를 다스릴 제도는 별도로 있고 또 필요하면 보완할 수 있을 것이다. 이를테면 전형 부정이나 비리는 형사(刑事)의 사안이다. 교육제도를 바꾸어 해결하려고 들 사안이 아니다.

4) 교육부의 대학 정원규제의 철폐

학령인구가 감소추세로 돌아서고 지방대학부터 정원미달사태가 본격화되면서 교육부의 대학정원규제는 새로운 도전을 받고 있다. 지방대가 정원미달을 걱정해야 하는 상황에서 정원규제는 그 의미를 상실하게 되었다.

수도권대학은 인공지능 등 인력부족이 심각한 전공분야의 정원을 늘려야 하는데 정원규제에 막히고 있다. 물론 학과간 정원조정을 통해서 수요가 큰 학과의 정원을 늘릴 수는 있으나 정원을 줄여야 하는 학과교수들과 학생들의 반대에 막혀서 번번이 좌절되고 있다. 그렇다고 해서 수도권대학의 총정원을 늘리는 것은 지방대학의 강한 반발에 가로막히고 있다.

지방대학은 문어발식으로 모든 학과를 운영하는 대신에 지역특성과 대학의 비교우위에 맞는 학과에 특화하는 것이 학령인구의 감소에 대응하는 자구노력의 중요한 부분인데 이 역시 타 학과의 반대 때문에 여의치가 않다.

지방대학의 정원규제를 계속 존치할 이유가 없다. 정원규제를 철폐하여 학령인구감소에 대응하는 인기학과 증원 등 자구노력을 지방대 스스로 자유롭게 할 수 있도록 해주어야 한다.

수도권대학도 정원규제를 원칙적으로 철폐하는 것이 바람직하다. 다만 단계적으로 시행하는 방안을 검토할 필요가 있다. 일시에 전면 철폐하면 현재의 수도권선호경향에 비추어 볼 때에 블랙홀처럼 신입생들을 빨아 들여서 지방대학의 어려움을 가중시킬 우려가 있다.

우선 인기학과를 증원하고 우선순위가 떨어지는 학과정원을 줄이는 학내조정에 대해서 지원과 유인을 제공하는 것을 검토할 필요가 있다. 학제간 융복합이 강조되고 있으므로 인공지능과 인문학을 결합한 교육프로그램의 설치를 자유화하여 비인기학과의 반발을 줄이는 방법이 있을 것이다. 총 정원의 규제철폐는 교수충원과 연구시설의 개선 등 증원조건을 엄격히 강화하여 정원규제철폐가 무분별한 학생 모으기식 방편으로 악용되지 않도록 해야 한다.

3. 학교 구성요소의 개혁

1) 학교의 구성요소

학교는 물리적 공간과 사이버공간에서 교사와 학생 간에 가르침과 배움이 이루어지는 곳이다. 학교가 정상화되기 위해서는 교육시설이 현대화되어야 하고 가르침과 배움의 지향점이 올바르게 정립되어야 하며 교사가 제자리를 찾아야 하고 학생이 교사를 따르고 배움에 충실하여야 한다.

2) 교사의 개혁할 점은 무엇인가?

우리나라 교사의 자격과 능력은 우수하다. 교사의 거의 전부가 대학졸업 이상의 학력을 보유하고 있으며 정보통신기술을 수업에 활용할 수 있는 능력은 OECD에서 상위에 속한다.

많은 젊은 교사들은 안정적이고 의미있는 삶을 위해서 교직을 선택하고 있고, 이상적인 교사상으로서 교과지식이 풍부하고 잘 가르치는 교사, 진로상담을 잘하는 교사보다는 학생을 사랑하고 소통하고 믿어주는 선생님을 선호한다. 교사가 사회적으로 인정받는 직업이라는 점에 동의하는 비율은 높다.

그런데 교사에 대한 학부모와 학생의 기대는 교사가 원하는 바람직한 교사상과는 거리가 있다. 학부모와 학생들은 생활지도보다는 진학지도와 학습지도가 중요하다고 여긴다. 교사스스로의 교사상과 학부모, 학생들이 원하는 교사상의 괴리는 입시경쟁의 전쟁터로 전락한 공교육의 실상에서 불가피하게 연유하는 것이다.

이러한 간극은 교사들의 입장에서 볼 때에는 교권이 추락하는 것이지만 학부모, 학생의 입장에서는 교사에 대한 불신으로 나타난다. 2019년 교육개발연구원 조사에 따르면 교사들의 능력과 자질에 대해서 '매우 신뢰한다' 또는 '신뢰한다'고 대답한 사람은 16.5%에 불과했다. 또한 한국교원단체총연합회의 설문조사에 따르면 교사들의 65.6%가 교권이 제대로 보호되지 못하고 있다고 응답했다.

학교 교육이 바로 서는 길이 사도를 정립하는 첫 번째 단계이다.

학교가 사교육 수요를 흡수하여 학원 등 사교육 기관과 경쟁하는 구도에서는 교사의 역량 여부와는 관계없이 교사는 당장 '점수'가 필요한 학생과 학부모에게 만족스럽지 못한 서비스를 제공할 수밖에 없다.

학교교육이 바로 서는 길을 누가 열어가야 하는가? 교육현장을 좌지우지하는 정부가 움직이지 않으면 참교육의 길이 열리기 힘들 것이다. 좋은 대학에 진학하려고 하는 학생들과 학부모들의 욕구가 변하지 않는 한 참교육의 길이 열리기 힘들 것이다.

그렇다고 해서 교사들이 손을 놓고 있을 수는 없다. 교육현장을 올바른 궤도에 올려 놓아야 할 일차적인 책임은 교사에게 있다. 교사는 학교가 교육 본연의 역할을 회복하는 데 주도적인 역할을 하여야 한다. 기존의 현실을 용인하거나 부분적이고 점진적인 개선이 아니라 코페르니쿠스적 패러다임 전환이 이루어져야 하는 학교의 개혁을 교사가 이끌어야 한다.

교사 개개인의 노력만으로는 역부족이니까 교원노동조합이 집단의 힘으로 부당한 간섭을 일삼는 정부에 맞서고 학부모들의 자식이기심에 맞서서 올바른 교육을 실천해야 하지만 현실은 그러하지 못하다.

학교를 사교육에 예속시키는 결과를 가져 온 교육개혁을 추진한 정부 대신 현장에서의 교육 권력을 장악한 전교조는 과거의 중앙정부 대신에 강압적이고 통제적으로 단위 학교의 교육을 전교조의 정책기조에 맞추어 끌고 가려하고 있다. 전교조, 시민단체 등이 강화하려고 하는 학부모 자치, 학생 자치, 선거연령 확대에 따른 정치 교육 등은 정치권의 진영 논리를 교육현장에 도입하여 혼란을 불러일으키고 대다수 교사의 입지를 어렵게 만들 것이다.

전교조는 교육이 독재정권을 정당화하는 하수인으로 전락한 현실을 개탄하면서 발족하였다. 민주시민, 민족통일의 역군, 민족주의를 표방하였으니 정치와 분리되기 힘들었다. 반면에 개인과 국가의 미래를 열어가는데 필요한 지식, 자질, 품성과 능력을 배양하는 교육 본래의 취지는 무시되었다.

교육현장의 탈정치화 없이는 여러 이해관계 집단들의 세력다툼으로 교육현장은 어지러워 질 것이고 결과적으로 올바른 교사의 길을 추구하는 교사들은 설 자리를 잃어버리게 될 것이다.

교사 양성 과정이 개혁되어야 한다. 교사에게 일차적인 직분은 교과를 가르치는 것이다. 맡은 교과 영역의 현상을 스스로 볼 수 있고 탐구할 수 있는 수준의 지식을 갖추어야 한다. 초등학교에서 가르치는 14개 교과 내용을 수박겉핥기식으로만 배우니까, 깊이 들어 갈 여지가 전혀 없다는 비판은 과장이 아닐 것이다. 중등교사를 양성하는 사범대학 경우도 인문대학이나 사회과학대학 그리고 자연과학대학 등의 교육과정과 비교하여 보면 적어도 현재보다 더 넓고 깊이 있게 공부할 필요가 있다.

우리나라 교원양성과정은 교사가 갖추어야 할 역량을 말이나 글로 정리된 '지식'만으로 키울 수 있다고 전제하고 있다. 교원 임용을 위한 최종 결정까지 '임용시험'에 근거해 이루어지고 있다는 사실은 우리 교원양성과정의 형식성을 극명하게 보여주고 있다. 현재의 교원양성과정으로는 예비교사가 교직에 대한 소명의식을 키우고 교직의 본연에 충실한 전문성을 체득할 수 없다. 학교현장 실습 프로그램을 도제 수행의 양식으로 강화해야 한다.

3) 지금과 같은 방향성 없는 교육은 괜찮은가?

(1) 초중등교육

① 입시경쟁이 초중등교육을 망친다

교육기본법에서 교육이념은 다음과 같이 규정된다. "교육은 홍익인간(弘益人間)의 이념 아래 모든 국민으로 하여금 인격을 도야(陶冶)하고 자주적 생활능력과 민주시민으로서 필요한 자질을 갖추게 함으로써 인간다운 삶을 영위하게 하고 민주국가의 발전과 인류공영(人類共榮)의 이상을 실현하는 데에 이바지하게 함을 목적으로 한다."

한국의 교육현실은 기본이념에 부합하고 있지 않다. 이념이 추구하는 목적에서 한참 벗어나 있다. 선언적 규정이기 때문에 구속력이 없다는 변명은 법을 모독하는 것이다. 선언적 규정이기 때문에 더욱 그 가치와 철학을 공유하고 현실에서 실현되도록 해야 할 의무와 책임이 따르는 것이다.

한국교육은 인격도야를 위한 인성교육을 제대로 하지 못하고 있다. 한국교육은 자주적 생활능력에 필요한 개척정신과 실용적 지식을 적절하게 가르치지 못하고 있다. 초·중등교육은 오로지 대학입학시험 준비를 위한 과정으로 전락하였다.

이제는 교육기본법에서 규정하고 있는 훌륭한 취지에 맞추어서 교육 본연의 역할을 되새기고 학교교육을 이에 부합되게 정상화해야 한다. 초·중등교육을 대학입시와 분리하고 교사들은 학원 강사와 경쟁해야 하는 짐을 벗어 던지고 교육적 사명과 책임에 걸맞는 교육이 무엇인가를 고민하고 학생들을 지도해야 한다.

초·중등학교 교육은 입시준비를 위한 점수 줄 세우기와 암기 위주의 주입식 수업에서 해방되어 민주주의의 운영에 긴요한 토론능력과 디지털시대가 요구하는 창의적 소양을 기르는 제대로 된 교육을 시켜야 한다.

교육당사자 중에서 정책당국과 정치계는 정상교육을 가로막는 가해자이고 학생은 온전히 그 피해자이다. 세대 착취라는 말이 있는데 교육이야말로 세대 착취의 본보기이다. 학부모는 가해자이면서 피해자이다. 자식을 위한다는 미명 하에 자신의 욕심을 강제하고 시대의 변화를 외면하면서 구시대의 직업관을 요구하는 측면에서는 가해자이다. 자식교육을 위해서 스스로의 생활을 희생하고 노후 대책까지 포기하는 측면에서는 피해자이다.

현재의 파행적인 교육을 정상화하지 않고 한국이 앞으로 계속해서 발전해 나갈 수 있을 것 같지는 않다. 될성부른 나무는 떡잎부터 알아본다고 했듯이 현재의 교육을 보면 한국의 미래를 예견할 수 있다. 교육의 정상화 없이는 한국의 미래가 결코 밝지 않다고 감히 말할 수 있다.

우리나라 학생들은 '좋은' 대학에 진학하기 위해 공부한다. '입시 위주'로 공부한다. 학생들의 삶이 입시 위주로 돌아가고 학교 교육이 그렇게 돌아가게 된 지는 오래되었다. '베이비 부머 세대'도 그렇게 살았고, 'X세대'와 '밀레니얼(Y) 세대'도 그렇게 살았으며, 지금 'Z세대'도 그렇게 학교 다니고 있다. 입시 위주 교육이 바람직하지 않다는 이야기는 아주 오랫동안 해왔고, 그런 교육 현실을 바꾸기 위해 '교육개혁'도 숱하게 해왔지만, 아직도 사태는 변한 게 거의 없다.

대입 경쟁에 달려든 모든 학생이 공부를 기계적으로 하고 있다. 그런 공부는 삶의 세계를 새롭게 익혀가고 그 결과로 새로운 것을 보게 되는 진정한 공부가 되기 어렵다. '기계학습'(machine learning)이 그렇듯, 주어진 알고리즘(algorithm)으로 돌려지는 수동적이고 폐쇄적인 훈련일 뿐이기 십상이다. 수능 시험 과목에 대해서만 출제 유형과 경향에 맞추어 풀이연습을 거듭하는 것일 뿐이다.

　　수업을 따라가지 못하는 학생들은 학교에서 주로 '자거나 놀고 먹으면서' 보낸다. 왜 수업에 참여하지 않느냐고 물으면, 수업을 따라갈 수 없다고 한다. 그들은 대체로 고등학교 교육과정을 이수하기 위한 기초를 갖추지 못한 상태에서 입학했다. 그들은 이 결손을 스스로 메워갈 수 없다.

　　수업에 참여하지 못하는 학생들은 다른 '활동'에도 관심을 두지 않는다. 학교에서의 동아리활동이나 대회 등은 '공부하는' 학생들을 위한 것이고 자신들과는 상관없다고 여긴다.

　　뒤떨어진 학생들을 가르쳐서 인성과 학력을 갖도록 하는 것은 교육이 결코 포기해서는 안되는 소명인데 우리의 현실에서는 그들을 포기하는 비교육적인 일이 벌어지고 있다.

　　② 학생평가를 학교에 돌려주어야

　　학교교육이 정상화되기 위해서는 현재의 국가주도의 학생평가를 교사와 학교에 돌려 주어야 한다.

　　상급 학교 입학 전형자료로 쓰이도록 전제된 학생부 기록은 학생들의 학습과 활동의 궁극적인 이유가 되고 있다. 학생들은 학생부에 기록을 남기기 위해 학교에 다니는 형국이 되어 있고, 그 기록을 위한 경쟁은 학교를 교육 공동체가 될 수 없게 만들고 있다. 교사도 학생부를 기록 관리하는 데 신경을 곤두세워야 하는 상황에서 본연의 수업이나 학생지도를 종종 뒷전에 미뤄두어야 한다. 학생부 기록에 사활을 거는 풍토에서 늘 일어나게 마련인 시비와 감찰에 일상적으로 대비해야 하는 것이다.

　　학생들에 대한 학습과 활동의 기록을 아예 없애자는 제안은 물론 아니다. 당연히 학교생활에 대한 기록은 필요하다. 이때 기록은 학생들을 이해하기 위한 것이고, 학생의 성장에 참여하는 사람들이 공유하기 위한 것이다. 다만 그것을 전형자료로 삼아 교육을 통째로 부패시킬 이유가 없다는 뜻이다.

　　학생들의 성장을 살피고 교육을 그 과정에 맞추기 위한 기록이라면 전국적으로 표준화할 필요도 없다. 학교나 교사마다 그리고 심지어는 학생마다, 기록하고 유념해야 할 사항들이 다를 수 있는 점을 인정해야 한다. 어느 학생에 대해서나 보편적으로 기록하고 관리해야 할 필요가 있는 항목들은 전국 표준 서식을 정해 기입하도록 해도 무방할 것이다. 그러나 교육상 더 중요한 것들은 학생마다 그리고 학급이나 학교마다 독특하고 예외적인 항목들일 수 있다.

③ 수능과 같은 국가시험 체제를 폐기하라

학생평가를 학교에 돌려 주어야 한다는 취지에 비추어 볼 때 국가시험의 문제에 대해서도 학생부 전형의 경우와 원칙상 같은 대안을 제안할 수 있다.

수능과 같은 전국 획일의 평가 잣대가 필요하다는 발상을 버려야 한다. 전국 수험생들을 동점자 없이 순위 매길 시험이 필요하다는 발상은 매우 비교육적이고 정의롭지도, 공정하지도 않다.

국가시험을 무조건 없애야 한다는 뜻은 아니다. 국가 수준에서 교육 실상을 확인하고 보편적인 교육복지를 실현하기 위해서도 전국 단위 표준적인 시험이 필요하다. 그러나 이때 필요한 시험은 줄세우기식 시험이 아니고 학교 교육과정을 통해 학생들을 성장시켜 가려고 설정했던 '절대' 목표 지점을 기준으로 학생들이 지금 어디에 있는지 확인하기 위한 시험이 되어야 한다. 한두점 차이로 대입의 당락을 좌우하는 시험이 아니고 학생 개개인의 학력을 평가하는 정성적 자료가 되어야 한다.

(2) 대학 교육

① 우리나라 대학의 낮은 순위

QS대학평가에서 우리나라 대학의 위상은 초라하다. 2020년 기준으로 서울대는 37위였는데, 2017년에 대비하여 두 단계 하락하였다. 100위권에 든 대학. 서울대를 포함하여 KAIST(39위), 고려대(69위), 포스텍(77위), 연세대(85위), 성균관대(88위) 6개에 불과하다.

우리나라 대학 중 30위 이내에 든 대학이 없으나 아시아 지역 대학 중 싱가포르의 NUS(11위), NTS(13위), 중국의 칭화대(15위), 홍콩대(22위), 베이징대(23위), 일본의 도쿄대(24위)가 30위 이내에 들었다.

대학생 핵심역량 진단(K-CESA)에서 대학생들은 자신의 대인관계역량, 자원정보기술 활용역량, 자기관리역량 등이 높은 수준이라고 응답하였으나, 기업 담당자들은 대인관계, 상호협력, 주도성, 자기조절 등의 역량 교육이 더 필요하다고 평가하였다.

국제경영개발연구원(IMD)이 발간한 2020년 세계인재보고서에 따르면 대학교육에 대한 기업 임원들의 만족도가 우리나라는 63개 국가 중에서 48위이다. 국내 대기업 인사담당자들의 대학교육 만족도에 있어 불만족(4.4점)이 매우 높게 나타났고, 불만족 사유로 대학생들의 창의성·독창성 함양부족 35%, 인성교육 부족 23% 등이었다.

② 대학교육방식의 개혁

우리나라 대학은 강의 위주의 획일화 교육, 주입식 교육을 한다는 비판을 받아 왔다. 교수의 질문에 응답하거나 교수에게 질문을 하면서 교수와의 상호작용 활동에 참여하는 비율은 매우 낮았다.

교양 수업에 대한 대학생들의 만족도는 매우 낮다. 교양 수업은 본래의 취지를 벗어나 실용 교육 또는 취업을 위한 교육에 초점이 맞추어져 있다. 학교 밖에서는 비판적 사고, 문제해결능력 등 인문학에 대한 관심이 높은 반면, 대학 내에서는 이러한 사회의 요구를 반영하기보다는 교양교육의 비중을 줄이고, 더 많은 전공교과목을 개설하려는 경향성을 보이고 있다. 전공 교육과정에도 학문간 교류나 연계 등과 같은 융합과 통섭에 대한 사회적 요구가 적절하게 반영되어 있지 않다.

인문학적 소양을 기를 수 있도록 교양교육이 확대되고 본래 취지에 맞게 운영되어야 한다. 기존의 틀에서 벗어나 교수의 일정한 지도하에서 학생 스스로 자신이 관심 있는 분야를 선택하고, 교육과정을 이수할 수 있도록 '학문간 융합'이 필요하다. 다학문적인 문제해결접근법을 도입하여 학문간 경계를 없애고, 프로젝트 중심으로 교육이 이루어져야 한다.

실습수업의 경우 이론부터 배우고 실습을 하는 것이 아니라, 철저한 실험 위주의 현장 중심교육을 통해 '하면서 배우는 학습(learning by doing)'을 실천하여야 한다. 현장적합성 제고를 위하여 산학연계가 강화되어야 한다. 현재와 같은 산학협력주임교수, 겸임교수와 같은 형식적이고 대학의 비용절감을 위해 현장 전문가를 활용하는 차원을 넘어서서 교육 현장에 산업체 실무 전문가를 적극적으로 투입하여 실무친화적인 강의를 제공하여야 한다.

실제 산업체의 현안을 교육현장으로 옮겨올 수도 있어야 한다. 산학연계를 통해 교육현장에서 산업체의 실제 문제를 다룰 수 있어야 한다. 대학의 학습 공간에 대한 교육부의 규제가 전향적으로 완화되어 교육의 장소를 대학 외부까지 확대할 수 있어야 한다.

줄 세우기식 객관성을 담보하는 현재의 학생 평가체제를 역량위주로 바꾸어야 한다. 지필시험 방식에 기반한 평가결과는 학생들의 현재 역량(능력) 수준을 제대로 보여주지 못한다. 미국의 호킨스쿨(Hawken School)의 성적표에는 수업에 대한 평가를 A부터 F 등급으로 하지 않는다. 대신 수업에 참여한 결과를 토대로 개인의 '역량'에 대한 점수를 기입한 등급이 없는 성적표를 발행한다.

③ 교수의 개혁할 점은 무엇인가?

대학교육이 학습자 중심의 능동적 학습이 되는데 교수가 주도적 역할을 하여야 한다. 대학교육. 토론·토의, 체험, 서로 설명하기, 문제중심 학습, 협동학습, 프로젝트법 등이 도입되어야 한다.

교수의 교수법과 교수역량이 혁신되어야 한다. 수업을 통해 학생들이 창의성, 협동심, 문제해결 능력 등을 함양할 수 있도록 교수들이 다양한 활동과 경험 중심의 교수기법을 습득해야 한다.

교수는 가르치는 것(teaching)을 넘어서 코칭(coaching)을 해야 한다. 단순히 교육내용을 전달하는 지식의 전달자 역할에서 비구조적, 비순차적, 실제적 과제와 과제를 둘러싼 맥락에 대한 안내자, 조언자 및 촉진자 역할을 하여야 한다.

교수는 변화하는 환경에 대응하기 위해 지속적인 교수(teaching) 역량개발이 필요하다. 교수의 교수 역량개발 노력을 장려할 수 있도록, 교수의 교육영역 관련 노력을 인정할 수 있는 평가 기준이 마련되어야 한다. 연구 중심으로 이루어지는 업적평가제도는 결과적으로 교수들이 강의보다는 연구에 집중하도록 한다.

현재 대학의 업적평가에 있어 교육 영역의 경우 담당학점 및 강의만족도 등과 같이 양적인 평가가 이루어짐에 따라 교수 간에 그 차이가 크지 않은 반면, 연구 영역에서는 양적 평가와 함께 질적 평가가 엄격히 이루어져 교수 간의 업적 차이가 존재할 수밖에 없는 구조이다. 특히 공과대학, 의학계열 등의 분야에서는 연구 실적이 연구비 확보와 긴밀한 관련이 있어 교육보다는 연구에 치중할 수밖에 없는 현실이다. 교수들이 강의 준비 등에 시간과 노력을 투자하도록 업적평가제도의 개편을 고민하여야 한다.

교수들의 사고의 대전환이 필요하다. "교수가 변해야 학생도 살고 대학도 산다"는 것은 명확하기 때문이다. 교수, 특히 정교수는 사회로부터 많은 비판을 받고 있다. 대학의 정교수를 비판한 언론기사이다(머니투데이, 전임 교수 초임 1억 대학교수 특전은?_20190606.).

> 직위는 하나인데 하는 일이 수십가지인 직업군이 있다. 장관, 수석비서관, 사외이사, 각종 단체의 요직을 하다가, 끝나면 다시 돌아갈 자리가 있는 대학 정교수다. 1년에 논문 1편 안써도 자리를 유지하고, 대학원생들에게 갑질하며 각종 혜택을 누리는 '한국 최고의 직업' 대학 교수

정교수가 되면 정년보장이 되면서 교수가 연구하지 않고 강의가 부실하여도 학교 당국에서 제제할 방법이 없다. 정교수가 될 정도의 교수가 이와 같은 도덕적 해이 행태를 보일까 생각할 수도 있으나 많은 대학에서 정교수의 연구 실적이 없거나 적어서 고민을 하고 있다. 모 사립대학교의 경우 2017년부터 2019년까지 연구 실적이 전혀 없는 정교수의 비율이 모든 단과대학에서 30%가 넘고 일부 단과 대학은 50%에 가까웠다. 연구하지 않거나 못하는 교수에 대해서는 강의의 책임시수를 늘리는 방안, 근속에 따라 급여가 자동으로 올라가는 교수 임금체계의 개편을 고민하여야 한다.

대학 사회의 학벌주의, 분파주의도 개혁되어야 한다. 출신대학, 지도 교수에 따라 친소관계가 맺어지고 서로 봐주기 식으로 채용하며 승진제도가 운영

된다면 대학은 미래가 없다.

질 좋은 강의가 되기 위해서는 비정년 트랙 교원, 강사들의 처우가 개선되어야 한다. 비정년 트랙 교수들의 처우 개선을 위해서는 대학이 등록금을 자율적으로 책정할 수 있어야 하고 재정 개혁 등을 통해 재원을 마련하여야 한다. 정년트랙 교원의 급여를 삭감하는 것은 현실적으로 가능하지 않고 많은 대학에서 등록금 동결로 정년트랙의 교원들도 급여가 동결되거나 호봉 승급분만의 급여가 인상되고 있기 때문이다.

근속에 따라 급여가 올라가는 호봉제를 근간으로 하는 급여체계도 개편되어야 한다. 성과가 우수하면 보상도 같이 커져야 하고, 필요한 경우 외부에서 유치하는 교수에 대해서는 기존 교수보다 상당히 높은 처우를 보장할 수 있어야 한다. 우리나라 대학들은 등록금 동결에 따른 재정난, 경직적 보상체계 때문에 글로벌 인재 유치에 어려움이 매우 크다.

4차 산업혁명시대에 세계의 대학들이 인재 유치를 위해 파격적인 처우 및 연구 환경을 내세우면서 경쟁하고 있으나 우리나라 대학들은 보유하고 있는 인재들조차 연봉을 10배 더 주는 중국, 싱가포르 등 해외 대학에 빼앗기고 있다. "구글 인턴이 연봉 2억인데…1억 받고 한국교수 오겠나"는 언론기사는 우리나라 대학들이 처한 해외 인재 유치의 어려움을 잘 나타내고 있다(국민일보_20191031).

II

한국사회의
발전을 위한
교육의 상

01 한국사회의 발전과 교육의 역할
02 한국사회의 발전방향과 바람직한 인재상

한국사회의 발전과 교육의 역할

　한국의 근대화를 이야기할 때 근대적인 교육제도를 빼놓을 수가 없다. 조선조 말에 비록 외세의 압력과 간섭에 의한 것이었지만 구제도를 허물고 근대적인 제도를 도입할 때 신식학교들이 하나둘 설립되었다.

　한자를 익히고 공자, 맹자를 외우던 서당과 향교 대신에 세종대왕께서 백성을 어여삐 여기셔서 만드신 한글을 익히고 산수와 자연을 가르치는 초등학교와 중학교가 세워졌다. 양반자제에게만 주어지던 교육의 기회가 일반 백성들에게도 평등하게 주어졌다. 어린 학생들은 자신들이 발을 디디고 서 있는 지구가 둥글 뿐만 아니라 빠른 속도로 돌아가고 있다는 것을 배우고는 어이하여 지구 밑에 서 있는 사람들은 나락으로 떨어지지 않는지 의아해 했다. 그러면서 과학이 무엇인지 눈을 뜨게 되었다.

　신식 지식을 배우면서도 예의와 도덕은 여전히 공맹의 세계에 머물렀다. 부모님을 공경하고 형제 간에 우애가 있어야 하고 선생님을 따르면서 착하게 살라 하는 교훈을 책상머리에서도 듣고 밥상머리에서도 들으면서 자라났다. 서양의 재주를 배우면서도 정신은 조선의 전통을 잃지 않았던 것이다. 그러나 해방이후에 미국 문물이 물밀 듯 들어오면서 정신세계마저 서양의 자유주의, 개인주의가 지배하게 되었다.

　교육의 대중화는 해방이후 한국의 발전과정과 절대 떼어 놓을 수가 없다. 세계에서 가장 가난한 나라이면서도 문자 해독률이 뒤떨어지지 않게 된 것은 어느 나라에도 뒤지지 않는 교육열 덕분이었다. 배우지 못해서 땅을 파먹고 살아야만 되는 신세를 한탄했던 조선의 농부들도 자식만은 학교에 보내야 한다는 생각이 유전자처럼 각인되어 있었다. 자식만은 서울의 대학으로 보내어 출세시켜서 가난과 무지로 겪었던 서러움을 물려주지 않겠다는 집념이 있었다. 오죽 했으면 소 팔아서 자식 대학 보낸다고 해서 우골탑(牛骨塔)이란 말이 생겨났겠는가?

교육 덕분에 개인의 발전이 나라의 발전으로 연결되고 나라의 발전이 다시 개인의 발전으로 연결되는 선순환생태계가 만들어 졌다. 교육받은 저임금 노동자들은 봉제공장에서 미싱을 돌려서 달러를 벌어 들였다. 교육받고 열심히 일하고 잘살아 보겠다는 동기로 무장된 젊은이들은 제철공장에서, 자동차 공장에서 구슬땀을 흘리면서 외화를 벌어 들였다. 그 결과가 수출대국으로 부상하게 되었다.

어디 노동자뿐이겠는가? 화이트칼라 근로자들은 트렁크에 가발과 봉제의류를 넣고 세계를 누비면서 바이어(buyer)들을 찾아다니고 시장을 만들어 나갔다. 1960년대에 창업 붐이 일었는데 그 대부분이 수출입거래를 담당하는 오퍼상이었다.

기업가들은 열심히 투자해서 공장을 늘리고 일자리를 만들었다. 늘어나는 일자리에 희망을 건 젊은이들은 공업고등학교, 상업고등학교, 이공계대학으로 진학하여 직장을 얻고 이전의 한국에 없던 중산층이라는 계층을 만들어 냈다.

한국의 정치 민주화 과정에서도 학교 교육을 받은 시민들의 역할이 거의 절대적이었다. 해방이후 서양의 개인적 자유주의의 영향을 강하게 받은 시민들은 독재와 권위주의적 통치에 저항하였다. 한국의 경제발전이 성숙단계로 접어든 시대에 새로이 민족적 민주화 세력이 대두되었다. 이들은 개인적 자유를 넘어서서 외세의 간섭으로부터의 자유를 쟁취하기 위해서 독재와 권위주의적 통치에 맞서서 싸웠다. 한국 민주화운동의 양대 흐름은 오늘날의 한국 교육에도 심대한 영향을 미치고 있다.

교육이 개인과 국가 발전을 서로 북돋아 나가던 선순환생태계는 언제 부터인가 삐그덕거리고 균열을 보이기 시작했다. 그 시작은 교육의 본연의 역할을 둘러 싼 논쟁에서 비롯되었다. 실용주의자들은 학교가 사회경제의 수요에 맞는 인재를 길러 내어야 한다고 주장하였다. 기업이 인재를 당장 써먹을 수 있도록 학교에서 가르쳐 달라는 것이었다. 이에 반해서 근본주의자들은 교육이 시장원리에 의해서 오염되는 것을 반대하면서 오로지 교육 본연의 역할에 충실해야 한다고 했다. 교육 본연의 역할이 무엇인지에 대해서 합의된 바는 없으나 인성교육을 중시하고 참다운 지식을 가르치는 것이라고 하면 크게 어긋나지는 않을 것이다.

이 논쟁은 현실적으로 경제부처와 교육부처 간의 다툼으로 나타났다. 짐작할 수 있듯이 경제부처는 실용노선에 위치하고 교육부처는 이상적 노선에 자리매김하였다.

언제부터인가 이 논쟁은 양상을 달리하여 수월성 논쟁과 형평성 논쟁으로 전개되기 시작하였다. 수월성 주창자들에 의하면 학교는 우수한 학생들을 판별하고 그들이 더욱 우수한 학생으로 발전할 수 있도록 그들의 수준에 맞는 교육을 제공해야 한다. 우수한 학생을 식별하기 위해서는 경쟁을 시켜야 하고 우수한 학생들에게 적합한 교육을 시키기 위해서는 학교 또는 학급의 구분이 필요하다. 그러므로 어떤 형태이든 간에 입시경쟁과 학교 차이는 피해갈 수 없다.

형평론자들은 모든 학생들이 동등한 교육을 받아야 한다고 주장한다. 학생들의 잠재능력과 발전가능성은 사전적으로 파악하기가 어려운데 시험 등의 수단을 통해서 이를 측정하여 차등적 교육을 시킨다는 것 자체가 대단히 비교육적이라는 것이다. 모든 학생들이 동질적인 교육환경에서 동일한 교육내용을 배우는 것이 교육민주성에 부합한다는 것이다.

이들은 경쟁을 경원시하고 경쟁결과의 우열을 인정하지 않으려고 한다. 경쟁의 결과는 학생개개인의 능력과 노력의 산물이라기보다 그들이 처한 환경의 차이에서 기인하는 것이라고 본다. 학교평준화정책은 이러한 교육관에서 비롯된 것이다.

수월성과 형평성은 모두 교육의 중요한 가치이다. 학교는 우수한 인재를 길러내야 하면서 동시에 모든 학생들이 교육기회에 접근할 수 있게 해야 한다. 특정범위의 학생들에게만 가르침을 베풀어도 안 되지만 모든 학생들을 붕어빵처럼 똑같이 찍어 내어서도 안 된다. 능력이 있고 노력의지가 있는 모든 학생들을 제대로 가르쳐서 그 분야를 이끌어 갈 인재를 길러 내야 한다. 동시에 모든 학생들이 자신의 능력과 노력에 맞는 자리에서 개인의 행복을 추구하고 사회의 발전에 기여하게 해야 한다.

수월성과 형평성 논쟁은 정치권이 가세하면서 건설적 논의가 사라지고 파괴적 정쟁의 성격을 띠기 시작했다. 보수는 수월성과 경쟁의 장점을 강조하고 진보는 형평과 평준화의 바람직함을 역설하게 되었다. 국가 백년대계인 교육이 권력을 잡으려는 정치인들의 싸움 장에 말려들게 되었다. 상대방을 죽여야 내가 산다는 살벌한 정치판에서 교육에 대한 생산적 논의는 실종되고 소모적 진영논리가 지배하게 되었다. 이 싸움판은 정당추천의 교육감 직선제 하에서 더욱 가열되고 있다.

교육이 정치문제의 제물로 희생되고 있는 동안에 한국 교육이 안고 있는 문제들은 해결을 향해서 나아가는 대신에 더욱 많은 문제들이 새롭게 생겨나고 있다. 한국교육 문제의 심각성을 나열하자면 끝이 없다. 공교육의 추락, 사교육의 번성, 과열 입시경쟁과 천문학적인 사교육비, 학력의 하향평준화, 교육사다리의 붕괴, 대학의 경쟁력 답습, 대학의 재정난, 과도한 교육규제, 일부 사학의 반복되는 비리, 훌륭한 교사상의 실종, 교수사회의 개혁 반항 등.

이 모든 문제들의 정점에는 교육정책의 실패가 자리 잡고 있다. 정권이 바뀔 때마다 교육정책이 이동하다 보니 교육은 백년대계가 아니라 오년소계가 되었다. 복잡하기 이를 데 없는 대학입시제도 때문에 진학교사들도 헷갈리기 일쑤이고 학부모들의 정보력이 대학입시의 당락을 좌우하는 무시할 수 없는 비중을 갖게 되었다. 문제가 불거질 때마다 땜질 처방을 하다 보니 교육제도는 누더기가 되고 앞과 뒤가 맞지 않는 부조화를 노정하기에 이르렀다.

교육개혁은 언제나 교육정상화의 이름아래 추진되었다. 과외열풍의 비정상을 없애기 위해서, 사교육 만연의 비정상을 없애기 위해서, 입시지옥의 비정상을 없애기 위해서, 교육기회차별의 비정상을 없애기 위해서 등. 그런데 오늘날의 한국 교육은 얼마나 정상화되었는가?의 질문을 던지면 대답은 부정적이라고 말할 수밖에 없다. 거꾸로 정책이 교육의 비정상을 더욱 악화시키고 있다고 해도 지나친 말이 아닐 것이다.

그 단적인 예로 공교육정상화를 들 수 있겠다. 정부는 사교육 억제의 열쇠가 공교육 내실화에 있다고 믿고 공교육을 사교육과 경쟁시킨다. 직설적으로 표현하면 학교를 학원화하겠다는 것이다. 학교의 공교육이 학원과외보다도 입시준비를 더 잘 하게 해 주면 학생들이 비싼 학원을 마다하고 학교공부에 충실할 것이라고 생각한다. 그런데 학교와 학원이 경쟁하는 운동장은 학교에 불리하게 기울어져 있다. 학교는 온갖 규제하에 놓여 있으나 학원은 자유롭게 수강생의 수요에 맞게 가르치는데 어느 쪽이 이길지는 불문가지이다. 사교육을 억제하여 교육을 정상화시키겠다는 정책이 거꾸로 학교교육을 더욱 비정상으로 만들고 있는 것이다.

교육기본법을 들여다보자. 동법에서 교육이념은 다음과 같이 규정된다. "교육은 홍익인간(弘益人間)의 이념 아래 모든 국민으로 하여금 인격을 도야(陶冶)하고 자주적 생활능력과 민주시민으로서 필요한 자질을 갖추게 함으로써 인간다운 삶을 영위하게 하고 민주국가의 발전과 인류공영(人類共榮)의 이상을 실현하는 데에 이바지하게 함을 목적으로 한다."

한국의 교육현실은 기본이념에 부합하고 있지 않다. 이념이 추구하는 목적에서 한참 벗어나 있다. 선언적 규정이기 때문에 구속력이 없다는 변명은 법을 모독하는 것이다. 선언적 규정이기 때문에 더욱 그 가치와 철학을 공유하고 현실에서 실현되도록 해야 할 의무와 책임이 따르는 것이다.

한국교육은 인격도야를 위한 인성교육을 제대로 하지 못하고 있다. 한국교육은 자주적 생활능력에 필요한 개척정신과 실용적 지식을 적절하게 가르치지 못하고 있다. 초·중등교육은 오로지 대학입학시험 준비를 위한 과정으로 전락하였다. 대학교육은 급변하는 세상을 헤쳐 나가는 데 필요한 전공지식과 문제해결능력을 심어주는 데 필요한 유연한 시스템이 부족하다.

이제는 교육기본법에서 규정하고 있는 훌륭한 취지에 맞추어서 교육 본연의 역할을 되새기고 학교교육을 이에 부합되게 정상화해야 한다. 초·중등교육을 대학입시와 분리하고 교사들은 학원 강사와 경쟁해야 하는 짐을 벗어 던지고 교육적 사명과 책임에 걸맞는 교육이 무엇인가를 고민하고 학생들을 지도해야 한다.

초·중등학교 교육은 입시준비를 위한 점수 줄 세우기와 암기 위주의 주입식 수업에서 해방되어 민주주의의 운영에 긴요한 토론능력과 디지털시대가 요구하는 창의적 소양을 기르는 제대로 된 교육을 시켜야 한다. 대학은 그러한 교육을 거친 학생들을 어떠한 방법으로 입학시키는 것이 온당한 것인가를 스스로 고민하고 결정할 수 있어야 한다. 대학 자율의 확대는 입시를 넘어서서 대학운영의 전반을 아우르는 범위로 확대되어야 한다. 대학이 자율의 확대에 걸맞는 공익적 책임에 충실해야 한다는 점은 아무리 강조해도 지나치지 않다.

교육당사자 중에서 정책당국과 정치계는 정상교육을 가로막는 가해자이고 학생은 온전히 그 피해자이다. 세대 착취라는 말이 있는데 교육이야말로 세대 착취가 없다고 하기 어려울 것이다. 학부모는 가해자이면서 피해자이다. 자식을 위한다는 미명하에 자신의 욕심을 강제하고 시대의 변화를 외면하면서 구시대의 직업관을 요구하는 측면에서는 가해자이다. 자식교육을 위해서 스스로의 생활을 희생하고 노후대책까지 포기하는 측면에서는 피해자이다.

현재의 파행적인 교육을 정상화하지 않고 한국이 앞으로 계속해서 발전해나갈 수 있을 것 같지는 않다. 될성부른 나무는 떡잎부터 알아본다고 했듯이 현재의 교육을 보면 한국의 미래를 예견할 수 있다. 교육의 정상화 없이는 한국의 미래가 결코 밝지 않다고 감히 말할 수 있다.

한국사회의 발전방향과
바람직한 인재상

　세계는 급변하고 있고 한국 또한 예외가 아니다. 현재 진행 중인 변화가 태동하기 시작한 지는 수십 년의 세월이 흘렀지만 앞으로 변화의 속도는 빨라지고 범위는 사회의 구석구석까지 미칠 것이다. 미래학자들은 수십 년 전부터 제3의 물결, 메가트렌드, 정보화, 디지털 대전환 등의 표현으로 변화의 특징적 속성을 설명해 왔다. 최근에는 제4차 산업혁명이라는 용어가 널리 쓰이고 있는데 이 역시 지난 수십 년 동안 계속되어 온 변화담론의 연장선상에 있다. 다만 변화를 추동하는 핵심 요소인 인공지능기술의 발달이 본격화되고 있기 때문에 4차 산업혁명에 대한 논의는 더욱 구체적이고 현실감 있게 전개되고 있다.

　4차 산업혁명이 가져 올 변화 중에서 교육과 관련해서는 두 가지가 관심을 끈다. 하나는 노동시장에 미치는 충격이고, 또 다른 하나는 교육의 디지털화이다.

　4차 산업혁명이 기존 일자리를 대거 파괴한다는 말은 이미 진부해졌다. 문제는 새로운 일자리를 얼마나 만들어 낼 것인가이다. 새로이 생기는 일자리가 없어지는 일자리보다 많으면 새로운 일자리에 적합한 교육을 시키고 재교육과 재훈련을 통해서 직업이동성을 높이는 것이 교육의 사명이 될 것이다. 거꾸로 없어지는 일자리가 더 많으면 실업률이 늘어나서 국민고통이 커지고 그 부담은 복지확대를 중심으로 하는 재정팽창, 증세, 국가부채 증가 등을 초래할 것이며 기본소득의 도입을 촉진할 것이다.

　어느 방향으로 움직이던지 간에 직업의 변동이 커질수록 원활한 노동시장의 작동을 위한 교육의 역할 또한 커질 수밖에 없다. 새로이 생기는 직업에 적합한 지식과 역량을 선행적으로 배워서 준비된 학생들은 노동시장의 변화에 적극적이고 능동적으로 대응할 수 있을 것이다. 물론 학교에서 새로운 직업을 족집게처럼 예측하기는 어렵겠지만 4차 산업혁명을 구성하는 기술지식과 역량의 성격은 폭넓게 알려져 있으므로 이에 맞추어서 교육을 시키면 새로운 일자리가 요구하는 현장에서의 지식과 역량에 맞추는 적응력이 강해질 수 있다.

흔히들 4차 산업혁명에서는 융합형 인재가 필요하다고 한다. 전통적 전공과목에 구애받지 않고 관련되는 분야를 아우르는 학제적, 통섭적 지식이 요구된다는 것이다. 선진국에서는 이미 널리 융합교육이 실시되고 있고 한국에서도 호응하고 있지만 고질적인 칸막이 의식구조 때문에 실효성이 부족하다는 비판이 있다.

교육은 학생 개개인이 노동시장의 변화에 적응하고 기회를 포착하게 해주는 피동적 역할을 넘어서서 변화를 촉진하고 일자리를 만들어 내는 능동적 역할을 담당할 수 있다. 디지털경제를 발전시키는 양대 축은 기술과 인력이다. 기술의 진보도 궁극적으로는 과학자와 기술인들의 머리에 달려 있으므로 디지털경제는 근본적으로 인력자원의 확보가 관건이다. 한국의 교육제도가 디지털경제에서 필요한 인재를 차질 없이 길러 내면 한국의 디지털 경제는 추격자에서 벗어나 선도자로 올라 설 수 있고 그 과정에서 무수히 좋은 일자리가 만들어질 수 있다.

교육의 디지털화는 디지털기술을 활용하여 교육 본연의 목적을 더욱 효과적으로 이루어 낼 수 있다는 기대를 모으고 있다. 교육과정에서 생성되는 정보를 빅데이터로 축적하여 인공지능으로 분석하면 학생 개개인의 학업성취도를 재빨리 파악할 수 있게 될 것이다. 이를 바탕으로 맞춤형교육을 제공함으로써 개개인의 잠재역량을 극대화하는 교육본연의 기능이 회복될 수 있고 나아가서 교육 불평등을 완화하는 효과도 나타날 것이다.

에듀텍(edutech)은 이미 사교육시장에서 활용되고 있다. 정부는 교실을 스마트화하는 데 막대한 예산을 투입한다고 한다. 자칫 교실에 디지털 교육기자재를 설치하는데 치중하는 하드웨어적 접근으로 그친다면 예산의 낭비에 불과할 것이다. 자료의 축적과 분석, 활용이 중심이 되는 소프트웨어적 접근이 있어야 한다.

"한국 교육이 미래 한국사회가 요구하는 인재를 길러내기 위해서는 어떠한 변화를 거쳐야 하는가?"에 대한 해답의 출발점은 학교를 대학입시의 굴레로부터 해방시키는 것이다. 대기업 입사시험에 맞추어서 대학교육이 영향을 받고 대학입시에 맞추어서 초·중등교육이 종속되는 파행을 시정해야 한다. 올바른 순서는 초중등교육에서 한국사회의 발전을 이끌어 나갈 교육을 시키고 대학은 그 바탕 위에서 자신들이 원하는 학생을 선발하기 위한 입시 제도를 강구할 수 있어야 한다. 기업은 그 학생들 중에서 자기들에게 적합한 사람을 채용하기 위한 방법을 채택하는 것이다.

입시굴레에서 벗어난 초·중등교육이 어떠한 내용의 학습을 시킬지에 대해서 교육 당사자들이 머리를 맞대고 치열하게 고민하고 공감대를 만들어 나가야 한다. 인성교육과 지식교육, 역량교육의 조화와 균형을 염두에 두고 교수·학습방법에서도 일방적 주입교육을 지양하고 토론, 문제해결, 프로젝트 수행, 디지털기술 등을 다양하게 활용해야 할 것이다. 이러한 신교육이 성과를 내기 위해서는 교사의 자율성 제고, 책임감 배양, 역량강화가 필수적이고 교사양성 과정도 이에 맞게 개선되어야 할 것이다.

인성교육에서 가정과 사회가 갖는 비중은 매우 높다. 학교교육만으로는 한계가 분명하다. 아이들을 품성 좋은 인간으로 만드는 것은 밥상머리에서 시작한다는 말은 이미 옛말이 되었다. 맞벌이 부모들은 직장일로 바쁘고 아이들은 학원가기 바빠서 서로 대화할 시간조차 갖기 힘들다. 시험성적을 올리고 입시과목 문제를 풀어야 하는데 인성과 품성을 가르치는 것은 불필요한 사치로 여겨질 수밖에 없다. 그러나 학교와 가정이 입시부담에서 해방되면 부모와 자녀들이 좀 더 인간적인 관계로 돌아가서 대화와 교류를 늘려 갈 수 있을 것이다.

대한민국은 민주공화국이라고 헌법에 명시되어 있다. 기성세대들이 헌법 가치를 위반하였다고 처벌받는 엄중한 상황에서 학생들에게 민주공화국의 가치에 대한 명확한 인식을 심어주지 않으면 안 된다. 민주주의는 선거를 통해서 국민의 대표자들을 뽑는 형식적 절차가 지켜진다고 해서 성공적으로 작동하는 것은 아니다. 진정으로 국민을 위해서 봉사하는 대표를 뽑아야 하고 그러기 위해서는 대한민국의 정체성과 역사에 대한 올바른 이해가 필요하다.

민주주의는 타협의 과정이다. 자기주장을 함과 동시에 남의 의견에 귀를 기울이고 이성과 합리를 앞세우는 토론을 통해서 합의를 이루어 나가는 과정이다. 감정을 앞세우고 진영논리의 함정에 빠지면 타협과 합의는 실종되고 투쟁과 분열만 남고 이는 민주주의의 위기를 자초한다. 민주시민으로서의 소양을 심어주는 학교교육이 중요한 이유이다.

민주공화국에서 공화국은 개인의 자유와 더불어 공동체적 시민의식을 강조하는 것이다. 자신의 이익만을 내세우는 만인의 만인에 대한 투쟁이 만연하는 사회는 공동체의 적이다. 자신의 입장이 중요한 것만큼 남의 입장도 중요하다는 역지사지의 마음, 자신의 편함을 위해서 남을 불편하지 않게 하겠다는 배려의 정신, 이웃의 아픔을 외면하지 않는 공감능력 등은 공동체의 유지와 발전을 위해서 필요한 덕목이다. 문을 열고 나갈 때 뒷사람을 위해서 손잡이를 잡아주고 횡단보도를 건너는 행인을 위해서 자동차를 세우는 사소한 배려는 상대방의 얼굴에 미소를 자아내게 하고 나의 마음까지도 훈훈하게 덥혀준다. 교실과 가정에서 이러한 교육이 이루어져야 한다.

교육본연의 역할을 되찾기 위해서는 교육의 정치적 중립성이 반드시 보장되어야 한다. 교육에서 정치성이 개입될 수 있는 분야는 자유민주주의의 가치에 국한되어야 한다. 정권이 바뀔 때마다 교육정책이 바뀌고 그 과정에서 정파적 이념과 가치가 개입하는 현상이 반복되면 백년대계는 오년소계로 전락할 수밖에 없다. 정치적 이익을 위해서 수백만 학생과 학부모들을 볼모로 삼는 모순은 없어져야 한다.

III

초 · 중등
교육의 정상화

01 사교육의 식민지가 된 초·중등교육

02 참여와 체험의 인성교육과 민주시민교육

03 자유와 경쟁을 가르치는 경제교육

04 노동시장과 연계된 진로교육

05 경제의 허리가 되는 직업교육

사교육의 식민지가 된 초·중등교육

1. 경쟁과 입시에 매몰된 교육을 어찌할 것인가?

1) 입시에 속박된 학생들의 공부와 삶

우리나라 학생들은 '좋은' 학교(대학)에 진학하기 위해 공부한다. '입시 위주'로 공부한다. 학생들의 삶이 입시 위주로 돌아가고 학교 교육이 그렇게 돌아가게 된 지는 오래되었다. '베이비 부머 세대'도 그렇게 살았고, 'X세대'와 '밀레니얼(Y)세대'도 그렇게 살았으며, 지금 'Z세대'도 그렇게 학교 다니고 있다. 입시 위주 교육이 바람직하지 않다는 이야기는 아주 오랫동안 해왔고, 그런 교육 현실을 바꾸기 위해 '교육개혁'도 숱하게 해왔지만, 아직도 사태는 변한 게 거의 없다.

실지로 학생들은 어떻게 공부하며 살고 있는가? 단편적이라 이야기가 성기지만, 언론 기사와 연구 인터뷰에서 그 윤곽을 볼 수 있다.

(1) '만점' 학생들의 이야기

먼저, 공부를 잘하는 학생들은 어떤가? 매년 대입 시즌이 지나고 나면 '성공 사례'들을 듣게 된다. 성공 사례로 언론이나 사교육 홍보물 등에서 다룰 정도면 물론 예외적으로 뛰어난 학생들이다. 그들의 이야기가 일반적이지는 않겠지만, 학생들이 어떻게 학교 교육의 과정을 헤쳐 나가는지 요점을 도드라지게 보여줄 것이다. 지난 두 해의 수능에서 만점을 얻었다고[1] 알려진 수험생들의

---

1) 만점이라면 시험의 모든 문항에 정답을 냈다는 뜻이지만, 수능의 경우 만점은 반드시 그렇지

이야기를 찾아보았다.[2]

　보도될 정도이니 당연한 이야기이겠지만, 수능 만점자들은 모두 꿋꿋하게 대입 준비(고등학교 교육)의 시련을 이겨냈다. 돈 크게 들여 '사교육'을 받아본 적이 없고, 학교에서 밤늦게까지 공부했거나, 학교 기숙사에서 지내며 시험 준비에 몰두한 경우들이 대부분이다. 언론이 그런 학생들만 찾아서 보도하기도 했겠고, 기사들의 '편집'이 이야기를 그쪽으로 기울게 한 점도 물론 있을 것이다. 그러나 뛰어난 학생들이 '자기주도적으로' 공부하는 경향이 있다는 사실은 꽤 일반적으로 확인되어 온 것이다.

　만점자들의 이야기에는 이 외에도 공통점이 많다. 기사들은 그들이 어떻게 공부했는지에 초점을 두고 있는데, 만점자들의 이야기는 서로 매우 비슷하다. 한 사람의 이야기인 것처럼 몇 가지로 정리해도 크게 다름이 없을 정도이다.

　우선, 그들은 끈질기게 꾸준히 시험 준비를 했다. 하루 잠자는 시간이 4~5시간 정도였던 게 일반적이고, 쉬는 날 없이 공부했다. 이를테면, 그들은 '슬럼프'의 시기가 없지 않았지만 "이를 악물고" 공부했다고 말한다.

　공부는 주로 혼자서 나름의 이해와 해법을 찾아가는 방식으로 했다. "자습 시간을 최대한 확보하려고 했고", "배운 것을 내 것으로 체화시키려고 했다." "나에게 잘 맞는 나만의 공부 방법을 찾아 유지"했다고도 말했다. 인터넷 강의 외에는 사교육 도움을 거의 받지 않았고, 도움을 받은 경우에도 자신이 구성한 계획에 맞춰 이용했다.

　입시(수능)에 특정해서도 역시 자기 나름의 수험 전략을 만들어 따랐다. 그 이야기들을 정리해보면, 기출문제를 거듭 풀어보면서 어떤 유형의 문제들이 출제되는지 정형을 찾아내 연습하고, 여러 해에 걸쳐 기출 문제들을 살피면서 출제 경향의 변화까지 분석하며 준비했다. 이런 과정에서 오답을 내거나 실수했던 경우에 대해서는 "나만의 매뉴얼"을 만들어 실수 반복을 예방하려고 했다.

는 않다. 성적이 등급으로 발표되는 영어와 한국사의 경우 1등급이면 만점으로 간주한다. '수능 만점자'라 하더라도 두 영역에서는 모든 문항을 맞추지 못했을 수 있다.

2) 한국언론진흥재단이 제공하는 기사 검색 서비스 빅카인즈(BIG KINDS)를 이용하여, '중앙지'가 보도한 기사들을 뒤졌다. 2019학년도(2018년 시행) 수능의 경우 4명의 만점자 기사를 찾을 수 있었고, 2020학년도 수능의 경우는 5명의 만점자에 대한 기사를 찾을 수 있었다.

요컨대 수능 공부에 대해서, 그들은 "매일 같은 것을 반복하는" 것이라고 정리했다. 그래서 "같은 문제를 다양한 방법으로 풀어보는" 것이 지루함을 이기고 완전하게 익히는 방법이 될 것이라고 후배들에게 조언하기도 했다.

수능 만점자들의 이야기에 한결같은 데가 있다면 그것은 문제를 풀고 또 풀었다는 것이다. 그들은 문제 유형과 출제 경향을 분석하며, 반복적이고도 꾸준히 문제 풀이에 몰두했다. 한 만점자의 회상대로, 그들은 "고교 3년을 이를 악물고 보냈다." 그 지루함과 때로 찾아오는 슬럼프를 이기기 위한 전략에서는 서로 달랐지만, 문제 패턴과 풀이를 익히며 실수 막기에도 전력을 기울였다는 점에서는 다른 데가 없었다.

(2) 기계적인 공부

수능 만점자들은 대체로 하루 15시간 이상 '공부'에 매달렸다고 말한다. 그 공부란 것이 사실은 반복적인 훈련이었다. 오늘날 대입 상황은 우리나라 최고의 잠재력을 지닌 학생들마저 '기계적인 공부'로 시들어가도록 만들고 있다는 사실을 확인하게 된다.

'공부 아닌 공부'를 기계적이게 하고 있는 학생은 사실 우수한 학생들뿐만이 아니다. 대입 경쟁에 달려든 모든 학생이 그렇게 공부하고 있다. 그런 공부는 삶의 세계를 새롭게 익혀가고 그 결과로 새로운 것을 보게 되는 진정한 공부가 되기 어렵다. '기계학습'(machine learning)이 그렇듯, 주어진 알고리듬(algorithm)으로 돌려지는 수동적이고 폐쇄적인 훈련일 뿐이기 십상이다. 수능 시험 과목에 대해서만(즉, 주어진 '데이터'만을 대상으로), 출제 유형과 경향에 맞추어(알고리듬이 규정하는 대로), 풀이 연습을 거듭(가능한 한 많은 사례로 뒷받침되도록)하는 것일 뿐이다.

비유한다면 '알파고'가 바둑 '공부'를 하는 것과 같다. 알파고는 수많은 기보(棋譜)를 자료로 19×19의 반상에서 예상되는 바둑의 수를 거의 모두 익히도록 '프로그램' 되었다. 우리나라 고등학생들이 수능의 기출(또는 모의) 문항들을 최대한 많이 풀어봄으로써, 수능에 출제될 모든 경우의 문항에 대해 '풀이의 묘수'를 갖춰두려는 것은, 알파고의 프로그램이 돌아가는 것과 다를 바가 없다.

주어진 절차와 논리(즉, 알고리듬)에서 한 치도 벗어나지 못하는 기계적인 훈련이고, 그 결과는 제한된 영역의 기능을 효율적으로 익히게 되는 것에 불과하다. 알파고가 바둑은 잘 두겠지만 장기는 전혀 두지 못할 것처럼, 수능 고득점자도 수능 문제의 답은 잘 고르겠지만, 그 '능력'이 창의적이거나 사회적인 문제를 해결하는 데로 전이될 가능성은 희박하다. 그리고 무엇보다도, 인공지능(알파고)의 경우가 그렇듯, 그런 '공부'에는 인간의 무늬가 없다.

(3) '공부를 놓은' 학생들의 이야기

학교 공부를 따라가지 못하는 학생들은 어떻게 지내고 있을까? 그런 학생들의 이야기를 들어보기는 쉽지 않다. 그들 이야기가 집이나 학교 밖으로 나오고 언론에 보도될 정도이면, 그것은 공부 이야기이기보다는 '사건' 이야기이기 십상이다. 그들이 일상으로 겪고 있는 학교(교육) 현실을 눈여겨보고 대변해줄 사람도 거의 없다. 그들은 자신의 형편을 제대로 이야기할 만큼 어휘나 논리를 갖추고 있지 못한 경우가 대부분이다. 아래 이야기들은 한 연구[3] 과정에서 채집한 것이다. '학업에 어려움을 겪고 있는' 학생들을 소개해달라고 교사들에게 부탁하여 만날 수 있었던 학생 7명과 나눈 이야기들에서 모았다.

수업을 따라가지 못하는 학생들은 학교에서 주로 '자거나 놀고 먹으면서' 보낸다. 그렇게 지내는 게 재미있다고 이야기하기도 하고 지루하다고 이야기하기도 한다. 일과를 소개해달라고 부탁했을 때 아래와 같이 답들 한다.

> 하루 일과… 일어나서 학교 오고, 수업하고, 놀고, 자고, 밥 먹고, 자고. 공부가 재미없으니까 공부 안 하는 애들끼리 모여서 게임하고, 놀고, 떠들고 그러다 졸리면 다 같이 자고. 그리고 밥이 맛있어서 밥 먹고 애들 노는 거 구경하고, 자고. 그냥 그런 게 재미있기도 하고 또 지루하기도 하고 그래요.

왜 수업에 참여하지 않느냐고 물으면, 수업을 따라갈 수 없다고 한다. 그들은 대체로 고등학교 교육과정을 이수하기 위한 기초를 갖추지 못한 상태에

---

3) 강태중 외(2019). 고등학교 무상교육 정책의 이상과 과제. 경기도교육청 연구과제 보고서.

서 입학했다. 그들은 이 결손을 스스로 메워갈 수 없다.

> 처음에 공부를 되게 열심히 하려고 했는데… 수학이랑 영어를 잘 몰라 가지
> 고 못했어요. 그래서 수업을 못 알아들으니까 점점 흥미가 떨어지고 성적이
> 내려가더라고요. 그렇게 된 거예요.
> … 선생님이 쉽다고 얘기하시면서 문제를 내주시는 데 저희한테는 뭔가 좀
> 어려워 가지고… 잘 안될 때가 많아서. [여러 번 설명해줘도 이해가 안 되는
> 경우가 많아요?] 네.

수업에 참여하지 않는(못하는) 학생들은 다른 '활동'에도 관심을 두지 않는
다. 그들에게 학교에서 수업 외에 어떤 활동을 하고 있느냐고 물으면, 학교에
서 하는 활동들은 '공부하는' 학생들을 위한 것이고 자신들과는 상관없는 것처
럼 이야기한다. 동아리 활동이나 '대회' 같은 것들이 학교에서 이루어지는지,
그리고 그런 데 참여하는지 물었을 때 대답들은 이랬다.

> (우리 학교는)… 좀 대회나 그런 게 많은 것 같아요. 공부하는 학생들한테
> 좋을 것 같아요. [활동이나 대회에 한 번도 나가본 적 없어요?] 네. …재미도
> 없고 좀 어차피 별로 도움도 안 되고. 어, 관심이 없어요.

교사들도 위와 같은 학생들의 상황을 모르지 않는다. 교사들이 볼 때[4] '포
기하는' 학생들은 이렇게 생겨난다.

> … 정말 안타까운 게… 1학년 때는요, 그래도 의욕적으로 달려들어요. 근
> 데… 애들이 1학년 1학기를 지나고 나면 자기 수준[내신 등급]을 알잖아요.
> 그러면서 '내가 목표하는 곳[대입]을 이룰 수가 없네?'라는 생각을 [하게 되
> 고] … '아 내가 … 원하는 곳[대학]이 힘들어지겠네?' … 알게 돼요. …그러
> 면 무너지는 아이들이 생겨요.… 우울감에 시달리기도 하고… 그냥 엎드려

---

4) 면담할 학생들을 추천해주었던 교사들과 해당 학생들에 대해 이야기를 나누었다.

자는 현상들… 그리고 좀 엇나가는 경우들도 있죠.

수능 만점자들과 모습은 전혀 딴판이지만, 공부를 포기한 학생들도 '입시 위주' 상황에서 나름대로 생존할 길을 찾고 있다는 점에서는 다름이 없다. 수능(정시)과 학생부 전형(수시)으로 집약되는 대입 체제가 그들의 생활도 장악하고 있다. 대입 체제는 그들에게 수업과 수업 외 활동을 무의미하게 만들고 있고, 그들을 학교에서 겉돌게(포기하게) 만들고 있다.

수능은 그들이 수업을 따라갈 수 없게 만드는 핵심적인 요인이다. 수능은 고등학교 교육과정을 그 시험 범위로 하며, 모든 학생이 그 범위에 대한 '진도'를 시험 날짜 전에 마칠 것으로 전제한다.[5] 이런 조건에서 교사들이 수업을 따라오지 못하는 학생들을 위해 보충 시간을 할애할 수 없다. 처진 학생들을 어느 정도 도와주다가도 결국 교사들은 그런 학생들을 포기해야 한다.

대입 전망이 안 보이는 학생들이 학교 안의 여러 활동에 관심을 보이지 않게 되는 것도 그 활동들이 대입에 관련해서만(특히, 학생부 전형을 위한 '스펙'으로써만) 의미를 지니기 때문이다. 대입에서 멀어져가는 학생들이 그런 활동에 관심 둘 이유가 없다. 그들에게 그런 활동은 '강 건너' 것일 뿐이다. 그것들은 모든 학생을 위해서 있는 것이 아니라, 대학에 갈 만한 학생들에게 대입 전략상 필요해서 있는 것이라고 여겨진다. 대입 기회가 멀어졌다고 포기하고 있는 학생들이 보기에는, 한 학생이 이야기했던 것처럼, 활동이나 대회가 "공부하는 애들한테 좋을 것 같은" 것들일 뿐이다. 수업 외 활동은 대입에 달려드는 학생들이 학생생활기록부 기록을 위해 챙겨야 하는 것으로, 공부를 놓아버린 학생들과는 무관한 것이 돼버리는 것이다.

2) 입시(대입) 제도는 어떻게 '괴물'이 되었나?

고등학교 '교육'을 뛰어나게 마쳤다고 칭송받는 학생들이나, 고등학교 졸

---

5) 실지로는 대부분 고등학교에서 2년 안에 고등학교 3년과정 진도를 마치려고 한다고 알려져 있다. 3학년이 돼서 온전히 수능 문제 풀이 훈련에 몰입하기 위해서는 그런 전략이 불가피하다고 여긴다.

업장을 받긴 했지만 실지로는 학교에선 잠만 잤던 학생들이나, 모두 학교에서 교육을 제대로 받았다고 보기는 어렵다. 이렇게 된 게 어제오늘의 이야기가 아니다. 사태가 이렇게 된 데는 입학제도(오늘날 경우에는 특히 대입제도가) 탓이 크다고 한다. 대입제도가 어떻게 되어 있기에 이런 혐의를 받게 되었을까?

우리나라 대입제도는 너무 자주 바뀐다는 비난을 누누이 들어왔다. 2019년 말 정부가 '대입제도 공정성 강화 방안'을 발표했을 때, 한 신문 기사는 그것이 광복 후 19번째라고 헤아리기도 했다.[6] 그러나 얼마나 바뀌었을 때 '바뀌었다'고 보느냐에 따라 바뀐 횟수는 달라질 것이다. 대입제도는 어쩌면 매년 바뀌어 왔다고 말해야 할지 모른다. 모든 대학이 따라야 할 대입전형 지침은 매년 새롭게 하달되며, 대학들은 그 지침에 따라 매년 전형 요강을 바꾼다. 대입을 준비하는 학생이나 그들을 돕고 있는 부모와 교사들에게는 대입 전형방식이 매년 새롭게 확인하고 적응해야 할 '바뀐' 제도이다.

변화가 잦았다고 해서 대입제도가 난순한 변덕을 부린 것은 아니다. 이제까지 변화가 하나의 노선을 곧게 따르듯 이루어져 온 것은 아니지만, 결국 특정한 체제(paradigm)를 구축해 온 과정이다. '한국적인' 대입제도를 만들어 온 과정이라고 볼 수 있겠다. 요컨대 그것은 '객관적이고 투명한 전형'을 모색해 온 과정이었고, 오늘날 국가시험(수능)과 내신(학생부)을 주축으로 삼는 전형방식으로 정착해 있다.

(1) '부정과 비리' 척결을 표방하며 축조해 온 국가시험

국가시험이 대입제도의 핵심적인 축이 되는 데는 초기 대입에서의 '부정과 비리'가 그 빌미가 됐다. 시험은 애초부터 우리 대입제도에서 핵심적인 전형 도구였다. 일상적인 대화에서 입학(전형)제도라는 말보다 입시제도('입학시험' 제도)라는 말이 더 익숙한 게 그 사실을 말해준다. 그런 시험을 광복 후 초기에는 대학들이 독자적으로 시행했다. 시험 부정과 비리는 이때 고질적인 문제였다.[7] 학교와 대학 체제가 아직 체계를 갖추지 못했던 당시 현실에서는 대입에 지원

---

6) [중앙일보] 이번엔 조국이 쏘아 올렸다. 광복 후 19번 바뀐 대입 흑역사_20191201.
7) 이종재 외(1995). 대학입학전형제도의 개선에 관한 연구. 교육부 정책연구 보고서.

할 수 있는 자격부터 모호했다. 지금처럼 '고등학교 졸업자'라고 간명하게 규정할 수 있는 상태가 아니었다. 식민지 시기나 6·25 시기에 다양한 변통의 교육 과정을 이수한 대입 지원자들을 확연하게 선별할 기준이 세워질 수 없었다. 이렇게 혼란스러운 상황에서 대학들은 입학전형의 재량을 종종 남용했다. 특히, 궁색했던 사립대학들은 재정을 마련하기 위해 '무자격자'를 입학시키거나 정원을 초과해 신입생을 선발하는 부정과 비리를 자행하곤 했다. 이런 사태는 당연히 사회적으로 지탄받았고, 문제가 불거질 때마다 정부는 대학의 재량을 규제하는 방향으로 대입제도를 만들어가게 되었다. 전형방식은 자연스럽게 대학이 아닌 국가가 관리하는 시험을 핵심에 두게 되었다.

국가시험은 1960년대 말 시작된 '대학입학예비고사'에서부터 대입제도 안에 안정되게 자리 잡았다. 이름이 시사하는 것처럼, 그 시험은 최종 전형 전에 ('예비로') 대입자격을 검증하려는 것이었다. 적어도 무자격자를 입학시키거나 정원 넘게 충원하는 식의 원색적인 비리들을 이 시험으로 정리할 수 있었다. 그러나 '예비고사'로서 대학별 '본고사'와 병행하여 10년 넘게 시행되는 동안, 쓸데없이 시험만 두 번 치게 만든다는 것과 같은 지적들도 생겨났다.

이런 지적이 이는 와중에 1980년의 '7·30 교육개혁'은 대학입학예비고사를 '대학입학학력고사'로 변화시키면서 입시 체제를 일원화했다. 대학별 시험('본고사')을 금지하고, 사실상 국가시험만으로 전형이 가능해지는 체제를 구축했다. 이런 입시 체제는 여러 갈래로 논란을 일으켰다. '눈치작전'이니 '배짱지원'이니 하는(시험과 전형의 수순을 둘러싼) 혼선도 일으켰고, 대학의 학생 선발권을 해쳤다는 원성도 낳았다. 그러나 이후 시험의 변화를 가져온 측면에서 보면, 핵심적인 이슈는 시험의 비교육성이었다. 시험의 영향력이 막대해지면서, 당연히 학교 교육과 학생들의 공부는 그 시험만을 겨냥하게 되었는데, 시험이 단편적이고 '지식(암기) 위주'라서 학교 교육을 망친다는 비판이 고조되었다. '고차적인 정신능력'을 잴 수 있는 시험을 모색해야 한다는 주장이 나오기 시작했다.

지금도 명맥을 유지하고 있는 '대학수학능력시험'은 바로 이런 비판과 논란의 배경에서 생겨났다. 1994학년도 대입부터 도입된 이 시험은 "통합교과적으로 고차적인 사고력을 측정한다"는 취지를 표방하며 만들어졌다. 그럼에도 불구하고 이 시험 역시 '입시 위주 교육'의 원흉으로 지적되기는 마찬가지였다. 지난 4반세기 동안 많은 논란과 변화를 겪으면서 오늘에 이르고 있다. '수능'이라는 이름은 유지하고 있지만, 당초 시험의 취지는 많이 잃어버린 상태이다. 최근 정부는 2028학년도에 적용할 수 있도록 새로운 수능을 준비하겠다고 발표했는데,[8] 이 발표대로 이행된다고 하더라도, 시험의 양식에 다소 변화가 있을지는 모르겠지만, 대입제도에서 국가시험이 주축을 이루는 기존 틀에는 큰 변화가 없을 전망이다.

(2) '교육 정상화'의 이름으로 채택된 내신 그리고 학생부 전형

국가시험이 대입제도의 주축으로 발전하여 자리를 잡은 지 오래됐지만, 그 시험 자체의 문제가 해소되었거나 비판이 잦아든 것은 아니다. 국가시험이 정착해오는 역사를 따라 그것에 대한 비판이나 저항도 함께 힘을 얻어왔다. 25년 넘게 유지되고 있는 '수능'에 대해서도 그동안 비판은 끊임없이 이어져 왔다. 시기에 따라 언어들은 달랐지만, 비판의 요점은 '입시위주 교육'과 '과열 경쟁'에 있었다. 전국 수준에서 표준적으로 관리되어야 하는 국가시험은 선다형 체제를 벗어나기 어렵고, 그런 시험을 겨냥하게 되는 수업이나 공부는 단편적이고 암기 위주가 되기 마련이다. 시험이 학교 교육의 본연을 해친다는 비판이 안 나올 수 없다. 그 시험 결과가 대입에 결정적인 영향을 미치기 때문에 점수 경쟁이 치열해지는 사태도 피할 수 없다. 그 과열의 책임도 시험 탓으로 돌려져서 제도에 대한 원성은 더욱 커진다.

'내신'은 이런 사회적 원성을 배경으로 대입제도에 들어왔다. 국가시험처럼 일회적이고 획일적인 시험의 점수보다 고등학교에서의 학습과 활동 기록을 사용하는 것이 대입전형을 더 타당하게 만들고, 과열 경쟁이나 학교 교육도 정상화할 것이라는 발상들이 설득력을 얻기 시작했다. 물론 그런 생각이 바로 제도로 수용되지는 않았다. 모든 대입 경쟁자를 동일한 잣대로 변별해야 한다고 여겨지는 대입의 맥락에서 내신을 선뜻 전형자료로 받아들이기는 어렵다. 내신은 학교마다 다를 수밖에 없고, 특히 고등학교들이 '서열화'되어 있는 현실에

---

8) 2019년 11월 28일에 교육부가 발표한 '대입제도 공정성 강화방안'에 들어 있다.

서, 학교 차이를 무시하고 내신을 대입 전형에 반영하자는 대안은 용납되기 어렵다. 게다가 초기에 내신 반영을 시도했을 때는 학교들이 '부풀리기' 행태까지 보였다.[9] 내신(학교생활기록부) 자체에 대한 사회의 신뢰마저 깨지게 되었다.

이런 난관에도 불구하고 내신(학교생활기록)이 대입전형 자료의 한 축을 이루게 된 데에는 정부의 힘이 크게 작용했다.[10] 대입전형에서 내신을 반영하려는 시도가 광복 후 초기부터 몇몇 대학에서 있었지만, 국가시험 제도가 정착하면서 그런 시도는 사라졌다. 그렇게 국가시험이 지위를 확고하게 다지게 되었지만, 그런 상태는 역설적이게도 내신 반영의 발상을 재기시켰다. 국가시험이 결정적인 전형자료가 되자 자연히 학교 교육은 입시 위주로 치달았고, 이 문제는 고질적인 과제로 정책 논의에 떠돌았다. 대입제도 개혁을 논의할 때마다 그 과제는 학교 교육 결과(내신)를 반영하는 제도로 풀어야 한다는 주장이 제기되곤 했다. 7.30 교육개혁은 그런 주장을 받아들여, 모든 대학에 내신 반영을 강제했다. 당시 정권의 강압적인 위세가 그렇게 밀어붙일 수 있는 배경이 되기는 했지만, 그 대안 자체는 교육계가 꾸준히 청원해 온 것이기도 했다.[11] 그래서인지 이후 들어선 정부에서도 내신 반영의 대안을 계속 유지하며 발전시켰다. 문민정부에서는 5.31 교육개혁을 통하여 '내신'을 '학교생활기록부'(학생부)로 체계화했고, 노무현 정부에서는 '2008학년도 이후 대입제도 개선안'을 통해 '입학사정관제'를 도입했으며, 이어서 이명박 정부에서는 재정지원 인센티브를 붙여 그 제도를 강화했다. 이런 과정을 거치며 결국 내신(학생부)은 수능과 쌍벽을 이루는 전형자료로 자리 잡았다.

---

9) '2002학년도 대학입학제도 개선안'은 '무시험 전형'과 '특별전형'을 중핵으로 삼았는데, 이 전형들은 학교생활기록부의 기록(즉, 내신)을 바탕으로 이루어지게 될 터였다. 이런 방안이 발표된 후 학교들에서는 '성적 부풀리기'나 '상장 부풀리기'가 일어나고 있다는 고발들이 일어났다.
10) 대학의 초기 저항이나 사회의 불신 경향에도 불구하고 정부가 내신(학생부) 반영 정책을 고집했다는 점에서 정부의 힘이 작용했다고 말할 수 있다. 그러나 정부가 그런 정책을 견지한 것이 결국 여론(특히, 사교육비 부담을 낮추라는 여론)을 의식한(내신 반영책이 사교육 수요를 줄일 것이라는 계산에 근거한) 것이라고 해석할 수도 있을 텐데, 그렇다면 내신 반영 정책은 여론의 힘으로 유지되었다고 볼 수도 있다.
11) '7.30 교육개혁'의 실무를 맡았던 한 관계자는 그 개혁의 전말을 기록하면서 개혁 대안들은 주로 이전까지 교육계에서 논의했던 대안들을 반영한 것이었다고 서술했다. 정태수(1991). 7.30 교육개혁. 서울: 예지각. iv.

3) '공정한 선발'과 '정상적인 교육'이라는 슬로건의 허상

수능과 학생부 전형을 주축으로 하는 오늘날의 대입제도는, 요약한다면, '공정한' 선발과 '정상적인' 교육을 추구해온 정책사의 산물이다. 앞에서 정리했던 것처럼, 국가시험은 부정과 비리를 차단하고 객관적이고 투명한 전형을 보장해보려고 만들어 온 전형 양식이다. 공정하게 경쟁을 판가름하려는 생각이 수능과 같은 국가시험을 낳은 셈이다.[12] 중앙 정부가 엄정하게 관리하면서 모든 대입 지원자가 대등한 조건에서 치도록 하는 시험으로, '객관적인' 점수로 산출되는 그 결과를 '투명하게'(누구나 확인할 수 있게) 전형에 적용할 때 대입제도의 '공정성'이 확보되리라고 보았다.

내신(학생부) 전형은 국가시험의 교육적 부작용을 막아보려고 궁리해 온 양식이다. 일회적인 국가시험이 전략적인 입시 위주의 교육을 초래한다면, 학교 재학 중의 성적과 활동 기록(학생부 기록)을 전형자료로 채택함으로써 교육을 '정상화'할 수 있으리라고 계산했다. 그렇게 되면 시험으로 몰린 과열 경쟁이나 사교육 부담도 완화시킬 수 있으리라 기대했다. 오늘날 수능과 학생부(또는 정시와 수시)를 주축으로 하는 대입제도는 이상과 같은 구상과 기대를 따라 구축되어 온 셈이다.

개혁의 때마다 외쳐진 정책 취지나 기대와는 달리, 대입제도는 공정해지지도 못했고 교육을 정상화하지도 못했다. 모두(冒頭)에 예시했던 것처럼, 대입제도는 학교 교육을 사실상 무의미하거나 경쟁 전략에 불과한 것으로 만들어 버리고 있다. 이렇게 대입제도가 교육을 훼손시키는 한, 그것이 공정할 수 있는 여지는 없다. 우수한 학생이건 부진한 학생이건 학교에서 교육다운 교육을 받기 어렵게 만든다면, 그 사실 자체로 대입제도는 학생들에게 불공정한 것이다. 그런 상태를 그대로 두고 대입 당락을 '공정하게' 결정한다는 것은 성립될

---

12) 국가시험을 발전시키려는 시도가 공정한 전형만을 염두에 두었던 것만은 물론 아니다. 앞에서 보았던 것처럼, 예컨대 '고차적인 정신능력'을 평가할 수 있는 시험을 만들어 교육을 바람직하게 선도하려는 생각도 없지 않았다. 그러나 적어도 수능 체제가 고착된 이후에 그런 시도는 접혔다고 보아야 할 것이다. 대입제도의 '공정성'을 높인다며 수능의 영향력을 더 키운 최근 정부 정책에서 확인할 수 있는 것처럼, 국가시험은 대입제도를 공정하게 만들려는 의도에 더 관련되어 있다. 시험을 바꾸어 교육을 정상화하려는 발상은 더이상 유효한 것으로 여겨지지 않는다.

수 없는 일이기 때문이다.

(1) 수능이 객관적이고 투명할 수 있어서 공정?

부정과 비리를 막고 누구에게도 치우치지 않는, '공정한' 전형을 추구한 역사는 '하나의 잣대'로 '객관적이고 투명하게' 사정할 수 있는 대안을 찾아왔다. 수능은 그 역사의 산물이다. 그러나 수능은 공정하지도 못하다. 그 이유는 핵심적으로 두 가지를 들 수 있다.

우선 수능은 객관적인 점수 체제를 기반으로 삼음으로써 학교 교육을 부패하고 뒤틀리도록 만들고 있다. 이 점은 이른바 '캠벨의 법칙'을 빌어 설명할 수 있다. 본래 그 법칙은 아래와 같이 기술되어 있다.[13]

> 사회적인 결정을 내리는 데 양적인 지표에 의존하면 할수록 그 지표 자체가
> 부패하기 쉬울 뿐 아니라 그 지표로 평가하려는 사회적 과정도 왜곡시키고
> 부패시키게 될 것이다.

캠벨(Donald T. Campbell)은 사회 정책이나 프로그램을 평가하는 맥락에서 위와 같은 법칙을 도출했지만, 그 법칙은 교육 성취를 평가하는 맥락에서도 그대로 적용할 수 있다. 위 인용문의 '사회적 과정'(social processes)이란 말 대신에 '교육적 과정'이란 말을 대입해도 '법칙'은 여전히 유효하다. 수능 점수로 개인의 교육 성취 또는 잠재력을 측정하고 그것으로 대입 당락을 결정하려고 한다면, 수능 점수 자체가 다양한 부패의 압력으로 썩게 될 뿐만 아니라, 그 점수를 생산하기 위한 '교육'의 과정 역시 왜곡되고 부패하게 될 것이다.

이런 가설은 이미 우리 현실이 입증하고 있다. 학생 개인의 실제 잠재력이 어떻건 그리고 어떤 과정을 거치건, 수능 점수만 높일 수 있으면 그만이라는 생각은 우리 사회에 이미 만연하고, 그런 생각에 기생하는 온갖 '득점 전략'도 비교육적임에도 불구하고 사교육 서비스로 포장되어 고가에 팔리고 있다. 심지

---

13) Campbell, D. T.(1976). Assessing the impact of planned social change. Dartmouth College. Occasional paper series. Paper #8. 49.

어는 학교마저도 그런 서비스를 구매하거나 퍼뜨리는 데 앞장서며, '일타강사'
와 훌륭한 교사를 동일시하는 풍토를 당연하다는 듯이 조장하고 있다. 수능 점
수도 학교 교육도 그만큼 뒤틀리고 부패해 있다. 결국, 수능은 대입 전형이 부
패한 점수를 근거로 이루어지게 만들고, 대부분 학생이 왜곡된 교육과정을 밟
도록 만드는 데 일조했다. 이 사태에서 수능은 공정할 수 없다. '객관적이고 투
명한' 전형에 수능이 절대적으로 기여한다 하더라도, 그렇게 기여하는 가운데
학교 교육과 그 점수 자체를 부패시킨다면 결코 공정한 것일 수 없는 것이다.

수능은 또한 전국에(모든 학생에게) 획일적이라는 점에서도 공정할 수 없다.
'공정한' 전형을 위해서는 모든 학생에게 '공평한'(획일적인) 평가 도구가 필요하
다고 생각해서 국가시험(전국 획일 시험)인 수능을 만들어 내게 되었지만, 그 획
일성은 적지 않은 학생들과 교육 주체들을 희생시킨다. 기초학력이 부족한 학
생들이 수능에 맞춰진 진도를 따라가지 못해 교육을 포기한다는 사실은 글머
리에서 이미 확인했다. 이런 경우뿐만 아니라, 수능 점수를 필수 요건으로 삼
을 이유가 없는 생애 진로를 가려는 학생들이나, 역시 수능의 '최저 기준'을 적
용할 이유가 없는 전공이나 학과 그리고 심지어는 대학들도 희생된다. 전자의
학생들은 획일적으로 요구되는 수능에 시간과 노력을 낭비해야 하고, 후자의
교육 단위에서는 수능 준비로 정작 필요한 기초를 갖추지 못한 학생들을 받아
들여 교육 훈련의 수고를 더해야 한다. 수능은 획일적이어야 하는 만큼 '예외
적인'(소외된) 학생들과 교육주체들에게 부당한 횡포가 된다. 수능은 획일적이
어야 하는 속성상 공정할 수 없게 되는 것이다.

(2) 학생부를 반영하면 학교 교육이 산다?

내신을 반영하는 대입전형안은 학교 교육의 '정상화'를 위하여 꾸준히 다
듬어져 왔다. 앞에서 정리했듯이, 오늘날 그것은 '학생부 전형'으로 정착해 있
다. '학교생활기록부'라는 종합적이고도 체계적인 내신 서식이 전국 표준으로
정해져 있고, 거기에 적힌 내용을 전형자료로 삼도록 제도화되었다.

이런 학생부 전형 역시 그것에 걸었던 취지에 반하는 부작용을 초래하고
있다. 그것은 학교 교육을 정상화하기 위해 강구해냈던 대안이지만, 오히려 학

교 교육을 타락시키고 있다. 학생의 쪽을 보면, 학생부 제도는 학생들의 내재적 동기를 모두 증발시켜 외재적 동기의 '블랙홀'로 빨아들이고 있다. 요즘 학생들은 학생부 기록을 위해 학교 다닌다고 말한다. 학교 교육의 의미가 그 기록을 남기는 것 외에 다른 의미가 없는 것처럼 받아들여지고 있다. 공부를 해도 내신 성적을 올리지 못하면 의미가 없는 것이고, 봉사활동이나 특별활동도 학생부의 '한 줄'이 되지 못하면 의미가 없는 것이다. 심지어는 학교 밖에서 받은 '스펙' 만들기 '컨설팅'을 따라 학생부를 채워가기도 한다. 학생들의 공부와 활동 일체가 학생부 서식에 코 꿰여 있는 형국이다. 이런 형국에서 학생부 전형이 학생들을 책을 더 읽게 만들고 봉사활동 시간을 늘리게 만들었다고 한들 그것이 교육 정상화라고 인정할 수는 없을 것이다.

학생들뿐만 아니라 학교도 학생부 기록을 위해 나서서 타락하는 사례가 나타나고 있다. 교육적인 필요에 관계없이, 학교들이 행사나 대회를 부러 만들어 학생부 기록거리를 생산하거나, 심지어 진학이 유망한 학생들에게 유리한 기록을 몰아주는(다른 학생들로부터는 기회를 빼앗는) 비리까지 저지르고 있다. 이런 사실은 공공연한 비밀이다. 교육부가 이런 문제들을 확인하면서 '학생부 기록지침'을 매년 개정하며 대응해오고 있고, 지난해 11월에 발표한 '대입제도 공정성 강화 방안'에도 학생부 기록과 관련해서 "부모배경 등 외부요인 차단"이라는 조치를 포함시켰어야 할 정도이다.[14]

이상과 같은 문제가 없다 하더라도, 학생부는 더 근본적으로 교육을 뒤튼다. 학교급별로 모든 학교로 하여금 모든 학생에 대해 동일한 학교생활기록 서식을 채우게 만들고 그 기록을 입학전형에 사용하도록 강제하는 학생부 전형제도는 결국 학교를 '경쟁관리 장치'로 바꾼 것이다. 그런 제도 아래에서 교사는 학생(학부모)들에 대해 평가관이자 평가 기록 관리관이 되어야 한다. 이 상황에서 교사는 학생과 학부모들이 두려워하고 감시해야 할 대상이 될 수밖에 없다. 심기를 잘못 건드려 학생이 평가에서 불이익을 받는 일이 없도록 조심해야 하는 대상이 되고, 학생부를 틀리게 기록하거나 왜곡하지는 않는지 감시해야 하는 대상이 되기도 하는 것이다. 이런 관계는 학교(교사)와 가정(학생, 학부

---

14) 교육부(2019. 11. 28.). 교육부, 대입제도 공정성 강화 방안 발표. 보도자료. 2.

모)의 관계를 교육적일 수 없게 만든다. 학교와 가정은 학생 교육을 위해 협력해야 하지만, 학생부를 둘러싼 관계에서는 서로 경계하고 견제할 수밖에 없게 되는 것이다. 비유컨대 학생이 선수라면 교사는 자상한 코치이어야 마땅하지만, 학생부가 있는 한 교사는 심판이어야 한다. 선수와 심판은 협력적이거나 서로에게 우호적일 수 없다. 서로 가까우면 그것은 반칙이기 때문이다. 진학 경쟁이 치열해질수록 이런 비교육적 관계는 학교 교육을 더욱 비정상적이게 만들 것이다.

(3) 과열 경쟁을 낳는 '사회구조' 탓?

수능이나 학생부 전형이나 모두 '교육'의 이름으로 만들어졌지만 실지로는 교육을 망가뜨리고 있다. 이런 사태를 두고, 문제는 수능이나 학생부 제도에 있는 게 아니라고 말할 수 있다. 그 궁극적인 원인은 진학 경쟁을 치열하게 만드는 '사회적 구조'에 있다고 말할 수 있다. 틀린 말은 아니다. 진학 경쟁에 큰 '배당 몫'(stake)이 걸려 있는 한, 수능이나 학생부 전형이 아닌 다른 무엇이 되었건, 그 경쟁을 판가름하는 방식은 부패하기 쉽다. 그런 점에서 수능과 학생부 전형에 부패가 따라오는 것은 피할 수 없는 일일지 모른다.

그러나 학교 교육의 본연을 생각하면, 그런 '부패'를 학교 현장에 적극적으로 끌어들일 이유는 없다. 학교가 사회계층을 오르기 위한 '사다리'가 아니고 진학 경쟁을 관리하는 장치도 아닐진대, 학교로 하여금 수능 준비에 몰두하도록 하고 전형자료가 될 학생부를 작성하게 할 이유가 없는 것이다. 수능과 학생부 전형을 근간으로 하는 우리 대입제도는 바로 그렇게 '이유 없는' 강제를 학교에 부과하고 있다.

학교는 교육을 위한 사회 장치(social institution)이다. 이때 '교육'이 무엇인지에 대해선 왈가왈부할 수 있겠지만, 학교가 '사다리'가 아니고 '경쟁관리 장치'도 아니란 점에 대해서는 혼선이 있을 수 없다. 무엇보다도 학교는 공공선을 위한 장치이다. 학교에 재학하는 특정한 개인을 어떤 대학에 진학하게 만들고 궁극적으로 어떤 사회적 지위에 오르게 만들지 고심할 이유가 없는 기관이다. 학교가 추구해야 할 사명은 '사회적인' 것이다. '명문' 대학에 진학하는 졸업생을 다른 학교보다 한 명이라도 더 배출하는 것이 사명이 아니라, 다른 학교들과도 협력하여, 모든 학생을 훌륭한 '시민'으로 양성하는 것이 사명이다. 이런 사명에 충실하려면, 학교가 수능 문제 풀이에 주력하거나 학생부 기록을 위해 '보여주기식' 활동들의 판을 벌여서는 안 될 것이다.

수능이나 학생부라는 제도는 학교가 해선 안 될 일을 하도록 '적극적으로' 강요하고 있다. 학생부 제도를 학교에 집어넣고 학교를 경쟁 관리 장치로 만든 사태만 잠깐 보자. 그 때문에 교사들은 학생부 '내신 등급' 변별을 위하여 (때로는 가르치지도 않은) '킬러 문항'을 출제하여 학생들을 괴롭혀야 하고, 학생들은 인터넷에 떠도는 요약문을 베껴 한 권의 책을 읽은 것처럼 학생부에 '독서 기록'을 올리곤 한다. 학교 교육이 사회적 경쟁에 관련될 수밖에 없는 것이 현실이라 하더라도, 정부나 교육계가 나서서 이런 사태를 초래할 이유는 없다. 학교의 본래 사명을 흐릴 대입제도를 만들 이유가 없는 것이다.

실지로 학교 교육의 과정에서 사람들이 선별되고, 우수한 학생이 높은 지위에 오르게 되는 일은 일어난다. 그러나 그런 기능이나 효과는 부수적인 것이다. 학교가 본연의 교육에 충실할 때 따라오는 현상일 뿐이다. 그런 부수적 현상이 일어난다고 해서 학교가 학생의 출세를 돕고 출세 경쟁을 '공정하게' 판가름하는 데 나서야 하는 것은 아니다. 학교는 여전히 본디 사명(교육)에 충실해야 한다. 학교를 계층 상향이동의 사다리로 규정하고 그 사다리 오르기 경쟁을 관리하도록 하는 것은, 옛말대로, '제사'(본연의 학교 교육)보다 '젯밥'(학교 교육의 부수적 기능)에 정신 팔린 경우이다. 현재 우리 대입제도가 바로 그런 꼴로, 학교 교육의 본연을 근본적으로 해치고 있다.

4) 대입제도를 어찌할 것인가?

(1) 학교생활기록부 체제를 학교에서 들어내라

해악이 큰 대입제도를 어떻게 할 것인가? 무엇보다도 먼저 필요한 조치는 학교에서 학생부 체제를 제거하는 것이다. 이미 살펴보았듯이, 상급 학교 입학 전형자료로 쓰이도록 전제된 학생부 기록은 학생들의 학습과 활동의 궁극적인 이유가 되고 있다. 학생들은 학생부에 기록을 남기기 위해 학교에 다니는 형국이 되어 있고, 그 기록을 위한 경쟁은 학교를 교육 공동체가 될 수 없게 만들고 있다. 학생들은 교육을 받고 있기보다는 '행동 수정'을 당하고 있다. 학생부 기록이라는 '먹이'로 특정한 행동을 유인당하고 있는 실험쥐와 다름없는 학교생활을 하고 있는 것이다. 교사도 학생부를 기록 관리하는 데 신경을 곤두세워야 하는 상황에서 본연의 수업이나 학생지도를 종종 뒷전에 미뤄두어야 한다. 학생부 기록에 사활을 거는 풍토에서 늘 일어나게 마련인 시비와 감찰에 일상적으로 대비해야 하는 것이다. 수업이나 학생지도를 소홀히 해서는 문제가 생기지 않지만 기록을 잘못하면 곧 사달이 생기는 게 바로 교사들의 복무 현실이다. 이렇게 학교에서 교육을 증발시켜버리는 학생부 체제를 유지할 이유는 적어도 교육을 생각하는 한 있을 수 없다.

학생들에 대한 학습과 활동의 기록을 아예 없애자는 제안은 물론 아니다. 당연히 학교생활에 대한 기록은 필요하다. 이때 기록은 학생들을 이해하기 위한 것이고, 학생의 성장에 참여하는 사람들이 공유하기 위한 것이다. 다만 그것을 전형자료로 삼아 교육을 통째로 부패시킬 이유가 없다는 뜻이다.

(2) 학교와 대학의 재량과 전문성을 인정하라

학생들의 성장을 살피고 교육을 그 과정에 맞추기 위한 기록이라면 전국적으로 표준화할 필요도 없다. 학교나 교사마다 그리고 심지어는 학생마다, 기록하고 유념해야 할 사항들이 다를 수 있는 점을 인정해야 한다. 어느 학생에 대해서나 보편적으로 기록하고 관리해야 할 필요가 있는 항목들은 전국 표준 서식을 정해 기입하도록 해도 무방할 것이다. 그러나 교육상 더 중요한 것들은 학생마다 그리고 학급이나 학교마다 독특하고 예외적인 항목들일 수 있다. 이런 '로컬' 양상들을 포착하고 기록하는 일들을 더 중시해야 한다. 학생부가 있어야 한다면, 전국 표준의 서식 기록은 오히려 최소한으로 제한하고, 교육 공동체인 학교가 학생들을 이해하기 위해 재량껏 기록할 수 있는 여지를 넓혀야 한다. '학교생활기록'은 전형을 위한 것이 아니라 학생 이해와 교육을 위한 것임을 확고히 하는 정책이 필요하다.

이런 제안에 대해서, 그러면 학생부 전형은 어떻게 하느냐고 반문할지 모른다. 그것은 학교가 걱정할 문제가 아니다. 학교는 최선의 교육을 위해 필요한 것을 관찰하고 기록하면 그만이다. 전형방식은, 이를테면 대입의 경우, 대학이 걱정할 일이다. 학생들에게 요구하든 학교에 요청하든 아니면 스스로 만들어 내든, 대학들이 원하는 학생들을 선발하기 위해 최적의 방안을 마련할 일이다. 이제까지 그 일을 국가가 대신해주고 학교가 지원해야 하는 체제를 유지해 왔지만, 이 체제를 유지해야 할 교육적인 이유는 없다. 그 체제는 우리의 습관일 뿐이고, 그 습관은 학교 교육에 매우 해롭다. 이제 그 해로운 습관을 버리자고 제안하고 있다.

이런 제안에 대해, 사람들은 많은 부작용을 우려하고 대입제도에 큰 혼선이 일 것이라고 경계할 것이다. 그런 걱정은 당연하고, 실지로 걱정했던 일들이 터질 것이다. 이를테면 대학들이 부정과 비리를 저지를 수 있고, 학교에서도 비교육적인 반칙을 자행할 수 있다. 역사적으로 경험했던 일들이 반복될 수 있다. 그러나 그런 부작용과 범칙이 일어난다고 해서 현재와 같은 학생부 전형제도가 정당화될 수는 없다. 그런 문제가 있더라도 지켜야 할 원칙은 견지해야 한다. 부수적인 문제를 해결한다고 본연을 버려서는 안 된다는 뜻이다. 부수적인 문제를 다스릴 제도는 별도로 있고 또 필요하면 보완할 수 있을 것이다. 이를테면 전형 부정이나 비리는 형사(刑事)의 사안이다. 교육제도를 바꾸어 해결하려고 들 사안이 아니다.

학교와 대학의 재량과 전문성을 인정하잔다고 해서 대입제도에 대해 방임하자는 뜻은 또한 아니다. 중앙의 정책은 학교에서의 학교생활 기록이나 대학의 입학전형 양식이 갖추어야 할 품격이나 표준을 설정하고 학교와 대학 단위의 정책을 향도할 수 있다. 그렇지만 이런 일이 교육부 주도로 이루어져 관료적이고 획일적으로 비화하는 일은 없도록 해야 할 것이다. 학교와 대학이 개별적으로 또 집합적으로 교육의 격을 유지하기 위해 노력하도록 새로운 체제를 모색해야 할 것이다. 교육부의 개입에 의존하는 것보다 학교와 대학의 도덕성과 전문성에 의존하는 것이 더 나을 것이라는 교훈을 우리는 역사에서 충분히 얻었다.

(3) 수능과 같은 국가시험 체제를 폐기하라

국가시험의 문제에 대해서도 학생부 전형의 경우와 원칙상 같은 대안을 제안할 수 있다. 우선, 수능과 같은 전국 획일의 평가 잣대가 필요하다는 발상을 버려야 한다. 전국 수험생(경쟁자)들을 동점자 없이 순위 매길 시험이 필요하다는 발상은 비교육적이고 정의롭지도(공정하지도) 않다.

국가시험으로 전국 모든 대학에 입학 지원하는 학생들이 낱낱이 선별될 수 있게 해야 한다는 생각은 교육적인 것이 아니다. 소수(小數)의 점수 차이로라도 순위를 가르려는 시도는 억지이고 교육상 합당하지도 않다. 그런 차이는 성취나 실력의 차이를 진정하게 드러내는 것이 아니며, 그래서 그런 차이에 근거하여 내리는 결정은 교육적일 수 없다. 주지하듯이, 시험 점수는 '진정한 실력'을 반영하기도 하지만, 그 외에 수많은 '오차'와 '잡음' 요인에 의해 좌우된다. 수십 개 정도의 문항으로 한 영역의 실력을 재려는 시도 자체에 이미 큰 오차 가능성이 포함되어 있고, 학생들의 육체나 심리 건강상의 '컨디션'에서부터 '연필 굴려 찍기'에 이르기까지 시험 당시의 '운'도 득점에 크게 영향을 미친다. 매년 수능에 응시하는 수험생의 30% 가까이가 '재수생'이라는 사실은 학생과 학부모까지도 그런 수능 점수의 불안정성을 체감하고 있다는 것을 시사한다. '재수'를 통해 점수 몇 점 올리는 것이 교육상 무의미하지만 '대학 졸업장'을 바꾸기 위한 게임이기에 수능에 다시 응시하는 것이다. 수능은 교육적인 이유에서보다는 그 게임의 세속적인 힘 때문에 유지되고 있다. '객관적이고 투명하게' 판가름하기만 하면 살벌한 경쟁판이 소란해지지는 않는다는 데 익숙해진 관료적 보수성이 오늘날 국가시험 제도를 떠받치고 있다. 이 기만적인 익숙함을 깨야 학교 교육이 살아날 수 있다.

국가시험을 무조건 없애야 한다는 뜻은 아니다. 국가 수준에서 교육 실상을 확인하고 보편적인 교육복지를 실현하기 위해서도 전국 단위의 표준적인 시험이 필요하다. 그러나 이때 필요한 시험은 상대적인 변별을 위한 시험이 아니다. 학교 교육과정을 통해 학생들을 성장시켜 가려고 설정했던 '절대' 목표 지점을 기준으로 학생들이 지금 어디에 있는지 확인하기 위한 시험이 필요하다. 그리고 이런 시험은 모든 학생이 같은 '문제'를 풀도록 치러져야 할 필요도 없다. 전국 표집을 대상으로 이루어질 수도 있고, 지역이나 학교에 따라 달리 시행되어도 무방할 것이다. 필요한 것은 학생들의 위치를 교육 목표에 비추어 제대로 파악하려고 노력하는 일이다.

이 일을 중앙 정부가 도맡아야 제대로 된다는 보장도 없다. 궁극적으로 전국 모든 교사가 자신이 맡은 교육과정의 목표를 수업과 학생지도에 충실하게 반영할 때 학교 교육이 성공할 터에, 국가시험도 교사 개개인이 전문성을 키울 수 있도록 운영하는 것이 바람직하다. 교사들이 직접 참여해서 교과 목표에 합당한 문제(평가 도구)를 만들고 평가 결과를 온당하게 해석하는 역량을 키울 수 있도록, 국가시험이 학교와 교사의 자율과 노력을 가능한 한 고무하는 방향에서 이루어지는 것이 낫다. 이렇게 되면 '국가시험'은 더이상 전국에 일률적으로 강요하는 시험이 아닐 것이다. 전국을 단위로 오늘의 학교 교육을 검토 성찰하고 미래 교육을 바르게 구상하려는 국가사업의 한 부분이 될 것이다.

(4) '커트라인'의 신화를 깨야 한다

이상과 같이 국가시험을 폐기하자는 대안에 대해 적지 않은 사람이 회의적일 것이다. 전국 표준의 변별력을 갖춘 수능 같은 시험이 사라진다면, 다양한 지역, 다양한 학교에서 오는 학생들을 어떻게 순위 매겨 사정(査定)할 것이며, 수많은 동점자는 어떻게 처리할 것이냐고 반문할 것이다. 입학전형을 위해서는 입학 지원자 모두를 동점자 없이 순위 매기는 작업이 반드시 필요하겠지만, 그 작업이 '교육적으로' 가능하거나 합당한 것은 아니다. 교육의 쪽에서 보면, 수십만 명을 한 줄로 세우는 것은 물론이고, 수백 명을 한 줄로 세우는 것도 무리이다. 그런 변별을 교육적으로 온당하게 해줄 시험이나 평가 도구는 사실상 없다. 그런데도 수능과 같은 도구를 사용하여 그런 변별을 굳이 한다면, 교육상으로는 그 순위가 실지로 무슨 차이를 가리키는지 엄밀하게 알아낼 도리도 없고, 그래서 그 순서대로 합격시키는 것이 얼마나 합당하고 정의로운지 알 도리도 없다. 더욱이, 경쟁률이 매우 높은 상황에서는, 교육적으로 타당한 시험을 사용하여 전형한다고 하더라도 실력보다 운이 작용할 가능성이 더 크다.[15] 사실이 이러한데도 순전히 변별을 위한 변별을 위해 교육적으로 매우 파

---

15) Frank, R. H.(2016). Success and Luck: Good Fortune and the Myth of Meritocracy. Princeton,

괴적인 시험제도를 유지할 이유는 없을 것이다.

변별이 교육상 온당하지 않다면, 정직한 전형 방법은 무리해서 변별하고 순위 매기는 것이 아니다. 확연하게 변별되지 않는 '무리'(群)에 대해서는 모두 동등하게('같은 실력'으로) 취급해야 하고, 굳이 그 가운데 일부를 선발해야만 한다면, 수능과 같은 단일한 잣대로 커트라인을 긋기보다는, 여러 측면의 지표들을 함께 고려하는 전문적인(교육적인) 판단 과정을 거치는 게 낫다. 이때 보완적인 자료(지표)가 없거나 판단의 전문성을 보장하기 어렵다면 추첨이 오히려 커트라인을 적용하는 것보다 합리적이고 정당한 방안일 것이다.

점수로 순위를 정하긴 하지만 그 순위가 무슨 차이를 반영하는지 확신도 없으면서 마치 특정한 기준을 가지고 변별하고 있는 것처럼 군다면 그것은 자기기만이다. 특히, '커트라인' 부근에는 변별이 사실상 불가능한 경쟁자들이 조밀하게 몰려있기 마련인데, 근거 없이 커트라인을 긋고 당락을 가르는 것은, 그리고 합격자를 '실력 있다'고 수용하고 불합격자를 '실력 없다'고 낙인하는 것은 허위이고 불의하다. 전형에 시험을 활용하더라도, 변별이 어렵고 교육상으로도(실력을 가늠한다는 측면에서도) 의미 없는 점수대에서는 추첨으로 당락을 결정하는 것이 오히려 사리에 맞다. 추첨의 방식은 적어도 그 대상자들이 서로 대등한 실력자라는 사실을 인정한다는 점에서 정직하다. 그리고 그런 전형 방식은 커트라인을 절대시하는 '대학 서열화' 경향에 경종이 될 수도 있다.

(5) 대학 서열이나 기업의 채용 관행 등을 그대로 두고?

이상의 주장이나 제안은 적어도 현재의 대입제도 통념에서 보면 매우 과격한 것이지만, 대입제도에 대해 우리 사회가 오랫동안 쌓아온 '개혁 불가론'에 맞닥뜨리면 역시 '별것 아닌' 것으로 치부될 수 있다. 대입에 걸린 세속적인 이익의 몫(stake)이 거대한 상황에서는 어떤 제도가 와도 그 제도를 농락하려는 비교육적이고 불의한 편법들이 횡행할 터인데, 국가시험을 버리고 학생부 체제를 학교에서 빼낸다고 해서 달라질 게 있느냐고 냉소될 수 있다. 아무리 참신하고 과격해도 치열한 대입 경쟁 자체를 완화할 수 없는 한 그 대안이 실효를

NJ: Princeton University Press.

거두기 어려울 것이라는 뜻이겠다. 이를테면, 지금 엄연한 대학 서열을 그대로 두고, 대학 이름을 중시하는 기업들의 채용 관행도 깨지 못하는 상황에서는, 대입제도를 아무리 다듬어도 달라질 게 없다는 것이다. 틀린 주장은 아니다.

　　그렇다면, '대입제도 개혁'의 이름으로, 대학 서열을 깨고 기업의 채용 행태를 바꾸기 위한 대책을 강구해야 할 것인가? 적지 않은 사람들이 주장하듯, 대학을 '평준화'하고, 기업에 '학력 블라인드' 채용을 강요하는 식의 정책을 구안해야 할 것인가? 그런 정책이 모종의 효과를 내기는 할 것이다. 그러나 그런 정책은 '구조적인' 문제를 건드리는 것인 만큼 '대입'이라는 측면에서만 단일하게 접근할 게 아니다.

　　구조적인 문제란 정의상 복합적이고 뿌리 깊은 것이다. 대입에 관련해서만 궁리한 바탕에서 구조적인 문제에 달려들면, 만들어내는 대책이 필경 적절하지도 못할 뿐만 아니라 또 다른(고려하지 못한 여러 측면의) 부작용만 낳게 될 것이다. 구조적인 변화는 말 그대로 '난맥상'의 문제가 전부 풀려야 일어날 수 있는 것이다. 하나의 관심이나 안목으로 세계를 모두 파악할 수 없듯이, 난맥상의 문제도 어느 한 측면에 골몰하여 궁리한다고 해결할 수 있는 게 아니다. 사회의 다양한 부문이 각기 제대로 발전할 때 난맥상은 풀려갈 수 있다. 구조적인 문제를 해결하기 위해서도, 교육 부문에서는 '교육다운 교육'의 정책을 추구해야 한다. 교육을 위하여 섣불리 경제나 기업을 건드려서도 안 되지만, 사회 정의나 부조리 해결을 도모한다고 교육을 건드려서도 안 된다. 교육 문제는 교육의 본연과 원칙을 세우고 지키는 데서 해결해야 한다. 보편적 가치로서 정의(正義)를 추구하더라도, 교육 문제가 걸린 것이라면, 그 정의(正義)는 교육 세계 안에서 고유하게 정의(定義)되어야 한다. 이제까지 대입제도 개혁은 늘 '교육' 개혁의 기치 아래 이루어졌지만 교육을 정곡으로 취급하지 못했다. 여기의 제안은 바로 이 점을 환기하려는 것이다.

2. 훌륭한 선생님은 어디로 갔나?

1) 교사들이 욕을 먹는 이유

학교 교사에게 자녀를 믿고 맡길 만한가? 이런 물음에 많은 학부모들은 '그렇다'고 흔쾌하게 답하지 못한다. 교사에 대한 불신은 일상에서 새삼스럽지 않은 것으로 받아들여지고 있다. 엄밀하고 적확한 조사는 아니지만, 최근 '교육여론조사'에서도 우리 사회가 교사들을 미더워하지 않는다고 보여주었다. "교사들의 능력과 자질에 대해 어느 정도 신뢰하고 계십니까?"라고 물었을 때, '매우 신뢰한다' 또는 '신뢰한다'고 대답한 사람은 16.5%에 불과했다.[16)]

우리 사회는 선생님을 존경하고 따르는 전통을 가지고 있다. 이런 전통은 많이 무너졌지만 여전히 우리 사회 안에 있다. 우리의 이런 문화에 대해서는 미국의 대통령 오바마(Obama)도 재임 때 부러워했었다.[17)] 그러나 적어도 내 자녀 교육에 관한 한, 교사를 바라보는 사회 일반의 시선은 의구에 차 있다. '교사는 많아도 스승은 없다'는 말은 이제는 너무 쓰여 진부해졌으며, 교사들을 믿을 수 없으니 학부모를 학교에 투입해 감시해야 한다는 주장도 공공연히 일어난다. 우리는 왜 교사를 믿지 못하게 되었을까? 우리 교육 현실은 왜 이렇게 변했을까? 정말 교사는 예전 선생님들과 달리 타락했는가?

---

16) '신뢰하지 못 한다'거나 '전혀 신뢰하지 못 한다'고 대답한 사람은 33.1%였다. 나머지 50.4%는 '보통이다'고 대답했다(임소현 외(2019). 한국교육개발원 교육여론조사(KEDI POLL 2019), 한국교육개발원. 92, 415.). 반면, 경기도교육청이 경기도민을 대상으로 조사한 결과에서는 교사를 어느 정도 신뢰한다는 경향을 볼 수 있다. '귀하께서는 학교 교사를 어느 정도 신뢰하고 계십니까?'라는 조사 질문에 66.8%가 '매우 신뢰한다' 또는 '대체로 신뢰한다'고 대답했다. '대체로 신뢰하지 못한다'거나 '전혀 신뢰하지 못한다'고 답한 사람은 31.6%였다. 나머지 1.6%는 '모른다'고 답했거나 응답하지 않았다(한국사회여론연구소(2019. 11.), 경기교육정책 정기여론조사(7회차) – 교사상(敎師像), 경기도교육청. 6.). 이와 같은 응답 경향의 차이는 조사 질문과 응답지의 차이에서 올 수도 있고, 조사 대상(표집)의 차이에서 올 수도 있을 것이다. 그러나 호의적인 결과를 그대로 받아들이더라도, 교사를 신뢰할 수 없다고 대답하는 사람이 30%를 넘기고 있는 현실은 결코 만족스러운 게 아니다.

17) 그는 2011년 국정연설(the State of Union Address)에서 미국에서도 한국에서와 같이 교사들을 존경하게 되길 희망했다.

(1) 요즘 교사들은 옛날과 다르다?

학교 교사 집단은 달라졌다고 한다. 시간이 가면 변화가 있는 건 사실 당연한 일이다. 우선 교원 수가 과거에 비해 크게 늘었다. 6·25 직후(1955년)를 기준으로 비교할 때, 2008년 현재 교원 수는 초등학교 3.6배, 중학교 10.3배, 그리고 고등학교 17.4배 증가했다고 계산된다.[18] 수가 많아지면 구성원의 다양성이 증가하고 그만큼 '이상한' 교사가 생겨나기 마련이다. 소수이겠지만 그들은 교사답지 못한 품행으로 세간의 입방아에 오르고, 교사에 대한 사회적인 인식을 악화시키곤 해왔다.

요즘 교사들이 교직에 임하는 자세나 태도가 과거와 다르다는 이야기도 많다. 1980년에서 1996년 사이에 태어난 교사 4,656명을 대상으로 이루어진 한 조사에서 "교사라는 직업을 선택한 이유"를 물었을 때, 응답자의 34%가 "안정적인 삶을 위해"라고 답했다고 한다. "정년까지 교직에 있을 생각이 없다"고 답한 교사들도 47%에 이르렀다고 한다.[19] '밀레니얼 세대'의 초등교사들을 심층 면담했던 한 연구에서는 그들의 '직업 동기'를 이렇게 요약하기도 했다. "일반 회사에 들어가서 '노예처럼' 치열하게 경쟁하지 않아도 되고, 또 의미 없는 스펙 쌓기에 열중하지 않아도 되면서 의미 있고 안정적으로 살 수 있다고 여겨" 교직을 선택했다.[20]

이런 경향은 교직에 대해 으레 소명과 헌신을 이야기했던 '베이비부머 세대'의 '이상주의적' 경향과 크게 다르고, 우리 사회의 통념적인 기대와도 사뭇 다르다. 교사들의 '직업의식'이 이처럼 변했고 또 그 변화가 우리 사회의 교직 통념에 어긋난다면, 사회적으로 교사들을 못마땅히 여기게 될 법도 하다. 그러나 교사들의 이야기가 세대 차이를 보이는 것에 대하여, 말 그대로 달라졌나보다고 해석해 넘겨버릴 수도 없고, 세대가 아닌 개인적인 됨됨이 차이라고 봐넘겨버릴 수도 없을 듯하다. 교직 선택 동기가 '안정적인 생활'이었다고 해서 선생님 노릇을 훌륭하게 해내지 못하란 법도 없다.

18) 이종재 외(편)(2010), 한국교육 60년. 서울대학교출판문화원. 203.
19) [연합뉴스] 20~30대 교사 절반 "정년까지 안 다니겠다"_20180909.
20) 김재원·정바울(2018). 밀레니얼 세대 초등교사의 직업 동기, 직무 인식 그리고 경력 전망에 관한 탐색적 연구. 교육행정학연구. 36(3): 231－249. 239.

교사들의 공식적인 학력이나 그들에 대한 임용 과정만 두고 보면, 오늘날의 교사들이 과거 교사들보다 못할 것이라고 단정하기는 어렵다. 지금은 우리나라 초·중·고등학교에서 '4년제 대학 미만'의 학력을 가진 교사를 찾아보기 어렵다. 이는 2000년대에 들어선 이후 변함없는 추세였다. 2019년 현재 '전문대졸 이하'의 학력을 가진 교사는 1%도 안 된다.[21] 반면, 1980년대만 하더라도 '대졸 이상'의 학력을 가진 교사는 50%도 되지 않았다.[22] 학력으로 교사의 인격이나 역량을 판단할 수 있는 것은 물론 아니다. 그러나 좀 더 높은 수준의 전문적인 교육을 받은 교사가 많아지는 데 따라 '교사의 질'이 낮아졌을 것이라고 예상하는 것도 무리이다.

국제적인 비교에서도 우리나라 교사의 역량은 뛰어난 것으로 평가되고 있다. 교사들의 능력을 국제적으로 비교하는 사례가 많지는 않다. 비교할 기준과 자료를 일관되게 갖추기가 어렵기 때문이다. 비교적 최근의 비교 사례가 하나 있는데,[23] OECD가 교사들의 정보통신기술(ICT)에 관련된 역량과 그런 역량을 동원하는 문제해결 능력을 조사해 비교한 것이다. 여기에서 한국 교사들은 조사 참여국[24] 가운데 최고의 성적을 보였다.

교사에 대한 불신이나 '스승 부재'의 인식을 단순히 '요즘 교사들'이 초래한 문제라고 단정하기는 어렵다. 요즘 교사들은 오히려 '옛날'에 비해 교직이 정화되었다고 말한다. 가르칠 내용에 대한 지식이 부족한 것을 감추려 교실에서 기행을 일삼았던 교사들도 이제는 없거니와, 전통적인 권위를 업고 체벌이나 모독을 일삼고 '촌지'나 받아 챙겼던 교사들도 이제는 설 자리를 잃었다고 말한다.[25]

---

21) 초등학교 교사의 0.4%, 중학교 0.3%, 고등학교 0.2%이다. 한국교육개발원(2019). 교육통계분석자료집-유·초·중등교육통계편. 106.
22) 1970년에는 29.6%, 1980년에는 42.34%에 불과했다. 교육부·한국교육개발원(1999). 수치로 보는 한국교육 현황. 75.
23) 비교를 위한 조사는 2012년에 이루어졌는데, 여기에서는 2015년에 그 결과가 보고된 것을 참고했다. OECD(2015). Education at a Glance 2015: OECD Indicators. OECD Publishing. 471.
24) 호주, 캐나다, 핀란드, 프랑스, 독일, 이탈리아, 일본, 네덜란드, 노르웨이, 스페인, 스웨덴, 미국 등 20개국이(추가로, 영국과 벨기에는 지역 단위로) 참여했다.
25) 예컨대, 실천교육교사모임(2018). 사라진 교사를 찾습니다. 우리학교. 161-2.

(2) '군사부일체'는 옛말이다

교사에 대한 신망이 오늘날 엷어진 것은 교사들이 변했기 때문이기보다는 교사에 대한 일반 인식이 변했기 때문이라고 보아야 할 점이 있다. 교사 집단의 구성과 사회 인식이 서로 맞물려 변화하는 부분이 물론 없지 않겠지만, 교사 구성이 변해온 것과 관계 없이 사회적인 인식이 독립적으로 변화했고, 그 변화가 교사에 대한 불신에 크게 작용했으리라고 볼 여지가 있다.

먼저, 존경과 신뢰를 잃은 '지위 집단'은 교사만이 아니다. 종교계의 성직자나 의사와 변호사 같은 전문직 종사자 그리고 정부의 고위 관료 등, 어느 집단도 과거에 받던 신망을 유지하고 있지는 못하다. 근대로 옮아온 인류 사회의 변화는 민주화와 세속화의 기조를 띠고 있다. 근대로 오면서 전통적인 위계나 질서의 '미속(美俗)'은 무너지고, 평등한 개인들의 합리적인 연대로 사회는 재구성되었다. 특정한 가계(家系)나 지위에 조건 없이 주어지던 권위가 증발하고, 새로운 사회적 분업의 자리들에서는 귀천(貴賤)의 꼬리표들이 퇴색해 왔다.

전통적인 권위와 금기가 일상 속에서 무너지는 모습은 이제 흔히 볼 수 있다. 부모에게 대들고 대통령에게 욕설하며, 경찰에게 행패 부리고, 교회 권력을 두고 목사와 다투는 '평신도'들의 이야기가 늘 주변에 떠돈다. 이런 풍조 속에서 학교 교사의 권위가 예전대로 유지될 리는 없다. '군사부일체'와 같은 금언으로 '스승'의 권위를 거듭 상기시키려고 하더라도 시대착오적이라고 냉소받고 희화화되기만 할 것이다. 교사들이 나서서 개탄하듯이, '교권'은 시나브로 침식되고 있다. 선생님이라면 으레 순종하고 따르던 시대에 교사들이 누릴 수 있었던 신망은 거듭되는 '교권 추락'과 선명하게 대조될 뿐이다.[26]

전통적인 권위를 와해시키는 근대적 변화와 함께, 우리 사회는 사회 경제적 재구조화도 급격하게 겪어 왔다. 경제가 '세계 최고' 속도로 성장했고, 직업의 분화와 계층화도 혁명적이었다. 이 과정에서 교직의 위상은 상대적으로 하

---

26) 한국교원단체총연합회는 매년 스승의 날에 즈음하여 '교원 인식 설문조사' 결과를 발표한다. 2019년 발표에 따르면, 조사에 참여한 교사들의 65.6%가 교권이 제대로 보호되지 못하고 있다고 응답했으며, 69.3%가 '교권 확립'이 교육 정상화를 위해 가장 시급한 과제라고 응답했다. 한국교원단체총연합회(2019. 05. 13.). 제38회 스승의 날 기념 교원 인식 설문조사 결과 발표. 보도자료.

락할 수밖에 없었다. 교직은 추앙과 선망의 자리에서 그저 '안정된' 중산층의 자리로 내려앉았다.

경제가 성장하고 노동시장이 형성되기 전까지, 우리 사회에서 교직은 소수의 엘리트만이 차지할 수 있었던 공직(公職)이었다. 그 자리에는 전통적인 위신(威信)이 붙어 있었을 뿐만 아니라, 부와 권력도 적어도 상대적으로는 남부러워할 것 없을 만큼 따라왔다. 학교에서나 지역사회에서나, '교편'을 잡는 교사들은 지도자였고 '어른'이었다. 학생은 물론 학부모까지도, 특히 학교에서 일어나는 일에 관한 한, 교사의 결정과 지시를 거스르지 않았다. 이런 풍속에서 교사에 대한 신뢰 여부가 교육적으로나 사회적으로 '문제'가 될 일은 없었다.

경제가 성장하고 사회가 더 계층화하면서 교직의 위상은 상대적으로 떨어졌다. 교사보다 돈을 더 버는 사람들이 많아졌고, 교사의 학식을 훨씬 능가하는 '실력'을 갖춘 전문가나 '고위층'도 많아졌다. 교사에 대한 맹목적인 신뢰나 기대는 그런 '엘리트'들과 그들의 자녀에게서 깨지기 시작했다.[27] 학교에서의 교사 수업이나 교육적 결정을 무조건 수용하고 따르던 관성이 사라지기 시작했다. 교사들의 행태나 판단은 오히려 평가와 비판의 대상이 되었다. 교사는 교육상의 권위를 유지할 수 없게 되었다. 교사를 '선생님'으로 존중하기보다는 자녀 교육을 위해 고용한 '머슴'처럼 활용하려고 드는 사태까지도 생겨나고 있다. 학교 밖 사람들에게 학교의 실상을 이야기하려고 했다는 한 책에서는[28], 3월에 만나게 되는 학부모("멀고도 가까운 존재")에 대해 아래와 같이 적고 있다.

… 교사들에게 학부모는 '민원인'이라는 이미지가 강합니다. 학부모들은 … 혹여 자신의 아이가 불이익을 받지 않을까 하는 생각에 지나치게 민감한 태도를 보이며 교사를 힘들게 하는 일이 있으니까요.

… 심지어 '학생부를 고쳐달라'거나 출결이나 봉사활동 처리에 부당한 특혜

---

27) 학교교육이나 교사에 대한 인식이나 기대가 계층에 따라 다르다는 사실은 교사들의 경험뿐만 아니라 체계적인 연구를 통해서도 확인되어 왔다. 엄기호(2013). 교사도 학교가 두렵다. 서울: 따비. Lareau, A.(2003). Unequal Childhoods: Class, Race, and Family Life. Berkeley: University of California Press.

28) 경기교육연구소(2017). 12가지 주제로 펼치는 교사의 한해살이 ─ 교사생활 월령기. 서울: 에듀니티. 22─23.

를 요구하고, 자신의 뜻대로 되지 않을 경우에는 교장·교감 등 관리자와 결탁하는 일들도 벌어집니다.

최근에는 '나이가 많다' 같은 … 이유를 들어 담임 교체를 요구하는 일도 있습니다.

(3) 교육개혁은 '교육 공급자'인 교사를 깎아내려야 했다

교사들을 불신하고 부리려는 경향이 일어나게 되는 데는 정부의 '교육개혁' 드라이브도 크게 작용했다. '5.31 교육개혁'은 우리나라 교육개혁 역사에서 획기적인 사건이었다. 개혁이 전폭적이고 실행도 높게 추진되었다는 점에서 그러할 뿐만 아니라, 학교교육에 대한 인식의 전환을 개혁의 요체로 삼았다는 점에서 특히 그러하다. 5.31 교육개혁은 "세계화 정보화 시대를 주도하는 신교육 체제 수립"을 표방했으며, 그 체제를 향한 첫 번째 지향을 "학습자 중심 교육으로의 전환"으로 잡았다. "교육내용, 방법, 학교 모형 등 모든 면에서 교육 공급자편의 중심에서 교육 수요자인 학생과 학부모의 교육선택을 최대한 확대 보장"하는 체제를 추구했다.[29] 이제까지는 교육이 학교와 교사의 '편의'대로 이루어졌지만, 앞으로 그래서는 안 된다고 선언했다. 교사들이 옛부터 당연한 듯 누려왔던 권위를 깨는 것이 개혁의 핵심이라고 표방한 것이다. 이런 개혁 과정에서는 교사의 '기득권'을 부당하다고 지적함으로써 개혁의 정당성을 구축하게 된다. 교사와 스승을 동일시하던 '신화'를 깨는 것이 개혁의 목표 가운데 하나가 되는 셈이다.

'개혁 대상'(교사)을 지목하고 비판하는 개혁의 정당화 작업은 개혁을 거론할 때마다 이루어졌었지만, 특히 5.31 교육개혁 이후 더 전폭적이고 지속적이게 이루어졌다. 1990년대 후반 이후 교육개혁은 늘 '국정'의 머리 과제로 채택되었고, 들어서는 정부에서마다 교육부나 '위원회'들은 교사를 이기적이고 게으르며 부패할 수 있는('공급자 중심 교육'에 매몰된) 집단으로 규정하며 비판했다. 교사들을 '촌지신고센터'를 설치해 단속해야 하고, 채찍(평가)과 당근(성과급)으

---

[29] 대통령자문 교육개혁위원회(1995. 5. 31). 세계화·정보화 시대를 주도하는 신교육체제 수립을 위한 교육개혁 방안−참고 설명자료. 보도자료 I (설명중심). iv.

로 조련해야 하며, 정년을 단축하여 늙어서 해이해지는 것을 막아야 하는 '노동자'로 종종 이야기했다.[30]

이런 '개혁론'에 교사들은 반박하고 저항했지만 그런 움직임마저도 사회적으로는 '집단 이기주의' 표출에 다름 아닌 것으로 여겨졌다. 언론도 이런 분위기를 거들었다. 사건이 흔하지는 않았더라도, '몰상식한' 교사들의 일탈은 자극적인 기사로 보도되고 세간에 회자되었다. 교직에 대한 전통적인 신뢰는 더욱 침식되었고, '스승의 시대가 갔다'는 말은 이제 새삼스럽게 들리지 않게 되었다.

(4) 교사는 '학원 강사'만 못하다

'사교육'이 일반화된 것도 교사의 입지를 크게 흔드는 요인이다. 2007년 정부(통계청)가 매년 사교육 실태를 조사 보고하기 시작한 이래 2019년 현재까지, 초·중·고 학생들의 사교육 참여율은 대체로 70%를 웃돌았다(2007년 77.0%, 2019년 74.8%).[31] 학생들 대부분이 학교 수업 외에 다른 수업을 받아온 셈이다. 자녀 교육을 학교와 교사에게만 의존해서는 안 된다는 생각은 이제 상식이 되었다. 학교와 교사의 공신력이 그만큼 훼손되었다는 뜻이 될 것이다.

사교육 서비스를 이용하는 학생(가정)이 많아지면, 학교나 교사에 대한 사회적 신용이 집합적으로 떨어지는 데 그치지 않는다. 사교육을 받는 학생들에게는 학교에서의 수업을 평가할 '학교 밖 준거'(과외 교사들의 수업)가 생겨난다. 교사들은 자연스럽게 '과외 선생님'들과 비교되는데, 이때 교사들에 대한 평가가 후해지기는 어렵다. 사교육은 기본적으로 학교(교사)가 해주지 못하는 서비스를 제공하게 되어 있기 때문이다. 교사들은 비교에서 구조적으로 밀리게 되어 있다.

우선, 사교육에서의 수업은 학교 수업에서보다 학생에게 더 '맞춤'일 수 있다. 학급당 학생 수가 적거나 심지어 1:1 수업도 가능한 여건이므로, 수업이 학

---

30) 1998~9년 당시 '실세 장관'이라고 불리며 교육개혁을 밀어붙였던 이해찬 장관의 개혁 의제나 언행을 둘러싼 이야기들이 대표적인 사례이다. 송원재(2004. 6. 23.). 이해찬 신드롬. 교육희망(http://m.news.eduhope.net/4298).

31) 2012년부터 2016년 사이에는 70%를 밑돈 것으로 조사되었지만, 이 시기에도 그 비율은 69%를 오르내리는 수준이었다. 교육부(2019. 3. 9.). 2019년 초·중·고 사교육비조사 결과 발표. 보도자료.

생의 수준과 필요에 충분히 부응할 수 있다. 특히, 학생과 사교육 프로그램의 맞춤이 사전에 조율되고 계약까지 될 수 있다는 점에서 그 가능성은 더욱 크다. 반면, 학교에서의 수업은 학생 다수가 매우 이질적으로 모인 학급을 대상으로 이루어질 뿐만 아니라, 학생들의 학습 성과가 어떻건, 교육과정과 학사일정으로 규정되는 '진도'에 충실해야 한다. 학생의 수준에 따라 적절한 보충이나 속진의 기회가 주어지기가 사실상 불가능하다. 이런 여건에서 학교 교사들이 '더 잘 가르친다'고 평가받기를 기대하는 것은 무리이다.

사교육은 학생들에게 더욱 개별 맞춤일 수 있을 뿐만 아니라, 학습의 표적에 더 맞춤일 수 있다는 점에서도 교사의 수업은 비견될 수 없다. 사교육에서는 도덕이나 공의(公義)에 구애되지 않고 '점수'에 매달리는 전략을 구사할 수 있다. 단순 주입이나 편법의 과목 선택과 같이, 교육적으로나 사회적으로 용납되지 못할 수단까지도 동원할 수 있다. 학교 교사 가운데도 이런 수단을 공공연히 쓰는 사람이 있다고는 한다. 그러나 교사가 지켜야 할 교직의 윤리나 교육 원칙이 있다는 점에서, 교사들은 그런 수단을 쓰는 데 쉽게 가담하지 못한다.[32] 교사들의 이런 '자기검열'은 도리상 당연한 행위이지만, 당장 '점수'가 필요한 수요자(학생과 학부모)들에게는 만족스럽지 못한 서비스일 뿐일 수 있다. 교사가 교사이려고 노력할 때 오히려 '교사가 학원 강사만 못하다'는 평가를 받게 될 수 있는 것이다.

사교육이 단순히 교과를 가르치는 서비스를 넘어 자녀 보육이나 장래 걱정을 덜어주는 데까지 시장을 넓히면서, 학교나 교사들에 대한 기대는 더욱 엷어지고, 그들은 심지어 성가신 존재로 여겨지기도 한다. 사교육에서 필요한 도움을 얻는 데 걸리적거리는 존재로 여겨지는 것이다. '학원'들은 부모가 돌볼 수 없는 동안에 아이들을 맡아 가르치며 간식까지 챙겨주고, 자녀들의 진로가 보이지 않아 당혹해하면 솔깃한 '컨설팅'으로 전략을 마련해 주기도 한다. 가정에서 이렇게 보기 시작하면, 학교 다니는 것이 돈과 시간 낭비로 여겨질 수도

---

32) 2013년 초 높은 시청률을 얻었던 '학교 2013'이라는 드라마는 학교의 현실을 사실대로 그렸다는 평가를 받았었는데, 이 드라마에는 '수능 맞춤형 수업'을 추구하는 교사가 그려졌다. 그는 '수업에 방해되는' 학생을 교실에서 쫓아내기도 하는데, 극중에서도 학원의 '일타강사' 출신으로 설정되어 있다.

있다. 학원에 전적으로 의존하는 게 차라리 나아 보인다. 학교는 학교생활기록
이나 졸업장을 얻어야 해서 하는 수 없이 등록한다고 느끼게 된다. 이런 상황
에서 교사는 '학원 선생님'과 대등하게 비교되지도 못한다. 그들처럼 서비스하
지 않는(못하는) 것 자체가 문제가 된다. 학원 선생님은 피자나 아이스크림을
종종 사주는데 학교 "선생님은 왜 돈을 안 쓰냐"고 따지는 일까지 벌어진다.[33]
학교교육과 사교육 그리고 교사와 학원 강사에 대한 인식의 경계가 흐려지면
서 교사에 대한 불만의 폭은 더 넓어지고 있다.

2) '훌륭한 교사'를 찾아서

교사에 대한 기대와 평가가 사회적으로 가라앉고 있는 만큼 '훌륭한 교사'
를 찾고 키우려는 노력은 더욱 요청된다. 새롭게 교직에 들어서는 교사들이 예
전 신입 교사들과 다르고, 오늘날 사회가 교사에게 기대하는 바도 옛날과 다르
다. 당연히 교사들은 옛날과 달리 인식된다. 이런 변화를 인정하는 것과는 별
도로, 학교와 교육의 맥락에서 훌륭한 교사를 정의하고 부양하는 일은 한결같
이 필요하다. 특히 오늘날과 같이 교사의 입지가 흔들리는 현실에서 그런 노력
은 더욱 절실하게 요구된다.

(1) 지식을 가르칠 것인가, 사람을 기를 것인가?

훌륭한 교사는 어떤 교사인가? 이 질문에 답하려면 먼저 교사의 일이 어떤
것인지 생각해야 한다. 그 '일'을 제대로 하는 교사가 훌륭한 교사일 터이기 때
문이다.

교사의 일에 대해서는 전통적으로 두 가지를 나누어 이야기했다. '글을 가
르치는 일'과 '사람을 기르는 일'을 구분하여 논의해왔던 것인데, 그 역사는 자
치통감이라는 11세기 역사서에까지 이른다고 한다. 당시에도 훌륭한 교사가 드
물다고 지적하며, "경사(經師)는 만나기 쉬워도 인사(人師)는 만나기 어렵다"고
개탄했다고 한다. 이와 같은 논의 전통에서는 교사라면 모름지기 글을 가르치

---

33) 김인숙(2005). 김인숙의 교실 돋보기. 서울: 함께가는세상. 232.

는 '경사'에 그치지 말고 사람을 기르는 '인사'가 되어야 한다고 충고한다.[34]

경사와 인사를 나누어 교사의 사명을 이야기하는 구도는 오늘날에도 기본적으로 크게 달라지지 않았다. 흔히 교사의 본분을 '교과를 잘 가르치는 것'과 '학생의 인성을 함양하는 것'으로 정리하는데, 이런 생각은 전통적인 담론에서의 구분과 다르지 않다.[35] 그러나 두 개(경사와 인사)의 교사상(教師像) 가운데 어떤 상이 더 필요하고 또 바람직한지 이야기하는 데서는 오늘날 흐름이 크게 달라져 있다.

2019년 한국교육개발원의 '교육여론조사'에서는 학교급을 구분하여 "교사들에게 가장 우선적으로 필요한 능력이 무엇이라고 생각"하는지 물었다. 조사 결과, 초등학교 단계에서는 '생활지도 능력'이 필요하다고 대답한 사람이 반 정도(50.2%) 되었지만, 중학교 단계로 올라가면 '학습지도 능력'이라고 답한 사람이 37.4%로 가장 많아지고(생활지도 능력이 필요하다는 비율은 23.5%), 고등학교 단계에서는 '진로·진학지도 능력'이 필요하다고 답한 사람이 반을 넘겨(52.4%) 가장 많았다. 분석을 고등학교 학부모에 한정하면, 그런 응답은 55.1%나 됐다. '학습지도 능력'이 필요하다고 응답한 경우(23.4%)를 합하면 그 비율은 80%에 가깝다.[36]

이런 조사가 '인사'와 '경사'의 범주에 초점을 맞춘 것은 아니어서 그 결과를 단정적으로 해석하는 것은 경계해야 할 것이다. 그러나 위 결과에 비추어, 교사가 경사보다 인사가 되어야 한다는 전통적인 인식은 크게 퇴색했다고 보아 무리 없을 것이다. 교사에 대한 기대는 매우 세속화되었다. 우리 사회는 교사들에게 학생들이 학습에 처지지 않고 궁극적으로 버젓한 학교(대학)에 진학하도록 책임져주길 바라는 것으로 보인다. '훌륭한 교사'이려면, 적어도 현실에서는, 이런 기대에 부응해야 할 것이다.

---

34) 오천석(1995). 스승. 서울: 배영사. 205-208.

35) '교과 지도'와 '인성 함양'을 별개로 구분하는 데 이의를 제기하고, 그런 구분을 전제로 논의할 때 타당한 교육론이 나올 수 없다는 논맥도 있다. 이런 흐름에 주목할 가치가 충분히 있지만, 여기에서 그 논의에 가담할 여유는 없다. 교사에 대한 일반적인 인식을 살펴보는 데 집중한다.

36) 임소현 외(2019). 한국교육개발원 교육여론조사(KEDI POLL 2019), 한국교육개발원, 2019. 93-95, 303.

학교 교사에 대한 사회의 일반적인(현실적인) 기대를 스스로 모르지 않겠지만, 교사들이 '되고 싶은' 것으로 꼽는 교사상은 사회의 기대와 같지 않다. 한국교원단체총연합회가 매년 스승의 날에 즈음하여 시행해온 '교원 인식' 조사 결과에 따르면, 교원들은 "가장 되고 싶은 이 시대 교사상"으로 "학생을 믿어주고 잘 소통하는 선생님"을 꼽고 있다. 5,000명이 넘는 조사 대상 교원들 가운데, 2020년의 조사에서는 60.5% 그리고 2019년에는 69.9%가 그 항목을 선택했다. 이 비율은 "교과 지식이 풍부하고 잘 가르치는 선생님"이란 항목이나 "학생의 강점을 찾아내 진로지도 하는 선생님"이란 항목을 선택한 비율(2019년에는 각각 10.9%와 25.1%, 2020년에는 16.5%와 27.4%)을 압도한다. 이 두 항목에 대한 선호는 "학생을 진정 사랑하는 선생님"이란 항목(2019 40.7%, 2020년 32.4%)에 비해서도 크게 뒤졌다.[37]

이와 같은 조사 결과를 단순하게 해석하지는 말아야 할 것이다. 특히, 조사의 선택지들을 서로 배타적인 것으로 해석하여, 선택 빈도만 보고 교사들이 품고 있는 '교사상은 이런 것'이라고 일반화해서는 안 될 것이다. 이를테면, 학생들과 잘 소통하고 그들을 사랑하려는 교사가 교과를 가르치거나 진학지도 하는 일에 소홀하리라고 보는 것은 무리이다. 조사가 굳이 상대적인 선택을 강요하는 방식으로 이루어졌기 때문에 한 측면의 상(像)이 상대적으로 부각할 뿐이다. 그렇기는 하지만, 교사상에 대한 교사들의 일반적인 편향성은 여기에서 확인할 수 있다. 수업과 진학지도보다는 학생들과의 정서적 관계에 더 가치를 두는 경향을 확인하게 된다. 전통적으로 교사들은 일반 직업인과 다른 소명의식을 지녀야 한다고 일러져 왔다. 그런 전통의 영향력이 꾸준히 퇴색되어 오기는 했으나, 아직도 교사들은 단순한 지식 판매자가 아니라는 자긍의 정체감을 견지하고 있는 것으로 보인다.

교사들은 교직자 본연의 소명의식과 사회의 세속적인 기대 사이에서 흔들리게 되는 셈이다. 교육계로부터는 "글을 가르치는 직업인으로 타락"해선 안

---

37) '교사상'에 대한 조사는 8개 선택지 가운데 2개를 선택하도록 이루어졌다. 여기 비율들은 그 2개의 선택 가운데 하나로 포함된 경우를 가리킨다. 한국교원단체총연합회(2019. 5. 13). 제38회 스승의 날 기념 교원 인식 설문조사 결과 발표. 보도자료. 한국교원단체총연합회(2020. 5. 11). 제39회 스승의 날 기념 교원 인식 설문조사 결과 발표. 보도자료.

된다고 요청받는 반면,[38] 학부모들로부터는(정부로부터도) "사교육을 받지 않아도 될 만큼 학생들의 성적과 진학을 책임져달라"고 요청받는다.[39] 이 두 방향의 주문을 함께 만족시키기는 사실상 불가능하다. 그러나 우리 사회에서 '훌륭한 교사'가 되려고 노력하는 교사라면 누구나 그 두 주문에 당면해야 하는 현실을 피할 수 없다.

(2) 학교에서 유능한 교사가 되려면

'경사(經師)의 길인가, 인사(人師)의 길인가?' 또는, '글을 가르칠 것인가, 사람을 기를 것인가?' 이 문제를 두고 추상적인 수준에서 고심하는 것은 '훌륭한 교사'의 길을 모색하는 첫걸음의 과제일 뿐이다. 그 과제는 단순히 어느 하나를 선택함으로써 결말을 볼 수 있는 것도 아니지만, 설사 어느 하나를 선택했다고 해서 실천의 가닥이 잡히는 것도 아니다. 학교 안에서 이루어지는 '교사의 일'이라는 현실에서 보면, '글을 가르치는 일'과 '사람을 기르는 일'을 구분하거나 따로 떼어놓을 수 없을 뿐만 아니라, 근본적으로 그 둘이 구분되기나 하는 것인지도 의문이다. 참된 지식이 없이 '사람 되기'가 불가능할 것이고, 가르치는 일과 기르는 일이 별개일 수 없다. '훌륭한 교사'가 되는 길에서 교사상에 대한 기본적인 고심이 있겠고, 그 고심이 '경사 대 인사'라는 저울질일 수 있겠지만, 교사의 일은 실지로 그 두 개의 상으로 정리될 만큼 단순하지도 않거니와, 두 개의 상을 두고 저울질한 결과가 교사에게 실천적인 황금률이 되어주지도 못할 것이다.

학교에서 교사가 맡아야 하는 일에는 가르치거나 기르는 것만 있는 것이 아니다. 학교에는 교사와 학생만 있는 것도 아니고, 둘이 개별적으로 진공의 공간에서 만나는 것도 아니다. 학교는 조직이며 사회이다. 그 안에서 이루어지는 일이나 활동은 나름의 문화와 규범으로 단속된다. 교사상은 이런 환경(구속) 안에서 구현되어야 한다.

한 초임 교사는 처음 학교에 발령받은 후의 소감을 이렇게 이야기했다.

---

38) 오천석(1995). 스승, 서울: 배영사. 205.
39) 학부모의 여론을 의식하는 정부는 교육개혁을 시도할 때마다 '학교 공부만으로 입시 준비가 충분하도록' 개혁하겠다고 약속하곤 했다.

"예비교사 때에는 학생들밖에 생각을 못 하잖아요. 그냥 교사는 학생의 선생님일 뿐인 줄로만 알았죠. …[그런데 학교에] 와서 보니까 학생은 한 부분이고, 동료 교사가 또 한 부분이고, 또 행정업무가 또 한 부분이고 이렇게 느껴져요. 지금은 학교가 커 보이는 것 같아요."[40] 훌륭한 교사로 거듭나는 과정은 바로 이렇게 '커 보이는' 학교 안에서 일어나야 한다.

우리나라에서 초임 교사들은 '커 보이는' 학교에 들어서서 당혹감을 느낀다. 교사로서 처음 만나게 되는 학교와 일이 교원 양성과정이나 경험을 바탕으로 자신이 준비하며 그려온 것과 너무 다르기 때문이다. 바로 이런 문제 때문에 '교사는 처음인' 교사들을 위한 '지침서'들도 출판된다. 그런 책 가운데 하나는 '프롤로그'에 아래와 같이 적고 있다. 지침서를 내게 된 배경을 이야기하면서다.[41]

> 교대 졸업 직전까지만 해도 '교대의 신'[42]만 되면 학교에서 완벽한 교사가 될 것이라 생각했다. … 교대의 신은 교사에게 필요한 역량을 모두 갖춘 캐릭터였으니까. 이 믿음은 발령 첫날 산산조각 났다. … 교대의 신은 교실 속의 교사에게 필요한 기본적인 소양 수준이었다. 교사에게 수업 이외에도 수많은 역량이 필요했다.
> NEIS에 교육과정 입력하기, 전학생의 행정처리, …다친 학생의 학생안전공제회 신청, 다양한 사유의 출결처리 등 새롭고 낯선 업무들을 맞닥뜨릴 때마다 자신감이 한풀 꺾이고 위축됐다. … 대학생 때 생각하던 학교와 교사가 된 이후의 학교는 너무나 달랐다.

중등학교 교사에게도 상황은 마찬가지이다. 학교에서 당면하게 되는 교사의 일은 교직에 들어서기 전에 예상한 것과 딴판이고, 때로는 교사의 정체성을 혼

---

40) 김성천 외(2015). 교사, 어떻게 살아야 하는가. 서울: 맘에드림. 31.
41) 강대일 외(2020). 교사 365: 내 마음이 편안해지는 초등교사 업무노트. 서울: 에듀니티. 1－2.
42) '교대의 신'은 인도의 시바 신처럼 여러 개의 팔을 가졌고, 팔들은 각각 교직과목 책, 배구공, 피아노, 팔레트, 플로피 디스켓 등을 들고 있다. "교대를 졸업하려면 기본적인 교과 지식은 물론 음악, 미술, 체육, 실과, 컴퓨터 등 모든 과목에서… 다양한 기능까지 섭렵해야" 하는 "교대생의 고충이 담긴 캐릭터"라고 설명되어 있다.

란스럽게 만들기도 한다. 어느 고등학교 교사는 자신의 체험을 이렇게 썼다.[43]

> 내가 교사가 된 첫 해에 깨달은 게 있다. 교사가 '이것이 교사의 진짜 업무'
> 라고 생각했던 일들은 항상 하루 일과가 끝난 뒤, 주말, 그리고 방학 때가
> 되어야 할 수 있다는 사실이었다. 물론 내가 서투르고 요령이 없었던 탓도
> 컸겠지만… 아이들에게 보낼 쪽지를 쓰고, 모둠 일기를 정리하고, 내일 수업
> 때 쓸 학습지를 만드는 일들은… 저녁을 시켜 먹고 난 뒤에야 … 일주일치의
> 수업자료 준비나 아이들의 과제물을 읽고 답글을 달아주는 일은 주말에… 학
> 급문집과 같이 1년을 정리하는 작업은 겨울방학 때나 할 수 있었다. 무슨 일
> 들이 그렇게 많은지, 도무지 시간이 나지 않았다.

학교는 '인사'니 '경사'니 운위하는 맥락과는 동떨어진 교사상을 요구한다. 학교 안에서 교사 노릇을 제대로 해내는 것은 교육대학이나 사범대학의 가르침을 잘 익혔다고 되는 것도 아니고, 사회적인 기대에 부응한다고 되는 것도 아니다. '교사의 진짜 업무'라고 여겨지는 것들을 잘 해내는 것은 학교 안에서 인정받는 데 필수 요건이 아니다. 교사들에게는 '진짜 업무'는 제쳐놓고라도 우선 해내야 하는 업무들이 있고, 바로 이런 업무를 얼마나 잘 처리하는지가 유능한 교사의 관건이 된다. 그 일들은 대체로 '행정 업무'이지만 종종 잡무라고 불린다. 학교 안에서(특히 일과 중에) 교사에 대한 평가를 좌우하는 것은 가르치는 일과 같은 '본무'가 아니라 그 '잡무'이다.

학교에서 잡무 문제는 중첩되어 있다. 앞에서 인용한 교사들의 이야기에서 보이는 것처럼, 그 일은 예상 밖의 것이고 양이 지나치게 많을 뿐만 아니라, 그 일을 해내는 것이 교사들에게 본무를 해내는 것보다 더 중요한 게 되어 있는 것이다. 잡무 문제의 이런 이중성과 그 심각성은 사실 어제오늘 지적돼온 게 아니다. 학교(교사)의 업무량이 지나치게 많다는 이야기는 1970년대부터 나오기 시작했고, 그런 지적에 대한 대책들도 업무 경감이니 간소화니 하며 꾸준히 시행되어 왔다. 그러나 학교는 아직도 '잡무 과다' 문제에서 벗어나지 못한

---

43) 이계삼(2009. 12.). 내 눈을 모니터가 아닌 아이에게로. 중등 우리교육. 49-51.

상태이다.[44] 수업이나 학생지도와 같은 본무가 잡무의 뒷전으로 밀리는 현실
역시 오랫동안 지적되어 온 사안이다.

이 문제는 교원 승진 또는 평가 제도에 연계되어 있는데, 교사들이 교감
교장으로 승진하는 데는 "수업보다… 잡무라 불리는 일을 처리하는 행정 능력
이 중요하게" 여겨지기 때문이다.[45] 승진을 포기하지 않는 한, 교사들은 교감
과 교장 그리고 교육청의 평가를 늘 의식해야 한다. 평가 결과가 승진 가능성
을 좌우하기 때문인데, 이때 평가는 본무보다 잡무를 어떻게 처리하느냐에 달
려있기 마련이다. 결국 교사에게 "교육을 열심히 하는 것과 승진점수를 확보하
는 것은 별개의 일이 된다."[46] '30년 현장교사'라고 스스로 밝힌 한 교사는 이
런 현실에 대해 "교원승진 제도가 학교교육 만악(萬惡)의 근원"이라고까지 일갈
했다.[47]

(3) 'S급' 교사와 'B급' 교사

학교 안에서 교사들은 사회의 요구와는 전혀 다른 압력을 받고 있다. 교과
를 잘 가르치고 성취도를 높이며, 학생들을 안전하게 보살피기까지 하라는 요
구를 사회와 학부모로부터 받는다면, 학교 안에서는 그것보다 우선해서 행정
업무부터 깔끔하게 처리하라고 일상적으로 압박받는다. 교사에게 훌륭한 교사
가 되라는 요청이나 기대는 여러 갈래로 갈라져 있다. 그들에게 제시되는 '훌
륭한 교사'의 상은 하나의 이상적인 그림이 아니라 여럿일 뿐만 아니라, 그것
들은 서로 조화되거나 융합되기도 어려운 것이다. 교사가 그 모든 기대를 충족
시키는 게 이론적으로 불가능한 것은 아니지만, 현실에서 교사들은 어느 한쪽
을 추구하기 위해 다른 쪽의 요구나 기대에 눈감아야 한다. 어느 '10년 차 초등
교사'는 그 실상을 자신의 경험으로 아래와 같이 증언하고 있다.[48]

---

44) 이치호(2017). 교원업무 경감정책의 변화추이 분석 및 시사점 탐색. 미래교육학연구. 30(1): 51-84.
45) [오마이뉴스] 서부원의 학생부장 일기: '서류 작업'으로 학교폭력 예방? 이건 비정상 _20120506.
46) 강일국·문희경(2009). 승진준비과정에 나타난 중등교원의 행동 특징 연구. 교육행정학연구. 27(3): 471-496. 472.
47) 이성우(2018). 학교를 말한다. 서울: 살림터. 6.

교사S: …수업과 담임업무, 학교 행정 업무를 빈틈없이 처리한다. 100시간이 넘는 연수 시간을(주로 마우스 클릭질로) 채운다. 수업연구대회를 나가는 교사 수가 많아야 학교가 좋은 점수 [받는다니]… 꾸역꾸역… 나간다. 보고서만 내면 승진 가산점을 주는 것도 있다고 해서 혹시 모르니 받아둬… 교사라는 직업에 마땅히 써야 할 에너지가 100이라면, 무리를 해가면서 120 정도… 쏟는다. 그중에 학생에게 쏟는 에너지는 40 정도다. … 칼퇴근 같은 건 못한다.

교사B: 수업만 열심히 한다. 연수는… 정말 필요한 것만 듣는다. … 어떤 대회에도 나가지 않고, 가산점 준다는 보고서도 쓰지 않는다. 업무는 펑크 안 날 정도로만 처리한다. … 남은 근무 시간엔 성적이 낮은 학생들을 모아 지도하거나 다음 수업 준비를 한다. 교사라는 직업에 마땅히 써야 할 에너지가 100이라면… 95 정도… 쓴다. 나머지 5는 돌발 상황에 쓴다. …학교에서 쓰는 에너지 중 학생들에게 쏟는 에너지는 90 정도다. 반드시 칼퇴근 한다.

둘 다 내 얘기다. 교사S가 신규 시절의 나고, 이후의 나는 교사B다.

윗글에서 'S'와 'B'는 성과급을 결정하기 위한 평가 등급에서 온 것이라고 짐작된다. 저자는 교사B가 된 이후 매년 "'선생님은 B등급입니다'라는 문자를 받고 있다"고 쓰고 있다. 등급은 S, A, B로 나뉘는데, 저자는 S로 평가되던 '신규' 때와 B를 받기로 '포기한' 현재를 대조시켜 기술하고 있다. 학교에서 S급으로 인정받으려면 학생들에게 소홀할 수밖에 없고 '교육'에 소홀할 수밖에 없다는 뜻이다.

3) 훌륭한 교사를 얻으려면

(1) 교사를 가두는 패러다임을 깨야 한다

훌륭한 교사들이 우리나라 학교에 많아지게 하려면 어떻게 해야 할까? 우

---

48) 김현희(2017). 왜 학교에는 이상한 선생이 많은가? 서울: 생각비평. 122−125.

리 사회나 학교의 현실은 훌륭한 교사를 얻기에 매우 척박해 보인다. 교사들은 현직에서 끊임없이 타락하도록 유혹받고 있으며, 교사가 되기 위한 준비 과정에서도 바른 가치관이나 필요한 역량을 갖추기 어려운 형편이다. 앞에서 살펴보았듯이, 교사들은 학생들을 바르게 키우기보다 시험 점수 높이는 데 전력하도록 학부모들로부터 압력 받는가 하면, 학교에서는 수업보다 잡무에 더 힘 쏟으라고 '생태적인' 압력을 받는다. 심지어 정부도 교사들에게 '전인교육'보다는 '사교육' 서비스를 제대로 하라는 지침을 끊임없이 내려 보낸다. 교육대학이나 사범대학에서 미래 교사들이 제대로 성장하고 있지도 못하다. 교사를 꿈꾸는 학생들도 교직을 '안정된 일자리' 정도로 보는 경향이 강하고, 양성과정 자체도 '바보 양성소'[49]라고 비난받을 정도로 제 몫을 못 하고 있다. 우리나라 어느 한 구석에서도 훌륭한 교사를 키우고 지지할 여지를 마련해 볼 수 없을 듯한 형국이다.

우리 사회와 학교는 교사와 관련해서 '비정상의 정상성'(正常性)을 보이고 있다. 지배적인 문화와 관성은 교사답지 못한 교사를 '훌륭한 교사'라고 칭송하는가 하면, 교사다운 교사를 'B급 교사'로 등급 매기며 홀대하기도 한다. 교사는 특정한 아이들을 돌보고 출세시키기 위해 사적으로 고용되는 '교복(教僕)'이 아니다. '내 제자', '우리 학교 졸업생'만 챙기면 그만인 피고용자가 아니라, 국가와 인류의 미래에 헌신해야 하는 공복(公僕)이다. 교사는 교과를 잘 가르쳐야 할 뿐만 아니라 맡은 학생들을 잘 통솔해야 하고, 궁극적으로 건강하고 건전한 시민으로 성장시켜야 한다. 그러나 이런 당연한 주문은 우리 사회에서 조롱당하고 있다. 공식적으로야 으레 그렇게 이야기하겠지만, 실지로 그런 이야기에 동의할 사람도 많지 않고, 그런 주문에 진지하게 부응할 '순진한' 교사도 거의 없다고 여긴다.

이런 비정상의 정상성은 기존의 현실(패러다임)을 용인하면서 부분적이거나 점진적인 개선을 통해 깰 수 있는 것이 아니다. 과학혁명이 일어나는 사태에서와 마찬가지로 패러다임('정상성') 자체를 깨야 한다. 그러나 여기에서 패러다임 전환이 어떻게 가능할지 구체적으로 제안하기에는 안목도 미흡하고 경험

---

49) 김현희(2017). 왜 학교에는 이상한 선생이 많은가? 서울: 생각비평. 129-149.

적인 근거도 부족하다. 그리고 그 전환은 하나의 '플랜'으로 감당하기에는 너무 막대한 과제이다. 현재의 '정상'이 정상이 아니라는 점만은 공유하고 유지하면서, 무수한 시도와 시행착오를 축적해야 비로소 '코페르니쿠스적 전환'에 이르게 될 것이다.

여기에서는 현재 우리 사회와 학교가 교사에 대하여 조장하며 지지하고 있는 비정상적인 '상식'(문화와 관성)을 지적하고, 바람직한 교사를 얻기 위하여 그 상식을 어떻게 해체하고, 교원양성 과정은 어떤 지향을 추구해야 할지 모색하고자 한다.

(2) 과연 교사는 무엇인가?

훌륭한 교사를 얻기 위해서는 무엇보다도 교사를 양성하는 제도와 프로그램을 개혁해야 한다고 생각하게 될 것이다. '훌륭한 교사'라는 산출을 얻어내려면 그 산출의 '공정'이 좋아져야 한다고 여기는 것은 자연스럽다. 그리고 그 공정의 '인풋'도 좋아야 한다는 생각으로 이어지면, 달라질 교원양성 기관에서는 교사가 될 만한 인재를 제대로 찾아낼 방도도 갖추어야 할 것이라고 여길 것이다.

개혁은 종종 이와 같이 합리적인 구상에 따라 이루어진다. 그러나 모든 개혁은 진공 상태에서 이루어지는 게 아니다. 그것은 개혁이 발의될 만큼 부조리했던 '현실' 속에서 이루어져야 한다. 문제의 크기만큼 강력한 현실의 관성은 당연히 개혁에 저항할 것이며, 합리적인 구상에서는 그 저항을 간과하거나 과소평가하기 십상이다. 그러면 개혁의 시도는 주저앉을 가능성이 크다. 이런 잘못을 피하기 위해서는 먼저 현실의 관성(즉, 기존 패러다임이자 잠재적 저항 요인)을 분석하고 그것을 깰 방안을 찾아야 한다.

앞에서 살펴본 것처럼, 우리 사회와 학교에서는 교직에 대해 여러 의미와 기대를 부여하고 있으며 그것들은 종종 서로 부딪치기까지 한다. 이런 현실에서 자라는 학생(미래의 교사)들은 당연히 그렇게 잡다하고 이질적인 아이디어들을 버무려 자신의 교직관을 구축할 것이며, 현직 교사들도 그렇게 혼란스러운 요구의 늪에서 자세를 가다듬지 못하고 임기응변의 처세에 급급하게 될 수 있다. 밀레니엄 세대 교사들이 지나치게 세속적인 교직관을 품고 있는 현상이나, 기성 교사들이 '교권'이 시퍼렇던 과거를 그리며 다양한 현실 부정의 행태를 보이게 되는 양상은 바로 그런 현실을 반영한다. 우리 사회에서 교사의 의미가 혼란스럽게 흔들리고 있는 데서 빚어지는 모습이다.

우리 사회가 훌륭한 교사를 가지려면 먼저 그 '흔들리는 의미'를 바로잡아야 한다. 교사로 자라날 학생들이나 기성 교사들까지도 교직에 대한 기존 통념을 바로잡을 수 있도록, 우리 사회의 교직과 교사에 대한 상식(교직관)을 새롭게 조성해야 한다. 이때 '새로운 상식'에 대하여 '이런 것'이라고 교조적으로 바로 제안할 수는 없다. 새로운 상식을 갖추어 가는 일은 다양한 가치관과 이념을 포용하며 꾸준히 모색하는 작업이어야 할 것이다. 따라서 현재로서는 현재의 통념에 대해 어디에서부터 문제 삼아야 할지 제안하는 정도가 합당하다. 우리 사회가 지탱시키고 있는 교직관을 허물고 다시 짓기 위하여, 어디서부터 해체해야 할지 아래에 제안한다.

(3) '안정된 직업'과 '제자 성공'의 신화를 깨야

우리 사회의 지배적인 교직관에서 문제 삼아야 할 것은 한두 개가 아닐 것이다. 그 가운데 교직의 본연에 대한 성찰이 우선 필요할 것이라고 보면, 교사는 근본적으로 '공교육에 종사한다'는 원칙을 다루는 데서 시작해야 할 것이다. 우리 교직관에서 이 원칙이 뭉개져 있는 현실을 재고하는 것이 출발 의제일 수 있다.

앞에 정리한 것에서 시사를 얻는다면, 우리 사회의 통념에서는 '교사가 공교육에 종사한다'는 원칙이 적어도 두 가지 측면에서 크게 훼손되어 있다. 그 훼손의 한 측면은 교직을 개인적인 밥벌이를 위한 하나의 직업에 불과하다고 간주하는 경향이고, 다른 한 측면은 교사가 학생 개인의 욕망을 실현하는 데 동원되어도 무방하다고 생각하는 경향이다.

이미 몇 번 거론되었던 것처럼, 교직은 여러 직업 가운데 비교적 안정되고 복지 혜택이 잘 갖춰진 직업이라는 인식이 우리 사회에 지배적이다. 교사의 진로를 선택하는 예비교사들마저도 그런 인식에서 교직을 선택하고 있다. 그런 인식은 '사실'을 반영한다는 점에서 문제가 없다고 여길지 모른다. 실지로 교직은 부당한 해고나 착취의 위험이 거의 없는 '안정된 직업'이다. 그러나 교직은 개인들의 밥벌이 자리를 만들기 위해 생겨난 것이 아니다. 새로운 세대를 키워 사회를 유지하고 발전시키기 위해 만들어졌다.[50] 개인이 교직에 종사하면 물론 생계를 무난하게 유지할 수 있지만, 그런 이익이 교직을 선택하는 이유의 전부가 돼버리면 교직의 본디 소명은 증발해버린다. 교사는 자신의 직무를 사회와 인류의 이익에 비추어 가다듬어야 마땅하다. 교사들이 자신의 임금과 부수적인 혜택을 키우는 견지에서만 그 직무를 수행한다면, 국가나 인류 사회에 교직이 생겨난 의의가 사라질 것이고, 본연에 충실한(바람직한) 교사를 얻을 가망도 사라질 것이다.

다른 한편, 우리 사회에서 교사들은 자신이 맡은 학생들의 성적과 진학을 책임지도록 기대되고, 정부마저도 교사들에게 학생들의 '계층 사다리' 오르기를 지원하도록 공공연히 요구한다. 교사들도 대체로 그런 기대나 요구에 부응하는 것을 자신의 본분이라고 여긴다. 그래야 훌륭한 교사로 인정받을 수 있기도 한다. 그러나, 위에서 적은 것처럼, 교직은 특정한 개인(들)의 이익을 키워주기 위하여 생겨난 것이 아니다. 사회와 인류의 복리를 위하여 생겨난 것이다. 물론, 개인의 이익이 보장되고 커질 때 사회의 안녕도 유지될 수 있는 점도 있어서, 교사들이 학생의 성공을 돕는 게 무익하거나 해롭지만은 않다고 주장할지 모른다. 그러나 그 도움이 특정한 개인이나 무리에 한정된다는 것 자체가 사회적인 분란의 요소이며, 교직의 본연에 어긋난다.

적어도 역사 사회적으로, 교사는 개인의 이익이 아니라 공공선에 종사해야 하도록 전제되어 있다. 이 점은 오늘날 우리 사회에서 대체로 무시되고 있다. 학부모는 자신의 자녀를 위해 종사하는 교사를 원하고 있고, 정부도 그런 '여론'에 복종하여 교사들을 '사교육'에 나서도록 내몰고 있다. 이런 현실을 바루지 않고는, 우리 학교에서 교사다운 교사가 일하기를 기대할 수 없을 것이다.

교사가 공교육에 종사한다는 원칙을 유지하기 위해서 취해야 할 방도는 수없이 많을 것이다. 우리 사회 구성원 모두의 상식을 바꾸어야 하는 과제나

---

50) Durkheim(1956). Education and Sociology. New York: The Free Press.

다름없는 것이어서, 일상의 모든 면이 관련되어 있다고 해도 과언이 아니다. 그래서 이 작업(개혁 노력)은 불가능하다고 체념할 수도 있다. 그러나 현재 문제가 되고 있는 부조리한 교직관도 과거 세워졌던 원칙을 야금야금 훼손하며 구축되었을 터이다. 훼손된 교직의 본연을 회복시키는 과정도 그와 마찬가지로 (방향은 다르겠지만), 오래 걸리겠지만 일관되게, 교육의 전방위에서 교직의 본연을 염두에 두는 의식적인 움직임을 지속시키는 것이어야 할 것이다.

(4) 교육부를 죽이고 학교를 살려야

'교사는 공교육에 종사한다'는 원칙을 세워갈 때 '종사'가 실지로 어떤 뜻이어야 하는지에 대해서도 우리는 바르게 합의할 필요가 있다. 앞에서 확인한 것처럼, 교사들은 학교에서 '잡무'에 매몰돼 있는 경우가 적지 않다. 교사들에게 '공적으로' 요구되는 일들이 교육인 것이기보다 '비교육'인 것인 경우가 많고, 심지어 비교육의 것을 우선 처리해야 하는 조직 환경에 처해있는 것이다. 본무를 제쳐두고 잡무를 우선해야 하는 이런 상황은 교사들의 헌신을 심각하게 왜곡하고 있다. 교사다운 교사가 되려는 노력이 엉뚱한 '종사'를 낳게 되는 것이다.

미시적으로 보면, 이런 현실은 교사들이 평가를 의식해야 하고 승진을 준비해야 하는 여건에서 조장되는 것으로 파악된다. 교사들은 교장과 교감의 부당한 '업무' 지시를 거부할 수 없고, 자신이 속한 학교 조직의 행정 편의적인 문화와 관성에서 헤어날 길이 없는 것이다. 이런 문제는 교사 개인의 의지와 능력만으로 헤쳐 나아갈 수 있는 것이 아니다. 교사들은 학교를 거느리고 있는 관료적 교육체제와 학교를 구속하는 우리 사회의 문화(전통과 관성)라는 거미줄에 포획된 나비의 처지에 있다. 이 문제에 대해서는 당연히 구조적인 해결을 도모해야 한다.

유감스럽게도 이 구조적인 문제가 어디에서 비롯되고 어디에서부터 해결을 시도해야 할지 명쾌하게 설명하고 제안할 수는 없다. 교육계가 이 문제를 오랫동안 논란해오기는 했지만 제대로 된 연구나 자료가 집적시켜오지는 못했다. 이제라도 그 문제를 정곡으로 다루는 논의와 연구를 시작해야 하는 형편이다. 이와 같은 논의와 연구의 초점에 대해서는 적어도 두 방향으로 제안할 수 있을 것이다. 하나는 교육부를 정점에 둔 위계적이고 통제적인 관료체제를 해체하는 것이고, 다른 하나는 학교 단위 자치를 넓게 허용하면서 교사의 자율을 인정하는 것이다.

일제식민지기에 사회 통제의 첨병으로 부림을 당했던 이래 지금까지도, 우리나라 학교는 사회의(근검절약, 산불 조심, 사회정화, 환경보호, 폭력 추방 등) 온갖 문제를 다루는 데 동원된다. 게다가 교육부는 '개혁'의 이름으로 수많은 지침을 꾸준히 하달할 뿐만 아니라, 그것들을 이행했다고 보고하는 '행정 업무'를 반드시 붙여 보낸다. 이제까지 교육개혁이 대체로 실패해왔다고 인정한다면, 그것은 교육부가 부과한 막대한 지침과 행정 업무들이 거의 무의미했다는 뜻이 된다. 학교나 교사를 교육이 아닌 다른 '사업'에 동원하는 데 거리낌이 없는 풍토도 문제이고, 학교나 교사를 못 믿겠다는 듯이 관료주도의 행정과 정책을 꾸준히 고집해 온 정부(교육부)도 문제이다. 100년 가까이 유지되어 온 이런 관성과 문화가 학교와 교사를 옥죄고 있다. 이것을 푸는 일은 우선 학교와 교사에게 재량을 허용하는 데서 출발해야 할 것이다.

(5) 교육대학과 사범대학도 이대로는 안 된다

교사와 교직에 대한 우리 사회의 통념을 거시적이고 근본적으로 재고하는 노력은 좀 더 직접적이고 실천적인 대안을 통해 강화될 수 있을 것이다. 현재 우리가 '상식적으로' 바라는 교사가 아닌(본연에 충실한) '다른' 교사를 키우기 위한 사업을 적극적으로 추진한다면, 그 과정에서 기존 '상식'에 대한 논란이 가열될 수 있고, 교사와 교직에 대하여 새로운 사회적 각성도 기대할 수 있다. 이런 점에서 교원양성 프로그램을 개혁적으로 논의하고 새로운 구상을 펼치는 것이 훌륭한 교사를 얻으려는 노력에 큰 도움이 될 수 있다. 물론, 사회에 기존 교직관이 완강히 버티는 상태에서, 광범한 통념의 저항이 새로운 양성 사업을 곤경에 몰아넣을 것이다. 그러나 그런 곤경에서일지라도 교직에 대한 새로운 논란에 활기를 넣을 수 있다면, 통념에도 균열을 일으킬 수 있을 것이다.

교사를 새롭게 양성하려는 개혁 시도에 대해서도, 양성기관이나 프로그램을 총체적이고 세밀하게 제안할 수는 없다. 그런 제안을 정당화할 이론이나 경험적 자료가 충분하지 않기 때문이기도 하지만, 그런 시도가 교조적으로 이끌릴 수 없기 때문이다. 개혁 방향의 논의 자체가 교육철학의 논란 과정이 될 것이고, 교직과 교사에 대해 새로운 인식을 쌓아가는 과정이 될 것이다. 여기에서는 그런 논의를 지피기 위해 기본적인 제안 몇 가지를 내놓는다.

① 교과에 더 정통하게

교사에게 일차적인 직분은 교과를 가르치는 것이다. 교사가 되기 위해서는 당연히 교과를 잘 가르치기에 충분하도록 교과 지식을 갖추어야 한다. 이때 지식을 갖춘다는 말은 교과에 관련된 정보를 기억에 저장해 지니고 있어야 한다는 뜻에 그치지 않는다는 점은 두말할 나위 없다. 맡은 교과 영역의 현상을 스스로 볼 수 있고 탐구할 수 있는 수준의 지식을 갖추어야 한다는 뜻이다.

이런 수준으로 예비교사를 키우는 것이 구체적으로 어떤 교육과정을 요구할지는 단언하기 어렵다. 그러나 그런 지식을 갖추어주는 데 현재 양성과정이 미흡하다는 짐작은 양성과정의 실제에 비추어 가능하다. 초등교사를 양성하는 교육대학의 경우에, 예비교사들은 140학점을 이수하는 과정에서 초등학교 교과 전 영역에 걸쳐 지식을 습득하게 된다. "초등학교에서 [가르치는] 14개 교과 내용을 수박 겉핥기식으로만 배우는데, '초등 교과 내용' 혹은 그 교과를 가르치는 '방법'에만 치중하다 보니 깊이 들어갈 여지가 전혀 없다."는 비판[51]은 과장이 아닐 것이다.

중등교사를 양성하는 사범대학의 경우에는 인문대학이나 사회과학대학 그리고 자연과학대학 등의 교육과정과 비교하여 생각해 볼 수 있다. 이를테면 국어과 교사가 되기 위해 어느 수준의 지식을 갖추어야 할지 절대적이고도 확고하게 처방하기는 어렵다. 그러나 '국어교육과' 교육과정으로 익힐 수 있는 수준보다 '국어국문학과' 교육과정으로 익힐 수 있는 수준이 더 낮다고는 말할 수 있을 것이다. 적어도 현재보다 더 넓고 깊이 있게 공부할 필요가 있다는 것이다. 이렇게 말하는 것은 사범대학과 다른 대학의 차이를 거론하려는 것이 아니며, 수업의 질을 거론하려는 것도 결코 아니다. 교사가 가르칠 교과 영역에 관

---

51) 김현희(2017). 왜 학교에는 이상한 선생이 많은가? 서울: 생각비평. 132.

련하여 대학 교육과정들이 그 범위나 심화 정도에서 차이를 갖는다면, 교사양
성 과정에서는 그 가운데 최고의 과정을 채택하여야 한다는 뜻일 뿐이다.

② 학교에서 당면하는 문제를 독자적으로 연구·해결할 수 있게

교과를 잘 가르치기 위해서는 교과 지식만으로 충분한 것도 아니다. 지식
을 가르치는 일에 관련된 인식론이나 방법론에 정통해야 할 뿐만 아니라, 학습
에 관련하여 학생 개인을 파악하고 이해할 수 있는 안목도 갖추어야 한다. 이
런 안목을 갖추기 위해 현재 예비교사들이 이수하는 과정은 '교육학개론' 수준
의 몇 개 '교직과목'과 '교과교육 방법론'이라는 범주의 과정 하나 정도가 전부
이다. 이런 과정을 통해 예비교사들이 어떤 수준의 안목에 이르게 될지 단언하
기는 물론 어렵지만, '훌륭한 교사'의 요건을 갖추기에는 미흡할 것이라고 보아
도 무리는 아닐 것이다.

학생들을 바르게 이해하고 통솔할 수 있어야 한다는 측면에서는 교사에게
적어도 두 가지 역량을 요구해야 할 것이다. 하나는, 학생들의 학습 과정을 진
단하고 문제에 대한 처방을 내릴 수 있어야 한다는 것이고, 다른 하나는, 학급
(수업학급, 담임 학급)을 원활하게 관리 운영할 수 있어야 한다는 것이다. 이와
같은 역량을 갖추어야 한다는 조건을 집약한다면, 모름지기 교사라면, 교과를
가르치고 학생들을 지도하는 맥락에서 독자적으로 '현장 연구'(action research)를
수행할 수 있어야 한다고 말할 수 있을 것이다. 이를테면 학업 부진 학생이 어
떤 문제를 안고 있는지, 또는 학급에 왜 따돌림 현상이 생겨났는지, 스스로 문
제를 제기하고 해결 대안을 찾아갈 수 있는 '탐구 역량'을 갖추어야 한다는 뜻
이다.

③ 교직의 소명과 암묵지를 체득할 수 있게 '도제 수행'

현재 우리나라 교육대학이나 사범대학이 제공하는 교직과목이나 실습과정
으로는 결코 이런 역량을 키우지 못할 것이다. 핀란드 대학들의 교원양성 과정
에서는 그런 역량을 겨냥하여 보통 1년에서 1년 6개월 정도의 학업 기간을 요
구하는 '교육학' 과정을 부과한다. 예비교사들은 담당할 교과 영역에서의 석사
학위를 취득한 뒤에 이 과정에서 60학점을 이수해야 한다. 여기에는 연구를 위

한 수업도 포함되어 있다.[52]

　교사를 양성하기 위한 과정은 대학 교실에서 교과과정을 이수하는 체제로만 완성될 수 없다. 당연히 학교 현장에서의 실습을 동반한다. 우리나라에서 그 실습은 1~2개월에 그친다. 기간이 짧을 뿐만 아니라 실습의 내용이나 밀도가 허술하다는 것은 이미 자주 지적되어 온 사실이다. 간략한 실습만 거치기 때문에, 우리나라 예비교사들은 첫 발령 학교에서 크게 당혹하고 많은 시행착오를 겪는다고 알려져 있다. 그러나 실습은 단순히 시행착오를 줄이기 위한 프로그램으로만 의미를 지니는 것이 아니다. 예비교사들은 충분한 실습을 통해서라야 비로소 교사가 될 준비를 완성할 수 있다.

　우리나라 교원양성 과정은 교사가 갖추어야 할 역량을 말이나 글로 정리된 '지식'만으로 키울 수 있다고 전제하고 있다. 마치 매뉴얼을 전수하듯, 명문화한 지식을 전달하는 프로그램으로 양성과정이 사실상 다 채워져 있다. 그러나 인간의 모든 활동의 기반에는 그런 언어적인 지식('기법적 지식', technical knowledge)만 있는 것이 아니다. 말이나 글로 전달할 수 없는 암묵지('실천적 지식', practical knowledge)가 분리될 수 없게 함축되어 있다.[53] 말로 형용하여 전달할 수 없는 이 실천적 지식은 오직 대가(master)에게 사사하는 도제 수행을 통해서만 익힐 수 있다.[54] 교직의 경우에도 이 점은 마찬가지이다. 그 직분이 요구하는 온전한 지식은 탁월한 교사가 지도하는 실습을 통해서 비로소 익힐 수 있다. 이때 '익힌다'는 말은 단순히 기술이나 안목을 얻게 된다는 것만을 뜻하지 않는다. 탁월한 교사에게 배어 있는 장인정신이나 소명의식과 같은 가치관이나 의식까지도 포함된다.

　우리나라에서 교원 양성과정은 바로 이 측면을 간과하고 있다. 실습을 형

---

52) 이 과정은 '과목전담 교사'가 되는 데 요구되는 것이다. '학급담임 교사'가 되기 위해서는 120학점을 이수해야 하는 교육학 석사 과정을 거쳐야 한다. 정도상(2013). 핀란드의 교사양성 및 연수제도 현황과 시사점. 한국교육개발원 현안보고 CP 2013-01-3.

53) Oakeshott, M.(1962. reprinted in 1991). Rationalism in Politics and Other Essays. Indianapolis: Liberty Fund. 38-40. 장상호(1997)에서 재인용. 장상호(1997). 학문과 교육(상): 학문이란 무엇인가. 서울: 서울대학교 출판부. 285-289.

54) 도제식 교육은 전문 교육의 전형적이고도 심오한 전통이지만 근대 '합리주의적' 경향이 그 전통을 유실시키고 있다고 Oakeshott는 비판한다.

식적인 것으로 천대함으로써 교직을 위한 준비가 관념적이고 사변적인 데 그치도록 만들고 있다. 특히, 교원 임용을 위한 최종 결정까지 '임용시험'에 근거해 이루어지고 있다는 사실은 우리 교원 양성과정의 형식성을 극명하게 보여주고 있다. 이런 과정을 통하여 예비교사가 교직에 대한 소명의식을 키우고 교직의 본연에 충실한 전문성을 체득하게 될 리는 만무하다. 훌륭한 교사를 얻기 위해 교원양성 프로그램을 개혁할 때, 실습 프로그램을 도제 수행의 양식으로 강화하는 것은 빼놓을 수 없는 과제이다.

3. 사교육 정책, 100년의 무지(無知) 또는 기만(欺瞞)

1) 지난 30년, 사교육 10배 넘게 불었다

1991년 3월 24일자 동아일보는 사회면 헤드라인을 이렇게 뽑았다. "학부모 사(私)교육비 큰 부담－작년 과외비등 9조 4천억 원, 공(公)교육비보다 7천억 더 많아."[55] 다른 신문들도 같은 내용의 기사를 비슷한 톤으로 보도했다. 한국일보는 그 기사를 이렇게 끝맺었다. "초·중등 교육기관의 사교육비가 급증하는 추세인데, 과외비 학원 수강비 지출이 크게 늘어난 때문인 것으로 분석됐다."[56]

이런 기사는 전날 발표된 '한국의 교육비 수준'이라는 한국교육개발원 연구보고서 내용을 보도한 것이었다.[57] 그 연구는 우리나라 교육비의 총체적인 규모와 흐름을 조사 분석하는 것이었는데, 그 가운데 '사교육비' 조사 결과가 유독 언론의 주목을 받았다. 사교육 부담에 대해 사회의 관심과 원성이 커지고 있는 가운데, 특히, 사교육비가 공교육비를 능가하고 있다는 조사 결과가 이목을 끌었다. 이런 보도들은 일상적으로 막연했던 부담감을 확연하게 실감으로 바꾸면서 정부에게는 압력이 되었다.

---

55) [동아일보] 학부모 사교육비 큰 부담_19910324.
56) [한국일보] 작년 사교육비 9조 4천억_19910324.
57) 공은배·천세영(1990). 한국의 교육비 수준. 한국교육개발원.

30년이 지난 2020년 3월 10일, 주요 신문들은 다시 일제히 사교육비 기사를 실었다. 전날 교육부가 발표한 '2019년 초·중·고 사교육비' 조사 결과를 보도하는 것이었다. 교육부의 보도자료는 첫 줄에 조사 결과를 이렇게 요약했다. "총 규모 약 21조원, 참여율 74.8%, 전체학생 1인당 월평균 32.1만원."[58] 신문들은 기사 제목을 아래와 같이 잡았다.

- 경향신문: 사교육비, 학생당 월평균 32만원 '급등'…초등학생 껑충
- 동아일보: 지난해 사교육비 21조. 학생 수 감소에도 7.8% 역대 최대 증가
- 중앙일보: 사교육비 월 32만원 역대 최고… 문(文)정부 3년 연속 급등
- 한겨레신문: 지난해 월평균 사교육비 32만1천원 … 전년비 증가율 역대 최고치

오늘날 사교육 문제는 30년 전과 달라진 게 거의 없다. 아마도 문제는 심각해졌다고 평가하는 것이 더 적절할 것이다. 지난 30년, 여론에 쫓기듯, 정부는 사교육(특히 비용) 부담을 줄이기 위해 끊임없이 정책을 폈다. 그러나 정책은 늘 실패했다.

1995년 '5.31 교육개혁'에서는 '교육 고통'이라는 표현을 썼다. "목전의 교육 고통을 해소하고… 문명사적 대전환기에 대처하기 위해… 교육의 기본틀을 다시 짜"겠다며, 개혁을 추진했다. "입시 고통, 과외비 과부담 고통 등 국민들이 교육과 관련하여 겪는 고통"을 해결하겠다고 했다.[59] 이런 취지의 정책들이 지난 30년 거듭 이어졌는데, 들어서는 정부마다 내놓았던 그 방안들의 표제만 살펴보아도 정책의 집요함과 방향을 짐작할 수 있다.[60]

---

58) 교육부(2020. 3. 9). 2019년 초·중·고 사교육비조사 결과 발표. 보도자료.
59) 대통령자문 교육개혁위원회(1995. 5. 31.). 세계화·정보화 시대를 주도하는 신교육체제 수립을 위한 교육개혁 방안: 참고 설명자료. 보도자료 I (설명중심).
60) 대통령자문 교육개혁위원회(1997. 6. 2.). 세계화·정보화 시대를 주도하는 신교육체제 수립을 위한 교육개혁 방안(Ⅳ). 이종재 편(2009). 사교육: 현상과 대응. 서울: 교육과학사. 김정근(2019). 사교육비경감 정책문제 정의의 타당성 분석: 노무현·이명박·박근혜 정부 주임으로. 한국정책분석평가학회 학술대회발표논문집. 341−368. 더불어민주당(2017). 제19대 대통령 선거 정책공약집 나라를 나라답게. 서울: KPBooks.

- 문민정부(1997년 6월): "과외대책을 통한 사교육비 경감 방안"
- 국민의정부(2000년 6월): "과열 과외 예방 및 공교육 내실화 방안"
- 참여정부(2004년 2월): "공교육 정상화를 통한 사교육비 경감대책"
- 이명박정부(2009년 9월): "공교육 경쟁력 향상을 통한 사교육비 경감대책"
- 박근혜정부(2014년 12월): "사교육 경감 및 공교육정상화 대책"
- 문재인정부(2017년 4월): "공교육을 혁신하고 사교육비를 경감하겠습니다"(공약)

사교육을 제어해보려는 정부의 시도는 끈질겼지만, 사교육 현상은 더 끈덕졌다. 사교육은 규모가 더 커졌고 확산됐다. 지난 30년 사이 사교육비 규모가 9조 4천억 원에서 21조 원으로(화폐 가치의 변화를 무시하고 비교할 때) 2배 이상 뛰었다고 계산하면 아마도 사람들은 생각보다 적다고 여길 것이다. 실지로 증가는 그 이상일 게 틀림없다. 30년 전 사교육비 계산에는 유치원과 대학 수준에서 지출된 것도 포함되어 있을 뿐만 아니라, 지금은 '사교육비'로 치지 않는 "부교재 구입비, 학용품비, 단체활동비, 교통비, 하숙비" 등도 포함되어 있다.[61] 오늘날 조사에서 사교육으로 간주하는 개인 교습이나 학원 과외 등의 비용만 집계한다면, 1990년 사교육비에서 예컨대 중학교 경우 집계된 총액의 25%에 불과하다.[62] 게다가 당시에는 학생 수가 지금보다 훨씬 많았다. 이런 점들을 고려하면 지난 30년 사이 사교육비 규모는 족히 10배 넘게 불었다고 보아야 할 것이다.

2) 정부 사교육 정책이 어쨌길래?

이제는 새로운 이야기도 아니듯, 근대 학교 제도에 붙여서만 보더라도(뒤에 좀 더 자세히 이야기하겠지만), 우리 사회에서 사교육을 문제 삼은 역사가 100년은 된다. 이 역사 속에서도 지난 30년의 '대책사'(對策史)는 특히 강도가 높고 집요했다. 그러나 결과는 위에서 확인했듯이 참담한 실패이다. 지난 30년 정부

---

61) 공은배·천세영(1990). 한국의 교육비 수준. 한국교육개발원. 31–32.
62) 공은배·천세영(1990)의 표에서 계산. 공은배·천세영(1990). 한국의 교육비 수준. 한국교육개발원. 50–51.

는 과연 무엇을 했는가?

(1) 1980년대 '엄금' 조치가 이완되면서 90년대에 사교육 과열 기미

1990년대에 이르면 사교육 문제가 중요한 사회 이슈로 부상한다. 1980년 이루어졌던 전격적인 과외 금지 정책('7.30 교육개혁')이 점차 이완되면서 대학생들의 과외나 학생들의 '학원 수강'이 허용되기 시작했다. '과외 문제'가 금지 전에 그랬던 것처럼 과열되어 갈 것이라는 우려가 돌기 시작했다. 이 외에도 사교육 문제가 뜨거워질 조건은 당시 교육과 사회 전반에서 만들어지고 있었다.[63]

1990년대 들어서면서 고등학교 취학률은 90%를 넘어 사실상 천정에 닿게 된다. 초·중·고 모든 학교급에서 학령인구를 거의 다 수용하게 됨으로써, 사교육 부담은 사실상 전 국민의 고충으로 보편화되었다. 그만큼 사교육 부담은 사회적으로 예민한 사안이 되었다.

더불어 사교육 서비스는 다양화되고 전문화되기 시작했다. 개인 교습이나 학원 강습과 같은 '과외'는 고전적인 것이 되고, '컨설팅'이니 '스펙 관리'니 하는 신종 서비스들이 생겨났고 시장도 커졌다. 이제 과외라는 용어가 그런 현상을 모두 담을 수 없을 정도가 되었다. 자연스럽게 '과외'는 '사교육' 또는 사교육 서비스라는 말로 대체되었다. 사교육은 '일상의 상품'이 되었고, 우리 사회에 으레 '병통'으로 여기게 되었다.

(2) 과외 통제의 역사를 뒤로하고 '과외 수요'를 메우려

정치 쪽을 보면, 1990년대는 우리 사회가 민주화를 정착시키며 '문민정부'를 들이게 되는 때였다. '문민정부'가 들어설 즈음 사회 분위기는 정부의 위계적이거나 관제적인 조치 일체를 비민주적이라고 몰아붙일 수 있는 정도가 되었다. 이런 사회 맥락에서 '역사적'이라고 이야기될 만큼 광범한 교육개혁이 추진되었는데, 그것이 '5.31 교육개혁'이었다.[64]

---

63) 강태중·강충서(2013). 사교육 담론에 담긴 학교 교육의 의미 역사적 고찰. 교육사회학연구. 23(4): 1-28.
64) '5.31 교육개혁'은 그 이름 때문에 한 번 발표로 매듭된 것으로 오해될 수 있지만, 사실은

5.31 교육개혁은 당시 국내의 민주화 기류와 세계적인 '신자유주의' 경향을 배경으로 틀 잡았다. '신(新)교육체제 구축'을 표방하면서, 정치적인 민주화에 부응할 뿐만 아니라 '21세기 세계화·정보화 시대'의 도전에 응전한다는 취지를 내걸었다. 특히, 사교육 정책을 추진하는 데서는 '제5공화국'의 '7.30 교육개혁'을 반면교사로 적시함으로써, 정책의 개혁성을 더욱 부각시키려고 했다.[65]

7.30 개혁을 반면교사로 삼았다는 주장에서 짐작할 수 있는 것처럼, 5.31의 사교육 대책에서 과외를 통제하는 기미의 대안은 전혀 찾아볼 수 없다. "학습자의 다양한 교육 요구에 부합하는 교육 서비스 공급 부족"을 '과외 원인'이라고 분석했고, "사교육을 공교육으로 흡수"하는 것을 핵심적인 '대처 방향'으로 채택했다.[66] '수요자 중심'이라는 5.31 개혁 전반의 기조에 부합하는 노선을 견지했다. 수요자(학생과 학부모)가 원하는 서비스라면 어떤 수단을 동원해서라도 충족시키겠다는 입장을 취했고, 학교는 그런 수요를 해소하기 위해 적극적으로 동원할 수 있는 수단으로 간주했다.

(3) '사교육 흡수'가 학교의 사명이 되다

사교육 수요를 공교육 부문에서 흡수 또는 해소한다는 5.31 사교육 정책의 기조는 오늘날까지도 정부 정책에서 변함없이 유지되고 있다. 학교는 그 수요를 충족시키기 위해 가장 먼저 동원되는 수단이 되었다. 2000년대 초반 이래 꾸준히 강화되고 확대되어 온 '방과 후 활동', '방과후 학교', 그리고 '사교육 없는 학교' 등의 사업은 그런 동원의 대표적인 사례들이다. 처음에는 방과 후 활동의 일부로 사교육 수요를 충족시켜보려고 했고,[67] 그것으로 부족하자 '활동'

4년에 걸쳐 교육 전반의 문제를 다룬 것이었다. 당시 개혁은 대통령 자문기구로 설치된 '교육개혁위원회'가 주도했던 바, 이 위원회는 1994년 2월 5일부터 1998년 2월 24일까지 활동했다. 개혁방안은 네 차례에 걸쳐 발표되었으며, 좁게 보면 '5.31 개혁방안'은 1995년 5월 31일에 발표된 제1차의 것을 가리킨다. 첫 발표에 전반적인 개혁 방향이나 윤곽이 정리되어 있었기 때문인지, 문민정부에서 이루어진 교육개혁을 모두 일컬어 흔히 '5.31 교육개혁'이라고 부른다.

65) '과외 관련 대책'을 설명하고 있는 자료에서는 7.30 교육개혁의 대안과 비교까지 하고 있다. 대통령자문 교육개혁위원회(1995. 5. 31.). 세계화·정보화 시대를 주도하는 신교육체제 수립을 위한 교육개혁 방안: 참고설명자료. 보도자료 I (설명중심). 65.

66) 정태수(1991). 7.30 교육개혁. 서울: 예지각. iv. 참조.

67) '방과 후 교실'이라고도 불렀다.

을 더 확장하고 체제화해서 방과 후 '학교'를 만들었다. 정규의 '공교육'과 방과 후 '사교육'으로 학교를 두 개로 쪼갠 것이다. 수요 감당은 그래도 안 됐고, 급기야 '사교육 없는 학교' 사업에 이르러서는(방과 후만 아니라) 학교 교육을 통째로 사교육 수요 해소에 동원하려는 발상을 보이게 되었다. 이 개혁 사업은 이명박정부에서 추진했던 것으로, "내실 있는 정규교육과 학생 수요에 맞는 방과 후 학교 프로그램 등을 통해 사교육 수요의 대부분을 학교 교육으로 충족시켜주는 학교"를 만들기 위한 것이었다.[68] 학교가 학생들을 밤까지 수용하며('학원'에 갈 시간을 학교에서 보내도록 하며) 학생이 원하는 사교육 서비스를 모두 제공하도록 한다는 취지였다.

(4) 교육방송까지 동원하여 학교 수업을 입시 강의로

사교육 수요에 부응하기 위하여 정부가 학교 외에 더 동원한 자원은 교육방송(EBS)이었다. 과외 문제를 해결하기 위해 방송을 활용하려는 시도들은 1980년대에도 있었다. 1981년에는 KBS가 여름방학 '과외 강좌'를 계획했었고,[69] 1989년에는 '고3 TV 과외'를 독립되기 전 교육방송(한국교육개발원 교육방송본부)이 방영하기도 했다. 이런 발상이 발전하여 2004년 정부는 '사교육비 경감 대책'에 "EBS 수능강의로 수능과외 대체"라는 방안을 포함하게 되고, 2010년에는 "EBS-수능 연계율 70% 이상"이라는 방침까지 채택하게 된다. 이 방침은 대학수학능력시험의 70% 이상을 EBS 수능 강의와 그 교재에서 출제하겠다는 것으로, 지금까지도 유지되고 있다. 사교육 정책이 이런 지경에 이르자 '입시 문제 풀이'는 자연스럽게 학교 수업의 주종이 되었다. 적어도 일반 고등학교에서는 이제 EBS 수능 강의를 틀거나 그 강의 교재로 수업하는(학원과 똑같이 서비스하는) 것이 전혀 이상할 게 없는 상태가 되었다.

공적으로 동원할 수 있는 자원을 다 동원했지만, 지난 30년 사교육 정책을 통하여 사교육의 양이나 사교육비 부담을 줄이지는 못했다. 정부는 스스로 내건 정책 목표를 이루지 못했을 뿐만 아니라, 교육의 사태는 오히려 악화시켰

---

68) 교육과학기술부(2009). 사교육 없는 학교 지원 사업 기본 계획. 보도자료.

69) 당시 '과외금지 시책(7.30 교육개혁)에 위배된다'고 교육부가 취소를 요청했다. [조선일보]. 여름방학 '변칙과외' 단속_19810721.

다. 사교육 정책이 큰 변화를 가져온 데가 있다면 그것은 다름 아닌 학교 안이다. 앞에서 정리한 것처럼, 정책 초기에는 '방과후'에 한정됐던 사교육 수요의 학교 침투가 '사교육 없는 학교' 사업에 와서는 학교 교육 자체를 식민(植民)하게 되었다. 학교는 학생이 바라는 모든 사교육 서비스를 해주도록 강압 당했다. 학교들은 '사교육 없는 학교'가 되기 위해 역설적이게도 '사교육에 충실한 학교'가 되어야 했다.[70] 그리고 "EBS-수능 연계" 조치는 정규 수업까지도 적극적으로 사교육을 닮아가도록 변질시켰다. 학교교육은 '입시 위주 교육'이 되었지만, 우리 사회는 이제 이런 사태를 이상하다고 여기지 않게 되었다.

3) 사교육 정책, 어디로?

사교육 정책은 어디로 가야 할까? 지난 30년 이상 정책은 '부담'을 완화하려는 정책 기조를 유지했다. 학교와 공영 방송을 동원해서 가능한 한 "값싸고 질 좋은"[71] 사교육 서비스를 제공함으로써 가정의 비용 부담을 덜려고 했다. 이런 정책을 계속 유지해야 할까? 수긍하기 어렵다. 지난 30년 이상의 정책사가 그런 시도가 무모하다는 것을 알려주고 있다.

그렇다면 사교육 수요가 일어나지 않도록 제도를 고치면 어떨까? 옛날처럼 사교육을 금지하는 제도를 도입하면 어떨까? 그리고 사교육이 기본적으로 진학 경쟁에서 이기려는 전략이라면, 진학 경쟁 체제(즉, '입시제도')를 손보면 되지 않을까? 이미 눈치챘겠지만, 이런 생각은 오래 전에 나왔고, 수십 년 이상 그런 생각으로 정책을 밀어붙였었다. 1990년대 이전의 과외정책사는 '금지'나 '수요 완화' 시도로 점철되어 있다. 그런 시도 역시 무모하다는 사실을 확인하기 위해서 그 역사를 간략하게만 되돌아보자.[72]

---

70) 2009년 이명박 대통령은 당시 모범적인 '사교육 없는 학교'를 방문하여, "다른 학교도 [이 학교를] 따라왔으면 좋겠고, 또 따라올 수 있도록 해야 한다"고 말했다. [한국일보] 이 대통령 "학교평가-교장평가 연결돼야."_20090213. 다른 언론 기사는 그 학교를 '공교육 살리기 모델'이라고 추켜세우기도 했다. [중앙일보] 선생님 한 명이 학교를 바꿨다_20090204.
71) '5.31 교육개혁' 당시 슬로건의 하나이다.
72) 강태중·강충서(2013). 사교육 담론에 담긴 학교 교육의 의미 역사적 고찰. 교육사회학연구. 23(4): 1-28.

(1) 일제 식민지 시기부터 금지, 금지, 금지…

우리나라에서 '사교육'을 문제 삼은 역사는 100년 가까이 된다. 근대 학교 제도의 시대만 따져서 그렇다. 일제식민지 시기부터 그 문제는 종종 거론되었다. 잘 알려져 있듯이, 일제는 조선인에게 교육 기회를 거의 주지 않았다. 그 얼마 안 되는 기회를 노리는 입학 경쟁은 치열할 수밖에 없었다.[73] 물론 형편이 되는 사람들에게만 국한된 일이었겠지만, 입시 준비를 위한 과외는 가능한 한 최대로 기용해야 하는 책략이었다. 이런 현실은 1920년대에 이미 '교육 문제'가 되어 있었다. 1930년 5월 6일자 매일신보는 아래와 같은 기사를 싣고 있다.[74]

> 경남도에서는 근래 중등학교 수험준비로 인하야 왕왕히 규정의 교육과목 우 (又)는 교수시간을 변경하야 혹은 장시간의 과외지도 등으로 아동의 위생건 강상 다대한 폐해가 잇슴에 감(鑑)하야 차등(此等) 적폐를 제거하고 개선의 도(途)를 도(圖)하기 위하야 작(昨)3일부로 각 부윤 군수에게 관하 각 학교 장에 대하야 좌기(左記)와 여(如)히 주의의 통첩을 한 바 잇섯다.
> ─ 규정의 교과목 우(又)는 교수시간 등을 변경치 안흘 것
> ─ 평소의 교수의 철저를 도(圖)하야 규정 외의 복습을 매일 1시간을 초과치 안케할 것

학교에서 입시 과목 위주로 수업하거나 과외로 과중하게 지도하는 일이 없도록 하라는 '통첩'이 이루어졌다고 보도하고 있다. 시대가 달랐던 만큼, 과외가 왜 문제이며 어떤 조치가 필요한지 생각하는 경향은 달랐지만, 과외가 문제의 실마리라는 데서는 오늘날과 다를 바 없다.

광복 직후에도 과외 문제는 달라진 데가 없었다. 1949년 10월 26일자 신문에서는 "과외수업을 절대 금지하도록 시달"했다는 기사를 찾아볼 수 있다. 그 일부를 옮기면 아래와 같다.[75]

---

73) 오성철(2000). 식민지 초등교육의 형성. 서울: 교육과학사.
74) [매일신보] 경남 각 보교(普校) 과외지도 단축 부군(府郡)에 통첩_19300506.

시내 대부분의 국민학교에서는 중등학교 입학시험 준비라는 명목으로 6학년
생도에 대하여 조회 전 혹은 하학 후 저녁 늦게까지 공부를 시키며 또 숙제
가 너무 많아 아동 보건상으로나 정신으로나 적지 않은 폐해를 가져오고 있
음에 비추어… 다음과 같은 엄중한 지시를 내리는 동시에 이에 어긋나는 일
이 있으면 그 책임을 학교장 및 교사에게 추궁할 것을 시달하였다…

1. 입학준비학습을 일체 폐지할 것
2. … 과외활동…시간을 빙자하여 [입학]준비교육시간으로 이용하면 안 된다.
3. 과분한 학습과제로 인하여 아동의 심신을 과로케 하지 말 것.
4. 아동을 교사의 사택 또는 부형 사택에 소집하여 지도하는 일을 엄금할
   것. …

광복 전후 두 기사 사이에는 20년 가까운 간극이 있고 심지어 광복이라는
격변 중의 격변도 있었지만, 과외수업이라는 '문제'나 그 문제를 다루는 당국의
조치에서 그간 달라진 것은 하나도 없어 보인다. 여전히 '과외'는 과도하여 많
은 폐해를 낳고 있으며, 당국은 '엄금'을 지시하고 있다.

(2) '금지'가 안 먹히자 '양성화'와 '수요 완화' 쪽으로

엄금은 일제식민지 시기부터 사교육('과외') 문제를 다루는 정책의 기조였
다. 과외가 발흥할 때마다 교육 당국은 학교와 교사들에게 금지를 지시하였고,
어기면 엄벌하겠다는 위협도 빼놓지 않았다. 이런 경향의 조치는 1960년대까
지 꾸준히 유지되었지만, 이때 와서는 그런 접근에 한계가 있다는 지적도 나오
기 시작했다. 못 하게 막는다고 해서 사람들이 과외를 쉽게 그만둘 리 없다는
생각이 고개를 들었다. 1964년 3월에는 서울시 교육위원회가 "과외 수업을 양
성화"하겠다는 계획을 내놓기도 했다. 당시 서울시 교육감은 아래와 같이 발
언했다.[76]

---

75) [조선일보] 과외수업은 엄금_19491026
76) [조선일보] 양성으로 바뀔 과외 공부_19640317

…입학시험 제도가 있는 한… 과외수업을 금지시키는 것은 '눈가리고 아웅' 하는 식의… 이상론에 지나지 않는다. …학생의 입학시험 준비를 위해 학교에서 약간의 경비를 받아 6시간 정규 수업 이외에 수업 전 한 시간, 수업 후 한 시간씩 수업 시간을 연장함으로써 학부형의 부담을 덜고 아동들의 건강을 도울 수 있다.

이와 같은 '양성화론'이 바로 정책으로 이어지지는 못했다. 계속 찬반 논란을 이어갔는데, 1960년대 후반에 이르면 그 논란이 입시제도로 번진다. 입시제도 개혁이 과외 문제를 해결할 방안으로 거론되기 시작했다. 물론, 1960년대 이전에도 입시제도에 대한 논란은 활발했다. 그러나 이전에는 과외 문제에 특정하게 관련시켜 입시제도를 이야기하지는 않았다. '입학난'을 해소해야 하고 시험 위주 교육을 벗어나야 한다거나, 아동들의 심신 건강을 걱정해야 한다는 식으로, 교육적이고 일반적인 맥락에서 입시제도 개혁을 이야기했었다. 과외 문제를 해결하기 위해 입시제도 개혁을 중요한 대책으로 동원하려는 생각은 1960년대 후반에 와서야 확연하게 부상했다. '하지 말라'는 지시만으로 과외를 막을 수는 없다는 현실적인 자각이 일면서, 과외에 대한 '수요' 측면에서 원인을 해소해보려는 생각을 떠올리게 된 것이다.

1960년대 말 1970년대 초에 걸쳐 입시제도 개혁이 급진적으로 이루어진 것은 바로 그런 생각이 구현된 결과였다. "중학교 무시험 입학제도"(1968년 7월 15일 발표)와 "고등학교 평준화 제도"(1973년 2월 28일 발표)로 불리게 된 이때의 입시제도 개혁은 모두 과외 문제를 해결하겠다는 취지를 명백하게 표방했다.[77] 이 개혁들은 '교육혁명'이라고 일컬어질 정도로[78] 과격하고 근본적이었다. 그러나 과외를 제어하는 데 큰 효험을 보이지는 못했다. 과외 문제는 1970년대로 넘어가서도 여전히 논란거리였다.

---

77) 문교부(1988). 문교40년사. 문교부. 391, 394.
78) 중앙대학교부설 한국교육문제연구소(1974). 문교사: 1945~1973. 서울: 중앙대학교출판국. 335.

(3) 역사를 되돌려 다시 '과외 전면 금지' 시도, 그리고 '민주화'

1970년대에는 1960년대의 '양성화론'을 계속 들먹이고 있었고, '혁명적'이 었던 고등학교 평준화 제도에 대한 논란도 지속시키고 있었다. 그러나 '10.26' 으로 빚어진 정치적 격변은 그런 흐름을 단숨에 쓸어버렸다. 1980년 '7.30 교 육개혁'은 과외 문제에 대한 기존의 논란과 정책을 단박에 원점으로 되돌렸다. 잘 알려져 있듯이, 그 개혁의 핵심은 '과외 전면 금지'였다.[79] 이 조치는 현실 타협론을 한칼에 쓸어버리면서 초기의 '엄금론'을 전면적으로 회복시켰다. 과외 는 하지 말아야 할 것이라는 원칙을 과단하게 다시 세웠고, '보충수업'과 같은 명분으로 학교가 과외 서비스를 제공할 이유도 없다고 엄중하게 못박았다. 모 름지기 학교는 "입시준비 중심의 교육으로부터 탈피하여 건전한 사회 구성원 으로서의 인격형성을 위한 교육"을 추구해야 한다고 단언했다.[80]

그렇게 원칙이 선명했고 개혁을 받치던 정치권력도 막대했지만, 7.30 교육 개혁의 생명은 길지 못했다. 무엇보다도 '전면 금지'라는 전제적 조치는 '예외' 에 대한 배려를 원천적으로 배제함으로써 수많은 부작용과 '지하 활동'을 낳았 다. 이를테면 고학하던 대학생들의 생계와 학업을 막막해지게 만들었고, 방학 중에 학업 부진을 만회해보려는 학생들의 기회마저 몰수해 버린 꼴이 돼버렸 다. 결국 '몰래바이트'니 '고액 비밀과외'니 하는 음성적인 행위들이 금지 원칙 에 균열을 내기 시작했다. 과외를 금지하는 것은 현실적인 정책 대안이 되지 못한다는 사실을 다시 확인하게 되었다.

7.30 개혁을 퇴조시킨 더 근본적인 요인은 '민주화'였다. 7.30 개혁을 강 력하고 과단할 수 있게 만들어주었던 힘은 '군부 독재'에서 나왔다. 그러나 1980~90년대 민주화를 거치며 그런 힘은 정리되었다. 1980년대 말부터는 '열 린 교육'과 같은 슬로건이 관제적 교육정책 경향을 허물어가기 시작했고, '문 민정부'에서는 5.31 교육개혁을 위해 '수요자 중심 교육'이라는 슬로건을 내걸 었다.

---

79) 금지 정책 외에, '대학졸업정원제'도 중요한 과외 해결 대책이었다. 대학 입학 정원을 늘림으 로써 대입 경쟁을 완화하고, 나아가 과외 수요를 줄일 수 있다고 예상하여 도입한 제도였다. 이것은 기존의 '수요 완화' 정책 흐름을 이어가는 것이었다.
80) 정태수(1991). 7.30 교육개혁. 서울: 예지각. 187-188.

이렇게 정리하고 보면, 지난 30년의 사교육 정책 실패는 그 이전(일제식민지기까지 포함한다면) 60년 이상의 정책 실패 위에 얹힌 것이라는 사실을 확인하게 된다. 그리고 사교육을 금지하거나 입시제도 등을 바꾸어 수요를 줄이려는 정책이 실질적이지 못하리라는 것도 확인하게 된다.

4) 사교육 문제는 그게 아니다

정책의 실패를 극복하기 위해 새로운 길을 모색할 때 정부는 늘 대안을 '다시' 찾는다. 이전에 채택했던 방책들이 적절하지 못했다고 평가하고, 다른 대안을 찾아 다시 시도하려고 한다. 정책이 해결하려고 하는 '문제'는 주어져 있다고 간주하고 다시 생각해보지 않는다. 오직 그 문제를 해결하려고 '맹목적'이라고 할 만큼 달려든다. 이제까지 100년 가까운 사교육 정책이 바로 그런 전철을 보여준다.[81]

이런 정책 패러다임이 중대하게 간과하고 있는 것은 '문제'가 문제일지 모른다는 점이다. 그동안 정책으로 해결하려고 했던 '문제'가 사실은 문제가 아닐 수 있다는 점을 검토하지 않는 것이다. 우리나라 사교육 정책은 바로 이런 과오를 범해왔다.

(1) 사교육비라는 '빈대' 잡으려다 학교라는 집 태웠다

공식적으로만 따져도 2007년부터[82] 이제까지 줄곧, 정부는 사교육 정책을 점검하기 위하여 '실태'를 조사해왔는데, 그 조사는 '사교육비' 규모를 파악하고 어떤 경향의 지출인지 간략하게 분석하는 것이다. 사교육 '실태'는 곧 '사교육비 실태'에 다름 아니라는 인식을 보여주는 연례 사업이다. 여기서 볼 수 있듯, 정부의 사교육 정책은 사교육비(부담) 문제를 해결하는 데만 몰두해왔다.

우리 사교육 정책 과정에서는 '사교육비가 과연 해결해야 할 진정한 문제

---

81) 강태중·강충서(2013). 사교육 담론에 담긴 학교 교육의 의미 역사적 고찰. 교육사회학연구. 23(4): 1–28.

82) 정부는 2007년부터 "[이전까지] 부정기적인 정책연구 형식으로 파악하던 사교육비 실태를 매년 정기적으로 조사"하기로 결정했다.

'인지' 검토해볼 요량을 해보지 못했다. 이런 맹목의 정책은 결국 그 문제 해결 은커녕 문제 '비화(飛火)'만 초래했다. 앞에서 정리한 것처럼, 사교육비 규모는 계속 '역대 최고'의 기록을 경신해왔으며, 그런 추세를 막기 위한 '학교 동원' 전략은 급기야 학교의 '사교육기관화'를 가져왔다. 이제 학교는 학원과 경쟁해 서 이겨야 한다고 촉구 당하고 있다.[83] 학교는 학원이 아니며, 모름지기 학교 는 "입시준비 중심의 교육으로부터 탈피하여 건전한 사회 구성원으로서의 인 격 형성을 위한 교육"을 추구해야 한다고[84] 주장하는 것은 머쓱한 일이 되어 버렸다. 사교육 정책은 사교육을 잡으려다 학교를 잡았다. 비유컨대, 사교육이 라는 '빈대'를 잡으려고 학교 교육까지 휘저음으로써 학교를 태워버렸다.

우리나라의 이런 사태는 학교 교육 결과를 국제적으로 비교 분석해 온 OECD에서도 지적하고 있다. 잘 알려져 있듯이, 우리나라 학생들의 학업 성취 도는 세계 정상의 수준이다. 국제비교는 주로 교육 조건이 비슷한 의무교육 단 계를 마치는 시점에 대해서 이루어지는데, 종종 언론의 주목을 받는 PISA (Program for International Student Assessment)가 대표적인 사례이다. PISA는 OECD가 회원국뿐만 아니라 자원 참여하는 나라와 지역들도 포함하여 만 15세 (중학교 졸업 나이) 학생들의 성취도를 비교하는 프로그램인데, 여기에서 우리나 라 학생들은 꾸준하게 '최고' 수준을 유지해왔다. 그러나 이런 결과는 '생산성' ('학습효율성')의 측면에서 낭비에 가까울 뿐만 아니라, 학생들의 '웰빙'에도 해가 되는 것이다.

PISA를 관장해 온 OECD 교육국장은, 한국교육의 미래를 논의하는 자리에 서, 한국 학생들의 학업 성취도와 관련해서 아래와 같은 발표를 했다.[85]

공부에 더 많은 시간을 들인다고 해서 더 나은 결과를 얻는 것은 아닙니다.
핀란드의 경우처럼… 학교 및 방과 후 학습 시간을 줄이면서도 뛰어난 성과

---

83) 교육부(2019. 11. 28.). 교육부, 대입제도 공정성 강화 방안 발표. 보도자료. 2.
84) 교육부(2019. 11. 28.). 교육부, 대입제도 공정성 강화 방안 발표. 보도자료. 2.
85) Schleicher, Andreas(2019). A review of Korean curriculum with OECD Learning Framework 2030. in Korea-OECD International Education Conference. Program Book. 63. 발표자료 자체 가 우리말로 번역되어 있다.

를 달성할 수 있습니다. 학습 경험의 질이… [공부에 들이는] 시간보다 중요합니다. …학생들이 신체활동, 사회생활 및 전반적인 삶의 만족도를 희생하면서 시험을 준비하고 공부하는 데 많은 시간을 소비하는 한국 시스템에 사고방식의 전환이… 도전 과제[입니다].

발표에서는 과학 성취도(점수)를 공부에 들인 시간에 비추어('생산성': 공부 1시간당 얻은 점수) 비교했는데, 우리나라는 55개 나라(지역) 가운데 38위에 자리했다. 핀란드와 독일 등이 맨 앞 순위들을 차지했고, 우리나라는 OECD 평균(23위 수준)보다도 밑이었고 미국(35위)보다도 밑이었다. 우리나라 학생들의 점수는 높지만, 그 점수는 '과부담'의 돈과 시간을 들여 얻은 것인 셈이며, 학생들은 공부를 즐겨 하지도 않고 삶이 행복하다고 느끼지도 못하고 있다.

2015년 PISA 결과에서 보면,[86] 우리나라 학생들이 "과학의 주제들을 공부하는 게 즐겁다"고 대답한 경우가 59%이고, "과학의 새로운 지식을 얻는 게 즐겁다"고 대답한 학생의 비율은 60%이다. 이런 비율은 OECD 회원 35개 나라 가운데 27위에 해당하는 것이다. 그리고 자신의 삶에 만족하는지 0점에 10점 사이에 표시하는 문항에서는 평균 6.4점을 기록했고, 비교 대상인 47개 국가(지역) 가운데 46위였다.[87]

이와 같이 실망스러운 결과에 우리 사교육 문제가 얼마나 영향을 미쳤는지 엄밀하게 분석되어 있지는 않다. 우리는 그동안 비용 부담의 측면만 '사교육 '실태'라고 주목하면서, 사교육 문제를 위와 같은 현실('교육적 실태')에 관련시켜 고민하지도 않았고 조사해오지도 않았다. 지금으로서는 학교 교육 '붕괴'가 얼마나 사교육 탓인지 실증적으로 말하기는 어렵다. 그러나 일상적으로 경험하는 것만으로도 과도한 사교육을 걱정하기에는 충분하다. 과거 학교에서는 입시 위주 수업을 금기로 여겼지만, 이제는 그런 수업을 대놓고 한다. 정부는 그런 것을 말리긴커녕 정책을 동원해 오히려 부추겨왔다. '입시 위주 교육'이 반(反)교육적이라면, 우리 사교육 정책은 충분히 반교육적이다.

---

86) OECD(2016). PISA 2015 Results(Volume Ⅰ): Excellence and Equity in Education. Paris: OECD Publishing.
87) OECD(2018). PISA 2015 Results in Focus.

(2) 사교육 '비용'보다 사교육의 '성질'이 관건

사교육 정책이 무엇보다도 우선하여 문제 삼아야 할 것은 바로 그 교육의 성질이다. 사교육 문제를 해결하기 위해 실태를 파악한다면, 그것에 드는 비용과 부담의 크기보다는, 실지로 어떤 교육이 되고 있으며 학생들의 성장과 행복에 어떤 영향을 미치고 있는지 더 주의를 기울여야 한다. 적어도 교육정책인 한, 사교육 정책은 '교육적 실태'를 우선 다뤄야 마땅하다.

사교육 정책이 교육의 성질을 문제 삼으려고 할 때 어떤 대안을 채택해야 할지 바로 구체적으로 제안할 수는 없다. 우리는 너무 오랫동안 그런 방향으로 사교육 정책을 궁리하지 않았을 뿐만 아니라, 그런 방향에 시사를 줄 만한 변변한 연구 결과도 누적시키지 못했다. 여기에서는 그 새로운 방향이 무엇을 뜻하는지 당위적으로 정리해보는 데 그쳐야 할 것이다. 그것도 이제까지 시행착오를 반면교사로 삼아, 소극적으로(어떻게 하면 안 되는지) 모색하는 데 그쳐야 할 것이다. 더 체계적이고 엄밀하게 방향을 설정할 수 있기까지는 더욱 깊이 연구하고 더 널리 숙의하는 과정을 거쳐야 할 것이다.

사교육 정책을 새로이 추구해 갈 방향은 우선 두 갈래로 이야기할 수 있다. 두 방향이 서로 연계되지 않는 것은 아니지만, 실지로 따로 추구할 수 있는 노선이다. 명령처럼 이야기하자면, 한쪽은 '학교를 사교육에 동원하지 말아야 한다'는 것이고, 다른 한쪽은 '사회 문제를 교육 문제로 돌리지 말아야 한다'는 것이다. 앞의 것을 '학교 수호론(守護論)'이라고 부르고, 뒤의 것을 '교육화(敎育化) 배제론'이라고 부를 수 있겠다.

(3) 학교를 '사교육 수요'대로 내주지 말라

학교 수호론은 사교육이 학교에 침투하는 것을 막고 용납하지 말아야 한다는 논지이다. 사교육 정책의 역사를 훑으면서 잠깐 비쳤듯이, 사교육을 학교에 들이자는 '현실론'(양성화론)은 1970년대 본격적으로 제기되기 시작했다. 학교를 이용하여 과외의 부담을 덜자는 발상이었다. 이런 발상은 학교 교육의 근본을 건드리는 것이었다. '과외'라는 새로운 기능을 학교에 얹어 학교교육 목적을 비틀려는 것이었다. 학교 수호론은 이런 시도를 단호하게 막아야 한다는 뜻이다.

학교 수호론은 '공교육'과 '사교육'을 정의하는 데 관련된 것이고, 그 두 행위를 혼동해선 안 된다는 주장이다. 학교 교육을 공교육이라고 이름하는 것은 그것이 공적인 사명을 띤다고 정의하는 것이다. 학생 개개인을 사회 구성원으로 키워 받아들이기 위한 '공적 사업'이라고 정의하는 것이다. 반면, '사교육'은 개인의 편의나 이익을 위해 개인 각자가 채용하는 책략이다. 과외가 각자 원하는 진학을 이루려는 방편인 것처럼 말이다. 이런 속성의 사교육 프로그램을 학교가 나서서 마련하도록 하는 것은 공교육과 사교육의 경계를 허무는 것이다. 그 경계가 무너지면 필경 본연의 학교 교육은 사그라지게 된다. 오늘날 학교 교육의 형국이 바로 그런 사태를 당하고 있는 것이다. 학교에서 수능이나 논술 준비를 위한 '입시 위주' 수업이 이루어지는 건 말할 것도 없고, 면접시험을 위한 '멘토링'이나 '모의 면접'까지도 공공연하게 이루어지고 있다.[88]

오늘날 학교에서 경쟁보다 협력을 강조하고 편법보다 정정당당한 경쟁을 이야기하면 비웃음 사기 십상이다. 점수보다 인격을 강조하고 이기심보다 공동체 의식을 강조해도 마찬가지일 것이다. 우리나라 사교육 정책은 학교를 이미 이렇게 타락시켜 놓았다. 학교 수호론은 학교를 이런 나락에서 건져야 한다고 역설하는 것이고, 다시 그 수렁에 빠지지 않도록 지켜야 한다고 주장하는 것이다. 학교를 포기하는 것은 우리 사회를(더 나아가 인류 사회를) 포기하는 것이기 때문이다.

(4) 사교육 문제가 교육 문제가 아니라면?

교육화 배제론은 사회 문제를 교육으로 해결하겠다는 환상에서 벗어나야 한다는 제안이다. 교육화(educationalization)란 사회 문제를 교육의 문제로 둔갑시켜 해결하려는 경향을 가리키는 말이다.[89] 사회 불평등 문제를 학교(대학) 교

---

88) 물론, '사교육'이라고 해서 항상 입시 위주이고 편법 전수의 꼴이 된다는 법은 없다. 적어도 이론적으로는, 사교육도 인식론상 타당한 수업일 수 있고 편법이 아닌 정석을 다룰 수도 있다. 그렇다 하더라도 그것이 사익을 추구하는 것인 한, 학교에 기생한다면 공교육 사명을 근본적으로 갉아 먹게 된다.

89) Labaree, D. F.(2010). Someone Has to Fail: The Zero−sum Game of Public Schooling. Cambridge, Massachusetts. Harvard Unversity Press. Ch. 8. 참조.

육을 통하여 풀겠다는 아이디어가 그 대표적인 예이다.

사회 불평등 같은 사회 문제가 학교 교육과 무관한 것은 물론 아니다. 교육 기회가 좀 더 평등하게 배분되고 학업 성취가 사회 계층대로 '재생산'되는 추세가 수그러든다면, 사회 불평등이 조금 완화될 수 있을 것이다. 그러나 이런 사실을 근거로 학교 교육을 불평등 완화 수단으로 동원하는 것은 문제의 본질을 호도하는 것이다.

일반적으로 사회 문제를 해결하는 데는 학교보다 더 직접적이고 효과적인 대안이 있기 마련이다. 이를테면 불평등을 해소하려면 소득분배나 사회 안전망을 손보는 것이 대입제도를 고치는 것보다 정곡이다. 그런데도 학교를 수단으로 삼는 것은 '정치적인' 효과를 노리기 때문일 것이다. 학교는 정부가 손쉽게 움직일 수 있을 뿐만 아니라, 그 변화는 곧 국민 눈에 띌 수 있다. 학교에 정책을 쓰면, 정부가 신속하고도 부지런하게 움직인다고 보여주기에 알맞다. 그러나 그런 정책은 사회 문제를 푸는 데 비효과적일 뿐만 아니라, 학교 교육을 오히려 망가뜨린다. 그런 정책은 교육의 원칙을 무시하기 때문이다.

우리 사교육 정책은 교육화의 전형을 보여주는 것이고, 이미 얘기했듯이, 학교 교육을 심각하게 유린했다. 이야기 편의상 단순하게 말하면, 사교육은 사회적 지위 경쟁에서 이기기 위한 개인적인 투자이다. 그런 투자는 지위 경쟁의 조건에 따라 방향과 규모가 달라질 것이다. 교육이 투자 요처이면 교육에 몰릴 것이고, 문예가 요처이면 문예에 몰릴 것이다. 교육이든 문예이든, 그것들은 지위 경쟁을 좌우하는 쪽에 있는 것이 아니라 그 경쟁 구도의 영향(피해)을 입는 쪽에 있다. 교육이나 문예 활동을 건드려 지위 경쟁의 판도를 바꾸려고 한다면, 그런 짓이야말로 본말전도이다.

사교육을 줄이려면 교육이 경쟁을 위한 투자처가 되지 않도록 경쟁 구조를 바꾸는 것이 핵심이다. 학교를 동원하여 사교육 서비스에 총력을 기울인다고 해서 그런 구조 변화가 이루어질 리 만무하다. 그 변화는 '교육'의 과제가 아니라 '사회'의 과제이다. 이제까지 사교육 정책을 포함해서 교육개혁의 많은 대안은 교육화의 기만에 젖어 있었다. 그런 것들은 '교육정책'이 아니었다.

(5) 교육적인' 정책을 모색한다면

사교육의 침투로부터 학교를 지키고 사회 문제의 교육화를 배제하자고 해서, 사교육 문제에 대해 교육 부문은 나 몰라라 해도 된다는 뜻은 결코 아니다. 교육 부문에서도 당연히 힘을 쏟아야 할 개혁의 방향이 있다. 그것은 이제까지와 같이 사교육 서비스를 제공하는 쪽이 아니다. 사교육의 성질을 교육답게 이끄는 쪽이다. 사교육이 전략이나 편법이 아니라 제대로 가르치고 배우는 행위가 되도록 향도하는 것이다.

우리는 흔히 공교육과 사교육을 구분하면서 사교육의 교육적 의의를 인정하지 않는다. 사교육은 바람직하진 않지만 눈앞의 이익을 위해서 감수해야 하는 것처럼 다룬다. 그러나 사교육도 교육이고, 그것은 인간 행위에서 뗄 수 없는 것이다. 인류의 역사와 생존에서 부모가 자녀를 보살피고 어른이 아이를 가르치는 행위를 떼어놓을 수 없는 것과 같은 이치이다. 공교육이든 사교육이든, 그것은 교육이고 교육답게 이루어져야 한다. 공교육에서든 사교육에서든, 교육에 돈이 얼마나 드는지는 나중 문제이고, 교육을 교육답게 하는 것이 우선 과제이다. 사교육 정책에서는 바로 이런 입장을 견지해야 한다.

학교는 사교육을 교육답게 이끌 수 있다. 사교육을 '그림자 교육'(shadow education)이라고 일컫는 것은 그것이 학교 교육을 좇기 때문이다. 학교 교육이 바로 서면 사교육도 따라 설 수 있다.

학교 교육이 사교육에 전범(典範)이 되기 위해 갖추어야 할 품격은 한둘이 아니다. 여기에서는 중요한 한 측면에 대해서만 제안하고자 한다. 교육상의 능력과 성취를 평가하고 인정하는 측면에서 새 조건을 제안하고자 한다. 사교육이 대체로 이 측면에 경도되어 있기 때문이다.

(6) '커트라인'을 버려라

이제까지 우리는 교육 평가에서 '객관성'을 중시하고 '변별력'을 요구했다. 경쟁이 치열하고 살벌한 만큼, 누구나 확인할 수 있는 점수로 평가해야 한다고 여겼고, 점수는 모든 경쟁자를 한 줄에 동점자 없이 세우는(변별력을 갖춘) 것이어야 한다고 여겼다. 말하자면 '경쟁 관리' 위주로 평가하고 그 결과대로 인정하는 관습을 지켜왔다. 이런 평가는 '교육' 평가가 아니다.

평가가 교육적이려면 그 행위의 가장 중요한 미덕인 타당성(validity)을 고집해야 한다. 능력과 노력을 '진정하게' 포착하기 위해 노력해야 하고, 그렇기 위해서는 그것들을 숫자로 드러내는 데 한계가 있다는 것을 인정해야 한다. 객관성과 변별력을 갖추는 것은 부차적인 필요일 뿐이다.

우리의 뒤틀린 평가 관행을 바로잡기 위해서는 우선 두 방향의 단안이 필요하다. 하나는 점수의 오차를 인정하는 것이고, 그 연장에서 다른 하나는, '커트라인'을 척결하는 것이다. 당연한 이야기로, 측정에는 오차가 있다. 모든 시험과 평가에는 오차가 있다. 100점과 90점의 10점 차이는 '실력' 차이라고 인정할 만한 차이일 수도 있고, 인정할 수 없는 '오차 범위' 안의 차이일 수도 있다. 한 과목의 점수 차이가 이럴진대, 대학에서 수학할 능력이 있는지 없는지 평가하는 경우에, 몇 개 과목의 점수 합산으로 그 능력을 측정한다면 그 오차 범위는 어마어마할 것이다. '대학수학능력'에는 지식만 작용하는 것이 아니라 품성이나 건강까지 작용한다고 보면, 그 점수의 오차는 상상하기 어려울 정도이다. 그런데도 우리는 눈 하나 깜짝하지 않고 수능 점수로 '커트라인'을 긋고 '교육' (경쟁)상의 우열을 판가름한다. 이런 행태는 타당하지도 않고 교육적이지도 않다. 학력에만 주목한다고 하더라도, 커트라인 위아래의 많은 수험생은 오차 범위 안에 있기 마련일 터, 같은 '능력'을 가졌다고 인정하는 것이 합당하고 또 교육적이다.

이 합당하고 교육적인 처사를 이제까지 사교육 정책은 조롱해왔다. 사교육 정책은 오히려 소수점 점수까지 만들어 내며 객관적인 변별력을 강조해왔고, 학교 교육을 그런 평가 틀에 욱여넣어 왔다. 주객전도였다. 학교 교육에서 줄 세우기를 위한 상대적인 변별은 중요하지 않다. 개개인의 절대적이고 고유한 성장이 전부이다. 학교 교육에서는 어떤 상황에서든 타당하고 오차 범위를 충분히 인정하는 뭉특한 평가를 고집해야 한다. 사교육 정책은 그런 평가의 원칙을 사교육이 그림자처럼 따라오도록 만드는 것이어야 마땅하다. 교육에 관한 한, 사교육 정책은 이런 지향을 견지해야 한다.

4. 특목고·자사고 문제, 평준화냐 서열화냐의 갈등?

1) '특목고·자사고' 사태의 공방

2019년 11월 7일 교육부는 '고교서열화 해소방안'을 발표하였다.[90] "현재의 고등학교 체제를 개편하여 교육의 공정성을 회복하고, 일반고의 교육역량을 강화"한다는 취지를 표방했는데, 그 핵심은 "2025년부터 자사고·외고·국제고를 모두 일반고로 전환"하는 것이었다. 이런 결정을 내린 근거로 교육부가 제시한 "현행 고교체제 문제점"은 아래와 같다.[91]

1. 특정 고교 진학을 위한 사교육 과열
2. 경제력에 따른 고교진학 기회; 균등한 기회 제공 한계
3. 입시위주 교육 등 파행 운영
4. 일반고 교육력 저하 우려
5. 대학 진학에서의 고교서열 확인

교육부는 자사고·외고·국제고가 ① 그 학교에 진학하기 위한 사교육과 학생들의 스트레스를 유발하고, ② 그 학교에 다니려면 감당해야 하는 부담금과 사교육비가 커서 균등한 교육기회가 되지 못하며, ③ 당초 설립 취지와 다르게 성적과 입시 중심으로 운영되고, ④ '우수 학생'이 쏠려 일반고의 교육력을 떨어뜨리고 학생들의 자신감을 하락시켜서 문제라고 진단하고 있다. 그리고 ⑤ 대학입학 전형에서도 그 학교를 우대해서 '대학진학 서열화'가 일어나는 것도 문제라고 꼽았다.

교육부의 "자사고·외고·국제고 폐지" 결정에 대해, 해당 학교들은 물론 학교 학부모들 그리고 '보수' 단체나 정당 등은 격렬하게 반발했다. 교육부의

---

90) 교육부(2019. 11. 7.). 고교 서열화 해소 및 일반고 교육역량 강화 방안 발표. 보도자료
91) 교육부(2019. 11.7). 고교 서열화 해소 및 일반고 교육역량 강화 방안. 보도자료 '참고' 자료.

문제 지적이나 폐지 방침에 대하여 이들은 다양하게 이의를 제기했는데, 아래 세 가지로 요약할 수 있다.[92]

① 자사고·외고·국제고는 질 높은 교육 기회를 제공하며 '우수 인재'를 양성한다.

② 자사고·외고·국제고는 학생과 학부모가 교육 선택권을 행사할 수 있는 학교들이다. 그 권리를 인정해야 한다.

③ 갑작스러운 폐지는 학교나 학생들의 기득권을 부인하는 것이다. 폐지 여부를 결정하기 위해서는 정당한 절차를 따라야 한다.

이른바 특목고와 자사고 문제는 어제오늘의 이슈가 아니다. 과학고등학교와 외국어고등학교가 세워지고(과학고는 1982년, 외고는 1990년부터) '특수목적고등학교'의 지위를 얻어가는(1987년과 1992년) 과정에서부터 논란이 일었었고, 이후 운영되어오는 과정에서도 꾸준히 존폐를 두고 대립적인 의견들이 싸워왔다. 이를테면, 그런 논란은 2003년 2월 대통령직인수위원회가 "특수목적고, 자립형 사립고, 자율학교[가]… 본래 취지대로 운영될 수 있는 정책을 마련"해야 한다는 의견을 내놓았을 정도로 뜨거웠다. 그리고 그런 주문에 따라 이루어진 연구에서는 "과학고, 외국어고, 국제고는 설립 취지에 충실하지 못하다는 의견"이 교원들 사이에 있다는 것을 확인하고 있다.[93]

족히 30년 이상 끌어온 논란은 시점에 따라 세세한 쟁점들은 조금씩 달랐지만, 주된 쟁점은 이른바 '평등 대 수월'(equality vs excellence)이었다고 정리할 수 있을 것이다. '평등'의 입장에서는 자사고와 특목고가 교육상 바람직하지 못한 경쟁을 유발할 뿐만 아니라 학교교육 기회의 불평등까지 초래한다고 주장한다. 반면, 특목고와 자사고를 옹호하는 '수월'의 수준 높은 교육기회와 교육(학교) 선택권을 내세운다. 고등학교가 '평준화'된 상황에서 일반 고등학교에서 얻을 수 없는 기회가 필요하고, 바로 그런 기회를 특목고와 자사고 같은 학교들이 제공한다는 것이다.

---

92) [동아일보] 자사고는 고교 공교육의 모범_20191203(김철경 서울자사고교장연합회장 기고문). [중앙일보] 자사고··외고 폐지는 폭정…교육선택권 침해 헌법소원 낼 것_20200103(한만위 자사고·외고교장연합 대표 인터뷰).

93) 김영철(2003). 특수목적형 고등학교 체제 연구(Ⅰ). 한국교육개발원. 29, 149.

자사고·특목고의 논란이 거창하게 평등이니 수월(자유)이니 하는 이념적 용어로 포장되기는 하지만, 사실 우리 교육 현실에서 그것은 진학했을 때 대입에 유리하다고 인식되는 고등학교들을 별도 트랙으로 용인할 것이냐는 논란으로 귀결된다. 그런 학교를 용인하면 일반고('평준화고')는 상대적으로 더 처지고 고입 경쟁으로 인한 사교육까지 불붙는데, 없애는 것이 바람직한 게 아니냐는 '폐지론'이 꾸준히 제기되어 왔다. 반면, 특목고와 자사고 쪽에서는 '좋은' 학교를 왜 없애느냐고 옹호해왔다. 일반고보다 더 선호되고, 학생들의 성적도 더 높여주는[94] 학교를 없앨 이유가 없다고 반박해왔다.

2) 특목고·자사고 논란 돌고 돌아 원점에

1970년대까지 고등학교 '체제'는 교육 논의선상에 없었다.[95] 그 문제는 고등학교 평준화가 이루어지고 취학률이 증가하면서 불거졌다. 고등학교에 체제 문제가 없었다는 뜻은 아니다. 고등학교 체제는 학제를 구축하던 초기부터 중요한 이슈였다. 수학 기간을 몇 년으로 할지, 종합 체제로 갈지 아니면 분화 체제로 갈지 등, 고등학교에 대해 신중하게 결정해야 할 사안들은 많았다. 그러나 이런 이슈들이 중요했음에도 불구하고 초기 혼란 속에서 그에 대한 논의는 뒷전으로 밀렸다. 심각하게 다뤄지지 못한 채 고등학교 체제는 식민지기의 유습을 이어가는 모양새가 되었다. 광복 전 '중학교'로 일원적이었던 중등교육 체제를 중학교와 고등학교로 이원화하고, 일제가 조선인을 부릴 요량으로 키웠던 '실업학교'는 그대로 '실업계' 고등학교로 남기는 정도가 고등학교 체제 정리의 전부였다.

---

94) '일반고'보다 특목고나 자사고가 학생들의 성적을 더 높여준다고 흔히 믿지만, 그게 사실인지는 엄밀하게 확인된 것이 아니다. 그런 믿음은 일종의 통념이다. 그런 통념을 실증적으로 분석해 온 '학교효과'(school effects) 연구들은 사실 순수하게 학교 요인만으로는 학생들의 성적이 크게 달라지지 않는다고 시사한다. 가정의 요인이 지대한 영향을 미친다는 뜻이다. 따라서 특목고나 자사고의 '효과'라고 믿어지는 것은 사실 '선발' 효과일 수 있다. 그런 학교에 중학교 때부터 성취도가 높았던(가정 배경도 좋은) 학생들이 입학했기 때문에 나타나는 효과일 뿐이라는 것이다. Gahng, T.(1995). A research review for a further search for school effects. Korean Social Science Journal. 21: 35−62. 참조.
95) 강태중(2015). 한국 고등학교 체제 논의의 양상과 특질. 교육연구와 실천. 81: 1−25.

이런 체제는 1970년대 중반 '평준화'가 단행되기 전까지 큰 변화 없이 유지되었다. 학교들은 독자적으로 학생들을 선발했고,[96] 학생들은 '실력'이나 '진로'를 나름대로 고려하여 학교를 선택했다. 누가 어떤 고등학교에 다니게 되는지는 각자 하기에 달린 것으로 여겨지는 상황이어서, 당시에는 학생이나 가정에서 고등학교 체제를 탓하며 왈가왈부할 이유가 없어 보였다.

이와 같이 제도를 탓할 염을 내지 못하고 각자도생하던 상황을 뒤집은 것은 '고등학교 평준화' 정책이다. 이 정책은 '평준화'가 뜻하는 것처럼 학교들을 똑같게 만들었다기보다는 학교 선택권을 회수한 정책이라고 해석하는 것이 실지로는 더 적절하다. 이전까지 일류, 이류, 삼류로 서열이 분명하게 매겨졌던 학교들이 정책 하나로 바로 '같은' 학교가 될 리는 만무했다. 적어도 사회적인 인식이 그렇게 따라갈 리는 없었다. 다만, 정부가 학교별 '선발'을 금지하고 학생들을 학교에 '추첨 배정'하는 정책을 단행했으므로, 사회나 학생 입장에서 실감하게 되는 변화는 더이상 학교를 골라 갈 수 없다는 것이었다.

고등학교 평준화 정책은 중학교 단계까지의 과열 경쟁을 완화하고 국가 교육 수준을 높이는(학교교육을 팽창시키는) 데 지대한 공헌을 했지만, 다른 한편, 줄기차게 논란할 수밖에 없는 교육정책상의 난제를 우리 사회에 안겼다. 이후 우리는 개인이 지니는 교육 선택의 권리를 국가가 어느 정도로 제한해야 마땅한지 끊임없이 논의하고 조율해야 했다. 특목고와 자사고 문제도 바로 이 난제의 한 부분이다.

1970년대를 평준화 정책에 대한 논란으로 보내면서, 극단적인 선택권 제약('평준화')에 대한 반동의 움직임을 배경으로, 우리 사회는 개인이 학교를 선택할 수 있는 여지를 열어갈 방도를 모색했다. 명분은 '영재교육'이었다. 평준화된 상태에서는 국가의 미래 인재를 키우기 어렵다는 논리를 바탕으로, 평준화에서 '예외'가 되는 학교를 세워야 한다는 여론이 힘을 얻어갔다. 그런 여론

---

96) 학교가 늘 '입시' 전체를 독자적으로 운영했다는 뜻이 아니다. 학교들이 '연합'해서 운영할 때도 있었고, '국가'나 '시도별'로 전형을 관리할 때도 있었다. 다만, 그런 제도 아래에서도 전형의 최종 결정은 학교 단위에서 이루어졌다는 점에서(이를테면, 학교마다 '커트라인'이 달랐다는 점에서) 학교가 독자적이었다고 볼 수 있다. 구경모·신옥순(1980). 중등학교 입시 제도의 변천사. 한국행동과학연구소. 연구노우트 9권 2호.

은 1980년대 초반부터 1990년대로 가는 동안 과학고등학교와 외국어고등학교를 세워가게 정책을 이끌었다.

평준화에 대한 반동의 정책 흐름은 1990년대 후반 이른바 5.31 교육개혁에서 큰 전기(轉機)를 맞게 되었다. 5.31 개혁은 초·중등교육에 관련하여 "학습자의 다양한 개성을 존중하는" 교육을 표방했다. 구체적으로 "학생의 학교선택권 보장"을 추진했을 뿐만 아니라, 사립학교의 자율권을 인정해가기 위하여 '자립형 사립고등학교'를 지정하는 방안을 내놓았다.[97] 이 방안이 실행되면서 오늘날 논란되고 있는 '자사고'라는 학교 범주가 만들어졌다.

이런 추세는 계속 이어져서, 특히 이명박정부에 이르면, '고교 다양화 300 프로젝트'가 추진되고, 자율과 선택 그리고 경쟁이라는 슬로건 아래 고등학교는 더욱 '다양'해졌다. '자율형 사립고등학교' 수가 크게 늘었고, '기숙형 공립고'니 '마이스터고'니 하는 학교도 적지 않게 생겨났다. 이런 정책은 학교를 자율화하고 교육 프로그램을 다양화한다는 명분으로 이루어졌지만, 학생의 쪽에서는 요컨대 골라 지원할 수 있는 학교의 선택지가 많아진 것이었다. 그만큼 개인의 선택 여지를 넓혀주었고 선택권에 대한 국가의 개입을 줄인 셈이다. 즉, '평준화' 상태는 더 이완되고 학교 '계층화' 추세가 더 진전을 봤다.

이와 같은 '자율화'와 '다양화' 정책 흐름은 역시 역풍을 불러들이게 마련이다. 그런 정책은 자연스럽게 학교를 '서열화'하면서 '교육 격차'를 드러내고 진학 경쟁을 가열시키게 마련이다. 우리 사회가 고질적으로 앓아온 경쟁이나 사교육 부담의 문제가 부각되고, 불공정(불평등) 이슈가 타오르게 된다. 지난 해 말 교육부가 '고교 서열화 해소'의 이름으로 자사고·외고·국제고를 일반고로 전환하겠다고 결정 내린 것은 바로 이 역풍의 소산이다. 이제 다시 논란은 원점으로 돌아갔다. 1970년대 '평준화'의 이름으로 국가 개입이 시작되면서 개인의 자유(선택권, 또는 '수월성 추구')를 요구하는 반발이 일었던, 바로 그 초기 논란의 지점으로 회귀한 것이다.

---

97) 대통령자문 교육개혁위원회(1995. 5. 31.). 세계화·정보화 시대를 주도하는 신교육체제 수립을 위한 교육개혁 방안. 참고설명자료. 48-50.

3) 이제까지 특목고 자사고 논란은 논점 이탈

특목고와 자사고 논란은 1970년대 평준화 이후 40년 이상 끌어온 것으로, 우리 사회는 그 문제를 가지고 이제 다시 원점에 섰다. 이렇게 답보하게 되는 것은 무엇보다도 그 문제 자체가 보편적이고 절대적인 해결을 허용하는 것이 아니기 때문이다. 그 문제는 결국, '개인과 사회' 또는 '자유와 평등'과 같이, 어느 것도 포기할 수 없는 가치들이 상충하는 쟁점이다. 누구나 동의하고 어떤 상황에서든 적절할 수 있는 해법을 도출하는 것이 불가능한 사안이다. 이런 쟁점에 대해서는 어느 사회에서든 지속적인 논의가 불가피하다. 시대와 상황의 변화에 따라 그때그때 숙의하고 타협하는 방식으로밖에 달리 해소할 길이 없을지 모른다. 이런 점에서 특목고, 자사고 문제 해결은 결국 그것에 대한 사회적 논의가 얼마나 성숙해질 수 있느냐에 달려있다고도 보겠다.

특목고·자사고 논란이 여전하다는 사실의 문제는 그 논란이 아직도 남아 있다는 데 있다기보다는 논란 자체가 그동안 전혀 성숙되지 못했다는 데 있다. 이미 앞에서 지적한 대로, 논란은 40년 전이나 지금이나 달라진 데가 없다. 특목고와 자사고가 '설립 취지'대로 운영되지 않고 서열화와 과열 경쟁('사교육 유발')의 문제만 야기하고 있다는 비난과 그렇지 않다는 방어가 반복되고 있을 뿐이다.

이런 답보 상태를 해소하기 위해서는 특목고·자사고 문제가 품고 있는 논점을 명료하게 확인해야 한다. 이제까지 논란에서는 논점 자체가 모호했거나 아예 정곡에서 이탈되어 있었다. 특목고나 자사고는 '설립 취지대로 운영되고 있느냐 아니냐' 또는 '서열화 등의 문제를 야기하고 있느냐 아니냐'는 쟁점을 두고 다투기 이전에 먼저 논의해야 할 사안이 있다. 그것은 고등학교 교육의 성격에 대한 것이다. 고등학교 교육이 어떤 요건과 품격을 지녀야 하는지 먼저 논의해야 하는 것이다. 이 논의 없이 '특목고'와 '자사고'라고 불리는 학교들이 단순히 어떤 '문제'를 일으키고(또는 '기여'를 하고) 있는지 공방만 한다면, 양편이 모두 원칙 없이 임의적인 주장만 되풀이하는 꼴이 될 수밖에 없다.

고등학교 교육에 대한 원칙을 먼저 세우려고 보면 당장 특목고와 자사고 이슈가 하나의 사안으로 묶여 있는 것 자체가 문제라는 것을 깨닫게 될 것이다. 이제까지 그 학교들은 폐지할지 말지 결정해야 할 대상이 되는 한 묶음의 학교들로 취급되어 왔다. 그러나 그 두 학교의 범주는 고등학교 교육과 관련해서 전혀 다른 쟁점을 함축하고 있다.

특목고는 정의상(그리고 법제적으로도) '특수목적'을 지닌 학교이다. 따라서 그런 학교를 둘지 말지 문제는 고등학교 단계에서 특화된(specialized, professional) 교육 프로그램을 채택할 것인지를 먼저 논의함으로써 풀어가야 한다. 오늘날 고등학교는 사실상 의무교육 단계에 속한다고 보아도 무방할 정도로 그 기회가 보편화되어 있다. 그리고 성인으로서의 삶의 시기가 뒤로 늦춰지는 추세에서, 그 교육은 전문교육이기보다는 기초교육의 성격을 지녀야 할 것으로 여겨진다. 이런 점을 감안한다면 고등학교 단계에서 '외국어'니 '국제'니 하는 '전문 분야'를 겨냥한 특수목적의 학교를 둘 이유가 없다고 볼 것이다. 반면, 언어나 과학과 같은 분야에서 특별한 잠재력을 지닌 인재들을 별도 학교에 모아 키우는 것이 공공의 이익에 부합한다면 그들을 위한 특수목적 학교를 세울 수도 있을 것이다. 어쨌거나 특목고 존폐 문제와 관련해서는 이러 논의가 선행되어야 한다.

자사고 문제는 '특목'에 관련되어 있는 것이 아니라 사립학교라는 점에 관련되어 있다. 사립학교는 정의상 '독자적'(independent)일 수 있는 학교이다. 공립학교를 마다하고 대안을 찾는 사람들이 선택하는(그렇게 선택하는 사람들의 기대<'수요'>에 부응하는) 학교인 것이다. 사립학교라면 당연히 자율권을 지녀야 하는 것이다. 그러나 우리 교육사에서는 사립학교를 그렇게 용인하지 않고 공립이나 마찬가지로 다루어 왔다. 자사고 문제는 바로 이런 역사적 '특수성'을 해소할 것인지 묻고 있다. 모든 사립학교는 아니더라도, 요건을 갖춘 사립학교에 대해서는 '사립'의 본디 의미를 살려줄 것인지 묻는 것이다. 이 질문에 답하는 것이 '자사고를 폐지한다. 만다.' 결정하는 일보다 먼저 이루어져야 한다. 그리고 이 일은 특목고를 다루는 것과 전혀 다른 이슈를 품고 있다.

특목고와 자사고의 사안이 공통된 이슈에 묶여 있는 점이 있다면, 그것은 '평준화'에 관련된 것이다. 주지하듯이 고등학교 평준화는 전제적(專制的)으로 이루어졌다. 교육 선택권을 몰수했다는 점에서도 그랬지만, 학교의 자율(다양화) 여지를 완전히 봉쇄했다는 점에서도 그랬다. 그런 평준화가 원칙상 용인될 수 있다면 의무교육 단계에서나 그럴 수 있을 터였다. '의무교육'이라면 국가가 표준적인 과정(課程)을 모든 학생에게 강제하는 것을 전제할 수 있을 것이다. 그러나 당시에도 그랬지만 지금도 고등학교는 의무교육 단계에 속하지 않는다. 적어도 법제상으로는 고등학교의 다양성을 인정하고 있다. 이 사실은 '평준화'라는 조치와 조화되지 않는다. 평준화를 충실하게 정당화하려면 이제라도 고등학교 교육을 의무화해야 할 것이다. 그렇지 않은 지금과 같은 상태에서는, 고등학교들에 대해 평준화를 근거로 자율을 제한하거나 학생과 학부모의 학교 선택권을 제한하는 것은 무리한 정책이다. 특목고와 자사고 논란에 공통된 이슈가 있다면 그것은 바로 이 무리함을 어떻게 해소할 것인가이다.

평준화에는 법제상으로만 아니라 교육상으로도 중요한 이슈가 걸려 있다. 그것은 학교의 학생 구성(student body)에 대한 것이고, 특목고와 자사고 모두에 관련돼 있다. 즉, 평준화는 학교마다 학생이 지역사회의 인구 구성을 반영하여 다양하게 구성되도록 전제하지만, 특목고나 자사고는 특정한 기준을 적용하여 (흔히 성적순으로) 학생들을 '동질적으로' 구성한다. 특목고나 자사고는 '이질적인' 학생 구성이 교육 학습을 어렵게 한다는 이유로 학생 구성의 동질화를 정당화하지만, 그런 주장은 교육을 다분히 '성적'에 국한하여 인식하는 것이다. 학교 제도는 사회 구성원의 사회화를 사명으로 하고, 그 사명은 '통합적인' 학생 구성을 전제한다고 여겨진다. 학교의 학생 구성을 배타적이고 분리된 상태로 두어서는 개방적이고 민주적인 시민을 키울 수 없다는 것이다. 특목고와 자사고는 이런 학교 교육의 사명을 거스르고 있는 점이 있다. 이 갈등 역시 고등학교 교육이 어떤 조건을 갖추어야 하는지 먼저 논의함으로써 풀어야 한다. 통합적이게 모든 시민의 소양을 키우는 것이 고등학교의 기본 사명이라면 '평준화된' 학생 구성을 지향해야 할 것이고, 고등학교 단계에서는 특화된(전문적인) 분리 교육이 시작되어야 한다면 평준화의 적용을 유보해야 할 것이다.[98]

특목고와 자사고 논란은 요란스러웠고 오래 끌었지만 정작 다뤄야 할 논

---

98) Dreeben, R.(1968). On What is Learned in School. Reading, MA: Addison—Wesley.

점을 간과함으로써 이직도 원점을 맴돌고 있다. 특목고와 자사고에 대한 정책은 그렇게 산만하고 임의적인 논의를 따라 오락가락해서는 안 된다. 이런 혼란을 벗어나기 위해서는 우선 위에서 정리한 논점들을 충실하게 숙의해야 한다. 고등학교 교육에 대해 우리 사회가 어떤 원칙을 견지할지 먼저 정리해야 일관된 대안들을 모색할 수 있다.

4) 특목고 자사고 문제, 어떻게 풀어갈 것인가?

여기에서 제기한 논점은 사실 모두 우리 사회가 처음 대하듯이 다뤄야 할 새삼스러운 것들은 아니다. 명시적이고 직접적으로 다뤄지지 못한 점이 없지 않지만, 그동안 다른 정책이나 쟁점과 관련해서 간접적으로 또는 암묵적으로 적지 않게 논의되어 온 것들이다. 이를테면 사립학교의 자율 문제는 사립학교법 등의 이슈와 관련해서 오랫동안 논의되어 왔고, 평준화 문제 역시 학교 선택권과 연계되어 교육개혁 때마다 논의되어 왔다.

의외로 논의가 소홀했던 문제는 고등학교의 '특화'에 대한 것이다. 현실에서는(정책상으로는) 고등학교들이 매우 세밀하게 특화되어 왔다. 특히 '특성화' 고등학교 쪽을 보면, 그 과정이 '인터넷', '조리', '실용음악', '연예매니지먼트' 등과 같이 매우 특수하게 분화되어 왔다. 그러나 이런 분화는 고등학교 교육에 대한 근본적인 검토를 다분히 간과한 채 이루어졌다. 대입 경쟁 완화니 고졸자 취업이니 하는 '사회적인 문제'에 관련시켜 논의했을 뿐, 교육의 측면에서 고등학교가 그렇게 특화되는 것이 합당한지 충분하게 논의하지는 못했다.

'일반계' 고등학교 쪽에서도 상황은 마찬가지이다. 특성화 고등학교 경우처럼 여러 갈래로 분화되지는 않았지만, 계속 논란의 중심에 있는 특목고들은 모두 특화의 소산이다. 특목고들은 과학, 외국어 국제 등의 분야가 고등학교 단계에서부터 전문화된 교육이 필요하다는 논리를 바탕으로 세워졌다. 이때에도 고등학교 교육에 대한 근본적인 검토는 소홀했다. 당시 여론상 쟁점이었던 '평준화'를 처리하는 데 급급한 논의만을 거쳤을 뿐이다. 아직도 이 학교들을 두고 '설립 취지'에 맞게 운영되고 있는지 논란하고 있다는 사실은 바로 당초 설립에 대한 정당화가 임기응변에 그쳤다는 점을 시사한다.

특화와 관련해서 고등학교 교육에 대한 근본적인 검토가 당초에 소홀했지만, 실지로 특화가 이루어지고 나서 그에 따른 실상을 경험하고 논의해오는 과정에서, 그래도 간접적으로는 그 이슈를 다뤄왔다고 볼 수 있겠다. 이와 같은 체험과 논의 이력이 있는 바에, 여기에서는, 사전에 주목했어야 할 논점들을 놓쳤다고 지적하는 데서 그치지 말고, 좀 더 나아간 제안을 할 필요가 있을 듯하다. 앞에서 제기했던 세 논점(특화, 사립/자율, 학생 구성)을 어떤 방향으로 풀어야 할지 좀 더 구체적이게 제안하고자 한다. 앞으로 논의가 빠르게 진전되는 데 보탬이 되길 기대한다.

(1) 고등학교의 '특화'는 지양해야 한다.

고등학교 단계에서 교육과정의 특화(특수목적 학교화)는 제한적이어야 할 것이다. 고등학교 교육은 기본적으로 국민의 '기본공통' 소양을 쌓는 데 사명을 두어야 할 것이다. 오늘날 대부분의 선진국이 고등학교를 의무교육 단계에 포함시키는 것이나, 우리나라도 고등학교 무상교육을 시행하기 시작한 것은 고등학교 교육을 국민 누구나 받아야 할 기초교육으로 규정해가고 있다는 뜻이다. 이 추세를 받아들인다면 고등학교 교육은 모든 구성원에게 공통인(특화되지 않은) 성격을 지향해야 한다.

평생학습이 일반화되거나 인간발달 과정에서 '성인 준비' 단계가 길어지고 있다는 추세도 고등학교 교육이 전문화보다는 보통(common)과 교양의 성격을 띠도록 요구한다. 특정한 직능이나 진로를 겨냥한 교육 훈련보다는 계속 학습을 이어갈 수 있는 '학습하는 방법의 학습'이 요긴할 것이다. 그리고 앞으로 성인이 된 후 피하기 어려울 직업(진로) 전환까지도 순조롭게 뒷받침할 수 있는 견고한 기초교육이 고등학교 단계에서는 더욱 적절할 것이다.

고등학교가 기본공통의 과정을 채택하는 것이 바람직하다고 할 때, 융통성 없는 획일 과정을 이야기하는 것은 물론 아니다. 학교마다 또는 학생 특성이나 관심에 따라 과학이나 언어 그리고 음악 체육 등 특정 분야의 '심화'(advanced) 과정을 운영하는 것까지 막을 이유는 없을 것이다. 여기 제안은, 고등학교 교육의 기본적인 사명은 심화나 전문화보다는 '기본'을 충실히 다지는 데 있어야 할 것이라는 뜻이다.

(2) 학교의 자율과 개인의 학교 선택권은 인정해야 한다.

고등학교 단계에서 사립의 독립성을 인정할 것인지, 그리고 학생과 학부모의 학교 선택권을 허용해야 할 것인지 문제는 전향적(前向的)이게 풀어가야 할 것이다. 사립학교를 공립학교와 마찬가지로 구속하는 것은 예외적인 조치여야 마땅하다. 사립학교를 원천적으로 인정하지 않는다는 사회적 합의를 이루었다면 모르지만, 사립학교가 엄연히 있는 이상 '사립'이 전제하는 권리를 인정해야 할 것이다.

우리의 역사 사회적인 형편상 사립학교를 구속할 수밖에 없는 이유가 있다. 학교 교육을 빠르게 팽창시키며 국민교육 수준을 세계 수준으로 올려오는 과정에서, 우리나라는 '민영'의 사립학교에 크게 의존했다. 경제 성장을 이룬 후에 많은 사립학교를 '공영'의 부문으로 흡수해왔지만, 아직도 사립학교는 우리 학교 교육의 큰 지분을 차지하고 있다.[99] 이런 현실에서 사립학교 모두에 자율권을 준다면 자칫 '공교육' 또는 '기본공통 교육'의 근간이 흔들릴 수도 있다. 이 점에서 사립학교의 자율을 전폭적으로 인정하는 게 쉬운 일도 아니고 마냥 바람직한 일도 아닐 것이다. 이런 특수한 현실에 따르는 자율 제약은 우리가 감수해야 할 것이다. 그러나 사립학교가 존립하는 한, 교육정책은 우리의 특수한 현실을 적극적으로 해소하면서 사립학교의 독립성을 인정해가는 기조를 채택해야 할 것이다.

사립학교의 자율을 허용한다는 원칙은 학생과 학부모의 학교 선택권을 인정하는 전제에서 실효를 가진다. 학생이 학교를 선택할 수 없다면 사립학교는 존립할 수가 없다. 사립학교는 그 학교를 선택해 올 학생들이 있다는 전제에서 존립하는 것이기 때문이다. 따라서 교육 선택권에 대해서는 사립학교와 관련한 위 논급에서 이미 그 기본 방향을 제안한 셈이다.

---

99) 2019년 기준으로 고등학교 단계에서 사립학교 비중은 40%를 넘고 있다. 학교 수 기준으로 40.2%, 학생 수 기준으로 42.1%가 된다. 교육부·한국교육개발원(2019). 교육통계연보 2019.

개인의 학교 선택권은 기본적으로 보장해야 한다. 그러나 이런 원칙은 의무교육(또는 '평준화')의 원칙과 상충할 때 유보될 수도 있다. 국민의 교육 의무는 사립학교의 자율권이나 개인의 교육 선택권에 우선하는 것이다. 그 의무에 해당하는 교육과정인 한, 그것에 대한 개인이나 사립학교의 회피나 일탈이 용납될 수 없다. 평준화 정책이 개인의 학교 선택권을 제한해야 한다면, 그것은 이와 같은 의무교육 조건에 결부되어야 할 것이다. 이제까지 그랬던 것처럼, 단순히 경쟁이 과열되고 사교육을 유발한다는 모호하고 실제적인 이유만으로 평준화를 강요하고 선택권을 제한하는 것은 온당하지 못하다.

이와 같은 제안에 대하여 당장 '그러면 과열 경쟁이나 사교육 문제를 어떻게 할 것이냐'고 반문할지 모른다. 개인의 학교 선택권을 존중하자는 제안은 사교육 문제 등이 사소하기 때문에 무시하자는 뜻이 결코 아니다. 그런 현실 문제가 중대하더라도, 그 해결을 위해 선택권을 제한하는 것은 합당하지 않다는 뜻일 뿐이다. 교육 선택권을 인정하는 과제는 과열 경쟁이나 사교육 문제를 해결하는 과제보다 가치상 우위에 있는 것이다. 경쟁이나 사교육 문제를 해결하기 위하여 교육 권리를 제한해야 하는 것이 제 순서가 아니라, 교육 권리를 먼저 인정한 후에 혹 문제가 따른다면 그것의 해결을 강구하는 것이 제대로 된 순서라는 뜻이다. 더욱이 경쟁이나 사교육 문제가 교육 밖의 요인(예컨대, 학벌주의, 고용 관행 등)에 의해 좌우되는 바가 크다는 점에서, 그와 같은 문제를 근거로 교육에 대한 권리를 희생시키는 것은 실질적이지도 못하다. 교육정책은 교육에 대한 열망이나 동기를 억누르는 소극적인 노선을 택하기보다 그런 '교육열'을 가치로운 교육의 방향으로 향도하려는 적극적인 노선을 택해야 할 것이다.[100]

(3) 평준화는 지양, 학생 구성의 통합성은 지향

고등학교 학생 구성은 배타적이기보다는 개방적이어야 하고 분파적이기보다는 통합적이어야 한다. 이런 지향은 평준화에 암묵적으로 들어 있는데, 그 지향이 의무교육이나 보통교육 단계에 국한해서만 가치를 가지는 것은 아니다.

---

100) 구체적으로 이런 노선에 대해서는 사교육 문제나 대입제도를 논의한 Ⅵ. 참조.

심지어 고등교육 단계에서도 학생 구성은 다양해야 교육적이라는 입장이 힘을 얻고 있다. 성적으로만 입학생을 전형하는 것은 적어도 학교(대학)를 교육적인 공동체로 만드는 데 도움이 되지 않는다.

이를테면 Harvard 대학은 신입생을 선발할 때 "대학에서는 물론 졸업 후에도 주변에 있는 사람들에게 영감을 줄 수 있는 사람"을 찾는다고 표방한다. 구체적으로는 "고등학교 때 일이나 가정형편 때문에 과외 활동을 제대로 하지 못했다면, 대학에 입학해서 시간이 생겼을 때 무엇을 하겠는지"도 확인하려고 한다.[101] 대학이 이런데, 하물며 초·중등 단계에서야 두말할 나위 없을 것이다.

초·중등 학교의 기본 사명은 새로운 세대의 사회화에 있다. 미래 세대를 '글로벌 다문화' 시대의 구성원으로 키워야 한다. 학교 사회가 다양한 사회관계와 소통의 경험을 제공할 수 있어야 하는 것이다. 학교는 단순히 교과 공부만 시키는 곳이 아니라 '잠재적인 교육과정'을 통해 암묵적인 삶의 윤리와 지혜까지 체득하게 만드는 곳이다.[102] 학교의 이런 사명은 학교의 자율성을 인정하고 학생 학부모의 선택권을 허용할 때 위축될 수도 있을 것이다. 그러나 학교의 사명이 더 공적인 가치를 담는 것이라는 점에서, 학생 구성의 포용성이 훼손되지 않는 한에서 학교 자율이나 개인의 교육 선택권이 보장되어야 한다.

---

101) https://college.harvard.edu/admissions/apply/what−we−look 참조.

102) Jackson, P.W.(1968). Life in Classrooms. New York: Holt, Rinehart and Winston.

02 참여와 체험의 인성교육[1]과 민주시민교육

1. 학교 교실에 머무는 민주시민교육

　현재 우리 사회는 변화의 큰 물결을 타고 다문화 시대, 언택트 시대로의 전환을 맞이하고 있다. 세계적으로는 코로나 19의 위기상황, 기후변화와 환경 문제 등과 같은 미래를 위협하는 요소가 대두되면서 지속가능한 발전에 대한 국제적 논의가 이루어지고 있다. 국내외의 급격한 변화에 대응하기 위해서는 새로운 형태의 민주시민성과 민주시민교육을 필요로 한다. 민주주의는 시민들의 민주시민성을 통해 형성된다. 민주시민성은 사회를 구성하며 살아가는 모든 사람이 평생에 걸쳐 실천하고 행동으로 추구해야 하는 가치이다.[2] 민주시민이 되기 위해서는 민주주의가 무엇인지, 민주시민으로서 어떤 책무를 지녀야 하는지, 사회변화에 따라 민주시민으로서의 자세와 태도는 어떠해야 하는지 등, 민주시민성을 기르기 위한 민주시민교육이 이루어져야 한다.[3]

　특히 최근 감염병 위기 상황은 민주시민성이 왜 중요한지 다시금 되새기게 한다. 감염병의 위험에서 시민들을 보호하고 안전을 확보하는 것은 모든 국민의 삶을 보장하는 실질적인 민주주의라고 할 수 있다. 코로나 19 확산이라는 세계적인 위기 상황에서 한국의 대응은 "민주적이고 효율적"이라는 외신들의 평가를 받았다. 한국 사회는 성숙한 민주시민의식을 바탕으로 시민사회가 자발

---

[1] 인성교육과 관련하여 이경태 박사가 많은 도움을 주었다.

[2] 심성보(2017). 한국 민주시민교육의 현황과 과제. 한국학논집. 67: 93−122.

[3] 장은주(2019). 한국의 민주시민교육: 사회적 합의의 방향과 제도화의 과제. 시민과 세계. 99−134.

적으로 코로나 19의 지역사회 전파를 예방하는 새로운 방역체계의 표준이 되었다는 것이다.[4] 한국은 '놀라운 나라(Wonderland)'라는 평을 듣고 있으며, 실제 시민들은 보건 당국의 수칙 준수와 협력으로 개선된 민주시민성을 보여주고 있다.

메르스 사태 이후 코로나 19에 이르기까지 위기상황을 겪으며 '우리의 민주시민성은 어떻게 향상된 것인가?' 하는 의문을 가지게 된다. 과연 우리의 민주시민성은 교육을 통해 향상된 것일까? 무엇보다 학교에서는 민주시민성 함양을 위하여 체계적으로 교육을 진행해왔는지 의문을 가지게 된다. 교육기본법 제정 이래로 지금까지 '민주시민' 양성은 교육목적으로 명시되어 민주시민교육이란 용어만 사용하지 않았을 뿐 여러 교과와 정책을 통해 지속적으로 이루어져 왔다. 그렇다면 현재 학교교육을 통한 민주시민교육은 어떤 과제를 안고 있는 것일까.

1) 학생의 민주시민역량 현주소

학교에서 민주시민교육을 받아온 우리 학생들의 민주시민역량의 현주소는 어떨까? 세계 각국의 청소년들을 대상으로 시행하는 민주시민역량 측정 조사 ICCS(International Civic and Citizenship Study) 결과는 우리 민주시민교육의 현 위치를 여실히 보여준다.

ICCS에 따르면 우리나라 청소년의 시민지식은 매우 우수한 것으로 나타났다. 2009년과 2016년 조사 결과 모두, 우리나라의 시민성과 시민의식 교육이 인지 능력과 지식 내용 분야에서 높은 성과를 보였다. 그러나 우리나라 학생의 시민적 지식 수준, 정치, 사회적 이슈에 대한 관심은 조사 대상국 평균보다 높은 것과 달리 실제 사회활동에 참여하는 비율은 낮다고 보고되었다. 또한 국가에 대한 신뢰와 시민 기관, 특히 정당에 대한 신뢰, 학교에 대한 신뢰도가 낮으며, 학교 안팎의 시민 참여도 지속적으로 유의미하게 낮은 결과를 보였다.[5]

4) [동아일보] 외신들 "한국, 코로나 대응 성숙한 시민의식 돋보여"_20200313(http://www.donga.com/news/article/all/20200313/100141066/1).
5) 장근영 외(2018). 청소년 역량지수 측정 및 국제비교 연구Ⅴ: IEA ICCS2016-총괄보고서, 한

ICCS의 평가 기준에 따르면 시민 지식은 "실제 일상생활 맥락에서 시민성과 시민의식에 관한 지식과 사고력을 적용하는 능력"이다.[6] 우리나라는 시민지식 영역에서 충분한 성과를 보이고 있으나 국가 및 시민기관에 대한 신뢰, 지역사회의 시민적 활동 참여 등(태도와 행동영역)에서 취약한 결과가 산출되었다. 이는 우리나라의 시민교육은 교실 안 지식 중심의 교육으로 이루어져 지식 그 자체로만 남아있을 뿐 참여와 실천 등의 행동으로 이어지지 않는 현실을 반영한 것이라고 볼 수 있다.

2) 지향점이 여러 갈래인 민주시민교육

그렇다면 지식과 실천의 불일치는 어디에서 기인한 것일까? 민주시민교육을 수행하는 주체들 간의 견해 차이가 여러 지향점을 만들어 민주시민교육은 이론에 그치고 실천까지 이어지지 못하는 결과를 초래했다고 볼 수 있다.

교육부(2018)가 발표한 '민주시민교육활성화를 위한 종합계획'에 의하면 민주시민교육은 "비판적 사고력을 가진 주체적 시민이 민주주의의 가치를 존중하고 서로 상생할 수 있도록 민주시민으로서의 역량을 향상시키는 교육"이다.[7] 민주시민교육은 국민의 일원으로 공동체에서 규정된 규칙을 준수하고, 공동체 속에서 자신이 누릴 수 있는 권리를 충분하게 찾아 행동하도록 하는 교육이라는 의미가 공유되고 있다.

그러나 교육의 주체들이 각기 민주시민교육에 대한 해석을 달리하면서 국가 교육과정에서 지향하는 민주시민교육과 교육과정 운영상 실제 교육목표에 차이를 나타내고 있다. 교장을 비롯한 교원들에게 민주시민교육의 핵심 목표와 행동 기준은 '기초질서 준수'이다. 반면, 학생들은 민주사회에서 다양한 사람들 간의 협의 능력을 키워나가고 그 안에서 평등과 자유를 시행할 수 있는 능력을 키우는 것으로 보고 있다.[8][9]

국 청소년정책연구원 연구보고서.

6) 김태준 외(2010). 한국청소년의 시민역량국제비교연구: 국제 시민교육연구(ICCS) 참여, 한국교육개발원.

7) 이쌍철 외(2019). 초·중등학교 민주시민교육 활성화를 위한 방향과 과제, 한국교육개발원.

민주시민교육에 대한 일반적인 이미지는 자유와 평등에 초점을 두고 사회적 갈등과 문제를 해결해 나가는 민주시민의식을 길러주는 데 초점이 맞추어져 있다. 하지만 학교 안에서 어떻게 민주시민으로 성장할 수 있도록 가르쳐야 하는지, 학생들에게는 어떠한 목표를 두고 민주시민교육을 진행해야 하느냐에 대해 묻게 되면, 민주시민교육은 인성교육과 동일하게 바라보거나 질서의식과 준법정신 등의 항목으로 한정된다. 국가 교육과정에서 지향하는 바와 학교 현장에서 실천하는 민주시민교육 간의 괴리가 발생하는 것이다. 이는 학교교육 환경과 문화, 교사의 역량과 인식의 차이, 관련 규정과 제도 등 여러 요인의 복합적인 작용으로 이해할 수 있다.

3) 민주시민교육의 기반, 인성교육의 소외

국가 교육과정과 학교 현장의 민주시민교육에 관한 견해가 불일치하는 것은 민주시민교육의 핵심을 누락할 가능성을 만든다. 안타깝게도 우리 교육의 많은 정책들은 현장의 환경과 조건을 고려하지 못해서 충돌해왔다.

우리나라의 교육은 초등학교부터 준비해야 하는 입시경쟁을 배경으로 하고 있어 지식주입에 치중되어 있다. 이러한 교육현실과 함께 학교 안팎에서 발생하는 문제들은 '인성' 함양의 부재 때문이라는 지적이 있어왔다. 학교폭력과 교권침해, 학교 미투 등의 문제가 지속되면서 아는 것과 실천하는 것이 분리된 현실을 개선하기 위한 대안으로 인성교육이 제시되었다.

그 결과, 2015년 전 세계에 유래가 없는 "인성교육진흥법"이 시행되었다. 겉으로 드러난 법·제도적 측면에서는 우리 교육이 도덕심의 함양과 민주시민 양성의 토대가 되는 인성교육의 중요성을 충분히 인식하고 있는 것으로 보인다.

그러나 정부가 5년마다 인성교육 종합계획을 세우고 초·중·고교는 매년 인성교육계획을 교육감에게 보고하며 교육과정을 운영한다고 하더라도[10) 그

---

8) 강영혜·양승실·유성상·박현정(2011). 민주 시민교육 활성화 방안 연구. 한국교육개발원.

9) 김성수·신두철·유평준·정하윤(2015). 학교 내 민주시민교육 활성화 방안. 한양대학교 국가전략연구소.

실효성을 담보하기는 어렵다. 왜냐하면 입시경쟁에 매몰된 상황에서 인성교육은 입시에 별 도움이 되지 않기 때문이다. 도움이 안 될 뿐만 아니라 반대로 훼방꾼이 될 여지가 크다.

한국의 교육현실에서 인성교육진흥법의 인성교육 목적을 보면 현실과 너무나도 동떨어져 있다는 느낌을 지울 수가 없다. 경쟁이 우선인 교육의 풍토에서 가정에서의 인성교육 또한 발목을 잡고 있다. 많은 부모들은 자녀들의 시험성적에 관심을 갖고 자녀들이 입시준비공부를 잘 하도록 뒷받침하는 데 대부분의 시간과 관심을 쏟는다. 자녀들이 예의바르고 자신의 인생을 개척하는 사람으로 커나가는 것은 우선순위에서 밀리기 쉽다.

이렇게 학교와 가정에서 소외되고 있는 인성교육은 목표에 대한 합의 부재로 어디에도 속하지 못하는 교육이 되었다. 인성교육은 민주시민교육으로 가는 시작점이다.[11] 인성교육의 목표는 민주시민을 양성하는 것이어야 하고, 인성교육을 수단으로 민주시민을 양성하는 것이 목적이 되어야 한다. 수단과 목적은 연계되어야 한다.

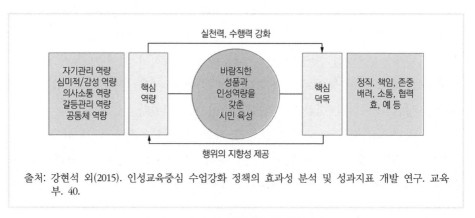

출처: 강현석 외(2015). 인성교육중심 수업강화 정책의 효과성 분석 및 성과지표 개발 연구. 교육부. 40.

[그림 3-1] 우리나라의 인성교육 방향

---

10) 교육부(2016). 인성교육 5개년 종합계획.
11) 강영혜·양승실·유성상·박현정(2011). 민주 시민교육 활성화 방안 연구. 한국교육개발원.

150

　　우리나라 인성교육은 바람직한 성품과 인성역량을 갖춘 시민 육성을 목표로 하고 있다. 특히 핵심역량인 자기관리역량, 심미적 감성역량, 의사소통역량, 갈등관리역량, 공동체역량을 배양하여 가정과 사회에서 실천하고 핵심덕목과도 연계한 통합적인 접근에 중점에 둔다.12) 따라서 인성교육과 민주시민교육은 다르지 않다. 인성교육을 바탕으로 민주시민교육은 자유와 권리의 주장을 위한 책임성 있는 민주시민으로서의 자질을 함양해야 한다. 결국 인성교육은 학교와 가정에서 시작하여 민주시민교육이라는 이름으로 지역사회로 나아가야 하고, 세계시민교육으로 세계로도 나아갈 수 있는 민주시민성을 함양하는 데 기여해야 한다.

4) 교과 · 지식 중심 민주시민교육

　　우리나라 교육활동의 근간이 되는 교육기본법에서는 우리나라 학생들에게 민주시민의 자질을 갖추도록 하는 것이 교육의 목적임을 분명히 하고 있다.

　　"교육은 홍익인간(弘益人間)의 이념 아래 모든 국민으로 하여금 인격을 도야하고 자주적 생활능력과 민주시민으로서 필요한 자질을 갖추게 함으로써 인간다운 삶을 영위하게 하고 민주국가의 발전과 인류공영의 이상을 실현하는 데에 이바지하게 함을 목적으로 한다(교육기본법 제2조)."

　　학교 교육과정에서 이루어지고 있는 민주시민교육은 주로 교과 형태로 이루어지고 있다. 도덕과와 사회과의 중핵교과를 중심으로 운영되어 온 민주시민교육은 교과로서의 정체성을 강화하기보다는 영역별 과목 편제와 내용 체계 및 성취기준을 맞추는 데 집중하고 있다.13)
　　물론 학교에서의 민주시민교육은 범교과 학습과 창의적 체험활동 등을 통해서도 이루어진다. 범교과 학습은 해당 주제에 대해 여러 교과가 연계하여 통

---

12) 강현석 외(2015). 인성교육중심 수업강화 정책의 효과성 분석 및 성과지표 개발 연구. 교육부.
13) 정문성·강대현·설규주·전영은(2018). 학교 민주시민교육을 위한 교육과정 개선 방안연구. 교육부 정책연구과제.

합적인 교육을 추진하는 것이다. 다만 교과 간의 협의와 협력 부족으로 사실상 범교과 학습이 활성화되지 않는 것이 우리의 현실이다. 민주시민교육을 위한 별도의 교과서 개발이나 프로그램 운영이 어려운 상황에서 민주시민교육이 이루어질 수 있는 장(場)은 창의적 체험활동 중 '자율활동'이다. 그러나 학생회나 학급회가 활성화되지 않은 상황에서 자치활동을 통한 민주시민교육 활성화도 어려운 실정이다. 특히 고등학교에서는 대학입학 전형을 위한 임원활동의 중요성이 부각되면서 이와 같은 자치활동의 왜곡 가능성도 제기되고 있다.[14]

그간의 민주시민교육은 지식으로서 민주주의 및 정치체제에 대한 이해를 전달하는 것에 일정 부분 성공하였다. 하지만, 학생이 민주사회 구성원으로 사회문제에 관심을 가지고 이를 판단할 수 있는 역량, 그리고 실천과 참여를 통해 주권자로서 권리와 의무를 실천하는 역량을 함양하기에는 부족한 현실이다.

또한 교과(사회/도덕과) 교육으로서의 민주시민교육, 범교과 학습으로서의 민주시민교육, 학생자치활동 및 잠재적 교육과정을 통한 민주시민교육, 더 나아가 지역사회와 연계활동은 유기적인 통합을 이루지 못하고 있다. 민주시민교육이 효과적으로 실천되기 위해서는 단일한 교육과정 접근 방법보다 학교교육 전반에 걸쳐 이루어지는 총체적인 접근이 필요하다.[15] 그러나 우리의 민주시민교육은 각 영역이 공동의 목표와 내용 체계를 가지고 발전해 왔다기보다 각기 분절된 형태로 추진되어 왔으며, 그 결과 각 활동 간 목표와 내용의 연계성이 매우 낮은 것이다.

반면 시민교육이 활성화되어 있는 유럽의 경우 민주시민교육의 접근 방식이 우리와 다르다. 유럽연합국가에서 시민교육에 대한 접근 방식으로 시민교육을 중핵 교과에 통합하거나 범교과 방식으로 운영하고 있다. 독일, 영국, 프랑스, 핀란드 등 국가들의 민주시민교육은 학교 안팎이 유기적으로 연계하여 실시한다는 공통점을 확인할 수 있다. 학교 내에서는 교육과정과 학생자치활동을 활성화하면서 민주시민교육을 실시하고, 학교 밖의 기관들에서는 민주시민교육을 위한 다양한 프로그램 개발과 적용할 수 있는 장을 만들고 있다.[16] 핀란드는 2015 개정 교육과정에서 '책임 있는 시민의식'을 적극적으로 강화하고

고등학교의 경우 관련하여 선택할 수 있는 사회교과를 4과목까지 제공하고 있다.[17] 2016년 포괄적 역량 도입을 통해 교과 간의 경계를 허물고 교과와 역량을 연계하여 교과 간 협력적 실행을 시도하고 있다.[18]

그러나 우리나라의 민주시민교육은 교과 간 경계가 우선되어 민주시민교육의 통합을 시도하거나 현장성을 가지고 실천지향적인 교육을 시도하기 어려운 현실이다.

5) 교사의 취약한 민주시민교육 교육 역량

민주시민교육의 실천과 성취에 있어서 교사의 이해와 인식, 교사와 학생의 교수·학습방법과 교사의 준비 정도는 매우 중요하다.

교사들에게 민주시민교육은 뚜렷한 '실체'가 없는 교육으로 생각되어 왔다. 즉, 학교 현장에서 이루어지는 민주시민교육은, 특정 교과목이나 학생자치활동으로 한정짓거나 준법 교육 또는 질서 교육으로 이해하는 등 민주시민교육 의미, 내용, 방향에 대한 공유 수준이 매우 낮다는 것을 확인할 수 있었다.[19]

누가, 어떠한 교육 내용과 방법을 토대로 민주시민교육을 가르쳐야 하는지에 대한 논의가 없었기에 민주시민교육은 누구나 할 수 있는 것이기도 하며, 누구도 하지 않아도 상관없는 교육 정도로 이해된 것이다. 명확한 비전과 목표, 방향이 설정되지 않은 상황에서 추진되는 민주시민교육과 관련된 정책은 현장 교사들에게 피로감만을 높일 뿐 민주시민교육에 대한 관심과 동기를 낮추는 요인으로 작용하고 있다.[20]

2019년 한국교육개발원이 분석한 ICCS의 민주시민교육 주요 주제별 교사의 준비도 조사[21]에서 한국의 교사들은 11개 주제 중 10가지 주제에 대해 조사 대상 국가 교사보다 준비 수준이 낮은 것으로 나타났다. 특히 교원 양성단

---

17) Finnish National Board of Education(2016b). National Core Curriculum for General Upper Secondary Schools 2015. Finnish National Board of Education. Helsinki, Finland.

18) 윤은주(2015). 2016 핀란드 국가핵심교육과정 개편: 학습의 기쁨(Joy of Learning)을 향한 끝없는 여정. 한국교육개발원.

19)~21) 이쌍철 외(2019). 초·중등학교 민주시민교육 활성화를 위한 방향과 과제, 한국교육개발원.

계에서 전문성 개발 지원이 미흡하며 교수－학습자료 활용 정도 역시 전반적으로 낮은 것으로 나타났다. 한국 교사를 대상으로 민주시민교육 질 제고를 위한 요구를 분석한 결과, 더 좋은 자료와 교재가 1순위(46%)로 선택되었다. 이러한 점에 비춰 볼 때 한국 교사의 자원 활용 정도가 낮은 이유는 수업에 활용할 수 있는 양질의 지원 자료 부족이 중요한 요인 중 하나일 수 있음을 시사한다.

교사 양성과정에서는 민주시민으로서 전문성을 함양하는 교육 기회가 없었고 임용 후에는 단기적인 연수에만 의존하여 민주시민성과 지도역량을 함양하고 있는 실정이다. 이는 대부분의 ICCS 참여국가에서 민주시민교육 담당 교사와 관련 교과 교사에게 지속적인 연수와 지원을 제공하는 것과 다른 점이다. 민주시민성은 타고나는 것이 아니라 의도적인 학습을 통해 길러지게 되는 것이다. 학교 현장에서 학생들에게 민주시민성을 함양시켜야 하는 교사들마저 민주시민교육을 받기 어려운 상황이 우리의 교육 현장이다.

현장에서 교사의 정치적 편향이 담긴 교육활동이 종종 사회적 이슈가 되곤 한다.[22] 교사 양성과정에서 민주시민교육을 통해 균형 잡힌 시각을 갖지 않은 채 교육현장에서 수업이 이루어지면서 일부 교사들이 정치적 선동과 편향된 수업을 운영한 경우가 있었다. 교사의 정치적으로 편향된 수업은 학생들에게 그릇된 사회인식을 갖게 하므로,[23] 교사 양성단계에서부터 올바른 민주시민교육을 실시해야 한다. 민주시민교육 교육과정 운영체계의 개선 시에는 교사의 전문성 함양을 위한 현장성 높은 교육 프로그램을 개발·운영하여 민주시민교육을 지원할 수 있는 여건이 수반되어야 한다. 중장기적으로는 교사의 양성, 현직연수 과정에서 변화하는 민주시민교육의 앞선 준비를 하는 것이 개선의 주안점이라 할 수 있다.

---

22) [동아일보] 정치 편향 교사 첫 징계 … 高3 선거, 교실은 준비됐나. 20200107(https://www.donga.com/news/Opinion/article/all/20200107/99109901/1).

23) 오연주(2009). '교원의 정치적 중립성'에 대한 사회과 교사의 인식 특성 : 청주시를 중심으로. 사회과교육연구. 16(4): 33－53.

6) 교사의 정치교육 준비와 선거교육의 우려

'교복 입은 유권자'가 탄생했다. 지난 21대 국회의원 선거에서 시작된 만 18세 선거권 도입은 민주시민교육의 중심인 정치교육에 있어서 실천 중심 정치교육 제고에 대한 화두를 던져주었다. 청소년 선거권 확대를 두고 만 18세 청소년을 보호의 대상이 아니라 시민으로 인식하는 전환을 마련하기 위해 필요한 과정이었다는 관점과 '교복 투표 우려'를 지적하는 관점이 공존했던 것은 교실에서 이루어지는 민주시민교육 현실에 대한 우려였다.[24]

선거교육에서는 선거에 필요한 기본적인 지식뿐만 아니라 선거에 참여하기 위하여 실질적인 행동을 이끌어내는 교육이 필요하다.[25] 그러나 여전히 교육과정과 교과서 및 자료는 지식 위주의 학습과 이론적인 수업으로 구성되어 핵심적인 역량을 기르기 위한 실천적인 수업과는 괴리감이 있다.

현재의 교육과정과 지식 전달 위주의 주입식 교수·학습 방법으로는 학생의 비판적 사고를 증진하고, 자율적인 참여를 이끌어 내기 위한 민주시민교육의 목적을 달성하기 어렵다. 특히 우리 교육 현장에서 민주시민교육 활성화 저해 요인을 살펴본 결과, 학생의 민주시민교육 참여에 대한 부정적 인식, 교사의 정치적 중립 부담에 따른 자기검열, 교과목 간의 '칸막이' 현상, 수직적·위계적인 학교의 권위적 풍토, 더 나아가서는 정권이 바뀔 때마다 덧씌워지는 정책과 미약한 지원체제 등의 다양한 요인이 학교 민주시민교육을 추진해내는데 장애가 되는 것으로 분석되었다.[26]

민주시민교육은 민주적인 정치 문화를 형성함과 동시에 자유민주주의의 발전 및 정착에 기여해야 하는 교육이다. 따라서 민주시민교육의 기본적인 과제는 국민 자신이 국가의 주권자라는 것을 인식하고, 국가와 지역사회에서 일어나고 있는 다양한 사회·정치 현상에 대하여 객관적 지식을 갖추도록 하는 것이다. 그리고 국가나 지역사회의 사회·정치적 상황을 올바르게 판단하고, 정

---

24) [BBC NEWS 코리아] 만 18세 투표: '교복 입은 유권자가 온다'… 고3 투표권을 둘러싼 쟁점은?_20200122(https://www.bbc.com/korean/international-51204184).

25) 우혜량. (2018). 고등학교 '법과 정치' 교과에서의 선거교육에 대한 교사의 인식 연구. 인하대학교 교육대학원 석사학위논문.

26) 이쌍철 외(2019). 초·중등학교 민주시민교육 활성화를 위한 방향과 과제. 한국교육개발원.

치과정에 참여할 때 비판의식을 가지며, 적극적으로 권리와 의무를 수행하고, 사회·정치행위에 책임을 지도록 하는 것이다.[27] 따라서 학생들이 정치 참여 행위의 하나로서 선거 과정에 대한 이해와 비판적 사고력, 합리적인 의사 결정을 통하여 능동적으로 정치 과정에 참여할 수 있는 학교 현장교육으로 실현되어야 한다. 그러나 교사의 정치적 중립성에 따른 차이를 우려하는 것이 우리의 현실이다.

2. 변화의 시대, 생활 속 실천하는 민주시민교육으로의 전환

현대사회에서의 민주시민성은 복잡한 사회에서 상호 연대하며 살아갈 것을 전제로 한다. 시민이 사회를 유지하는 데 필요한 가치와 제도적 실천을 모두 포함하여 향상할 수 있도록 해야 한다.[28][29]

또한 민주시민교육은 국내외의 사회적 갈등 상황에 대처할 수 있는 민주시민성을 함양해야 하므로 단순하지 않다. 민주시민교육은 국가라는 공동체에서부터 세계사회와 같이 탈 국가적인 공동체를 살아가기 위하여 모든 시민이 민주시민성을 함양하기 위한 방향으로 이루어져야 하기 때문이다.[30]

더 이상 지식 중심의 민주시민교육이 아니라 생활 속에서 민주시민역량을 실천할 수 있는 힘을 길러주는 민주시민교육으로 거듭날 수 있도록 교육체계를 정비해야 한다.

1) 참여와 실천 경험을 강화한 통합적 접근이 되어야

미래의 민주시민을 바라보는 관점과 민주시민 교육과정 운영체계의 개선

---

27) 이은미·진성미(2014). 시민교육의 확장을 위한 평생교육의 의의: 지역사회기반 시민교육을 중심으로. 시민교육연구. 46(3): 195-221.

28) Heater, D.(1990). Citizenship: The Civic Ideal in World History, Politics and Education. London & New York: Longman.

29) Heater, D.(2004). Citizenship: The Civic Ideal in World History, Politics and Education, 3rd ed., Manchester: Manchester University Press.

30) 이은미·진성미(2014). 시민교육의 확장을 위한 평생교육의 의의: 지역사회기반 시민교육을 중심으로. 시민교육연구, 46(3), 195-221.

이 요구된다. 2020년, 청소년들은 코로나 19라는 사회적 혼란과 함께 18세 선거권 확대를 통해 처음 총선에 참여하면서 정치적 이슈에 관심을 가지게 되었다. 앞으로 청소년들은 사회적, 정치적, 문화적 상황과 더불어 민주시민에 대해 더욱 관심을 가지게 될 것이다.

그러나 현재의 교육과정과 지식 전달 위주의 주입식 교수·학습 방법으로는 학생의 비판적 사고를 증진하고, 자율적인 참여를 이끌어 내기 위한 민주시민교육의 목적을 달성하기 어렵다. 한국교육개발원의 ICCS 2016 데이터를 통해 우리의 민주시민교육은 지식 전달 위주 교육과 입시 중심 경쟁교육으로 균형 잡힌 성장과 발달을 지원해야 하는 교육 본연의 역할에 소홀해왔음을 확인할 수 있었다. 그 결과 OECD 삶의 질 조사(2017) 등 주요 국제 비교 조사에서 '공동체 지원 관계망의 질'은 35개국 중 35위로 나타나, 우리 국민은 민주시민으로서 갖춰야 할 공동체 역량이 전반적으로 낮은 수준으로 나타났다.[31)

지식보다 실제 민주시민 역량을 함양할 수 있는 민주시민교육으로의 패러다임 전환이 우선되어야 한다. 도덕·사회교과 외에도 민주시민교육의 내용 요소를 포함하고 있거나 교과목표 간에 연계성을 지닌 교과 간에는 주제와 이슈를 중심으로 한 체험교육이 가능하도록 교사 수준에서 교육과정 통합 운영을 촉진해야 한다. 민주시민교육은 범교과 학습주제이나 범교과 학습주제의 법정 의무교육 시수 제한으로 민주시민교육 시수 확보에 한계 등을 극복할 수 있도록 교육과정 구성방식의 통합적 접근이 필요하다.

2) 방향성에 대한 사회적 합의가 있어야

민주시민교육에 대한 개념과 경험은 백인백색이라 할 만큼 다양하다. 최근 기후변화, 인공지능 기술의 발달, 불평등 확대, 정치적 불안정성 등에 대한 사회적·정치적 환경에서 학생들의 주권자로서의 시민역량은 더욱 중요해지고 있다. 특히 현재 청소년들은 거센 변화의 시대에 알 수 없는 미래를 준비하고

---

31) Schulz, W., Ainley, J., Fraillon, J., Losito, B. and Agrusti. G.(2016). IEA International Civic and Citizenship Education Study 2016. Assessment Framework. Cham, Switzerland: Springer. [안선영 역(2017). IEA ICCS 2016 조사틀. 한국청소년정책연구원.]

민주시민으로서 살아갈 역량의 함양이 절실하다. 청소년들은 시민으로서 다양한 의사결정 과정에 참여하고 의견을 제시함으로써 영향력을 발휘하여 민주시민역량을 향상할 수 있어야 한다.

학생들이 민주시민으로 성장하기 위한 참여 지향적인 학습을 더욱 광범위한 영역에서 경험할 수 있도록 가정, 지역사회와 연계하여 시민교육을 설계해야 할 것이다. 이에 학교에서 가르쳐야 하는 민주시민교육에 대한 이념, 목표, 내용과 방법들에 대해서도 고민하면서 민주시민을 양성하기 위하여 핵심적으로 필요한 것은 무엇인지에 대한 논의가 먼저 선행되어야 한다.

앞으로의 민주시민은 자신의 삶과 연계된 다양한 사회적·정치적 변화에 대해 스스로 판단력을 갖출 수 있고, 민주적 절차를 통한 문제해결 능력, 공동체 구성원으로서 상호 존중하고 배려하며 더불어 살아갈 수 있는 가치와 태도를 갖추어야 한다. 민주시민교육은 민주주의를 유지하고 발전시키면서 사회를 살아가는 데 필요한 민주시민성과 핵심 역량을 기를 수 있어야 하며 시민의 참여와 노력, 사회적 합의를 통해 시행되어야 한다.

3) 인성교육을 기반으로 한 민주시민교육이 되어야

학교 폭력, 사이버 폭력 등으로 인한 사회적 문제, 소셜 미디어를 활용한 시민 참여의 증대, 경제 침체로 인한 실업률 증가 등 사회적·정치적 갈등이 확산될 때마다 인성교육과 민주시민교육의 중요성은 달라져왔다. 인성교육과 민주시민교육의 관계는 모호하여 학교 현장에 혼란을 주고 있다. 그리고 정권이 바뀔 때마다 덧씌워지는 정책의 영향으로 보수정권에서는 인성교육을 강조하고, 진보정권에서는 민주시민교육을 강조하면서 명칭만 바꿔 부른 정책들은 민주시민교육을 추진하는 데 장애가 되어 왔다.

이제는 인성교육과 민주시민교육의 개념을 명확하게 정립하고 인성교육과 민주시민교육의 성격과 방향을 설정하여 추진하는 것이 필요하다. 이를 토대로 인성교육은 민주시민교육을 활성화하는 데 집중해야 할 것이다. 인성교육은 민주시민성을 갖춘 성숙한 시민으로 길러내기 위한 교육이 되어야 한다.

이를 위해서는 인성교육의 양대 주체인 학교와 가정이 핵심적인 역할을 해야 할 것이다. 사회까지 포함하게 되면 어른들이 올바르게 행동해서 아이들에게 모범이 되어야 하므로 올바른 인성교육을 위해서는 국가를 개조해야 한다는 방향으로 확대되기 때문에 학교와 가정으로 국한하는 것이 바람직하다.

인성교육을 회복시키는 첫걸음은 초·중등교육을 입시경쟁으로부터 해방시키는 것이다. 학교교육과 가정교육 모두 입시준비무대의 역할을 팽개치고 교육 본연의 모습으로 돌아가야 한다. 인성교육의 교육과정을 충실히 하는 것은 그 다음의 과제이다. 인성교육은 당연히 해야 하는 것일 뿐만 아니라 누군가는 해야 하는 것이다. 그 핵심이 되는 것은 학교와 가정이어야 하며, 민주시민교육 역시 마찬가지다.

민주시민성을 함양하기 위해서는 개인적 차원의 인성교육이 사회적 차원의 민주시민교육으로 확장하는 것이 필요하다. 이를 위해서 민주시민교육은 인성교육을 회복해서 학생들이 건강한 미래 민주시민으로 성장할 수 있도록 가르쳐야 할 것이다.[32] 민주시민성은 어려서부터 보고 배우며 지속적이고 의도적인 학습 결과를 통해 길러져야 하므로 인성교육이 토대가 되는 것이다. 따라서 가정에서의 인성교육과 학교에서의 인성교육을 발판으로 학생들이 민주시민성을 향상하고 진정한 삶의 질에 반영될 수 있도록 교육을 실천해야 한다.

4) 학교, 가정, 지역사회와의 협력이 강화되어야

우리 시민들이 민주시민성을 높이고, 일관성 있는 민주시민교육을 실현하기 위해서는 학교, 가정, 지역사회, 더 나아가서는 국가가 핵심이 되어야 한다.[33][34] 학교는 민주시민교육에 대한 교육과정을 편성 운영하여 학생들이 학교를 통해 민주시민성을 향상할 수 있도록 주요한 역할을 해야 한다. 학교는 공식적, 비공식적으로 민주시민성을 함양하기 위한 공간으로 민주시민교육의 책

---

32) 2017년 제1차 인성교육 포럼. <인성교육을 통한 민주시민역량 함양> 자료집.
33) 2019 학교민주시민교육 국제포럼 <배움을 넘어서_미래를 위한 민주시민교육> 자료집.
34) 김민호(2011). 지역사회기반 시민교육의 필요성과 개념적 조건. 평생교육학연구. 17(3): 193－221.

임을 가져야 한다.[35][36] 우리 사회가 지속가능한 발전을 이루고 민주적인 방식으로 사회의 안팎이 어우러져 함께 잘 사는 미래를 만들어가기 위해서는 학교의 민주시민교육 실행이 중요하다. 따라서 학교를 중심으로 지역사회, 국가가 적극적으로 민주시민교육을 수행하기 위한 교육의 방향을 설정해야 한다. 특히 학교 내에서는 교육과정과 학생자치활동을 활성화하면서 민주시민교육을 실시하고, 학교 밖의 기관들에서는 민주시민교육을 위한 다양한 프로그램 개발과 적용에 힘써야 할 것이다.

대부분의 민주시민교육은 학교를 바탕으로 시행되지만 학교 밖의 가정, 지역사회와 연계 역시 핵심이 되어야 한다. 학교와 지역사회 연계는 민주시민교육에 대한 실천적인 활동을 이끌어내면서 중요한 역할을 하고 있다. 또한 학생과 학생, 학생과 사회를 연결하는 삶을 중심으로 한 민주시민교육을 운영할 수 있도록 운영 체계를 확대하고 실제 유기적으로 협력할 수 있어야 할 것이다.

이제 학교는 가정과 지역사회를 연결하고 민주시민교육을 위한 교육공동체로서의 실천적 역할에 중점을 두어야 한다. 나아가 부모도 교사도, 주변 어른들을 포함한 지역사회 구성원 등은 민주시민교육에 대한 다양한 정보를 공유함으로써 모두가 민주시민역량을 향상하기 위해 노력해야 할 것이다. 이제부터 우리 모두가 한국형 민주시민교육을 만들고 현장의 민주시민교육이 안착할 수 있도록 하는 공동의 노력이 필요하다.

5) 변화하는 환경에 대응하는 교육이 되어야

최근 우리나라의 학령인구는 감소하고 있지만 다문화가정의 학생 수는 빠르게 증가하고 있다.[37] 다문화사회는 사회·정치·경제적 영향력이 복합적으로 반영되어 나타난다. 다문화사회에서는 다원화된 우리사회가 요구하는 민주주

---

35) 심성보(2017). 한국 민주시민교육의 현황과 과제. 한국학논집. 67: 93–122.
36) 김성수·신두철·유평준·정하윤(2015). 학교 내 민주시민교육 활성화 방안. 교육부·한양대학교 국가전략연구소.
37) Schulz, W., Ainley, J., Fraillon, J., Losito, B. and Agrusti. G.(2016). IEA International Civic and Citizenship Education Study 2016. Assessment Framework. Cham, Switzerland: Springer. [안선영 역(2017). IEA ICCS 2016 조사틀. 한국청소년정책연구원.]

의에 대한 새로운 개념화를 시도해야 된다.[38] 다문화사회에서 다문화 교육은 공동체의 '정의'를 실천하는 새로운 '민주주의' 질서를 확립하도록 해야 한다.

더불어, 4차 산업혁명과 함께 등장한 지능정보 시대에서는 지능정보기술을 기반으로 사회, 경제, 문화 전반에 걸쳐 초연결과 융합이 이루어지면서 산업구조를 개편하고 있다.[39] 다양한 매체에서 쏟아지는 각종 정보와 뉴스들을 분석, 평가하고 새로운 정보를 생산해내는 미디어 리터러시(media literacy) 역량 역시 민주시민교육에서 부각되고 있는 새로운 주요 주제들이다.

세계시민교육의 출발점인 2015년 유네스코 세계교육포럼 이후 세계시민교육은 세계화의 진전, 전 지구적 차원의 쟁점, 지구의 다양한 이슈 및 문제들을 인류가 함께 고민하고 해결해 나갈 것을 기본 방향으로 한다.[40] 세계시민교육은 지속가능발전교육(ESD, Education for Sustainable Development)을 포함하여 다문화 정책(이주), 환경, 평화, 인권, 빈곤, 경제, 사회, 교육적 불평등, 국제교류 및 이해, 문화, 언어, 생물다양성, 기후변화, (재생)에너지, 민주주의 등을 핵심가치로 다루고 있다. 최근 정치, 경제. 사회 전반에 걸친 세계화의 가속화, 코로나 19의 국경없는 확산, 지구온난화 및 이상기후변화 등의 전 지구적 변화요인의 영향은 세계시민교육의 실천을 강조하고 있다.

이와 같이 민주시민교육은 국내뿐만 아니라 지구촌의 변화 환경에 적극적으로 대응해야 한다. 변화에 대응하는 민주시민 교육을 실시할 수 있도록 교육내용 및 방법, 교수·학습 활동, 평가 등에서 지속적인 혁신이 필요하다.

6) 교사의 전문성 제고되어야

민주시민성에 대해 가르치고 학습하는 환경을 조성하기 위해서 교사 스스

---

38) 허수미(2010). 다문화사회의 민주주의와 정치교육의 방향 탐색. 사회과교육. 9(3): 83－98. 강진웅(2016). 초등 사회과의 다문화교육: 탈민족화와 재민족화의 역설. 사회과교육. 55(3). 1－19. 설규주(2018). 사회 교과서 속 다문화 관련 내용 분석 연구－2015 개정 교육과정에 따른 중고등학교 사회 교과서를 중심으로. 시민교육연구. 50(2): 99－135.

39) 조영달(2009). 지식정보사회의 사회과교육: 교육의 변화와 교과적 지향. 시민교육연구. 41(1): 167－188.

40) 옥일남·송선영·김국현·박정연·박하나(2018). 충북 학교민주시민교육 활성화 방안 연구. 충청북도교육청.

로가 민주시민역량을 갖추고 학생들에게 민주시민으로서의 모델이 되어야 한다. 학생들이 사회적·정치적 이슈에 관심을 가지고 참여하여 경험할 수 있는 민주시민교육으로 자리매김해야 한다.

민주주의 국가에서 정치교육은 시민교육의 중심이고 민주시민교육의 핵심교과인 사회과는 '교원의 정치적 중립성'에 대한 인식에 따라 영향을 받는다. 교사의 인식에 따라 교실에서 다루어질 사회적 논쟁에 대한 주제 선정과 교수·학습방법의 정당성 및 실현가능성이 달라지기 때문이다.

그리고 ICCS 조사 결과 우리나라 학교현장 민주시민교육의 매우 낮은 준비도, ICCS 참여국들과 달리 민주시민교육 담당 교사에게 지원되는 일시적 단기적 연수와 지원에 주목해야 한다. 민주시민성은 타고나는 것이 아니라 의도적인 학습을 통해 길러지는 것이다. 학교 현장에서 학생들에게 민주시민성을 함양시켜야 하는 교사들마저 민주시민교육을 받기 어려운 상황이다. 우리는 민주시민으로서 교사를 양성하고 있는지 우리의 교육현장을 되돌아보아야 할 시점이다.

학교는 민주시민 교육을 통해 사회의 공동체성과 규칙을 내면화하도록 핵심적인 역할을 해야 한다. 이는 민주시민교육 교육과정 운영체계를 개선할 때 교사의 전문성 함양을 위한 현장성 높은 교육 프로그램을 개발·운영하고 지원여건의 개선이 수반되어야 한다. 중장기적으로는 교사의 민주시민교육 지도역량 함양에 중점을 두고 교사양성과정과 현직연수 과정을 체계적으로 개선해야 한다.

자유와 경쟁을 가르치는 경제교육[1)]

우리나라 경제의 특징인 시장경제에 대해 초·중·고등학교 학생들을 올바르게 이해시키는 경제교육이 중요하다.

최빈국에서 경제규모 10위권으로 도약한 경제 강국인 한국의 오늘의 위상은 우리나라 경제가 자유 경쟁을 통해 개인, 기업이 성장하고 나라 경제 전체도 발전하는 시장경제에 기반하고 있기 때문에 가능하였다.

버락 오바마 전 미국대통령은 개발도상국들이 한국의 성공적인 경제 성장의 경험을 배워야 한다고 여러 번 역설하였다. 중국도 개방 초기 우리나라 성장 모델을 벤치마킹하였다.

1. 부실한 경제교육과 심각한 경제교육 격차[2)]

중·고등학교에서 경제과목 패싱(passing) 현상이 심각하다. 중학교 3학년 학생의 40%가 9월 말 시점에서 경제 수업을 받지 않는다.[3)]

---

1) 본고의 일부 내용은 요약되어 <[중앙일보] [박영범의 이코노믹스] 한국경제의 근간인 시장경제와 기업의 역할 더 가르쳐야_20200811>에 수록되었다. 별도의 인용 표시는 하지 않았다.
2) 초등학교, 중학교, 고등학교의 경제관련 교과서 내용 및 경제교육 관련 주요 학회인 경제교육학회(경제교육연구), 한국사회과교육학회(시민교육연구), 한국사회과교육연구학회(사회과교육)의 학회지 수록 논문 등을 분석하였다. 분석에 사용된 교과서는 초등학교 사회교과서 1종, 중학교 사회교과서 8종, 중학교 역사 교과서 9종, 고등학교 통합사회 교과서 5종, 고등학교 한국사 교과서 6종, 고등학교 경제 교과서 5종이다.
3) 이윤호(2012). 한국 중학생의 경제 이해력과 재무적 책임성에 대한 실증연구. 경제교육연구. 19(2): 1−31.

우리나라 학생들의 경제 이해력은 취약하다. 초등학교 학생들의 주요 경제 개념에 대한 이해는 100점 만점에 60점대이다. 시장경제를 이해하는데 가장 기초적인 개념인 기회비용에 대한 이해도가 제일 낮다.[4] 미국 초등학생들과 비교해 보아도 기회비용 개념은 이해도가 낮다.[5]

중·고등학생들의 경제 이해력은 초등학교 학생보다 더 떨어져서 100점 만점으로 50점 내외이다. 경제교육을 받는 학생과 그렇지 않은 학생 간에 이해도의 차이가 없다. 미국 고등학교 학생과 비교하여 보면 전반적으로 우리 고등학교 학생들의 경제 이해력이 떨어지는데, 특히 전문계 고교 학생들의 경제 이해력이 떨어진다.[6]

학생들의 경제 이해력 및 경제교육의 격차가 심각하다. 거주 지역, 부모의 학력 등에 따라 학생들의 경제 이해력의 차이가 있다. 초등학생의 경우 대도시－중소도시－군의 순으로 학생들이 경제 이해력이 높고, 부모의 학력이 높을수록 경제 이해력도 높다.[7] 수도권 등 경제력이 있는 지역의 고등학교에 심화 과정인 경제과목 개설이 집중되어 있다. 고등학교에서 경제 과목 개설 여부는 지역의 정치적 여건이나 경제적 특성(지방세 징수액 및 사업체 종사자 수)에 영향을 받는다.[8]

부모의 경제력에 따른 경제교육의 격차는 대학수학능력시험 결과에서도 확인된다. 대학수학능력 시험에서 사회 과목 중 선택 과목으로 경제를 선택한 응시자들이 수학능력시험 성적도 높고, 학업성적, 가정의 소득 수준, 사교육 비율, 도시거주 비율이 높다.[9]

---

[4] 김경은(2010). 주요 경제개념에 관한 초등학생들의 이해도: 청주지역 학생을 대상으로. 사회과교육. 49(2): 73-85.

[5] 한진수(2018). 측정 도구 BFT로 분석한 한국 초등학생의 금융 이해력. 경제교육연구. 25(1): 1-30.

[6] 박문규(2002). 고등학생 경제 이해력 테스트 결과. 경제교육연구. 9: 33-61. 오영수·박상은(2012). 한국과 미국의 고등학교 경제이해도 평가결과를 통해 본 경제이해도 및 평가도구 비교 분석. 경제교육연구. 19(2): 139-162. 오영수·박상은(2013) 한국과 미국학생들의 경제 이해도 및 태도 비교 분석 경제교육연구. 20(2): 69-91. 오영수·박예원(2009). 고등학생의 주요 경제개념에 대한 주관적 이해도 조사 연구. 경제교육연구. 16(1): 77-106.

[7] 안병근(2013). 우리나라 초등학생의 경제 이해력 실태와 시사점. 경제교육연구. 20(2): 1-37.

[8] 최윤정·김예지(2015). 금융 이해력 향상을 위한 경험중심 경제교육－미국 고등학교 금융교육 수업 사례연구－. 시민교육연구. 47(1). 217-245.

　　대학수학능력 시험에서 경제 과목을 선택하는 응시자가 급격히 줄고 있어 학교 경제교육격차는 더욱 확대될 것이다. 수학능력시험에서 경제 과목 응시생 수는 2007년에 가장 많았으나 2012년부터 급격히 감소하기 시작하여 2020년 응시생 수는 7천 명이 약간 넘어 전체 응시생의 2%를 약간 넘었다. 가장 많았 던 2007년 대비 8% 정도에 불과하다. 수학능력시험에서 사회탐구 선택과목 수 가 2개로 줄어들었고 경제 과목이 다른 과목에 비해 어렵기 때문이다.10)

　　학생들은 경제 과목이 어렵고 실용성이 없다고 느끼고 있다. 경제교육이 '개념원리 풀이 후 문제풀이'라는 방식의 강의자 중심으로 이론에 치중한 수업 이 이루어지기 때문이다 11)

　　교사들의 경제 이해력도 취약하다. 현직 교사 및 예비교사를 대상으로 한 경제 이해력 조사 결과에 의하면 교사들의 경제 이해력이 낮다.12) 경제학 과목 을 수강하지 않아도 교사가 될 수 있기 때문이다. 지리나 역사 전공 교사의 경 우 경제학 과목을 수강하지 않아도, 일반사회 전공 교사의 경우 한두 개의 필 수 과목을 수강하고 임용고사만 합격하면 일반사회 교사로의 임용이 가능하 다.13) 경제관련 중등교사 임용시험의 관리도 부실하다. 임용고사 경제문항 제

---

9) 박상은·오영수(2014). 대학수학능력시험에서 일반사회 선택 학생의 특성 분석. 경제교육연 구. 21(2): 123−133.

10) 한경동(2018) 대학수학능력시험의 경제 과목 응시에 나타난 고등학교의 특성 분석. 경제교 육연구. 25(3): 47−60.

11) 김진영(2007), 경제학의 기본개념을 통한 경제교육 방안. 시민교육연구. 39(3): 55−78. 오수 진(2012). 소비자 금융교육효과 측정 구성 체계에 관한 연구. 소비자정책교육연구. 48(3). 113−130. 정효주(2012). 고등학교 경제교육에서 모의재판의 활용가능성에 대한 연구: 기업 의사회적 책임을 중심으로. 이화여자대학교 교육대학원 석사학위논문. 주자문·최병모·박길 자 (2009). Dream Society에서 CEO 합리적 의사결정을 위한 체험 경제 수업 구성. 사회과교 육연구 16(2): 41−60.

12) 김형규·조병철(1998). 사범대학사회교육과학생들의 경제지식과 중등학교 경제교육에의 시사 점. 중등교육연구. 46(1): 167−184. 송민자·박형준(2008). 예비사회과 교사들의 경제 이해력 검사. 경제교육연구. 15(1): 51−74. 신숙녀(2004). 고등학교 교사들의 경제 이해력에 대한 연 구. 전주대학교 교육대학원 석사학위논문. 주자문·최병모·박길자(2009) Dream Society에서 CEO 합리적 의사결정을 위한 체험 경제 수업 구성. 사회과교육연구 16(2): 41−60. 최종민 (2011) 고등학교 경제교육의 목표 및 기조에 관한 비판적 접근. 경제교육연구 18(1): 23−44. 최병모·김정호·조병철(2005). 21세기학교경제교육의 목표와 내용체계 구성을 위한 요구조 사 및 분석. 시민교육연구. 37(1): 193−218. 한진수(2002). 한국의 초등교사는 경제 지식을 충분히 지니고 있는가? 교육논총. 19: 297−324.

13) 최종민(2019). 경제교육의 정체성과 문제점. 경제교육연구. 26(2): 1−20.

시문의 내용이 부적절한 등 임용시험 문제의 완성도가 낮고 연도에 따라 경제 영역의 특정 단원이 많이 출제되고 문제형식도 시기별로 다르다.[14)

　　학교 밖 경제교육. 부모의 경제력과 경제 이해도에 따라 차이가 난다. 금융이해도가 높으면 금융자산, 부동산 등 가계자산이 증가하는데, 청소년 시절의 경제교육 격차는 노동시장 진입 이후 경제격차로 연결될 수 있다.[15)

2. 윤리의식과 큰 정부를 강조하는 고등학교 경제교육

　　시장경제의 경제활동의 주체는 가계와 기업이나 <표 3-1>과 같이 중학교, 특히 고등학교 통합사회 교과에서는 시장경제의 참여자를 기업, 기업가, 소비자, 노동자로 구분하여 시장에서의 바람직한 역할을 강조하고 있다.[16)

---

14) 장경호(2019). 중등교사 임용시험 문항의 적절성 분석－일반사회와 공통사회 전공의 경제문항을 중심으로, 경제교육연구. 26(1): 117－142. 장경호(2019). 중등교사 임용시험 문항의 적절성 분석－일반사회와 공통사회 전공의 경제문항을 중심으로. 경제교육연구. 26(1): 117－142.

15) [조선비즈] [금융교육 10살부터 ②] 가정형편 좋을수록 더 시킨다… 교육도 양극화_ 20200107(https://n.news.naver.com/article/366/0000463159).

16) 분석을 위해 2020년 2월 시점에서 한국검인정교과서협회에서 판매하는 초등학교, 중학교, 사회교과서를 검토하였다. 초등학교 사회 교과서는 1종이다. 교육부(2020). 초등학교 사회 6-1. 서울: ㈜지학사. 중학교 사회교과서는 8종이다. 김영순·박선미·황규덕·조수진·김부헌·신현각·이은상·김세배·박찬정·이금란·김용걸·김웅·정지만·이수연(2020). 중학교 사회②. 서울: 동아출판(주). 오경환·이윤호·강대현·김현정·이수화·황미영·조철기·승현아·서정현·윤민주·나유진(2020). 중학교 사회②. 서울: (주)금성출판사. 최성길·최운회·강창숙·박상준·최병천·조일현·권태덕·이수영·조철민·조성백·김상희·강봉균·정민정·김연주(2020). 중학교 사회② 서울: (주)비상교육. 박형준·신정엽·이봉민·서현진·김현철·박서연·이정식·김봉수·조영매·이혜란·고인석·신정아·김찬미(2020). 중학교 사회②. 서울: ㈜천재교과서. 김진수·문대영·조성호·김숙·문승규·이강준·최영아·이희원·손영찬·오두환·김신정·이은주·박진민·양설·이상급(2020). 중학교 사회②. 서울: ㈜미래엔. 이진석·권동희·김경모·강정구·조지욱·나혜영·신승진·안효익·김경오·최정윤·이현진·박현진·이영경·김건태·최윤경(2020). 중학교 사회②. 서울: ㈜지학사. 이민부·조영달·김왕근·김기남·김도영·김태환·박세구·박찬선·박철용·이병인·정명섭·최종현. 중학교 사회②. 서울: ㈜박영사. 구정화·한진수·정필운·설규주·장준현·정석민·박정애·엄정훈·허은경·김동환·김민수·옹진환(2020). 중학교 사회②. 서울: ㈜천재교육. 고등학교 통합사회는 5종이다. 구정화·변순용·장준현·김재준·황병삼·최준화·황지숙·박상재·엄정훈·한보라(2020). 고등학교 통합사회. 서울: ㈜천재교육. 박병기·박철웅·이영호·이우평·김신철·김지현·이철훈·서정일·김원일·강봉균·김민재·신희정(2020). 고등학교 통합사회. 서울: ㈜비상교육. 육근록·김상수·김정훈·김증록·박세호·임정순·지혜인(2020). 고등학교 통합사회. 서울: 동아출판(주). 이진석·박지운·송훈섭·조승

　　중학교 사회교과서에는 가계의 역할에 대한 설명은 없고 기업의 역할과 함께 기업의 사회적 책임 및 기업가 정신이 제시되고 있다. 중학교 사회교과서의 '인권과 헌법' 단원에 노동권에 대한 내용이 포함되어 있다.

　　고등학교 통합사회 교과서에서는 시장경제에 필요한 경제 주체의 역할을 기업 및 기업가, 노동자 그리고 소비자로 구분하여 설명하고 있다. 시장에 상품과 서비스를 제공하여 근로자에게 일자리 및 소득을 제공하는 시장에서의 기업의 역할보다는 노동자 및 소비자에 대비하여 기업가의 바람직한 역할을 강조하고 있다. 중학교 사회교과서와 같이 고등학교 통합사회 교과서도 '인권보장과 헌법' 단원에 '청소년 노동과 관련된 인권 문제와 해결방안'을 포함하고 있다.

〈표 3-1〉 초등학교, 중학교, 고등학교 사회교과서의 가계 및 기업관련 교과의 주요 내용

초등학교 사회 (저자: 교육부/지학사 발간)	중학교 사회 (천재교육 발간)	고등학교 사회 (천재교육 발간)
• 가계의 역할 　- 생산활동에 참여하고 생산활동의 대가로 소득을 얻는다 　- 소득으로 필요한 물건을 구입한다 • 기업의 역할 　- 일자리를 제공한다 　- 물건을 생산해 판매하거나 서비스를 제공해 이윤을 얻는다 • 바람직한 경제활동 　- 정부와 시민단체는 기업의 경제활동이 공정하게 이루어질수록 있도록 노력	• 기업의 역할은 무엇일까 　- 기업과 생산 활동 　- 기술혁신, 생산비용 절감, 세금 납부 • 기업의 사회적 책임은 무엇일까 　- 기업의 사회적 책임 　- 기업가 정신	• 기업가의 역할과 책임 　- 기업은 재화와 서비스 공급 및 가계소득의 원천 제공 　- 기업가 정신 　- 기업윤리 및 사회적 책임 • 노동자의 역할 　- 생산활동 참여 　- 근로권(근로기준법, 최저임금법 등) 보호 　- 노동3권 보장 　- 근로자로서 책임 및 기업과 동반자 의식 • 소비자의 역할 　- 합리적 소비 　- 소비자 주권 및 소비자 책임 　- 윤리적 소비

연·서범석·이성국·박정연·안재섭·허수미·신복숙·정명섭·강은경. 이태성(2020). 고등학교 통합사회. 서울: ㈜지학사. 정창우·최원회·김진영·문일호·박홍인·박정윤·박용우·전정재·신종섭·한경화·박재현·이주은·김윤정(2020). 고등학교 통합사회. 서울: ㈜미래엔.

• '인권과 헌법' 단원의 노동권관련 내용 - 근로자의 의미와 보호의 필요성 - 헌법에 보장된 근로자의 권리 - 다양한 노동권 침해의 모습 - 근로자의 권리를 침해당했을 때 구제방법 - 노동 삼권을 침해당했을 때 구제방법	• 청소년 노동과 관련된 인권 문제와 해결방안

1) 합리적 소비 vs. 윤리적 소비

고등학교 통합사회 교과서에는 합리적 소비와 함께 노동자의 인권과 환경 등을 고려하는 윤리적 소비를 긍정적으로 보고, 윤리적 소비를 권장하는 내용이 많이 포함되어 있다.[17]

<표 3-2>에서와 같이 합리적 소비와 윤리적 소비를 선택의 문제로 제시하고 일부 교과서는 윤리적 소비가 합리적 소비보다 바람직한 소비임을 강조하여 "합리적인 선택이 윤리적이지 않은 소비로, 또는 윤리적 소비가 비합리적 소비로" 학생들이 오인하도록 하고 있다.[18]

〈표 3-2〉 고등학교 통합사회 교과서의 윤리적 소비관련 내용

출판사	윤리적 소비 관련 내용
지학사	- 노동자의 인권, 환경보호 등을 고려하는 윤리적 소비에 대해서도 많은 관심을 기울여야 할 것이다. - 소비자의 이기적 본성으로 인해 윤리적 소비가 앞으로도 유지될 수 있을지에 대해서는 목소리가 갈린다.

---

17) 김태환(2019). 통합사회 교과서에 나타난 경제윤리 내용 분석-소비자의 선택과 역할을 중심으로-. 시민교육연구. 51(1): 27-60. 김태환(2019). 통합사회 교과서의 '시장 경제와 금융' 단원에 나타난 탐구 활동 분석. 경제교육연구. 26(2): 131-157.
18) 김태환(2019). 통합사회 교과서에 나타난 경제윤리 내용 분석-소비자의 선택과 역할을 중심으로-. 시민교육연구. 51(1): 27-60.

미래엔	- 소비자가 합리적 소비뿐 아니라 환경과 사회적 약자를 고려하는 윤리적 소비를 실천할 때 시장 경제의 원활한 작동에서 이바지 할 수 있다.
천재교육	- 합리적 소비를 넘어서 윤리적 가치판단에 따라 올바른 선택을 실천하려는 윤리적 소비가 늘어나고 있다.··· 기업이 건전한 제품을 만들도록 유도하고, 정의로운 경제 체제가 구축되도록 할 수 있다. - 세상을 바꾸는 윤리적 소비, 착한 소비자가 늘어난다.
비상교육	- 요즘에는 소비자들이··· 환경친화적 제품, 공정 무역 제품을 구입하려 하는 등 윤리적 소비에도 많은 관심을 가지고 있다.
동아출판	- 우리는 왜 윤리적 소비를 해야 할까요?

2) 실종된 고용주로서 기업의 역할

시장에의 경제활동 참여자 역할을 '가계, 기업' 대신 '기업, 기업가, 소비자, 노동자'로 구분하여 설명하는 것은 학생들에게 기업에 대해 잘못된 인식을 심어줄 수 있다.

기업은 이윤의 극대화를 위해 경제활동을 하는 경제 주체인데, 경제교육에서 기업의 구성원을 기업가와 노동자로 단순화시키고 노동자에 대비한 기업가의 바람직한 역할을 강조함으로써 학생들이 기업의 목표를 기업가의 이익추구로만 이해할 가능성도 있다. 기업은 생산 활동에 참여한 주주, 근로자, 경영자 등에게 기여한 정도에 성과를 배분하고 미래의 성장을 위해 일정이익을 사내 유보한다. 그럼에도 불구하고 기업의 이윤추구를 기업가의 이익 추구로 오인한다면 오히려 학생들의 기업가 정신 함양에 부정적인 영향을 줄 것이다.[19]

국민들이 일반적으로 기업으로 인식하는 대기업이나 중견기업은 주식시장에서 주식이 거래되는 상장기업이거나 상장을 목표로 기업 활동을 하고 있다. 상장기업의 경우 기업의 구성원은 노동자, 중간관리자, 경영자, 주주 등 다양하다. 기업이 생존과 성장이라는 목표를 추구하는 과정에서 외부뿐만 아니라 내부의 여러 이해관계자들이 만들어져서 서로 경쟁하면서 기업이 운영되고 성장한다. 기업의 이해관계자를 기업가와 노동자로 단순화하여 역할을 제시하는 것

---

19) 김지혜·박도영(2017). 이윤은 경영의 대가인가? 시민교육연구. 49(4): 1-23.

은 학생들이 기업 일부로 기업 전체를 이해하도록 할 위험성을 내포하고 있다.

일부 교과서(비상교육 발간)는 기업가를 "이윤을 목적으로 사업을 계획하고 회사를 설립하여 경영하는 사람이다"라고 설명하고 있다.[20] 노동자도 기업의 주인이 될 수 있는 주주와 경영진이 분리될 수 있는 시장경제 체제의 구조에 대한 고려 없이 기업과 기업가를 동일시하는 내용도 포함하고 있다. 전문경영인 체제가 정착된 미국에서는 경영자(executive)와 기업의 주인인 주주와의 이해관계가 같지 않기 때문에 생기는 문제를 해결하기 위한 보상체계의 설계가 기업경영의 핵심 사항의 하나이다.[21]

<표 3-1>에서 보듯이 모든 통합사회 교과서에서는 기업가정신이 강조되고 있다. 비상교육이 발간한 교과서를 예로 보면 기업가 정신을 "기업가는 이윤을 추구하는 과정에서 위험과 불확실성을 무릅쓰고 새로운 시장을 개척하기도 하는" 것으로 정의하고, "기업가 정신은 고용을 창출하고 생산을 활발하게 하여 시장 경제가 역동적으로 작동하는 원천이 된다"고 설명하고 있다. 그러나 검찰의 고발로 1심 재판에서 합법적인 경제활동으로 판결을 받는 모빌리티 사업인 '타다'를 총선을 목전에 둔 국회가 관련법을 제정하여 불법으로 만들어 기업가 정신을 죽이는 우리 경제의 현실에 대한 설명은 교과서에 없다.[22]

고용주로서 기업의 역할에 대한 설명은 없다. 2020년 3월 기준으로 우리나라 2,661만 명 취업자 중 임금근로자는 2,006만 명이다.

3) 시장실패 vs. 정부 실패

교과서의 시장경제관련 내용의 분량을 '시장경제/합리적 선택의 의미', '시장경제/합리 선택의 한계', '시장경제체제', '정부의 역할', '정부 역할의 한계' 및

---

20) 박병기외(2020). 고등학교 통합사회. 서울: ㈜비상교육. 141.

21) Ehrenberg R, and R. Smith(2014). Modern Labor Economics. Essex, England: Person. 398-401.

22) 한국경제] 택시파업에 막힌 카풀 … 여의도에서 길을 잃다_20181221, [중앙일보] 1925년 인력거꾼 "택시 반대" 2018년 택시기사 "카풀 반대"_20181226, [파이낸셜뉴스] 택시카풀 대타협 양측 모두 반발… 플랫폼택시 실무기구 구성 못해_20190327, [동아일보] '타다' 손 들어준 법원 "건설적 해결책 찾아라"_20200220, [중앙일보] 법원선 '무죄' 국회선 '타다 금지'…장벽 만난 모빌리티 산업_20200317.

'가계 / 기업의 역할'로 구분하여 교과서의 분량을 비교하면 [그림 3-2]에서와 같다. 고등학교 통합 사회교과서의 경우 '시장경제 / 합리적 선택의 의미'의 비중은 12.5%에 불과하고 '시장경제 / 합리적 선택의 한계'가 12.5%, 시장의 실패를 보완하는 '정부의 역할의 '비중이 25%이다. 그러나 정부 실패에 대한 내용은 없다. '시장경제 / 합리적 선택의 의미'의 분량 비중이 초등학교, 중학교 사회에서는 각각 52.4%, 75.6%이다.

교과서의 소제목을 기준으로 초등학교, 중학교, 고등학교 사회 교과서의 내용을 분석하면 <표 3-3>에서 보듯이 고등학교 사회 교과에서 시장의 실패가 부각되고 정부의 역할이 강조된다는 것이 더욱 확연히 드러난다. 초등학교 교과서(교육부 발간), 중학교 사회교과서(천재교육 발간)는 시장경제관련 내용

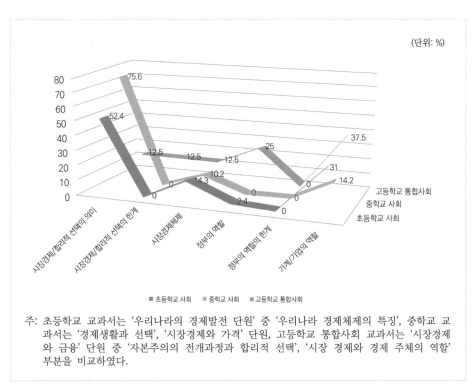

주: 초등학교 교과서는 '우리나라의 경제발전 단원' 중 '우리나라 경제체제의 특징', 중학교 교과서는 '경제생활과 선택', '시장경제와 가격' 단원, 고등학교 통합사회 교과서는 '시장경제와 금융' 단원 중 '자본주의의 전개과정과 합리적 선택', '시장 경제와 경제 주체의 역할' 부분을 비교하였다.

[그림 3-2] 시장경제 관련 초등학교, 중학교, 고등학교 사회교과서의 내용 구성비 비교

〈표 3-3〉 소제목을 기준으로 본 초등사회, 중등사회,
고교 통합사회 교과서의 시장경제관련 주요 내용

초등학교 사회(저자: 교육부)	중학교 사회(천재교육 발간)	고등학교 사회(천재교육 발간)

• 가계의 합리적 선택 방법을 알아봅시다
• 기업의 합리적 선택 방법을 알아봅시다
• 가계와 기업이 만나는 시장을 알아봅시다
• 우리나라 경제의 특징을 알아봅시다
  - 자유롭게 경쟁하는 모습 찾아보기
• 바람직한 경제 활동을 알아 봅시다
  - 정부와 시민단체는 기업의 경제활동이 공정하게 이루어질수록 있도록 노력
	• 합리적 선택이 필요한 이유는 무엇일까
	• 사회는 경제 문제를 어떻게 해결할까
	• 기업의 역할은 무엇일까
	• 기업의 사회적 책임은 무엇일까
	• 시장이 왜 필요할까
	  - 시장의 의미와 역할
	• 어떤 시장이 있을까
	• 가격이 오르면 어떻게 될까
	• 시장 가격은 어떻게 결정될까
	• 수요와 공급은 왜 변할까
	• 시장 가격은 어떻게 변동할까
	• 가격이 왜 중요할까
		• 자본주의의 역사적 전개 과정과 그 특징
		• 시장 경제에서의 합리적 선택
		• 합리적 선택과 시장의 한계
		  - 불완전 경쟁
		  - 공공재의 부족
		  - 외부효과
		  - 타인을 의식하는 비합리적 소비
		• 시장 경제의 작동과 발전을 위한 정부의 역할
		  - 공정한 경쟁의 촉진
		  - 공공재 생산
		  - 외부 효과 개선
		  - 빈부 격차 문제 개선
		• 시장 경제의 발전을 위한 기업가와 노동자의 역할
		  - 기업가의 역할과 기업의 책임
		  - 노동자의 역할과 책임
		  - 노동자의 권리 보장과 기업의 이익
		• 시장 경제의 발전을 위한 소비자의 역할

	• 노동권의 내용과 그 보호
	  - 헌법에 보장된 근로자의 권리는 무엇일까?
	  - 노동권이 침해되면 어떻게 구제받을까?	

주: 초등학교 교과서는 '우리나라의 경제발전 단원' 중 '우리나라 경제체제의 특징', 중학교 교과서는 '경제생활과 선택', '시장경제와 가격' 단원, 고등학교 통합사회 교과서는 '시장경제와 금융' 단원 중 '자본주의의 전개과정과 합리적 선택', '시장 경제와 경제 주체의 역할' 부분을 비교하였다.

의 대부분은 합리적 선택이 필요한 이유 및 시장의 역할과 가격의 기능이다. 시장의 실패와 관련하여 초등학교 교과서는 시장에서 불공정한 경쟁이 일어날 가능성을 제시하고 이를 개선하기 위한 정부와 시민단체의 노력을 바람직한 경제활동으로 제시하고 있다. 중학교 사회교과서에는 시장경제체제의 문제점의 하나로 빈부격차, 공동체 이익 훼손 등을 간략히 언급하고 있다. 반면에 고등학교 통합사회 교과서(천재교육 발간)에서는 합리적 선택의 의미에 대한 설명은 적고, '합리적 선택과 시장의 한계'로서 불완전 경쟁, 공공재의 부족, 외부효

과, 타인을 의식하는 비합리적 소비, '시장 경제의 작동과 발전을 위한 정부의
역할'로 공정한 경쟁의 촉진, 공공재의 생산, 외부효과의 개선, 빈부격차 문제
의 개선을 들고 있다.

천재교육이 발간한 통합사회 교과서와 선택과목인 경제 교과서의 시장경
제 관련 내용 구성을 비교하면 [그림 3−3]에서 보듯이 통합사회 교과서가 '시
장의 의미 및 기능'보다는 '시장의 한계'를 상대적으로 강조하고 있다는 것이
드러난다.[23] '시장경제/합리적 선택의 의미'에 대한 내용의 비중이 통합사회 교
과서에서 12.5%이나 경제 교과서에서는 63.2%이다. '시장경제/합리적 선택의

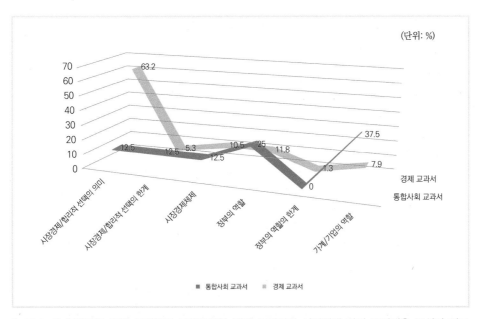

[그림 3-3] **천재교육 발간 고등학교 통합사회와 경제 교과서의 시장경제 관련 교과내용 구성비 비교**

---

23) 분석을 위해 2020년 2월 시점에서 한국검인정교과서협회에서 판매하는 고등학교 경제 교과
서를 검토하였다. 고등학교 경제교과서는 5종이다. 김종호·김세연·주우연·박도영·하준호
(2020). 고등학교 경제. 서울: 씨마스. 김진영·최철·나혜영·안효익·김태환(2020). 고등학교
경제. 서울: ㈜미래엔. 박형준·김경모·정석민··장경호·한경동. 한진수(2020). 고등학교 경
제. 서울: ㈜천재교육. 유종열·허균·김응현·김준호·조수용(2020). 고등학교 경제. 서울: ㈜
비상교육. 허수미·송민구·신민하·양현서·박광원·김지혜·김건태(2020). 고등학교 경제. 서
울: ㈜지학사.

한계'에 대한 비중이 통합사회 교과서에서는 12.5%이나 경제 교과서에서는 5.3%이다. 정부의 역할과 한계에 대한 비중이 통합사회 교과서는 각각 25%, 0%인데, 경제 교과서는 각각 11.8%, 1.3%이다.

고등학교 통합사회 교과가 큰 정부에 경도되어 있다는 것은 EBS가 발간한 '새 교과서 반영 고등예비과정 통합사회' 교재에서도 드러난다. EBS 교재의 '시장경제와 금융' 단원은 '시장경제란 무엇이며, 왜 시장 경제에 정부가 개입하는가'라는 제목으로 시작하여 'SMS 꼼수로 골목 차지" … "대형 유통업체 막아달라" 슈퍼마켓 연합 규탄 성명'이라는 제하의 2017년 어느 경제신문의 기사에 반쪽 정도를 할애하고 있다. 이 기사는 "어떻게 보면 이러한 규제는 기업의 자율성을 침해하는 것이지만, 우리나라 헌법 조항에 근거하고 있다"라고 적시하고 있다.[24]

EBS 교재가 이야기하고 있는 헌법 조항은 「국가는 균형 있는 국민경제 성장과 적정한 소득 분배, 시장지배와 경제력 남용 방지, 경제 주체 간의 조화를 통한 경제민주화를 위해 경제에 관한 규제와 조정을 할 수 있다.」는 119조 2항으로 경제민주화를 주장하는 측의 근거로 활용하고 있는 조항이다.[25] 「대한민국 경제 질서는 개인과 기업의 경제상 자유와 창의를 존중함을 기본으로 한다.」는 119조 1항에 근거하여 과도한 정부 규제는 효과가 떨어지고 약자가 오히려 피해를 볼 수도 있다고 주장하는 측도 있다

골목상권 보호를 위해 대형마트의 영업시간을 제한하는 것이 타당하다고 2015년 11월 대법원은 판단하였고 헌법재판소는 2019년 2월 영업시간 제한의 근거가 된 유통산업발전법의 조항이 합헌이라고 판결하였다.[26]

위헌여부와는 별개로 영업규제의 실효성도 논란거리이다. 이케아와 같은 외국의 대형 유통업체는 법의 허점으로 규제를 받지 않고, (급식시장과 같이) 중소기업으로 국내시장에 진입한 외국 대자본의 국내 법인이 국내 시장을 잠식

24) EBS(2019). 새교과서 반영 내신 대비 고등예비과정 통합사회. 경기: 한국교육방송공사.
25) ttps://terms.naver.com/entry.nhn?docId=1720730&cid=43667&categoryId=43667)(원출처: 시사상식사전, 박문각)
26) [한국경제] [대한민국을 흔든 판결들] "골목상권 위해 마트 영업제한 타당" … 소비자 권리 침해는 문제_20170701, [매일경제] 소비자 선택 침해 vs 골목상권 보호_20180309.

하거나 대기업에 대한 규제로 오히려 영세 상인들이 피해를 보는 사례가 빈번하다.[27]

EBS가 발간한 '수능특강 사회탐구영역 경제' 교재에 따르면 정부실패는 "시장에 대한 정부의 개입이 문제를 충분히 해결하지 못하거나 오히려 악화시키는 현상"이다. 원인으로는 불완전한 지식과 정보, 이윤동기의 부족, 관료집단의 이기주의, 정치적 제약, 이익집단의 압력을 들고 있다.[28]

정부실패의 전형적인 사례는 문재인정부의 노동시장 개입이다. 대통령 임기 내 최저임금 1만원을 달성하기 위해 최저임금을 취임 초 2년간 30% 가까이 올렸는데, 고용참사가 발생하고 소득분배구조도 악화되어 3차 년도에는 최저임금을 2.87% 인상하여 최저임금 1만원 정책을 포기하였다.[29]

획일적인 주52시간제도 도입은 노동시장 양극화를 악화시켰다. 충분한 준비가 없이 2018년 7월부터 예정되었던 300인 이상 기업의 주52시간제는 2번의 유예를 거쳐서 시행되었고, 50인 이상 300인 미만의 기업은 2020년부터 시행하기로 되어 있었으나 실질적인 시행을 1년 유보하였다. 시행되고 1년도 되지 않아 탄력근로제도 확대 등 제도 개편이 논의되어 탄력근로시간제의 단위기간이 확대되었다.[30]

---

27) [매일경제] 대형마트 일요휴업 요구했던 골목 상인들의 뒤늦은 후회_20170923. [서울경제] '대형마트 평일 의무휴업' 놓고 중소자영업단체 곳곳 불협화음_2017092. [동아일보] 의무휴무제 도입 후 온라인시장 반사이익 대형마트-전통시장 매출은 동반하락 타격_20170922, [중앙일보] 대형 유통업체 규제의 역설_20171023. [서울경제] 입점사 70% 中소인데 … 바깥 살리자고 우린 팽개치나_20170921. [서울경제] 이케아는 홈퍼니싱 매장…의무휴무 대상 아냐_20171013. [한국경제] 규제 안 받는 다이소 '승승장구' 국내 2위 GS수퍼보다 매출 많아_20180507. 박영범(2019). 박영범이 읽어주는 경제뉴스. 한성대학교출판부. 54-63.

28) EBS(2019). 수능특강 사회탐구영역 경제. 한국교육방송공사. 80.

29) [세계일보] 지난해 고용률 금융위기 이후 첫 하락_20190403. [이데일리] 작년 없어진 일자리 4개 중 1개, 세계 최고 수준 최저임금 탓_20190415. [경향신문] 올 1분기 소득분배 사상 최악… 문정부 '소득주도성장' 흔들_20180525. [동아일보] 최저임금인상이 줄여버린 일자리… 저소득층만 더 힘들어졌다_20180525. [국민일보] 부인 못할 최저임금의 역설_20180529. [한겨레] 최저임금 인상률 2.87%, 경제공황 때나 가능 정부, 사회적 대화 파탄…사과로 못 끝낸다_20180716. [세계일보] 대통령 사과에도 등 돌린 민노총 … 깊어지는 勞·政갈등_20190716.

30) [머니투데이] 주52시간 근로, 한달__ 명, 여유 늘고 … 칼 퇴근후 취미생활 '워라밸'_ 암, 지갑비고 … 수당 벌러 소공장으로 '이직'_20180730. [한겨레] 주 52시간 전면적용 땐…비정규직 초과노동자 임금 17% 줄어_2018101. [파이낸셜뉴스] 주 52시간 도입에 임금 줄고, 근로시간은 그대로 불만_20190415. [문화일보] 총선·노동계 반발에 … 주52시간 보완입법 '깜깜'

국책연구기관인 KDI에 따르면 2007년 비정규직법 시행 결과 전체 고용량이 감소하였다. 정규직이 증가하는 폭보다 비정규직이 감소하는 폭이 컸기 때문이다. 특히 노조가 있는 기업일수록 그 경향이 심하였다. 문재인정부의 비정규직 제로 정책은 효과가 없었다. 비정규직을 양산하는 결과를 가져왔다.[31] 노무현정부 이후 비정규직 문제 개선을 위한 정부의 여러 대책에도 불구하고 비정규직 수는 2007년 548만 명에서 2019년 748만 명으로 증가하였고, 정규직 대비 비정규직 임금은 같은 기간 0.64에서 0.55로 하락하였다.

정부실패의 다양한 사례에도 불구하고 시장 실패만을 적시하면서 큰 정부를 바람직하다고 가르치는 것은 시장경제에 대한 잘못된 이해와 인식을 학생들에게 심어줄 것이다.

4) 교육과정부터 바꾸어야

경제교육의 목표가 경제학 교육을 답습하는 것이 아니라 '경제적 시민성' 내지 '경제적 민주시민성'의 함양이 되어야 한다는 주장이 교육계 일부에서 지속적으로 있어 왔다. 이와 같은 주장은 경제 교과가 독립과목으로 개설된 6차 교육과정부터 교육과정에 반영되기 시작하였다.[32]

2009년과 2015년 개정 교육과정의 경제교과 목표에 "책임 있는 민주시민

_20200107. [한겨레] '누더기'된 주52시간제_20191212. [문화일보] 탄력근로 3~6개월로 연장 … 주 40시간 미달땐 임금보전의무화_20210330.

31) [매일경제] 노조있는 기업 정규직화 부진_20181120. [한국일보] 비정규직 '제로' 선언에도… 650만명 돌파_20171104. [아시아경제] '비정규직의 정규직화' 무색 문정부서 비정규직 숫자 되레 늘었다_20180827. [세계일보] 300인 이상 사업장도 비정규직 더 늘렸다_20181105. [중앙일보] 비정규직 제로 정책이 비정규직 무더기로 양산했다_20200303. 보다 자세한 논의는 박영범(2019). 노동개혁과 노동존중, 도서출판 한성 참조.

32) 특히 2008년 금융위기를 계기로 다원적 관점의 경제교육을 통해 비판적이고 창의적인 경제적 사고능력을 길러 줌으로써 청소년들의 경제문제 해결능력을 함양시켜주어야 한다는 주장이 보다 강하게 제기되었다. 보다 자세한 논의는 다음의 논문 참조. 김경모(1996), 경제학의 구조, 경제적 사회화, 경제적 민주시민성. 시민교육연구. 26: 43-56. 전창완(2004). 우리나라 경제환경의 변화와 경제적 민주시민성. 시민교육연구. 36(2): 243-270. 안현효(2013). 탈자폐경제학과 대안적 경제교육 교육과정-다원주의 접근의 사례분석-, 경제교육연구. 13(1): 67-89. 최종민 (2011). 고등학교 경제교육의 목표 및 기조에 관한 비판적 접근. 경제교육연구 18(1): 23-44. 최종민(2018). 경제교육의 정체성과 문제점. 경제교육연구. 26(2): 1-20.

의 역할을 수행하여 개인생활과 국민경제 발전에 이바지할 수 있도록 한다."가 포함되었다. 경제교과의 목표를 반영하여 경제학의 핵심 개념인 '시장'의 일반화된 지식으로 "시장 경제 운영 과정에서 나타난 문제를 해결을 위해서는 다양한 주체들이 윤리 의식을 가져야 하며, 경제 문제에 대해 합리적인 선택을 해야 한다"로 설정하고 있다. 그러나 합리성을 근간으로 행동하는 시장 참여자들이 도덕적 개념인 윤리의식을 가지고 선택하라는 기준은 교육현장에서 혼란을 불러일으키고 있다. 윤리의식 제고는 경제이론의 핵심 개념인 합리적 선택과 상충되어 교육현장에서 이해되기도 한다. 그러나 학생들이 공민(civic)의 의무를 하면서 합리적 의사 결정을 하는 역량을 배양하는 것은 서로 상충되는 측면이 있기 때문이다.[33]

고등학교 교육과정의 경제교과의 목표가 수정되어야 한다. 경제 주체들이 윤리의식을 가지는 것은 바람직하나 일부 교과서에서는 윤리의식을 가지는 선택을 윤리적 선택으로 포장하여 경제 주체가 비용－편익에 기초하여 하는 합리적 선택보다 우위에 있다고 가르치고 있다. 환경적 영향을 고려한 친환경 제품을 사는 것이 보다 바람직할 수 있으나 비용을 더 지불할 용의가 없거나 여력이 되지 않아 환경을 고려하지 않는 제품을 선택하는 소비자를 비윤리적이라고 할 수는 없다.

경제교과 교육목표의 수정과 함께 통합사회 교과의 '시장경제와 금융' 단원의 성취기준이 바뀌어야 한다. "시장 경제에서 합리적 선택의 의미와 그 한계를 파악"하고, "시장 경제의 원활한 작동과 발전을 위해 요청되는 정부, 기업가, 노동자, 소비자의 바람직한 역할에 대해 설명"하라는 성취기준으로 인하여 고등학교 시장경제 교육에서 합리적 선택과 시장의 한계가 부각되고 큰 정부가 바람직한 것으로 제시되고 있다.

시장의 주요 활동 주체는 가계와 기업이다. 경제교육을 통해 시장과 시장 참여자의 역할에 대한 학생들의 이해를 높이기보다는 시장 경제의 주체가 특정 방향으로 행동하도록 유도하는 것은 시장 주체의 시장에서의 합리적 선택을 오히려 저해할 수 있다.

---

33) 최종민(2017). 2015 개정 경제과목 교육과정의 변화. 경제교육연구. 24(2): 75－99.

합리적 선택이라는 경제학의 기초 개념에 충실하도록 경제 교과의 교육목
표를 수정하여 경제 교육 현장에서의 혼란을 없애야 한다.

고등학교 통합사회 교과서가 경제 주체의 윤리의식과 큰 정부를 강조되는
것은 교과서 집필진 구성과도 연관이 있다. 집필진 56명 중 학부나 대학원에서
경제학을 전공한 집필진은 한 명도 없고 윤리교육과가 19명으로 제일 많으며
사회교육과(18명), 지리교육과(17명)의 순이다.

3. 편향된 역사교육 관점에서 평가받는 산업화의 성과

1960년대 이후 우리나라의 빠른 경제성장은 시장경제를 추축으로 하는 경
제정책의 운용에 의한 것으로 대내외적으로 '한강의 기적'으로 인정받고 있
다.[34]

버락 오바마 미국대통령은 2009년 7월 이탈리아에서 열린 G8 정상회담에
서 개발도상국들이 한국의 성공적인 경제 성장의 경험을 배워야 한다고 역설
하였다. 1950년 오바마 대통령 아버지가 미국으로 이주하였을 때 케냐의 1인당
GDP는 한국보다 높았으나 지금의 한국은 발전해 풍족한(developed and affluent)
나라이나 케냐는 여전히 상당히 빈곤하다(in severe poverty). 아프리카 국가들이
한국이 이룩한 일을 하지 못할 이유는 없다는 것이다.[35]

경제규모 세계 12위, 수출 8위, 제조업 5위의 경제 강국인 한국의 오늘은
우리나라 경제가 자유 경쟁을 통해 개인, 기업이 성장하고 나라 경제 전체도
발전하는 시장경제에 기반하고 있기 때문에 가능하였다.

우리나라의 경제발전에 대해 학생들은 초등학교에서는 '사회' 교과, 중학

---

34) 강의 기적(漢江의 奇蹟)은 대한민국에서 한국 전쟁 이후부터 아시아 금융 위기 시기까지 나
    타난 반세기에 이르는 급격한 경제 성장을 나타내는 상징적인 용어이다. 대한민국은 경제적
    으로 빠르게 성장하여 아시아의 네 마리 용 중 하나로 꼽히게 되었다. 한강의 기적은 원래
    제2차 세계 대전 이후 수십 년 동안에 걸친 서독의 경제적 발전을 이르는 말인 라인 강의
    기적에서 유래한 말이다. <원출처:위키피디아(https://ko.wikipedia.org/wiki/%ED%95%9C%E
    A%B0%95%EC%9D%98_%EA%B8%B0%EC%A0%8110)>.

35) [Korea Times] S. Korea Is a Role Model for Africa: Obama_20090711(http://koreatimes.co.kr/
    www/news/nation/2009/07/113_48292.html).

교와 고등학교에서는 주로 '역사' 교과에서 배운다. 한강의 기적이라는 산업화의 성과와 함께 급속한 경제성장은 도시화에 따른 인구집중, 빈부격차, 농촌의 공동화, 대기의 질 악화 등 여러 경제·사회적 문제를 수반하기 때문에 학생들은 산업화에 따른 사회변화도 같이 배운다.

우리나라 경제발전관련 교과서의 내용의 분량 구성을 보면 초등학교, 중학교, 고등학교로 갈수록 산업화의 성과에 대한 내용 비중은 축소된다. '산업화와 경제발전' 부분의 비중이 초등학교 사회교과서에서는 전체 교과서 분량의 72%였으나 중학교는 65%, 고등학교는 47.1%로 줄어든다. 반대로 '산업화와 사회변화' 부분의 분량은 늘어난다.[36]

초등학교 사회 교과서와 고등학교 한국사 교과서 내용을 비교하면 <표 3-4>에서와 같이 고등학교에서는 발전의 성과보다는 문제점 및 과제가 상대적으로 부각된다는 것을 확인할 수 있다.

---

[36] 분석을 위해 2020년 2월 시점에서 한국검인정교과서협회에서 판매하는 초등학교 사회 교과서, 중학교 역사 교과서, 고등학교 한국사 교과서를 검토하였다. 초등학교 사회 교과서는 1종이다. 교육부(2020). 초등학교 사회 6-1. 서울: ㈜지학사. 중학교 역사교과서는 9종이다. 김덕수·서영희·윤선태·김민정·이은정·김효준·박상필·이근명·염정섭·정기문·강진아·김병철·원유상·노현임(2020). 중학교 역사②. 서울: ㈜천재교과서. 김형종·강종훈·노대환·허수·박진훈·김규대·김정희·조예진·김홍환·장문석·박범희·김정겸·김해용(2020). 중학교 역사②. 서울: ㈜금성출판사. 양호환·최상훈·신성곤·김보림·신유아·김성자·심홍석·김효정(2020). 중학교 역사②. 서울:㈜교학사. 이문기·장동익·윤희면·김희곤·허종·강태원·유경아·이상분·정은주·김돈호·남정호·문경호·김영화·황대현·이성원·송영심·남한호·조한경·조영선·이은주(2020). 중학교 역사②. 서울:동아출판(주). 정재정·김태식·박근칠·최병택·강신태·구본형·장종근·박찬석·강성주·김종현·김지현(2020). 중학교 역사②. 서울: ㈜지학사. 한철호·강승호·김나영·김정수·남종국·박진한·박효숙·방대광·송치중·왕홍식·전영준·조왕호(2020). 중학교 역사②. 서울: ㈜좋은책 신사고. 주진오·구난희·김인호·김성규·신주백·나인호·백유선·안효숙·박귀미·윤종배·박수성·경규칠·오정현·윤세병(2020). 중학교 역사②. 서울: ㈜천재교육. 조한욱·이병인·이종서·이건홍·안형주·최태성·최현희·신승원·권효신·안선미·이은석(2020). 중학교 역사②. 서울:(주)비상교육. 정선영·송양섭·이예선·이환병·이종대·한성욱·김지연·전병철·심원섭(2020). 중학교 역사②. 서울: ㈜미래엔. 고등학교 한국사 교과서는 6종이다. 권희영·이명희·장세옥·김남수·김도형·최희원(2020). 고등학교 한국사. 서울: ㈜교학사. 도면회·이종서·이건홍·김향미·김동린·조한준·최태성·이희명(2020). 고등학교 한국사. 서울: ㈜비상교육. 왕현종·이인석·정행렬·박중현·박범희·이형우·임행만(2020). 고등학교 한국사. 서울: 동아출판(주). 정재정·김태식·강석화·최병택·장종근·박찬석·김태훈·박귀미(2020). 고등학교 한국사. 서울: (주)지학사. 최준채·윤영호·안정희·남궁원·박찬영(2020). 고등학교 한국사. 서울: ㈜리베르스쿨. 한철호·강승호·권나리·김기승·김인기·박지숙·임선일·조왕호(2020). 고등학교 한국사. 서울: ㈜미래엔.

'산업화와 경제발전' 부분과 관련하여 초등학교 사회 교과서는 '6·25전쟁으로 폐허가 된 서울', '제철산업의 발달, 중화학 산업단지', '인공지능 로봇', '우리나라 수도 서울(한강변 아파트촌)', '현대자동차 해외 판매 50,000,000대 돌파' 사진들과 함께 '수출품을 싣는 선박', '기계공업 육성', '경부고속도로 개통', '농어촌경제의 혁신적 개발', '포철 공장 준공', '100억 수출' 등 1960년대와 1970년대에 발행된 우표들, 우리나라의 국내 총생산과 1인당 총소득의 변화(2015년까지) 관련 도표들을 제시하여 경제 발전의 성과를 초등학생들이 시각적으로 볼 수 있도록 하고 있다. 반면에 미래엔 등에서 발간한 고등학교 한국사 교과서들은 '산업화와 경제발전' 부분에서도 경제발전의 성과와 함께 급속한 산업화로 인한 문제 및 도전 과제를 같이 제시하고 있다.

'경제발전과 사회변화' 부분을 보면 초등학교 사회교과서에는 '빈부격차', '노사갈등', '자원부족', '환경오염', '도시이주에 따른 농촌 일손 부족', '한강다리와 삼풍백화점 붕괴', 'IMF 금융위기', '노사갈등' 등 문제점 및 '소득격차 및 해결을 위한 시민단체 활동', '법률 제정', '정부지원', '일자리 늘리기', '에너지 절약운동' 등의 해결 노력과 함께 '전화와 텔레비전의 보급', 'TV, 고속도로, 승용차, 컴퓨터, 고속철도, 인터넷 등', '해외여행객, 세계적인 한류, 세계인이 모이는 국제행사' 등 경제발전에 따른 긍정적인 변화도 함께 수록되어 있다. 반면에 미래엔 등에서 발간한 고등학교 한국사 교과서에는 '급격한 도시화가 진행되다', '도시 빈민 문제가 발생하다', '시장 개방과 위기에 처한 농촌 현실' '노동운동이 성장하다', '전통사회 질서가 해체되다', '높은 교육열, 과중한 교육비', '빈부 격차의 심화' 등 문제점이 상대적으로 부각되어 있으며 해결 노력에 대한 내용도 거의 없다.

〈표 3-4〉 소목차를 기준으로 한 초등학교, 고등학교 교과서의 우리나라 경제발전관련 내용

	출판사	산업화와 경제발전	산업화와 사회변화
초등학교 사회	교육부	• 6·25전쟁으로 폐허가 된 서울/ 제철산업의 발달/ 중화학 산업단지/ 인공지능 로봇/ 우리나라 수도 서울(한강변 아파트촌)	• 전화와 텔레비전의 보급 • TV, 고속도로, 승용차, 컴퓨터, 고속철도, 인터넷 등 • 해외여행객, 세계적인 한류, 세계인이

		• 우리나라 경제가 발전하기 시작하던 1960년대와 1970년대에 발행된 우표를 보고 떠오르는 생각을 이야기해 봅시다(수출품을 싣는 선박/ 기계공업/ 경부고속도로 개통/ 농어촌경제의 혁신적 개발/ 포철 공장준공/ 100억 수출 기념) • 현대자동차 해외판매 50,000,000대 돌파 • 6·25전쟁 이후 경제성장의 모습을 알아봅시다 • 1970년대 이후 경제성장의 모습을 알아봅시다. • 1990년대 이후 경제성자의 모습을 알아봅시다. • 우리나라의 국내 총생산과 1인당 총소득의 변화 알아보기	모이는 국제행사 • 경제성장 과정에 나타난 문제점(도시 이주에 따른 농촌 일손 부족/ 한강다리, 삼풍백화점 붕괴/ IMF 금융위기/ 빈부격차/ 노사갈등/ 자원부족/ 환경오염)과 해결노력(소득격차 및 해결을 위한 시민단체 활동, 법률 제정, 정부 지원/ 일자리 늘리기 및 노사 갈등 해결/ 환경문제 해결 노력 및 에너지 절약운동 등)

고등학교
한국사
	미래엔	• 한강이 기적, 그 빛과 그림자
		  - 수출 위주 성장을 추구한 제1, 2차 경제 개발 5개년 계획
		  - 외채 상환 부담이 증가하다
		  - 중화학 공업을 육성한 제3, 4차 경제 개발 5개년 계획
		  - 제1, 2차 석유 파동과 경제 위기
		  - 경제적 고도성장을 이룩하다
		  - 구조적 취약성이 심화되다
		  - 대한민국의 민주화와 산업화
		• 신자유주의와 한국경제
		  - 시장 개방 압력이 거세지다
		  - 금융 시장이 개방되고 외환 위기를 맞이하다
		  - 외환 위기 극복과 남겨진 고통
		  - 새로운 과제에 직면한 한국 경제
			• 산업화에 따른 변화와 문제점
			  - 급격한 도시화가 진행되다
			  - 도시 빈민 문제가 발생하다
			  - 소외된 농촌을 살리려는 노력
			  - 시장 개방과 위기에 처한 농촌 현실
			  - 노동 운동이 성장하다
			  - 활성화된 노동 운동과 새로운 과제
			• 현대사회와 과제
			  - 전통사회 질서가 해체되다
			  - 높은 교육열, 과중한 교육비
			  - 복지 정책의 과제와 소수자에 대한 배려
			  - 빈부 격차의 심화 속에 경제 민주화를 모색하다

초등학교와 중학교 사회교과, 그리고 고등학교의 통합사회 교과서와 경제 교과서 모두 급속한 산업화에 따른 불평등 분배 등의 내용도 포함하고 있다. 특히 고등학교 통합사회에서는 '시장경제와 금융' 단원뿐 아니라 '정의와 사회

불평등', 생활공간과 사회', '인권보장과 헌법' 단원에서 급속한 도시화 및 산업화에 따른 문제, 사회적 소수자 문제 등의 문제를 포함하고 있다.[37)

역사교육 관점에서 산업화의 성과를 평가하면서 일방의 주장을 편향되게 제시하는 교과서도 있다. "… 소득격차가 커지면서 서민경제는 침체되고 국내 소비는 위축된 반면, 대기업은 커피·빵·비빔밥·슈퍼마켓 등 소상공업까지도 진출하여 영역을 확대하고 있다. 이에 따라 경제민주화가 새로운 과제로 제시되었다." 그러나 앞에서 언급한 대로 경제민주화의 효과에 대해 의문이 제기되고 있고 의도하지 않은 부정적인 결과도 현실에서는 발생하고 있다.[38)

고등학교 한국사 교과서에 산업화 및 고도성장의 문제점은 제시되어 있으나 해결을 위한 대안에 대한 내용은 거의 없다. 오히려 초등학교 사회교과서에 '무료 급식소 등 시민단체 활동', '복지관련 법률 지원', '정부의 생계비, 양육비, 학비 지원', '일자리 늘리기', '근로자와 기업 경영자의 갈등 해결', '정부의 전기자동차 보급 지원', '기업들의 친환경 제품 판매', '환경보호 운동', '에너지 절약운동' 등 다양한 해결 노력을 제시하고 있다.[39)

역사교과서에도 산업화에 따른 문제점을 해결하는 대안에 대해 적어도 통합사회 교과서 정도는 제시하는 것이 바람직하다. 비상교육이 발간한 통합사회 교과서를 예로 보면 '공정거래위원회 등을 통한 불공정 거래 행위의 규제', '누진세 제도 강화', '저소득층 생계비 지원 등 소득 재분배 정책', '지자체의 저소득층을 대상으로 한 정부양곡 할인 지원' 등을 정부의 역할로 제시하고 있다.[40)

---

37) 고등학교 통합사회 교과서 5종을 분석한 결과에 의하면 3개의 교과서는 소득 불균형, 빈부격차, 경제적 불평등 등 시장경제의 한계를 본문, 이 중 2개의 교과서는 정부의 역할로 소득재분배 정책과 누진세 제도를 언급하고 있다. 본문에서 언급하지 않은 나머지 2개의 교과서에서도 경제적 불평등과 관련한 다양한 현실 사례를 다루고 있다. 그 내용은 소득 불평등의 현실을 보여주는 '자료제시 유형'과 소득 불평등의 원인과 해결방안 등을 질문하고 토의하도록 학생 활동을 이끄는 '탐구문제 유형'으로 사례가 나누어지는 방식을 나눌 수 있다. 박하나(2019). 소득 불평등 주제의 시민교육적 논의-피케티 이론을 중심으로. 경제교육연구. 26(2): 21–55.

38) 한철호·강승호·권나리·김기승·김인기·박지숙·임선일·조왕호(2020). 고등학교 한국사. 서울: ㈜미래엔. 343.

39) 교육부(2020). 초등학교 사회 6-1. 서울: ㈜지학사. 118-123.

40) 박병기·박철웅·이영호·이우평·김신철·김지현·이철훈·서정일·김원일·강봉균·김민재·신희정(2020). 고등학교 통합사회. 서울: ㈜비상교육. 139-140.

역사교과서에서 산업화의 성과보다는 산업화에 따른 문제점이 강조되는 것이 일정 부분 집필진의 구성과도 연관이 있다. 중학교 역사와 고등학교 한국사 교과서 집필진 135명의 학부 및 대학원 전공은 한 명(영어과)을 제외하면 역사교육과, 한국사, 사학과이다.

글로벌 투자은행인 골드만삭스는 우리나라가 2050년에 1인당 GDP가 미국에 이어 2위에 오를 것이라고 전망했다. 통일이 된다면 전체 GDP도 미국을 제외한 다른 G7 국가보다 커질 것으로 보았다.[41]

교과서에 도시집중, 빈부격차, 양극화, 환경오염, 지역 경제력 격차 등 급속한 산업화에 따른 문제점을 적시하고 대안을 모색하는 것도 바람직하다. 그러나 개발원조 수혜국에서 공여국으로 전환되었고 오늘날의 물질적 풍요를 가져온 산업화의 공과를 소홀히 취급하는 것은 바람직하지 않다. 초등학교 사회교과서에서와 같이 '산업화와 경제발전'과 '산업화와 사회변화'가 균형이 되게 학생들에게 교육되어야 한다.

천재 물리학자 아인스타인은 사회문제에 대해 활발하게 의견을 개진하였는데, 시장경제체제가 불안정성, 위기 및 빈곤을 가져 오는 '악의 근원'이며 사회가 모든 생산 수단을 소유하는 사회주의 체제를 통해서만 악을 제거할 수 있다고 주장하였다. 소련을 비롯한 동유럽 사회주의체제의 몰락으로 아인스타인의 주장은 틀린 것으로 드러났다. 국가가 모든 것을 결정하는 비효율적 자원배분으로 몰락하였고 사회주의 계획경제는 소수 특권층이 부와 권력을 독점하는 불공평한 사회였다.[42]

자유경쟁을 통한 효율적인 자원배분으로 경제성장을 촉진시켜 개발도상국 중 유일하게 G20 국가로 진입한 우리나라의 경제성장의 성과에 대한 교육을 강화하여 학생들이 시장경제의 장점에 대해 이해하고 인지할 기회를 주어야 한다.

---

41) Goldman Sachs(2007). The N-11: More than an Acronym. The Global Economics Paper No. 153. GS Global Economic Institute(https://web.archive.org/web/20080911041502/http://www.chicagogsb.edu/alumni/clubs/pakistan/docs/next11dream-march%20%2707-goldmansachs.pdf).
42) 이준구·이창용(2019) 경제학원론. 문우사. 373.

4. 자유와 경쟁을 가르치는 경제교육이 되어야 한다

교육부가 저자인 초등학교 사회교과서에 따르면 "우리나라 경제의 특징은 자유와 경쟁이다. 자유롭게 경쟁하는 경제 활동은 우리 생활에 도움이 된다. 기업은 자유롭게 경쟁하며 더 좋은 상품을 개발해 많은 이윤을 얻을 수 있고, 소비자는 품질이 좋은 다양한 상품을 살 수 있어서 만족할 수 있다. 개인과 기업의 자유로운 경쟁은 국가 전체의 경제 발전에 도움을 준다."[43]

중학교, 고등학교 교육과정을 통해 우리 경제의 특징인 시장경제에 근간을 둔 '자유와 경쟁'을 학생들이 제대로 배울 수 없다는 것이 확인되었다. 특히 고등학교에 와서 대부분의 학생이 경제를 배우는 통합사회 교과에서는 '시장과 합리적 선택의 의미와 중요성'보다는 '시장의 한계'를 강조하고 있다. 시장의 실패를 이야기하고 있으나 정부의 실패에 관한 내용은 없다.

학생들이 윤리의식을 가지고 합리적 선택을 하도록 가르치라는 중고등학교의 교육과정의 목표 기준이 바뀌어야 한다. 경제교육 과정에서 시장에서 경제 활동 참여자의 역할을 기업, 기업가, 소비자, 노동자로 구별하여 바람직한 역할을 제시함으로써 오히려 기업과 기업가를 동일시하고 노동자가 주주가 될 수 있는 시장경제의 구조를 왜곡하고 있다.

교육부가 발행한 국정교과서인 초등학교 사회교과서에 "가계는 기업의 생산 활동에 참여하고 기업에서 만든 물건을 구입한다. 기업은 사람들에게 일자리를 제공하고, 사람들이 생활하는데 필요한 물건을 만들어 판매하거나 서비스를 제공해 이윤은 얻는다".[44]로 설명하고 있는데, 통합사회 교과서의 가계와 기업의 역할에 대한 내용도 이와 같이 바뀌어야 한다.

고등학교 한국사 교과서에서는 한강의 기적이라고 다른 개발도상국이 본받고자 하는 우리나라의 빠른 산업화의 공과보다는 산업화에 따른 문제점을 상대적으로 부각시키고 있다. 우리 사회가 가지고 있는 양극화 해소 등 도전과제와 함께 경제적 풍요와 G20 국가로 자리매김할 수 있게 한 경제발전의 의미

---

43) 교육부(2020). 초등학교 사회 6-1. 서울: ㈜지학사. 97.
44) 교육부(2020). 초등학교 사회 6-1. 서울: ㈜지학사. 84.

를 학생들에게 균형이 있게 가르쳐야 한다. 특히 지난 70년간의 경제발전으로 시장경제체제의 우월성을 역사적으로 입증한 사례로 인정받는 우리나라 산업화에 대한 올바른 이해는 중요하다.[45]

교과서 집필진에 경제 전문가들을 포함하여야 학교교육에서 경제 교육이 제대로 될 수 있다. 교육과정의 개편과 함께 경제를 가르치는 교사들의 경제 이해력을 높여야 한다. 지역, 부모 학력에 따라 차이가 나는 학생들의 경제 이해력 격차는 대입체제의 개편으로 소수의 고등학생들만이 심화과정인 경제를 선택하여 더욱 심각해 질 것이다. 청소년기의 경제교육 격차는 사회에서의 자산 등 경제적 격차로 이어질 수 있다. 온라인 교육활성화 등 경제교육 격차를 해소하는 방안을 교육당국자는 심각하게 고민하여야 한다.

끝으로 국가 차원의 '경제 이해력 조사'를 주기적으로 하는 것이 바람직하다. 축적된 자료를 바탕으로 올바른 경제교육의 방향을 정립할 수 있기 때문이다. 2020년의 경우 기획재정부 위탁으로 KDI가 조사를 하였는데, 지속적인 예산지원은 한 해의 사업으로만 끝나지 않아야 한다.

---

45) [The Korea Herald] Korean miracle 70 years in the making_20160816(http://www.koreaherald.com/view.php?ud=20150816000246)

04 노동시장과 연계된 진로교육

1. OECD 회원국 중에도 손꼽히는 진로교육 인프라
: 관련법, 전담 교사, 진로전환 학기제를 모두 갖고 있는 나라

교육의 목적은 무엇일까? 개인의 입장에서는 개인 성장을 통해 자신의 흥미와 적성에 맞는 직업을 갖고 행복한 삶을 영위하는 것이 최종 목적일 것이다. 결국 초·중등교육과 고등교육 모두 개인의 진로개발에 도움이 되어야 한다.

진로개발과 관련하여 정규 교과와 체험활동, 상담 등 다양한 방식으로 학생들의 진로고민을 덜어주는 제도가 운영되고 있다. 이는 일반적으로 "진로교육"으로 통칭된다. 그간 상당한 제도적 발전이 있었지만, 학생과 학부모의 진로고민은 여전하다.

한국의 진로교육은 그 역사가 길지 않다. 1980년대 초 유니세프(unicef)가 한국교육개발원에 초·중등학교 진로교육 프로그램에 대한 연구를 위탁하면서 진로교육에 대한 본격적인 움직임이 시작되었다. 1997년 진로/직업교육 관련 연구를 수행하는 국책연구기관(한국직업능력개발원)이 설립되면서 진로교육 관련 콘텐츠, 프로그램 개발 및 플랫폼 등이 체계적으로 구축되기 시작하였다.

2000년대부터는 진로교육의 인프라 구축 측면에서 비약적인 발전이 있었다. 약 10여 년 동안 진로교육 시스템의 상당 부분이 선진화되었다. 몇 가지 중요한 정책들은 다음과 같다.

1) 진로전담교사 의무배치

2010년 발표된 진로교육종합계획에서는 학생들에게 질 높은 진로교육을 제공하기 위해 진로분야에 특성화된 담당교사를 단위학교에 배치하겠다는 정책을 담았다. 우리나라의 경직된 교원 양성 및 배치 시스템을 고려했을 때, 상당히 파격적인 계획이었다. "진로진학상담교사"라는 이름으로 2011년부터 진로전담교사가 배치되었고, 초·중·고등학교 모두 적어도 학교당 1명이 배치되었다.

진로전담교사는 학생들의 진로검사 및 상담의 업무를 담당하고, 학교 진로교육 프로그램 전반을 총괄하는 역할을 수행한다. 진로전담교사에 대한 정책은 해외에서도 여러 번 주목을 받았는데, 대부분의 국가에서 진로를 담당하는 독립적인 전담인력을 배치하는 경우가 매우 드물기 때문이다. 2019년 기준으로 전체 초·중·고등학교의 진로전담교사 배치율은 96.4%로 나타나 거의 모든 학교에 전담교사 배치가 완료된 상태이다.

2) 진로교육 전담 중앙조직 신설

2011년에는 우리나라 최초로 중앙부처 수준(교육부)에 진로교육 정책 추진 및 리더십을 발휘하는 부서(진로교육정책과)가 신설되었다. 기존에는 초·중·고등학교의 학교급별로 진로교육 정책이 부분적으로 수립되었다면, 독립적인 부서가 학교급별로 유기적으로 연계되고 일관된 진로교육 정책 추진이 가능해졌다.

3) 진로교육법 제정

2016년에는 진로교육 진흥을 위한 별도의 법령이 제정되었다. 이 법을 통해 학생이 진로교육을 받을 권리를 기본권으로 인정하여 모든 학생이 소외 없이 진로교육을 받을 수 있는 지원체계가 마련되었다. 또한 진로교육의 운영과 지원이 지속가능할 수 있는 법적 근거도 만들어졌다. 즉, 진로교육이 국가의 책무임을 명확히 한 것이다. 또한 대학단계의 진로교육에 대한 내용도 명시함으로써 고등교육에서의 진로교육에 대한 책무성을 강조하고 있다.

4) 자유학기제, 진로교육집중학기제 운영

아일랜드 등 일부 국가에서 운영되었던 전환학년제(transition year)는 가장 선진화된 형태의 진로교육 제도라고 볼 수 있다. 아일랜드의 고교 1학년생은 원하는 경우 다양한 체험을 할 수 있도록 보장되어 있다. 이 기간에는 직업체험, 봉사활동, 외국여행 등의 다양한 활동을 하며 자신의 진로를 고민하는 시간을 가질 수 있다. 1974년에 처음 도입된 이 제도는 2013년 기준으로 전체 학교의 80%가 운영 중이다. 핀란드에서도 고교 졸업 후 다양한 체험 및 활동을 할 수 있는 갭이어(gap year)를 가지면서 대학 진학과 진로를 고민하는 시간을 갖는다.

우리나라에서도 2016년 자유학기제가 전면 시행되면서 공교육에서 적극적인 진로탐색기회를 제공하게 되었다. 중학교 과정 중 한 학기 동안 학생들이 꿈과 끼를 찾을 수 있도록 토론이나 실습 중심의 수업을 운영하고, 다양한 체험 활동을 통해 진로탐색이 가능하도록 교육과정을 유연하게 하는 제도이다. 이 기간 동안은 지필평가를 실시하지 않고, 학업성취도도 산출하지 않는다. 2018년부터는 자유학년제로 확대되었고, 나아가서는 여러 학교급에서 진로교육 집중학년/학기제를 활용하여 집중적인 진로교육이 이루어지도록 제도적 뒷받침을 마련하였다.

이와 같은 진로에 대한 정책들은 실로 파격적이었다. 특히 자유학기제 운영의 경우 다양한 비판과 우려의 시각들이 있었지만, 당시 정부의 적극적인 정책의지로 관철되었다. 자녀교육에 대한 우리나라 국민들의 보편적인 인식을 고려해보면, 한 학기 또는 1년 동안 무시험의 교육과정을 운영한다는 것은 과거에는 상상조차 할 수 없었던 일이었다. 순수하게 제도적 인프라 측면에만 초점을 맞추면, OECD 회원국 가운데 한국은 최상위의 수준이다. 실제로 OECD에서 2009년에 발간한 취업을 위한 학습(learning for job)[1]에서 권고한 이상적인 진로교육 시스템의 요소를 대부분 갖추고 있다.

5) 학생들의 진로교육 참여기회도 확대 추세

교육부와 한국직업능력개발원이 매년 조사하는 '진로교육 현황조사[2]'는 진로교육의 양적 기회 확대를 잘 보여준다. 초·중·고등학교 학생 모두 진로직업교과 수업, 교과 수업 중 진로탐색, 진로심리검사, 진로상담 등의 진로활동에 절반 이상 참여하고 있고, 그 비율 역시 증가하는 추세이다. 2019년 초·중등 진로교육 현황조사 결과에 따르면, 초등학생의 경우 수업 중 진로 탐색하기를 경험한 학생이 90.3%에 달하고, 중학생 중 진로체험 경험이 있는 학생은 90%, 고등학생 중 진로상담을 해본 비율도 70.8%에 달하였다.

2. 학생·학부모의 진로고민은 줄지 않았다

그렇다면 진로교육 수요자들은 한국의 진로교육에 만족하고 있을까[3]? 초·중·고등학교 생활 동안 충분히 자신의 진로를 고민하고 설계할 기회를 가졌다고 생각할까? 또한 이러한 기회를 통해 자신의 진로 계획에 터해 고등학교와 대학 진학을 선택하는 학생들이 많아졌을까?

이 질문에 답을 하기는 쉽지 않다. 제대로 된 측정이 어렵기 때문이다. 다만 학생들과 학부모들의 실제적인 진로 고민을 엿보면 예나 지금이나 비슷한 고민들이 주를 이룬다. 한국직업능력개발원에서 운영 중인 커리어넷 온라인 진로상담[4]에 올라온 최근 글을 몇 가지 살펴보자.

---

1) OECD(2009). Chapter.3. Learning for Jobs.
2) 교육부(2019). 2019년 초중등 진로교육 현황조사 결과 발표. 보도자료.
3) 사실 매년 실시되는 진로교육현황조사에서는 진로교육 활동의 만족도가 만족(4점)에 가깝게 보고되고 있다. 그러나 이 조사는 단위 활동들에 대한 만족도를 묻는 것이기 때문에 진로교육 전반에 매우 만족하고 있다고 결론내리기는 어렵다.
4) 한국직업능력개발원 커리어넷 진로상담 웹페이지(http://www.career.go.kr/cnet/front/counsel/counselMain.do)

Q 만들기를 좋아하지만 뭘 해야 할지 모르겠어요(고등학생 A)
제가 평소에 손으로 만들기를 매우 좋아해요. 레고를 많이 했고, 재활용품을 주워 재밌는 물건을 많이 제작해요. 만들기를 좋아하면 어떤 학과를 진학하는 게 좋을까요?

A ○○님은 손을 많이 사용하는 작업을 선호하시는군요. 아마도 손재주가 좋고, 자신의 상상을 도안으로 표현하고 제작할 수 있는 창의력이나 공간지각력도 장점이겠네요. 의복이나 요리, 미용분야는 손재주와 함께 창의적 표현능력을 활용하는 분야이고, 건축은 손재주와 미적 감각, 공간지각력이 요구되는 진로분야랍니다. 건축 이외에 다양한 기초조작을 주로 하는 일도 있습니다. 구체적인 직업들을 탐색해보고 싶다면 커리어넷 직업정보를 이용해보세요. 손재능을 살릴 수 있는 직업이 많이 소개되어 있답니다.

Q 특성화고와 일반고 중 어딜 가야 하나요(중학생 B)
제 꿈은 pd입니다. 중3이라서 학교를 결정해야 하는데요. 특성화고에 영상제작과 같은 데 가서 공부하는 게 좋을지, 그냥 일반고를 가는 게 좋을지 모르겠습니다. 네이버 지식인을 찾아보면 다들 일반고로 가는 걸 추천하더라구요 왜냐면 pd시험이 너무 어렵고, sky 정도 가도 어렵다고 합니다.
그렇지만 저는 특성화고에 가서 영상분야를 빨리 공부하고 싶은 마음도 있습니다. 저희 지역에는 영상제작과 같은 과가 있는 특성화고가 없어서 타 지역에서 생활을 해야 합니다. 제 성적은 중상위권입니다. '특성화고 가서 후회하면 어쩌지. 아니면 또 인문계 가서 후회하면 어쩌지'라는 생각도 듭니다.

A 진로와 관련해서 일반고를 진학한다는 것은 "진로탐색기"를 연장한다는 의미이고, 특성화고를 진학한다는 것은 "진로준비기"가 된다는 의미로 볼 수 있어요. 만약 대학교의 관련 학과를 진학해서 pd로 취업을 한다면 일반고로 진학하는 것이 맞고, 고등학교부터 영상기획이나 연출 등 구체적인 공부를 하고 취업을 한다면 특성화고를 진학하는 것이 필요합니다.

Q 나중에 커서 무엇을 할지도 모르겠고 특별히 잘하는 것도 없어요(중학생 C)
커리어넷 검사로는 체육, 과학, 사회가 제가 좋아하는 과목이라고 합니다. 그리고 적성검사에는 신체운동능력과 대인관계능력, 이 2개의 적성이 다른 항목에 비해서 높게 나왔어요. 그런데 이 결과를 어떻게 생각해야 할 지 모르겠습니다.
제가 관심있는 것은 요리하는 거예요. 하지만 요리를 잘하지는 못해요.

A 진로심리결과와 좋아하는 과목 등을 종합해서 더 끌리는 분야로 꿈을 정해도 좋아요. 신체운동능력과 체육과목에 관련된 직업으로는 운동선수, 체육교사, 스포츠마케터, 스포츠 해설자, 스포츠기록분석연구원, 선수은퇴 이후 감독이나 코치 등이 있어요. 또 커리어넷 직업정보의 적성유형별 탐색에 의하면 사회과목, 대인관계 능력이 좋은 사람에게 유리한 분야는 교육 및 사무관련 서비스직, 기획 서비스직, 보건의료 서비스직, 매니지먼트 관련직, 영업 관련 서비스직, 일반서비스직 등 다양한 직업이 있어요. 과학에 관련된 직업으로는 자연 과학연구원 생명과학시험원, 과학교수 및 교사, 과학 해설사 등이 있어요. 여러분야의 직업 중 자신이 더 좋아하는 분야가 어느 것인지 체크리스트를 만들어서 비교해보아요.

위의 사례들을 읽어보면 100명의 학생들의 진로고민이 수만 가지 갈래로 뻗어나간다는 사실을 깨닫게 한다. 개별화된 진로고민에 효과적으로 대응하기 위해서는 학생 개개인의 히스토리를 충분히 이해하고, 앞으로의 길을 함께 고민해주는 사람이 절실하다. 앞서 소개한 우리나라의 우수한 진로교육 인프라도 중요한 요소이지만 충분하지 않다.

중학생 C는 어느 학교, 어느 가정에서나 흔하게 볼 수 있는 "3無(무흥미, 무적성, 무가치관)" 학생이다. 좋아하는 것, 잘하는 것, 직업에서 중요하게 생각하는 것이 무엇인지 잘 모른다. 일반적으로 진로상담을 하는 경우 가장 어려운 사례 중 하나이다. 결국 상담은 각종 심리검사에 의존하게 된다. 검사결과에서 추천해주는 제한된 직업들을 제시해주고 격려해주는 것으로 끝난다.

중학생 B는 고민이 구체적이다. 대학진학 후 pd가 되는 것이 좋은지, 특성화고에서 미리 영상을 배우는 것이 좋은지 묻고 있다. 이처럼 구체적인 질문을 갖고 있는 학생들에게는 이른바 "직업사전"에서 제공하는 정형화된 정보는 그다지 쓸모가 없다. 대학에서 공중파 pd 시험을 통과하려면 얼마나 어려운지, 종편 pd와 공중파 pd의 급여차이는 얼마나 되는지, 외주 pd에서 공중파 pd로의 이직이 가능한지 등과 같은 구체적인 정보가 필요하다.

실제로 학생들은 공교육에서 제공하는 진로교육활동보다는 부모님이나 대중매체 및 웹사이트 등에서 얻는 비공식적인 진로정보에 의존하고 있다. 교육부의 진로교육현황조사[5])에 따르면 초등학교, 중학교 학생들은 모두 희망직업에 대한 정보를 얻는 곳을 1위는 부모님, 2위는 대중매체, 3위는 웹사이트라고 응답했다. 고등학생의 경우 대중매체 및 웹사이트에 의존하는 비중이 더 높았다.

국가 단위에서 진로교육에 관심을 갖고 예산이 크게 투자되고 있는 것에 비하여, 여전히 학생들의 최우선 고민은 진로에 대한 것으로 나타났다.[6]) 또한 실제 교육 수요자인 학생들이 느끼는 진로교육 만족도 역시 높지 않은 수준인 것으로 조사되었다. 중·고등학생들의 학교생활 만족도는 5점 만점 기준 4점 이상으로 높게 나타난 반면, 진로활동에 대한 만족도는 3.5점을 다소 상회하는 보통 이상의 수준으로 조사되었다. 진로교육이 이벤트성으로 이루어지는 경향 때문에 진로에 도움이 되지 않는다는 의견이 대두되고 있다.[7])

3. 진로교육, 무엇이 부족한가?

1) 일당백: 학교당 1명의 진로전담교사로는 충분하지 않다

진로, 진학에 관한 상담과 지도를 전담하는 교사는 단위학교의 모든 진로교육 프로그램의 기획 및 운영에 대한 주도적인 역할을 담당해야 한다. 여기에 진로와 직업 교과 수업, 창의적 체험활동 중 진로활동, 그리고 학생들의 진로 상담 및 지도 등 해야 할 일이 참 많다. 학교당 진로전담교사 1명만을 배치하는 것은 진로전담교사에게 주어진 과업 및 역할이 너무 많고, 담당해야 할 학생 수도 지나치게 많다. 앞서 살펴본 바와 같이 학생들의 진로상담은 그 깊이와 넓이가 상당하다. 담당해야 할 학생 수가 너무 많아지면 상담은 형식적으로 변질된다. 획일적인 진로심리검사와 해석에 치우칠 수밖에 없다. 학부모와의 상담은 더욱 상황이 어렵다. 예를 들어, 고등학교 학부모들이 진로진학상담교사와 자녀의 진로에 대해 상담한 비율은 21.5%로 담임교사(52.1%)의 절반에도

---

5) 교육부(2019). 2019년 초·중등 진로교육 현황조사 결과 발표. 교육부 보도자료. 14.
6) [매일경제] 청소년 고민 1위 진로·성적 문제…극단적 생각도_20180405.
7) [조선에듀] '이벤트성' 진로교육 변화하려면 … "지역사회 중심 교육해야"_20181119.

192

미치지 못하였다.[8]

진로진학상담교사의 역할이 많다 보니 다른 부서 및 교사와의 협업이 핵심이지만 현실은 녹록치 않다. 학생을 가장 잘 알고 있는 사람은 담임교사이지만, 진로상담의 주체는 진로진학상담교사이다. 상담은 일회성에 그칠 수밖에 없다. 진로진학상담교사에게 개별학생에 대한 진로상담과 같이 많은 것을 바랄 수가 없다. 다른 교사들과의 역할분담도 쉽지 않다. 각 교과목에서 해야 할 진로교육, 담임교사가 수행해야 할 상담 등이 함께 연결돼야 하지만 "진로" 업무는 모두 진로진학상담교사가 수행해야 한다는 인식이 팽배하다.

전담교사의 역할이 다양하다 보니 전문성에 대해서도 부정적인 의견이 발생한다. 진로진학상담교사는 기존의 교과 교사 가운데 전환 희망자가 600시간 가량의 부전공 연수를 받음으로써 양성되었다. 진로전담교사에게 요구되는 주요 역량(심리검사 해석, 진로탐색 프로그램 기획, 진로진학상담, 직업세계와 교육세계의 연계 등)을 모두 기르기에는 턱없이 부족한 시간이다. 특히 학교 현장에서는 진로상담, 진학상담, 그리고 일반적인 심리상담을 다르게 구분한다. 학생들의 진로고민은 이 세 가지가 늘 연결되어 있다. 진학상담 전문가는 진로상담을 어렵게 느끼고, 진로상담 경험이 많은 교사는 입시고민을 해결해주지 못한다.

학교유형에 따라서도 전담교사에게 요구하는 역량이 서로 다르다.[9] 일반고와 과학고·국제고·예술고·체육고 등의 특수목적고에서는 아무래도 진학상담에 초점을 맞출 수밖에 없다. 특성화고와 마이스터고의 경우에는 졸업 후 바로 취업을 해야 하기 때문에 실제 노동시장과 직업세계에 관심 많은 학생들이 많다. 진로진학상담교사가 순환 배치되는 상황에서 학교유형에 따라 서로 다른 전문성을 기대하기는 어려운 상황이다.

2) 직업세계를 모르는 진로교육 전문가

진로진학상담교사가 가장 필요한 역량은 구체적인 직업세계와 노동시장에

---

8) 교육부(2019). 2019년 초·중등 진로교육 현황조사 결과 발표. 보도자료. 33.
9) 류영철(2014). 진로진학상담교사의 역량모형 개발. 한국교육, 41(4): 25-51.

대한 정보를 파악하는 것이다.[10] 앞서 살펴본 학생들의 진로고민과 상담답변들을 살펴보면 결국 "직업 정보"로 귀결된다. 학생들은 세상에 어떠한 직업들이 있고, 내 재능과 흥미, 교육포부 등을 고려했을 때 적합한 직업이 무엇인지 알고 싶어 한다. 설사 원하는 직업을 결정했다 하더라도, 그 직업의 구체적인 직무와 업무환경, 성장 경로 등에 대해서는 잘 알지 못한다.

하지만 진로진학상담교사의 연수 프로그램을 살펴보면 직업세계에 대한 영역은 상당히 제한적으로 다루어지고 있다. 2011년도 당시 교육부에서 발표한 진로진학상담교사 부전공자격연수 운영계획을 살펴보면 직업세계에 대한 교과목은 필수 교과목 3학점과 선택과목 중 2학점(미래 직업세계 이해, 노동시장의 이해 각 1학점씩)에 불과하다. 전체 개설된 51학점 중에 약 10%에 불과하다.[11]

이처럼 직업 및 노동시장에 대한 연수 프로그램이 충분히 제공되지 않음에 따라 실제 진로진학상담교사가 부전공 연수를 받았음에도 전문성을 향상시키기 위한 심화연수가 필요하다고 응답한 비율이 96%를 상회하는 것으로 조사되었다. 또한 자신의 전문성 부족을 느껴 실제로 추가적인 교육을 지속적으로 받고 있는 교사 역시 약 20% 정도인 것으로 나타났다. 부전공 연수만으로는 실제 현장에서 필요한 수준까지의 전문성이 충족되지 않고 있는 것이다.[12]

노동시장에 대한 이해 수준은 더욱 낮은 편이다. 실질적인 진로상담을 위해서는 기업에 대한 이해와 노동시장의 수요와 공급에 대한 기본적인 지식이 필수적이다. 진로진학상담교사의 교육요구도에 대해 분석한 장현진 외(2016)[13]의 연구에 따르면 요구도가 가장 높은 영역 중 하나로 "노동시장 이해"가 꼽히기도 하였다. 우리나라 교사 양성 시스템을 고려해보면 직업세계와 노동시장에 대한 이해가 부족한 것[14]은 당연한 결과이다. 초등학교 교사뿐만 아니라, 중·

---

10) 엄미리·권정언(2017). 일반 교원의 진로지도 및 상담 직무영역에서의 핵심역량 도출에 관한 연구. 고용직업능력개발연구. 20(2): 125–160.
11) 고재성(2011). 진로진학상담교사 현황 및 연수실태 분석. 진로교육연구, 24(2): 197–217.
12) 이지연·정윤경·방혜진(2012). 2012년도 학교에서 직업세계로의 원활한 이행 촉진: 진로진학 상담교사 전문성 함양을 위한 연수 프로그램 연구. 서울: 교육과학기술부·한국직업능력개발원.
13) 장현진·이진솔(2016). 진로진학상담교사의 교육요구도 분석. 농업교육과 인적자원개발, 48(4): 139–164.
14) 정형우(2012). OECD 국가의 직업교육훈련 시스템 검토. 주OECD대표부.

고등학교 교사는 대부분 사범계열 대학을 졸업하고 별다른 사회경험 없이 곧바로 교사가 된다. 다양한 직업군에 노출될 기회가 애초에 별로 없다. 기업이 얼마나 빠르게 변화하고 있는지, 대기업에 종사하는 근로자가 얼마나 소수인지, 대학 졸업 후 취업난에 시달리는 취준생이 어떠한 어려움을 겪는지 제대로 알기가 어렵다. 한편, 교원을 대상으로 한 조사에서 '사회 및 학생들의 변화에 대한 이해부족'이 학교교육 문제의 1순위로 지적되어, 이러한 문제는 교사 스스로도 인지하고 있는 것으로 볼 수 있다.[15]

"아는 만큼 보인다."는 말처럼 직업세계에 대해 폭넓은 이해와 경험이 부족하면, 진로상담 및 지도 역시 편중될 수밖에 없다. 결국 대졸 이상의 학력이나 면허 등이 필요한 전문직 및 준전문직에 초점이 맞춰지게 된다.

3) 특정 직업군에 편중된 진로콘텐츠

진로진학상담교사뿐만 아니라 진로 관련 콘텐츠 역시 특정 직업군에 편중되어 있다. 학생들이 가장 빈번하게 접하는 교과서에서도 이러한 쏠림현상을 확인할 수 있다.

초등학교 교과서에 포함된 직업 및 진로 관련 내용을 분석한 조붕환(2011)[16]의 연구에 따르면 전문가 직종이 전체의 절반 가량(40.16%)을 차지하는 것으로 나타났다. 특히 교과서에서 가장 많이 소개되는 직업은 농부(87회), 의사(58회), 경찰(35회), 어부(35회), 과학자(35회), 소방관(25회) 등으로 나타나 학생들이 이미 알고 있는 직업 수준에 그쳤으며 변화하는 시대의 흐름을 반영하지 못하는 것을 확인하였다. 반면에 기술공 및 준전문가는 7.93%에 불과하였다.

고등학교 교과서도 비슷한 상황이다. 장명희 외(2015)[17]의 연구에 따르면 교과서에서 제시되는 직업의 다양성 및 묘사가 실제 직업세계에서의 종사자

---

15) [법률저널] 교원 10명 중 6명 '교사직업병' 경험_20090518.

16) 조붕환(2011). 초등학교 2007 개정 교육과정 교과서에 나타난 직업 분석. 초등교육연구, 24(1): 85－109.

17) 장명희·황성수·김현수·오석영·박선미·한세롬(2015). 고등학교 교과서에 나타난 직업 관련 내용 분석. 직업교육연구, 34(1): 127－148.

분포와 불일치하는 것으로 나타났다. 즉, 특정 직업군에 직업 관련 내용이 편중되어 있어 현실적인 직업세계와는 괴리된 것을 확인하였다. 2011년 기준으로 대분류별 실제 직업 종사자 분포는 전문가 및 관련 종사자(19.3%), 사무 종사자(16.5%), 단순 노무 종사자(13.4%), 판매 종사자(11.9%), 서비스 종사자(10.2%), 장치·기계조작 및 조립 종사자(11.4%), 기능원 및 관련 기능 종사자(9.3%), 관리자(2.1%)의 순이다. 하지만, 교과서에 제시된 직업 제시 빈도의 경우 전문가 및 관련 종사자(64.2%), 관리자(11.8%)가 거의 대부분이었으며 서비스 종사자(7.1%), 단순 노무 종사자(2.7%), 기능원 및 관련 종사자(2.6%)의 순서로 나타났다. 이는 관리자 직업군의 경우 실제 종사자 현황에 비해 5배 이상, 전문가 및 관련 종사자 직업군의 경우 실제 종사자 현황의 3배 이상 높게 제시된 결과였다. 반면, 나머지 직업군의 경우는 실제 근로자와 비교해볼 때 10%에서 과도한 경우에는 70% 수준까지 낮게 제시되어 있어 직업군별 교과서 등장 빈도에 큰 편차가 있었다.

　　장명희 외(2015)의 연구는 교과서 내에 특정 직업군에 대한 부정적인 기술이 있었다는 것을 밝혀내기도 하였다. 전문직의 경우 긍정적으로 기술하였지만 상대적으로 블루칼라 직종에 대해서는 부정적 기술이 많이 나타난 것이다. 전문가 및 관련 종사자 직업군의 경우 긍정적 묘사가 21.0%로 전체 평균(18.1%)에 비해 상대적으로 높았지만, 단순 노무 종사자(29.1%), 판매 종사자(16.4%), 기능원 및 관련 기능 종사자(14.3%), 농림·어업 및 숙련 종사자(14.3%) 직업군의 경우 부정적 묘사가 전체 평균(5.3%)에 비해 상대적으로 높게 나타났다. 예를 들어, 법관이라는 직업에 대해서는 권력, 소득, 위신이 보장되는 직업이라고 기술하였지만 공장노동자에 대해 기술할 때에는 임금이 낮은 직업이라고 표현하였다. 또한, 환경미화원 직업에 대한 기술에서는 의사와 비교하며 의사에게 많은 보상과 높은 사회적 지위를 부여하는 것이 당연하다는 기술을 하기도 하였다. 이와 같은 사례는 청소년들이 직업군에 대한 협소한 시각과 편견을 갖도록 만든다.

　　진로교육에서 참고할 수 있는 콘텐츠도 잘 알려진 전문직이나 소수만이 기회를 잡을 수 있는 직종에 국한되어 있다. 구체적으로 커리어넷에서 제공하고 있는 직업 분류별 정보를 살펴보면, 청소년들이 선호하는 직업군에 대한 직업 정보는 약 300건 정도가 제공되고 있는 반면, 비선호 직업군에 대한 정보는 170건 정도로, 선호하지 않는 직업군에 대한 정보 자체를 획득할 수 있는 통로가 다소 좁은 것을 확인할 수 있다.[18] 워크넷에서 제공하고 있는 직업 정보 역시 편중 현상이 발생하고 있었는데, 관리직이나 경영·행정·사무직, 연구직, 기술직 등의 경우 해당 직업에 종사하고 있는 현직자들의 인터뷰 동영상이 직업 분류별 약 20건에 달하는 분량으로 제공되고 있는 반면, 생산직이나 정비직, 농림어업직의 경우에는 최소 1건에서 대부분 한 자릿수의 관련 영상이 제공되고 있었다.[19] 실제 직업사전에서 제시되고 있는 직종별 직업 수를 보면 경영·사무직, 연구 및 기술직 등의 경우는 2천개에서 3천개 정도이며, 설치·정비·생산직 등의 경우에는 5천 9백개의 직업이 포함되어 있어 실제 직업 수를 반영하지 못하고 편중 현상이 나타나고 있음을 알 수 있다.

실질적으로 청소년들이 실생활에서 다양한 직업에 대한 정보를 얻기가 쉽지 않기 때문에 진로교육 콘텐츠는 청소년들의 진로선택을 위한 정보 습득에 매우 중요한 수단이 된다. 그러나 청소년들에게 제공되는 정보 자체가 편중되어 있을 경우 비선호 직업 또는 신직업 등에 대한 정보를 얻을 수 없어 이에 대한 선호가 높아지기는 어렵다.

직업 정보의 안내와 관련하여 호주에서는 Career Bullseyes라는 직업차트를 활용하여 다양한 정보를 얻고 있다.[20] 이는 직업분류가 아닌 30여 개의 전공별로 해당 분야와 관련 있는 직업을 네 가지의 직업능력수준(skill level)별로 구분하여 제공하는 차트이다.[21] 구체적인 직업명에 대한 지식이 없어도 관심 전공을 선택하면 해당 분야에서 종사할 수 있는 직업에 대한 정보를 얻을 수 있고, 또한 직능 및 학력 수준에 따라 구분되어 직업 정보가 제공되기 때문에 소수의 전문직종만이 아닌 고졸 수준 및 저숙련 직종에 대한 정보를 얻을 수

---

18) 한국직업능력개발원 커리어넷 직업정보 웹페이지(http://www.career.go.kr/cnet/front/base/job/jobList.do#this01).

19) 한국고용정보원 워크넷 직업동영상·VR 웹페이지(https://www.work.go.kr/consltJobCarpa/videoInfo/videoInfoList.do?videoType=01&catCd1=01&catCd2=0101)

20) 호주 교육 서비스 웹페이지(https://myfuture.edu.au/bullseyes).

21) 한국고용정보원(2008). 해외 직업연구 및 직업정보 개발 동향. 서울: 한국고용정보원.

있다는 점에서 장점을 가진다.

4) 선호직업의 쏠림 문제

한국고용정보원이 발간한 '한국직업사전 통합본 제5판'에 따르면, 2020년 기준으로 우리나라 직업 수는 약 1만 6천 800개 가량이다[22]. 하지만 한국의 청소년들이 선호하는 직업은 특정 직업군에 매우 쏠려있다. 한상근 외(2019)[23]의 연구에 따르면 우리나라 초·중·고등학교 학생 중 50%가 선호하는 직업은 약 20여 개로 압축되는 것으로 나타났다. 이러한 선호직업의 쏠림현상은 10년 전 (2009년 기준)[24]에 비해 다소 완화되었지만, 여전히 과도하다.

교사, 운동선수, 의사, 간호사, 요리사, 군인, 공무원, 가수, 디자이너 등의 20개 선호직업을 꼽은 비율이 초등학생 68.4%, 중학생 58.2%, 고등학생 48.5%에 달한다. 상위 20개의 선호직업들은 대부분 대졸 이상의 학력이 필요한 전문직이다. 그나마 학력이 필요하지 않은 직종들은 운동선수, 가수, 작가, 연예인, 프로게이머 등의 특수 직종이다.

모두가 의사, 변호사, 교수 등 전문직을 가질 수 있다면 선호직업의 쏠림문제는 문제가 아닐 것이다. 그러나 이러한 직종들은 전체 근로자의 1%도 되지 않는 소수이며, 나머지 99%의 직종들은 학생들의 선택지에서 제외되어 있다. 진로쏠림은 결국 과도한 교육 경쟁에 근본적인 원인으로 작용한다. 오직 소수만이 기회를 잡을 수 있는 직종들을 위해 전 국민이 같은 방향으로 달리고 있다. 한편으로는 이러한 직업을 갖지 못하게 되면 인생의 실패자나 낙오자가 된다는 잘못된 사회적 인식도 팽배하다.

여기서 파생되는 문제는 직종에 대한 계급화다. 전문직, 화이트칼라, 블루칼라의 순서대로 직업의 선호도와 대중적인 인식이 갈린다. 블루칼라 직종에

---

22) 한국고용정보원(2020). 한국직업사전 통합본 제5판. 충북: 한국고용정보원.

23) 한상근·김민경·안유진·안중석·김다래(2019). 국가진로교육센터 운영 지원 1. 진로교육 현황조사: 초·중등 진로교육 현황조사(2019). 세종: 한국직업능력개발원.

24) 교육부·한국직업능력개발원(2019). 2019 초·중등 진로교육 현황조사. 세종: 교육부, 한국직업능력개발원.

대한 부정적인 인식은 결국 학생들의 과도한 대학진학률에 직접적인 원인이다. 나아가 공무원과 대기업의 선호 경향 역시 심화되고 있다.[25] 사회조사 결과를 살펴보면, 고등학생 연령대의 청소년들은 국가기관과 공기업 선호도가 거의 응답의 절반에 육박하고 있으며 이러한 경향은 크게 줄지 않은 것으로 나타나고 있다. 동시에 대기업에 대한 선호 현상 역시 확인되는데 2006년에 다니고 싶은 직장이 대기업이라는 응답은 2006년 18.4%에서 2013년 24.2%로 늘어났다. 반면 중소기업에 다니고 싶다는 응답은 2006년과 비교해 2013년에 큰 변화를 보여주고 있지 않다.

이러한 선호직업의 쏠림은 실제 구직단계에서는 더욱 극명하게 나타난다. 인터넷 구인·구직 사이트 사람인의 조사 결과[26]에 따르면 구직자들의 꿈의 직업은 공무원(26.7%), 사무직 회사원(15%) 등의 순으로 나타났다. 하지만 현실을 고려한 직업으로는 사무직 회사원(49.5%)이 절반으로 나타나서 초·중·고등학교 시절의 선호직업과는 사뭇 다른 양상을 보였다.

또 다른 문제는 기업가 정신의 부재다. 전 세계가 저성장 국면에 접어들고, 한국 역시 경제성장의 원동력을 찾지 못하는 상황에서 괜찮은 일자리의 공급은 점점 줄어들고 있다. 이러한 경제상황은 청소년들이 꿈보다는 생존의 문제를 중요하게 생각하게끔 만든다. 존경할 만한 창업가나 기업가, 즉 롤모델이 부재한 것도 큰 문제다[27]. 젊은 기업가가 활약하고, 그들을 보며 창업을 꿈꾸는 청소년이 많아져야 한다. 우리나라의 노동시장은 자영업에 의존하는 비중이 약 26%로 매우 높다. 미국의 약 두 배 가량이지만, 창업에 대한 고민은 진로교육에서도 그다지 크지 않다.

선호직업의 쏠림 문제는 대중매체 등에도 크게 영향을 받고 있다. 가장 대표적인 직종이 유튜버 등으로 대표되는 "크리에이터"다.[28] 2019년 유튜버와 BJ 등 '크리에이터'가 초등학생 장래 희망 3위에 오르며 학생 희망직업 상위권에

---

25) [오늘의 청소년] 청소년 진로체험활동의 실태와 발전방안 모색_20161018

26) [국민일보] 성인남녀 꿈의 직업 1위는 '이것' … 현실적으론 '사무직 회사원'_20181130.

27) [대덕넷] 대한민국 기업가 롤모델 부재, 매우 심각한 문제_20200212.

28) 교육부·한국직업능력개발원(2019). 2019 초·중등 진로교육 현황조사. 세종: 교육부·한국직업능력개발원.

처음 등장했다. 아프리카TV나 유튜브에서 활동하는 BJ 등 1인 크리에이터들이 연예인 못지않은 인기를 누리면서, 학생들의 장래 희망에도 큰 영향을 미치고 있는 것으로 나타났다.

5) 양질의 직업체험 기회 부족

최근의 진로교육에서 강조하고 있는 것 중 하나는 진로체험이다.[29] 자유학기제 도입 등과 맞물려 학생들이 학교 밖 일터에서 생생한 직업을 경험해볼 수 있는 기회를 확대하고 있다. 이와 관련하여 시·도 교육청 산하에 진로체험 지원센터가 다수 설치되어 개별학교의 진로체험 프로그램을 돕고 있다. 실제로 학생들의 진로교육 활동 만족도 중 직업체험에 대한 만족도도 매우 높은 편이다. 중·고등학생을 대상으로 진로체험유형 중 자신에게 도움이 되는 정도를 응답하게 한 결과 중학생은 직업 실무체험을 2순위(4.08점, 5점 만점)로 꼽았으며, 고등학생의 경우 직업 실무체험(4.10점) 및 현장 직업체험(4.05점)을 자신에게 가장 도움이 되는 체험으로 선택하였다.[30]

그러나 양질의 직업체험 기회가 충분히 제공되고 있지 못한다는 문제가 있다. 한 학부모의 직업체험 후기는 이를 잘 보여준다.

> "아이가 중2 때 직업체험을 하러 간다고 했다. 애니메이션 작가가 꿈이었던 아이는 클레이 인형을 하나 들고 왔다. 분명 애니메이션 작가 체험이라고 했는데 옆 학교에서 만든 체험부스에 가서 클레이아트를 했다고 했다. 프로그램이 부실하고 그나마 일회성으로 끝나 실망스러웠다."[31]

초·중·고등학교 학생들의 직업체험 기회를 제공할 수 있는 공간이 부족하기 때문이다. 많은 학교들에서 직업체험처를 확보하는 데 애로가 생기고 있

---

29) [오늘의 청소년] 청소년 진로체험활동의 실태와 발전방안 모색_20161018.
30) 교육부·한국직업능력개발원(2019). 2019 초·중등 진로교육 현황조사. 세종: 교육부·한국직업능력개발원.
31) [한겨레] 일터 체험 많지만 직업관 알려주는 교육은 아쉬워_20151214.

고, 그나마 가능한 곳은 공공기관 등에 국한되어 있어 일부 직종으로 쏠리고 있다. 또한 진로체험지원센터 등이 운영되고 있으나 진로체험처 운영의 경우 기관의 자발성이 중요하므로 기관장 또는 담당자의 관심도에 따라 프로그램 운영에 대한 차이가 발생할 수 있다는 점이 문제로 대두되고 있다.[32]

직업체험은 체험기회를 제공하는 곳에서 상당한 준비를 요한다. 직장을 방문하는 것이 목적이 아니라, 직업의 생생한 모습을 전달하기 위해서는 관련 프로그램과 콘텐츠 개발이 핵심이다. 해당 직종의 종사자들도 많은 노력과 시간을 할애해야 한다. 준비가 되어 있지 않다 보니 양질의 직업체험 기회가 충분히 제공되지 않는다. 궁여지책으로 다양한 간접체험 프로그램들이 만들어지고 있지만 학교의 인프라에 따라 천차만별이다.

6) 빠른 진로결정을 요구하는 교육과 입시제도

고등학교 진로진학상담교사의 연수 과정[33] 중에 고교 진로교육의 가장 대표적인 문제로 "대학입시에 너무 큰 영향을 받는다."가 꼽혔다. 학생들의 빠른 진로결정을 요구하는 입시제도가 문제라는 것이다. 수시 위주의 입시제도는 고등학교 1학년 때부터 자신의 진로목표와 대학진학목표, 그리고 교과, 비교과활동을 유기적으로 연계하는 것을 요구한다. 자신의 적성이나 직업세계에 대한 탐색 기회가 충분하지 않은 상태에서는 이른바 "좋은" 학생생활기록부를 만들기가 어렵다는 것이다.

고등학교 시절 중간에 진로가 바뀌는 학생들은 더욱 어려움이 많다. 진로목표가 바뀌면 대학진학 계획이 바뀌게 되고, 학생부의 일관된 "스토리"를 만들기가 어렵다. 상황이 이렇다 보니 학생들은 고 1때 정한 진로를 유지할 수밖에 없다.

앞으로 도입될 문·이과 통합수능이나 고교 학점제 역시 학생들의 빠른 진

---

32) 이혜숙(2018). 자유학기제 진로탐색활동 활성화를 위한 서울시 전략. 서울연구원 정책리포트. 서울: 서울연구원.

33) 서울대학교 농업생명대학 교육연수원 <2019 진로교육 기반 학교교육과정 편성 역량 신장 연수>(2020. 1. 13.－2020. 1. 15., 서울대학교 관악캠퍼스, 일반고등학교 교사 251명 대상).

로결정을 요구한다. 자신의 진로, 특히 목표 대학에 따라 이수할 교과목을 선택해야 한다. 선택권이 보장받는다는 이점도 있지만, 도리어 족쇄가 되기도 한다. 진로계획이 변경되는 학생들은 해당 전공에서 요구하는 교과목을 이수하지 못하면 좋은 대학으로의 진학이 어려워지게 되는 것이다.

4. 모두를 위한 직업: 진로교육과 노동시장의 연계 강화

진로교육이 어려운 이유는 학생 저마다 갖고 있는 진로고민이 천차만별이라는 점이다. 이러한 이유 때문에 진로상담의 목표는 진로고민의 해결이 아니라 "학생들 스스로가 진로문제를 해결할 수 있는 역량을 갖출 수 있도록 돕는"데 있다.

그럼에도 불구하고 학생들의 진로계획 및 결정에 학교가 미치는 영향은 매우 크다. 담임교사의 지나가는 말 한마디가, 진로활동 시간의 흥미, 적성검사 결과지의 추천직업이 학생들의 인생의 큰 전환점이 되기도 한다. 학생들의 진로고민을 모두 해결해 줄 수는 없어도, 학교와 교사는 진로교육에 대해 기본적인 정보와 지식을 갖춰야 한다.

1) 모든 교사가 진로교육 전문가가 되어야 한다.

진로교육만을 전담하는 인력을 모든 학교에 배치한 것은 괄목할 만한 성과다. 그러나 진로진학상담교사가 단위학교의 모든 진로교육 관련 업무를 전담할 수는 없다. 현실적으로 가능하지도 않고, 바람직하지도 않다. 전담교사는 진로교육의 최고 전문가로서 파편화되어 있는 진로교육 프로그램을 유기적으로 조직하고, 사각지대가 없는지 살피는 역할을 해야 한다. 나머지 교사들이 진로상담을 실시할 때 부딪히는 어려움을 조언하고 해결해주는 supervisor의 역할을 수행해야 한다.

결국 학생들의 개인적인 흥미, 적성을 파악하고, 가정·환경적 배경 등을 종합적으로 고려하여 조언할 수 있는 사람은 담임교사다. 학생들의 학습동기와 학업수준, 교우관계, 성격 등의 정보를 가장 잘 알고 있기 때문이다. 따라서 학교의 모든 교사는 진로교육 전문가로서 역할을 수행해야 한다.

이와 관련한 대표적인 사례가 덴마크의 9년 담임제[34]다. 덴마크는 대부분 9년제 기초학교를 의무적으로 다니는데, 졸업 후 일반 고등학교와 직업 고등학교를 선택하게 된다. 기초학교 9년 동안 한 명의 담임교사가 아이들을 담당하기 때문에 아이들을 누구보다도 정확히 알고 있다. 학생들은 6학년부터 약 4년간 학생들의 교육 및 진로와 관련된 포트폴리오를 만들어내는데, 이 과정에서도 담임교사의 역할은 절대적이다.

모든 교사가 진로교육 전문가가 되기 위해서는 교사의 양성 및 재교육 단계에서 진로교육 관련 역량이 지속적으로 강조되어야 한다. 특히 진로교육에 대한 마인드 정립이 시급하다. 스스로가 진로개발 촉진자로서의 역할을 수행해야 한다는 것을 인식하고, 필요한 역량을 기르는 동기가 부여되어야 한다. 기본적인 상담의 기술은 물론, 다양한 직업세계에 대한 정보에 관심을 기울이고 끊임없이 수집하는 자세가 필수적인 것이다.

2) 진로교육의 핵심은 '직업세계'

진로교육을 담당하는 인력에게 필요한 다양한 역량 가운데 자주 간과되는 것은 "직업세계"에 대한 이해이다. OECD의 보고서[35]에서도 진로지도 인력이 지나치게 심리학적인 배경에 치중하는 것을 경계할 것을 권고하고 있다. 일반적으로 진로교육의 핵심적인 영역은 "자신에 대한 이해", "직업세계 이해", "진로의사결정", "진로계획 및 준비" 정도[36]이다. 대부분의 교사 연수나 진로교육 콘텐츠는 "자신에 대한 이해" 영역에 집중되어 있다. 자신의 흥미, 적성, 가치관 등을 탐색하는 심리검사의 실시 및 해석이 중심이다.

자신에 대한 이해만큼이나 중요한 것은 세상에 얼마나 많은 직업이 있는

---

34) [조선닷컴] 진로교육으로 눈을 돌려라_20140602.

35) OECD(2009). Chapter 3. Learning for Jobs.

36) 교육부·한국직업능력개발원(2015). 2015 학교 진로교육 목표 및 성취기준. 세종: 교육부, 한국직업능력개발원.

지를 아는 것이다. 이러한 직업에서는 어떠한 환경에서 어떠한 종류의 일을 수행하는지, 그리고 이러한 직업 관련 일자리의 양이 얼마나 되는지, 해당 직종에 진입하기 위해서는 무엇을 준비해야 하는지 알아야 한다. 하지만 교사들이 활용할 수 있는 콘텐츠는 심리검사 결과로 나오는 추천직업이나, 직업사전에서 제시되는 간략한 직종 개요 정도이다. 학생들에게 할 수 있는 조언은 직업정보를 탐색할 수 있는 정보원 소개 정도이다.

교사가 직업세계에 대해 충분히 이해하기 위해서는 무엇이 필요할까? 현실적으로 2020년 기준으로 약 1만 6천 8백개 가량의 직업이 직업사전에 등재되어 있는데, 이를 산업과 일자리 수준으로 세분화하면 그 수는 어마어마하다. 현실적으로 연수 등 단기간의 학습으로 습득하기는 어렵다. 교사가 직업세계의 전문가가 되어야 한다는 것은 모든 직업정보를 섭렵하라는 것이기 보다는, 다양한 직업 분야에 대해 끊임없이 관심을 기울이고 정보를 축적해나가야 함을 의미한다.

특히 최근의 직업들은 산업분야 간, 직무 간, 학제 간의 융합이 활발하게 이루어지고 있기 때문에 더욱 복잡하고 빠르게 변화하고 있다. 가장 대표적인 예시가 농업분야의 직종이다. 현장의 교사들에게 농업 관련 직업을 물으면[37] "농부"같은 단편적인 예시가 자주 나온다. 농업과 생명공학이 얼마나 밀접하게 연계되는지, 농산업 분야의 창업이 얼마나 다양하게 이루어지고 있는지 알고 있는 경우는 매우 드물다.

가장 간단한 방법은 한 달에 한 번씩 특정한 테마(산업 또는 직무분야)를 선정하여 정보를 탐색해보는 것이다. 교사 혼자서 또는 학생들과의 진로활동과 연계하여 수행해도 좋다. 농업, 로봇, AI와 같이 최근 트렌디한 산업이 테마가 될 수도 있고, 대학의 전공 또는 학과와 연계하여 직업정보를 탐색해볼 수도 있다.

더욱 추천할 만한 것은 일자리에 대한 탐색이다. 직업과 일자리는 서로 다른데, 일자리는 훨씬 세분화되어 있고, 산업이나 기업에 따라 천차만별이다. 예

---

37) 서울대학교 농업생명대학 교육연수원 <2019 진로교육 기반 학교교육과정 편성 역량 신장 연수>(2020. 1. 13.-2020. 1. 15., 서울대학교 관악캠퍼스, 일반고등학교 교사 251명 대상)

를 들어, 성인 구직자의 절반이 선호하는 "대기업 사무직"을 키워드로 정하고 기업에서 사람을 채용하는 방식을 확인해볼 수도 있다. 인사, 총무, 재무/회계, 기획 등 다양한 사무분야의 직무 등을 탐색해보는 방식이다. 나아가서는 이러한 곳에 종사하는 사람이 어떠한 24시간을 보내는지 알아볼 수도 있다. 이와 관련해서 참고해볼만한 정보는 두산그룹에서 제공하고 있는 커리어두산[38]이다. 자회사와 관련 직무를 매우 구체적으로 소개하고 있고, 특히 사원들이 어떠한 일을 하는지 시간 단위로 소개하고 있다.

진로교육 콘텐츠를 생산하는 기관에서도 직업정보 발굴 및 가공에 대해서도 좀 더 노력을 기울일 필요가 있다. 직종의 확대는 물론, 기존에 소개하고 있는 직종의 정보가 충분한지도 확인해야 한다.

3) 노동시장에 대한 이해와 기업가정신 함양이 필요

그간 진로교육에서 미흡했던 영역 중 하나는 노동시장에 대한 이해이다. 특히 고등학교를 졸업하고 바로 취업현장에 뛰어드는 특성화고와 마이스터고에서는 더욱더 필요한 영역이다. 일반고 역시 10%가량[39]의 학생들이 졸업 후 취업을 선택한다는 점을 고려했을 때 모든 고등학교에서 충분히 다뤄져야 한다.

우선 인력의 수요와 공급의 측면에서 진로교육을 바라볼 필요가 있다. 초·중·고교의 선호직업과 구직자의 선호직업이 크게 바뀌는 것은 바로 일자리의 수급 때문이다. 인력 수급의 기본적인 원리에 대한 이해가 필요하며, 각종 경제상황, 내수와 수출현황 등이 일자리 양과 질에 미치는 영향 등 경제학적 시각이 길러져야 한다. 이에 더해 근로계약의 형태, 정규직과 비정규직의 이중적 노동시장 구조, 근로자의 권리와 의무, 근로기준법의 이해 등 근로관계와 관련된 기본적인 지식에 대해서도 습득할 필요가 있다.

한편 기업가 정신(entrepreneurship)에 대한 교육도 강조되어야 한다. 앞서 언급한 바와 같이 우리나라의 자영업자 비중은 미국에 2배에 달한다. 40대 근

---

38) 커리어 두산 웹페이지(https://career.doosan.com/front/subsidiaries/diary.jsp)
39) 한국교육개발원(2019). 교육통계연보. 충북: 한국교육개발원.

로자의 상당수가 퇴직 후 자영업을 선택하는 경로를 보인다.[40] 작은 카페의 창업부터 벤처기업 창업까지 모든 형태의 창업은 기업가정신이 바탕이 되어야 한다. 다행인 것은 최근 교육부를 중심으로 기업가 정신 및 창업교육을 진로교육의 중요한 내용요소로 다루고 있다는 점이다.[41] 그러나 아직도 진로교육 콘텐츠 가운데 창업이나 기업가 정신에 대한 내용은 미흡한 편이다.

4) 지역사회와의 협업이 필수

진로교육은 모두를 위한 교육이면서, "모두에 의한" 교육이 되어야 한다. 직업에 대한 정보를 가장 구체적으로 갖고 있는 곳은 바로 기업이다. 진로교육 콘텐츠의 개발부터 직업체험까지 기업은 직업교육의 중요한 정보원이 되어야 한다. 특히 민간기업일수록 사회공헌과 예비 인재 양성의 차원에서 적극적인 협력 자세를 가질 필요가 있다.

이와 함께 지자체와 교육청, 그리고 유관기관 및 단체 간의 협업도 필수적이다. 또한 교육부를 중심으로 다양한 유관부처와 산하기관의 협력도 보다 공고해질 필요가 있다. 즉, 교육부와 함께 고용노동부, 보건복지부, 문화관광부 등의 부처들은 물론 산업별 부처 및 관련 청들과의 협력도 필수적이다.

5) 진로 콘텐츠 다양화: 화이트칼라 직종 집중 경계해야

앞서 살펴본바와 같이 우리나라에서 개발되는 대부분의 진로에 관련된 콘텐츠는 전문직과 화이트칼라 직종에 상당히 집중되어 있다. 이러한 양상은 학생들의 선호 진로에 기반한 것이라고는 하지만, 직업세계의 다양성을 반영하지 못한다는 단점을 갖는다. 오랜 시간 숙련이 필요한 블루칼라 직종에 대해서는 제대로 된 직업 소개나 홍보가 부족한 편이다.

흔히 뿌리 산업이라고 불리는 주조, 금형, 소성가공, 용접 등의 산업과 자

---

40) 최수정(2015). 전문대학 졸업생의 경력경로 유형과 실태: 1960년대 세대를 중심으로. 농업교육과 인적자원개발, 47(1): 27-48.
41) [에듀동아] '직업이 사라진다' 4차 산업혁명 시대에 필요한 진로 교육은?_20180110.

동차, 조선, 정보 통신(IT) 등 국가 기산업인 제조업의 핵심인 기술·기능인력에 대한 중요성과 긍정적인 이미지 제고가 필요하다. 직업사전, 직업소개 및 심리검사에서의 추천직업 등에서 직업의 다양성 확보가 필요하다.

직업체험에서도 블루칼라 직종은 소외되어 있다. 한국일보의 기사 "어린이 직업체험장에는 왜 건설노동자는 없나?"[42]에서 살펴볼 수 있듯이 기술직은 진로교육 현장에서 늘 소외되어 있다.

> "지인이 그런 이야기를 하더라고요. 조카 데리고 어린이 직업체험 행사를 가면, 주로 청진기나 판사봉 들고 사진 찍고요. 소방관, 과학자, 운동선수 이런 직업들은 있는데 건설노동자나 공장에서 일하는 기술직에 대한 소개 코너나 콘텐츠는 없다고요."

블루칼라 직업은 마치 선택해서는 안 되는 양, 알게 모르게 노동자에 대한 차별을 학교에서 경험한다. 건설 현장에서 일한 경험을 미술로 가져와 '공사장' 시리즈를 만든 이찬주 작가는 우리 사회의 현장 노동자 차별 의식 해소를 위해서는 "어린 시절, 유치원 교육부터 중요한 것 같다. 막말로 '공부 열심히 안 하면 저렇게 된다.'고 가르치기도 하잖아요."라고 말했다.[43]

기술직을 양성하는 특성화고 및 마이스터고에서는 이러한 진로콘텐츠의 편중 현상에 가장 직접적인 영향을 받는다. 당장 졸업 후 취업을 목전에 두고 있는 학생들에게 비전을 제시할 만한 직업정보는 부재한 상태이다.

따라서 직접적으로는 진로교육 콘텐츠, 간접적으로는 교과서에 소개되는 직종의 다양화를 위해 좀 더 체계적인 접근을 할 필요가 있다. 특히 고도의 숙련이 필요하고, 임금 등 보상체계가 우수한 블루칼라 직종들을 중심으로 우선적인 콘텐츠 개발이 필요하다. 또한 교사의 진로교육 관련 연수 및 학생들의 직업체험처 발굴 측면에서도 고숙련 블루칼라 직종을 적극적으로 포함시키는 것이 시급하다.

---

42) [한국일보] 어린이 직업 체험장엔 왜 건설 노동자는 없나_20191116.
43) [한국일보] 어린이 직업 체험장엔 왜 건설 노동자는 없나_20191116.

05 경제의 허리가 되는 직업교육

개발도상국을 원조하는 ODA(Official Development Assistance) 사업을 진행하다보면, 다른 선진국에 비해 한국이 강점을 갖는 분야(sector)가 있다. 그중 하나가 바로 직업교육(TVET, Technical and Vocational Education and Training)이다. 개발도상국에서는 한국이 반세기 만에 원조 받는 나라에서 원조하는 나라로 급격한 성장을 하게 된 원인을 "교육" 때문이라고 생각하며, 한국의 교육에 대해 많은 관심을 보이고 있다.

특히 직업교육은 한국의 성공적인 산업화의 아주 중요한 도구였다고 여겨진다. 사실 1970년대부터 1980년대 중반까지 경공업분야의 공장노동자는 절대다수가 반(半)숙련 노동자였다. 그러나 1973년부터 시작된 중화학공업화의 성공은 숙련기술공이 대량 공급되면서 가능했다. 당시 기계공업과 화학공업 그리고 중동에 진출한 건설업과 플랜트수출 사업의 성공은 숙련노동자 없이는 결코 가능하지 않았다. 이러한 산업에는 국가가 관리하는 기능자격제도 시험을 통과한 숙련노동이 필요했다. 당시 숙련된 노동자의 양성은 특히 직업계 고등학교와 직업훈련을 통해 대규모로 공급되었다. 직업교육을 통해 공급된 숙련노동자의 규모는 1973년 중화학공업화를 선언한 이래 1979년까지 약 100만명을 넘나드는 수준이었다.

1. 84대 16: 16%를 위한 정책은 어디로 가고 있는가?

1) 직업계고 학생 수는 점차 줄고 있다

한국 경제성장에 중요한 역할을 수행했던 직업교육은 산업구조의 고도화에 따라 여러 번의 부침을 겪었다. 특히 1996년 5·31 교육개혁 2차 발표에서 도입된 대학설립준칙주의에 의해 대학의 숫자가 크게 늘어나고, 고등교육의 기회가 확대되면서 직업교육은 점차 소외되었다. 혹자는 우리나라의 산업구조가 고학력위주로 재편되면서 필연적인 결과라고 이야기하기도 한다.

[그림 3-4]에서 보듯이 OECD가 2012년에 발간한 보고서[1]에 따르면 우리나라의 산업구조는 미국이나 독일에 비해 제조업 중심의 기능·기술인력 비

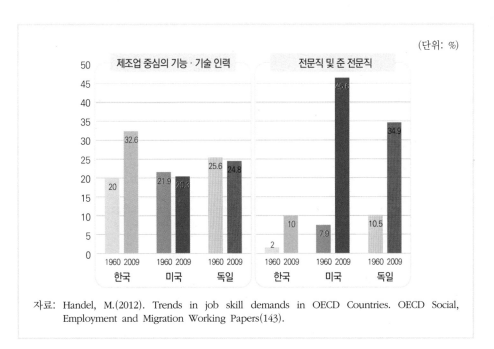

자료: Handel, M.(2012). Trends in job skill demands in OECD Countries. OECD Social, Employment and Migration Working Papers(143).

[그림 3-4] 한국, 독일, 미국의 1960년과 2009년 직종구성비 변화

---

1) Handel, M.(2012). Trends in job skill demands in OECD countries. OECD social, employment and migration working papers(143).

중이 매우 높은 편이다. 미국과 독일의 경우 대졸 학력 수준이 필요한 전문직 및 준전문직 비중이 30%에 육박하지만, 우리나라는 20%대에 머물러 있다. 반면에 제조업 관련 종사자의 비중은 32.6%로 미국의 20.3%와 독일의 24.8%에 비해 10% 가량 높은 편이다.

우리나라의 대학진학률이 이들 국가보다 약 2배가량 높다는 점을 고려해 보면 제조업 분야의 기능·기술인력 수요보다 공급이 부족한 것을 미루어 짐작해볼 수 있다.

[그림 3-5]에서 보듯이 한국의 직업계고 학생의 비율은 지속적으로 감소하였다. 1980년에 44.7%, 2005년 34.0%, 그리고 2019년에는 16.3%로 하락했다.[2] 직업계고의 학생 수의 비율은 앞으로 더욱 감소할 것으로 예측된다. 고령화에 따른 학령인구 감소로 인하여 직업계고의 신입생 확보가 더욱 어려워질 전망이기 때문이다. 입학자원을 확보하지 못하는 대학들의 공격적인 마케팅도

주: 1) 2011년부터는 한국교육개발원의 직업계고 통계 조사 기준이 변경되어 큰 차이가 있는 것처럼 보여진다.
출처: 한국교육개발원 교육통계연보(1980-2019.) 고등학교 유형별 현황자료를 재구조화.

[그림 3-5] **전체학생 대비 직업계고 학생수 비율 추이(1990-2019)**

2) 한국교육개발원(2019). 2019년 교육통계연보. 충북: 한국교육개발원.

직업계고 신입생 확보에 부정적인 영향을 미칠 것으로 보인다.

2) 16%의 학생들은 소외되고 있다

직업계고 학생의 비중이 점차 감소하다 보니 이들을 위한 교육정책도 일반고에 비해 매우 미비한 실정이다. 일반고－대학진학－취업의 성장경로가 너무나 당연시되는 사회가 되었고, 직업계고－취업의 경로를 걷는 학생들은 일종의 소수자(minority)가 되었다.

특히 코로나 19 사태에 따라 발표된 교육대책 가운데 직업계고에 초점을 맞춘 것은 거의 없는 실정이다. 직업교육은 특성상 실습수업이 많고, 학습동기가 부족한 학생들이 다수 포함되어 있다. 비대면 수업으로 학습효과를 기대하기 가장 어려운 집단이다. 게다가 졸업 후 취업을 위한 현장실습 등의 기회가 제한되고, 자격증 취득과 관련된 시험이 연기되는 등 일반고와는 다른 특수한 어려움이 펼쳐졌다. 올해 5월 '2020 직업계고 지원 및 취업 활성화 방안'이 뒤늦게 발표되었지만 실습 교육 등에 대한 대책은 빠져있었다.

2. 직업교육과 정부정책의 영향력

우리나라뿐만 아니라 대부분의 국가들에서 직업교육은 정부정책에 상당한 영향을 받는다. 다시 말해, 직업교육은 정부의 집중적인 투자가 필수적이다. 도제훈련 등 고용주 위주의 직업교육 시스템을 갖고 있는 국가들을 제외하면, 학교 중심의 직업교육은 대부분 국가 재정에 의존한다. 직업교육은 일반교육에 비해 고비용 구조이고, 교육이 가지고 있는 사회경제적 성과가 상당하며, 국가의 경제성장 및 산업발전에 직결되기 때문이다.[3] 또한 직업교육의 낮은 선호도와 명성 때문에 중앙정부의 개입은 매우 중요하다.

실제로 우리나라 역시 정부 정책에 따라 직업교육의 흥망이 크게 좌우되

---

3) Field, S., Hoeckel, K., Kis, V., and Kuczera, M.(2009). Learning for jobs. OECD Policy Review of Vocational Education and Training: Initial Report. 2010. Paris: OECD.

어 왔다. 직업교육을 집중적으로 육성한 정부에서는 상당한 예산 투입과 일자리 연계로 학생들의 선호도가 높았지만, 일반교육 중심의 정책을 폈던 정부에서는 직업계고의 선호도가 낮아지는 경향을 보였다.

이와 관련한 가장 대표적인 지표는 직업계고 출신자들의 취업률이다. [그림 3-6]과 같이 우리나라 직업계고 졸업자의 취업률은 큰 폭의 오름과 내림이 반복되었다. 일반 교육과 대학진학을 장려하는 정책을 폈던 김대중, 노무현 정부에서는 취업률이 가파르게 떨어져 오직 16%의 학생들만이 고등학교 졸업후 취업을 선택하였다. 이 당시는 직업계고 무용론까지 불거졌고, 많은 학생들이 진학을 위한 목적으로 직업계고를 선택하는 문제점도 발생했다. 정부가 전폭적으로 직업교육을 지원했던 이명박, 박근혜 정부에서는 취업률이 다시 크게 상승하여 또 다시 역전하는 양상을 보였다. 절반가량의 졸업자들이 취업을 선택했고, 진학률은 취업률에 비하여 10%p 이상 낮은 수준을 보이면서 진학 목적을 가진 학생들은 감소하였다.

김영삼 정부부터 직업계고와 관련된 주요 정책적 흐름을 살펴보면 다음과 같다.

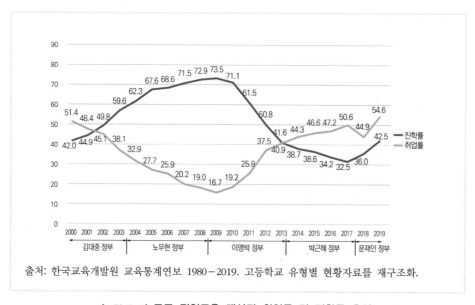

출처: 한국교육개발원 교육통계연보 1980-2019. 고등학교 유형별 현황자료를 재구조화.

[그림 3-6] **고교 직업교육 대상자 취업률 및 진학률 추이**

1) 김영삼 정부: 5.31 교육개혁을 통한 평생직업교육 관련 정책 대두

김영삼 정부의 대표적인 교육정책인 5.31 교육개혁은 직업교육에도 큰 영향을 미쳤다. 당시 정책의 키워드는 '자율, 경쟁, 다양성, 특성화, 학습자 중심'으로 집약할 수 있다. 주요한 골자는 "평생교육"이었는데, 언제 어디서나 누구든 자신이 원하는 교육을 받을 수 있는 기회를 제공하는 것이 정책의 주요 목표였다. 대학의 설립 기준을 완화하고, 자율성을 부여하는 정책은 훗날 직업교육의 정책흐름에 큰 영향을 끼쳤다. 열린 교육기회 제공이 과도한 대학진학률을 높이고, 대학 교육의 질을 낮췄다는 부정적인 평가도 존재한다.

직업교육 측면에서도 폭넓은 개혁방안이 도출되었다. 우선 직업교육 3법(<직업교육훈련촉진법>, <자격기본법>, <한국직업능력개발원법>)이 제정되어, 직업교육훈련과의 연계, 국가공인자격제도, 직업교육훈련의 연구/개발 거점 마련 등의 성과가 있었다. 그리고 산업구조의 고도화를 이유로 직업교육의 중심축을 중등단계에서 고등단계로 옮기려는 다양한 과제가 제시되었다. 이에 따라 직업계 고교와 전문대학의 수직적 연계에 대한 관심이 높아진 시기였다.

2) 김대중 정부: IMF 여파로 인한 효율성 강조, 직업교육의 축을 고등교육으로 이동하려는 계속적인 시도

김대중 정부는 IMF의 여파, 이전 정부의 신자유주의 노선의 5.31교육개혁의 영향, 그리고 진보를 표방하는 정치적 흐름이 혼합되면서 혼란스러운 시기를 거쳤다. 특히 교육 전반에 거쳐 파격적인 정책들이 실현되면서 일선의 혼란과 비판이 혼재되어 있는 시기였다. 이 당시 신자유주의 노선을 따르고 있는 정책들(교원 정년 감축, 자립형 사립고 등 고교 유형 다양화)과 진보노선의 정책들(체벌금지, 전교조 합법화)이 혼합되어 "기형적 신자유주의" 노선을 따르고 있다는 비판도 받았다.[4]

상황이 이렇다 보니 직업교육에 대한 정책은 크게 주목받지 못하였고, 추

---

4) 박거용(2001). 김대중 정부의 교육정책 비판: 기형적 신자유주의의 강요. 민주사회와 정책연구. 1: 36−58.

진동력도 부족했다. 1999년의 교육발전 5개년 계획에서는 경쟁력 없는 직업계 고교를 일반계 고교로 전환, 일반교육과 직업교육이 혼합된 통합형 고교 도입, 직업기초능력 중심의 교육과정 강화, 직업계 고교와 전문대학 간의 연계교육 강화 등이 관련 정책으로 제시되었다. 즉, 전문 직업교육 중심의 중등직업교육을 기초 및 일반 직업능력 중심의 계속교육 모형으로 전환하는 것이 골자였다고 볼 수 있다.

뒤이어 도입된 제1차 국가인적자원개발기본 계획(2001년)[5]에서도 비슷한 기조가 유지되었다. 특성화고등학교 체제로 중등 직업교육을 전환하고, 특성화고등학교와 전문대학 간 2+2 연계체제 프로그램을 운영하도록 하였다. 이를 통해 특성화고등학교 졸업생들이 관련 분야의 전문대학에 진학할 수 있는 기회를 확대하였다.

3) 노무현 정부: 동일계 특별 전형 등 계속 교육기회 확대 중심의 정책 펼쳐

노무현 정부의 직업교육 정책은 김대중 정부와 상당 부분 맞닿아 있었다. 다른 점은 직업교육에만 초점을 맞춘 별도의 정책(직업교육체제 혁신방안(2005))이 발표되었다는 점이다. 당시 직업교육에 대한 기피 현상이 심화되고 있었고, 대학진학의 문은 더욱 넓어져서 학생들의 고등교육 진학률은 가파르게 상승하고 있었다. 반면 제조업의 경우 학생들이 취업을 기피하여 인력 수급에 어려움을 겪는 일자리 수급 불균형 문제도 대두되었다.

직업교육체제 혁신방안은 중등단계와 고등단계 모두를 아우르는 종합적인 대책이었다.[6] 주요 골자는 1) 중등단계 직업교육을 특성화고와 실업계고로 이원화하는 것, 2) 전문대학 및 대학으로의 계속 교육기회를 확대하는 것이었다. 첫 번째 골자는 산업수요와 직결되는 일부 명문 특성화고를 대폭 확대하고, 나머지 일반 실업고에서는 기초 직업교육과 대학 진학 중심의 교육과정을 운영

---

5) 교육인적자원부(2001.12.17.). 국가인적자원개발기본계획 발표. 보도자료.
6) 교육혁신위원회(2005). 직업교육체제 혁신방안. 서울: 교육혁신위원회. 재구성.

하는 것을 목적으로 하였다. 두 번째 정책 중 가장 파급력이 높았던 것은 실업고 졸업생 동일계 특별 전형 추진이었다. 정책의 주된 목적은 근로자의 계속교육 활성화였지만, 결과적으로는 직업계고의 무분별한 대학진학이라는 병폐를 만들게 되었다.

4) 이명박 정부: 마이스터고 도입 등 집중적인 직업계고 육성정책과 활발한 예산투입

이명박 정부는 역대 어떠한 정책보다 강력하고 집중적인 직업계고 육성정책을 펼쳤다. 대부분의 정권에서 임기 내 겨우 1회 가량의 직업교육 정책을 수립한 데 반해, 이 정권에서는 거의 매년 관련 정책이 쏟아졌다. 마이스터고 도입이 포함된 '고교다양화 300 프로젝트(2008년)', 선취업 후진학 정책을 적극적으로 표방한 "직업교육 선진화 방안(2010년)", "교육희망사다리 구축방안(2011년)", '학업·취업 병행 교육체제 구축 방안(2011)' 등이 대표적이다.

이명박 정부의 직업교육 정책은 당시 선명한 정책기조를 갖고 있었다. 직업계 고등학생이 졸업 후 곧바로 노동시장에 진입할 수 있는 기회를 확대하는 것이 목적이었고, 대부분의 정책들이 이를 보완하는 방식으로 이루어졌다. 특히 마이스터고등학교를 통해 취업 선도모델을 정착시키고자 하였고, 학생 및 학부모들의 대학진학에 대한 욕구는 후진학 정책으로 보완하고자 하였다.

이러한 정책들은 당시 경제사회적 인력 수요에도 부합하는 방향이었다. 대학진학률이 높아지면서 대졸자의 하향취업 경향이 심화되고, 베이비부머 세대의 은퇴로 핵심 기술을 가진 인력이 감소하면서 직업교육 출신자에 대한 산업의 요구가 커지고 있는 상황이었다.

물론 비판도 있었다. 취업률을 중심으로 직업계고 성과평가가 강력하게 추진되면서 현장실습생 사망사고 문제 등 다양한 부작용도 발생하였다. 또한 상대적으로 전문대학 육성 정책이 부족하다는 비판도 제기되었다.

5) 박근혜 정부: 능력중심사회를 기조로 하는 다양한 직업교육 인프라 구축 대책 마련

박근혜 정부의 중요한 정책 기조 중 하나는 "능력중심사회를 위한 여건 조성"이었다. 학벌보다 능력이라는 기조로 직업교육 전반에 상당한 힘을 실어주었다. 국가직무능력표준(NCS)과 국가역량체계(NQF) 등의 도입은 개개인이 갖춘 실무능력 중심의 채용, 인사, 보상 체계를 만드는 기반이 되었다. 그리고 국가직무능력표준(NCS) 기반의 고교 직업교육과정 개정은 산업수요에의 대응과 학습자에게 필요한 직무능력 제고에 효과적인 틀을 갖추게 되었으며 일반교육의 역량중심 교육과정으로의 전환을 촉진하기도 하였다.

박근혜 정부는 직전 정부와 비슷한 기조로 중등직업교육의 종국교육으로서의 역할에 초점을 맞추었다. 크게 달랐던 점은 일(work) 중심의 직업교육 체제의 도입이었다. 마이스터고 등의 기존 정책은 강력한 학교 중심 직업교육(school-based vocational education)인 데 반해, 도제제도의 일종인 일학습병행제는 일터와 기업이 직업교육의 주체가 되어야 한다는 시그널이었다. 또한 국가직무능력표준(NCS)을 고교 직업교육과정에 도입한 것은 학교 중심의 도제 및 일학습병행제 도입을 가능하게 하였으나 미래변화를 준비하기에 한계가 있는 취업교육을 강조한다는 우려도 있었다.

이러한 기조는 고교뿐만 아니라 전문대학과 대학에도 유사하게 적용되며, 현장실습 학기제 등 일터 중심의 직업교육에 많은 강조가 이루어졌다.

6) 문재인 정부: 직업계 고교 취업 활성화에는 소극적, 고교학점제 등 유연한 교육과정 강조

두 번의 보수 노선의 정부에서는 고교 단계 직업교육에 대한 강조가 이루어졌다면, 문재인 정부에서는 그 기조가 한풀 꺾이게 되었다. 물론 이 정부에서도 "교육의 희망사다리 복원"과 "고등교육 질 제고 및 평생/직업교육 혁신" 등의 국정과제에서 직업교육의 중요성을 언급한바 있다. 또한 2018년 평생직업교육훈련 혁신방향 및 과제(마스터플랜)도 발표되면서 평생 교육 측면의 직업교육 및 훈련에 대한 강조도 이루어졌다. 2019년에는 "고졸취업 활성화 방안"에서 교육−일자리−사회적자립 지원정책을 연계하여 2022년까지 직업계고 취업을 60% 달성하고 청년들의 다양한 성장경로 구현 비전을 제시하였다.

그러나 이전 정부들에서 강조되었던 선취업 정책에 대한 지원은 상당 부분 약화되었다. 특히 학습중심의 현장실습 정책은 일선 현장에 엄청난 혼란을 가져왔다. 2017년에 발생한 제주 현장실습생의 사망사고로 인하여 정부는 곧바로 조기취업 현장실습을 폐지하겠다는 정책을 내놓았다. 재발방지를 위한 대책이 아닌 제도 폐지가 이루어지자, 취업을 준비하던 학생들의 반발이 심각했다. 조기취업형 현장실습을 중단한 뒤 나타난 가장 큰 변화는 현장실습 참여 기업이 3분의 1로 급감한 것이다. 현장실습에 참여하는 기업이 크게 줄었고, 그 결과 취업률이 낮아지게 됐다. 결국 2019년 교육부는 "직업계고 현장실습 보완 방안"을 내놓으며 기존의 현장실습 제도를 유지하되, 일정 자격을 갖춘 기업으로만 실습을 나갈 수 있도록 문턱을 높였다. 현장실습에 따른 정책결정에 의해 취업률이 낮아진 것도 있었지만 학교 성과평가에서 취업률로 학교를 평가하지 않고, 취업률 통계 역시 반영하지 않는다는 정책 결정도 영향을 미쳤다.

이러한 결과 특성화고 취업률은 급격하게 하락하였다. 이러한 상황은 과거 취업률이 20% 미만이던 노무현 정부 때와는 또 다르다. 당시에는 진학을 선호하는 학생들이 대부분으로 취업률이 낮았지만 지금은 현장실습 폐지 및 제한으로 취업을 원해도 취업할 수 있는 기회가 더욱 줄어든 것이다. 여기에 코로나 19 사태가 겹치면서 직업계 고교 학생들의 취업의 문은 더욱 좁아질 전망이다.[7]

7) 정부 정책에 휘청대는 직업계 고교

각 정부별 직업교육 정책 기조와 이에 따른 직업계 고교 취업률의 변화를 살펴보면 그 영향관계가 매우 밀접한 것을 확인할 수 있다. 결국 일관성이 없는 직업교육정책의 피해는 학생들과 학부모의 몫으로 남는다.

---

7) [mbc뉴스] "취업못하고 졸업할 판" … 특성화고 직격탄_20200515.

특히 역대 정부들은 대부분 이전 정부 정책 기조와는 무관하게 새로운 정책 목표를 설정하고 있었다. 이른바 정치적 입장이 같은 정권이라도 이전 정부에서 집중적으로 지원이 되었거나 대표적인 업적으로 여겨지는 정책들은 찬밥이 되기 일쑤였다. 이명박 정부의 주요한 성과 중 하나로 여겨지는 마이스터고 정책이 대표적이다. 고졸 취업 활성화 등 괄목할 만한 성과를 창출한 모델이지만, 정부가 바뀌고 나면 정책적 관심을 받지 못한다.

또한 직업교육정책의 일관성이 부족하면 학생, 학부모 그리고 산업체로부터 불신이 커진다. 이명박 정부에 집중적으로 논의되었던 고졸 취업은 무엇보다도 대졸자 위주의 일자리 구조를 바꾸려는 노력에서 시작되었다. 학력 인플레를 없애기 위한 다양한 노력들은 당시 교육수요자와 산업체 관계자들로부터 긍정적인 평가를 받았었다. 그러나 이러한 노력은 적어도 10년 이상의 장기적인 비전 수립과 지속적인 정책 일관성이 요구된다. 수년을 거쳐 겨우 정착해가고 있는 정책들이 정권이 바뀔 때마다 흔들리고 바뀐다면 부작용의 피해가 고스란히 학생과 기업 등에 전가된다.[8]

3. 지방분권화 시대의 직업교육 정책

1) 교육자치와 직업교육

최근 들어 두드러지고 있는 문제 중 하나는 바로 교육자치에 의한 직업교육의 방치이다. 한국의 교육자치의 시작은 1991년 노태우 정부시절로 거슬러 올라간다. 뒤이어 김영삼 정부부터는 상당부분의 교육행정의 권한이 교육부 장관에서 시·도교육감으로 이양되었다.

또 하나의 중요한 변곡점은 2005년이다. 2005년 직업교육체제 혁신 방안을 발표하며 국고 편성이 필요 없는 모든 예산은 지방자치단체에 직접 지원하도록 지시함으로써 실질적인 직업교육 분야 지방자치시대가 시작되었다. 학교

---

8) [한국교육신문] 정책 일관성 유지 … 학교·기업·정부 '컨트롤타워' 필요_20190318.

와 시·도교육청을 지원했던 모든 국고 예산은 그대로 시·도교육청으로 이관되었다. 중앙정부 차원의 직업교육 예산은 지자체에 따라 차이는 있었지만 지방 이양과 함께 예산이 사라져 버리는 등 지역에 따라 위기를 맞이하기도 하였다. 즉, 직업교육처럼 많은 소외계층과 연관된 정책의 경우 지방자치단체 선출직들의 관심사가 아니기에 관련 예산과 정책이 축소되기도 했다.

이와 같은 문제점 개선을 위해 직업교육 당국은 산업인력별 관련 부처와 연계한 정책 개발 노력을 통해 각 부처에서 예산을 편성하여 학교에 직접 지원하는 국고와 교육부의 특별교부금을 합쳐 예산을 확보하도록 돕기도 하였으나 예전에 비해 그 규모가 미비한 실정이다.[9]

2) 시·도교육감 입맛에 따른 직업교육 정책

예산편성을 포함한 교육행정권한의 지방분권화로 시·도교육감의 역할은 매우 중요해졌다. 문제는 교육 자치로 인하여 직업교육정책의 일관성은 더욱더 약화되고 있다는 것이다. 특히 교육감 직선제는 당초 의도와 달리 진보와 보수 간 정치적 갈등을 유발해 교육현장을 정치화하고 있다. 직업교육 정책에 있어 진보와 보수의 정책적 접근이 상이하다보니 어떤 교육감이 선출되느냐에 따라 시·도교육청과 관내 학교의 여건은 크게 달라진다.

특히 교육감이 선출직으로 전환되다보니, 이들의 교육공약과 정책수립은 표심에 좌우된다. 직업교육 정책은 비주류이자 소수이기 때문에 늘 소외될 수밖에 없다. 더 큰 문제는 교육감의 직업교육에 대한 몰이해가 종종 잘못된 의사결정으로 연결된다는 점이다. 예를 들어, 2017년 당시 모 교육감은 자사고 폐지 등을 언급하며 마이스터 고등학교 역시 폐지해야 한다는 주장을 펼쳤다. 대부분의 학생들이 사회경제적 배경 수준이 낮고, 빠른 취업을 위해 진학하는 학교를 자사고와 동일한 선상에서 이해한 것이다.[10]

또한 이 교육감은 국내 대기업을 비판하며, 관내 고등학교 학생을 해당 기

---

9) 송달용(2016). 직업교육체제 혁신방안, 직업탐구영역. 한국직업능력개발원
10) [뉴스원] 김승환 전북교육감 "외고·자사고 폐지 원칙적 동의"_20170628.

업으로 취업시키지 말라는 지시를 내려 물의를 빚기도 했다.11) 자신의 교육철학과 맞지 않는다는 이유로 학생들의 직업선택의 자유를 침해한 것이다.

17개 시·도교육감의 5년간의 교육공약 중 직업교육과 관련된 내용만을 추려보면 <표 3-5>와 같이 나타났다. 시·도교육청별로 편차가 매우 컸고, 몇몇 시·도의 경우 구체적으로 공약에 표현된 직업교육 관련 사업내용이 없는 경우도 있었다. 예산측면에서도 편차가 컸다. 대구광역시의 경우 4% 이상의 예산을 편성할 계획이 있는 곳도 있지만 1% 미만인 곳도 많았다.

〈표 3-5〉 시·도교육청별 직업교육 관련 공약 및 예산 비중

지역	직업교육 특징	예산 비중	직업교육 관련 공약 사업 내용
서울	현장 실무 중심 특성화고 역량 강화에 중점을 두고 산업현장과의 연계성을 위해 적극적 지원	1.65% (65,387 백만원)	• 미래직업을 대비한 단계적 학과 개편과 직업교육 내실화 • 지자체, 고용청과의 협력체제 구축으로 안전하고 교육적인 현장실습시스템 마련 • 취업지원센터 기능 강화를 통한 취업 지원 내실화 • 학교에 청소년 창업동아리 운영 지원 • 고졸자의 9급 공무원 지속적 채용과 전문성 향상 지원 • 특성화고 해외취업연수 및 외국어교육 지원
경기	직업계고 학생들을 위한 적극적 진로지도 제공 및 직업계고 인식 개선 지원	2.28% (153,665 백만원)	• 직업계고 학과 재구조화 • 경기도형 도제학교 및 취업지원센터 운영 • 직업계고 고교학점제 교육과정 운영 추진 • 일반고 학생 직업교육 활성화 • 현장실습 프로그램 및 현장실습비 지원 • 청소년 노동인권 교육 강사비 지원
인천	학과 개편 및 학교 유형 전환 추진을 통해 혁신적인 직업교육 제공	0.5% (8,893 백만원)	• 인천대중문화예술고 신설 • 인천시 8대 전략 산업에 근거한 학과 개편 • 특성화고 교원연수 및 교원 노동인권 직무연수교육 확대 • 취업지원센터 확대 • 특성화고 중장기 혁신방안 연구(위탁)

<표 계속>

---

11) [연합뉴스] 전북교육감 "삼성전자에 학생 취직시키지 말라" 논란_20150820.

			• 특성화고 발전과 노동인권 협력을 위한 민·산·학·관 협의체 구성 • 직업계고, 중학교, 일반고 찾아가는 노동인권 교육 • 노동인권 상담 및 법률지원센터 운영 • 민·학·관 참여 현장실습 운영위원회 및 참여기업 조사·운영
강원	지역 특성을 반영한 직업교육 혁신 기회 제공	3.15% (38,236 백만원)	• 학과 개편 및 학과 신설지원 • 중등 직업계고 학생 비중 확대 • 산업수요 맞춤형 인재 육성 • 마이스터고 지정 및 학과 운영 • 취업기능 강화 특성화고 육성사업 운영 • 취업지원센터 운영 • 학습중심 현장실습 운영
충북	취업 중심 특성화고 운영을 위해 현장성 강화 지원	0.06% (966백만원)	• 직업계고 역량강화 '九思—生 프로젝트' 운영·확산을 통해 직업계고 인문소양교육 강화 및 맞춤형 직업교육 실현
충남	각 학교의 특성을 살린 직업교육 지원	0.0	–
세종	일–학습–삶의 연속성을 강조하는 직업교육 지원	3.61% (34,400 백만원)	• 제2특성화고 설립 및 마이스터고 추진
대전	직업교육을 위한 종합적 지원 제공	0.0	–
전북	취업역량 강화 강조	0.0	–
광주	직업계고 학생 권리 강조 및 교원 역량 신장 지원	1.61% (14,103 백만원)	• 특성화고 안전장비 지원 및 실습실 환경개선 • 현장실습 운영 및 맞춤형 취업지원 • 지역 맞춤형 학과 재구조화 • 대안직업교육 확대
전남	전남혁신형 직업교육을 제공하며 산업현장을 강조한 교육 지원	2.25% (28,706 백만원)	• 학습중심 현장실습 정착 및 내실화 • 산학일체형 도제학교 운영 전면 실태조사와 대안 마련 • 취업지원센터의 독립성 확보, 역할 강화 및 현장지원 확대 • 수업 및 학생 지도 중심 교육과정 운영 지원 • 실습장 환경 및 실습여건 개선 • 노동인권교육조례에 따른 노동인권교육 확대

<표 계속>

221

경북	직업계고 학생들을 위한 종합적인 지원을 통해 만족도 제고	2.47% (33,480 백만원)	• 기술사관 육성 사업 교육취업 연계체계구축 • 취업보장형 통합교육 육성사업 운영 • 특성화고 교육환경 개선 지원 • 중학교 자유학기제 특성화고등학교 연계 지원
경남	취업 역량강화를 위한 종합적 지원 제공 및 특성화고 운영 내실화	0.0	-
부산	전문 기술인 양성을 위한 직업교육 제공	0.17% (2,500 백만원)	• 부산지역산업구조와 인력수요에 맞춘 특성화고 학과 개편 컨설팅 • 직업계고 학과 재구조화 사업(교육부)과 연계한 학과개편 • 4차 산업혁명에 적응가능한 인력양성을 위한 교육과정 재구성
대구	미래형 직업교육 개발	4.17% (53,269 백만원)	• 특성화고 취업률 제고를 위한 지역사회 유관기관 상설협의체 구축·운영 • 특성화고·마이스터고의 새로운 미래형 교육과정 개발 및 모델 시범 운영
제주	직업계고 운영을 위한 현실적 지원	1.31% (5,187 백만원)	• 성산고의 국립해사고 전환 지속 추진 전환 여부 • 특성화고 학과개편 종합적 로드맵 진행 개편횟수 • 특성화고의 다양한 진로 및 취업기회 확대(제주형 도제학교 및 학교협동조합 운영) • 안전한 실습을 위한 학생교육 강화

주: 관련 예산이 0으로 표기된 곳은 직업교육 관련 예산이 명시되어 있지 않기 때문임. 다른 항목에 포함되어 있을 가능성도 염두에 둘 필요가 있음.
출처: 17개 시·도교육청의 교육감 공약 세부실천계획 중 직업교육 세부 예산 재구조화.

평균적인 수준에서도 직업교육 정책에 할애되는 예산은 매우 적은 것을 확인할 수 있다. 이는 단순히 지방교육청의 예산 부족으로 인한 문제라고 치부하기에는 어려움이 있다. 실제 2017년 지방교육재정교부금이 기존 예산 대비 추가로 확충되며 10% 수준으로 추가 지원이 이루어졌다. 이는 기존의 예산이었던 61조 6317억원 대비 6조 5563억원이 증가된 금액으로 2018년의 최종 지방교육재정교부금은 총 68조 1880억원이었다. 이처럼 예산이 확충되었음에도 불구하고 평생/직업교육 분야는 오히려 예산이 감소하였다. 2017년 기준으로 총 6195억원이 평생/직업교육 분야에 지원되었었지만 2018년에는

5874억원으로 5.2% 감소한 것이다. 이는 2018년 전체 예산 대비 평생/직업교육 분야에 투입되는 예산이 1%도 되지 않았으며, 예산 투입율이 증가한다고 하더라도 직업교육에 대한 투자는 우선적으로 고려되는 분야가 아님을 보여주는 결과였다.

정책의 내용 역시 교육자치의 본래 취지에 걸맞는 특색 있는 사업을 찾아보긴 어려웠다. 대부분 교육부가 갖고 있는 기본적인 정책 방향을 그대로 따르고, 관련 사업을 진행하는 수준에 머물렀다. 이는 시·도교육청에서 직업교육 정책을 관장하는 부서를 고려하면 당연한 결과이다. 평균적으로 4~5명의 장학관 및 장학사로 구성되어 있으며, 학교별 장학 및 관련 행정 처리를 수행하는 데도 부족한 인원이다. 따라서 시·도의 산업여건이나 학교 여건을 고려한 특색 사업을 고안하기는 매우 어려운 실정이다.

4. 직업교육 활성화, 경제의 허리를 만들자

신자유주의가 교육 전반에 미치는 영향력은 여전히 막강하다. 작은 정부, 불필요한 규제 축소, 학교 자율성 확보 등의 기치는 매우 중요하지만, 직업교육 영역에서는 신중하게 접근할 필요가 있다. 교육부 중심의 중앙집권적 방식의 교육정책도 일관성을 확보하기 어려운 상황에서 시·도교육청에 모든 것을 맡기는 것은 직업교육 기회 확보 및 질 관리에 어려움을 가져올 것이다.

실제로 국가교육위원회 출범 및 중·고등 관련 교육정책의 시·도교육청 이관과 관련한 최근 논의에서도 직업교육 정책은 중앙정부 수준에서 관장되어야 한다는 의견이 주류를 이룬다.[12] 이러한 배경에는 1) 직업교육은 국가 산업 정책과 발전 전략, 각 산업 부문 인력의 노동시장에서의 수요와 공급을 고려한 안정적 양성과 배분, 활용 등을 고려해야 하며, 2) 사회적 안전망 제공 등 직업교육의 역할에 대한 가치 부여, 3) 시장중심 접근 시 사장될 수 있는 비주류 영역에 대한 보호가 포함된다.

---

12) 박동열·이무근·마상진(2016). 광복 70년의 직업교육 정책변동과 전망. 세종: 한국직업능력개발원.

1) 직업계고교의 역할 및 기능을 명확히 해야

중등단계 직업교육 정책이 일관되지 못했던 중요한 이유는 종국교육(졸업 후 취업 중심)과 계속교육(졸업 후 고등교육으로의 진학)으로의 역할이 모호했기 때문이다.

중등 직업교육의 목적을 일원화 하기는 어렵지만, 주된 목적은 졸업 후 선취업 쪽에 무게를 두는 것이 바람직하다. 첫째, 개인의 선호 또는 가정 환경 등의 이유로 노동시장에 빨리 진입해야 하는 경우가 있다. 특성화고 및 마이스터고 학생들의 약 절반가량이 빠른 취업을 위해 진학을 선택하고 있다. 2018년 특성화고등학생 권리 연합회에서 전국 특성화고 재학생을 대상으로 설문을 한 결과에 따르면 약 43.9%가 빨리 취업을 하기 위해서, 그리고 13.5%가 취업과 관련한 실질적인 기술을 배우고 싶어서 직업계고에 진학했다고 응답하고 있다. 또한 최근 취업률이 떨어지고 있는 특성화고에서 일반고로 전학하는 학생들이 급증하고 있는 것도 이를 반증한다. 동아일보의 기사에 따르면 서울시 특성화고에서 일반고로 전학하는 학생들이 약 700여 명 가량으로, 고교 1곳의 전체 재학생 수준인 것으로 나타났다. 일반고에 진학한 학생들 가운데도 취업을 선택하는 학생들이 존재한다. 일반고 졸업자 가운데 대학진학을 선택하지 않은 20%의 학생들 중에도 취업을 준비하는 경우가 존재한다. 대부분의 고졸채용이 기술이나 특기를 요구하는데, 아예 일반고 출신에게는 기회가 열리지 않는 경우가 많기 때문이다.

둘째, 노동시장에서도 고졸일자리는 여전히 존재한다. 4차 산업혁명이나 산업구조 고도화 등을 이유로 고등단계 직업교육 위주로 개편되어야 한다는 의견도 있지만 대졸자 과잉공급[13]과 고졸 수준 인력 수요가 지속적으로 발생[14]하고 있다는 점을 고려했을 때 설득력이 낮다. 물론 낮은 수준의 고졸일자리에 대한 비판의 목소리도 존재한다. 그러나 이 문제는 대졸자 과잉공급에 따른 학력 인플레 문제를 해결함으로써 돌파구를 찾아야 할 문제다. 일자리 양은 고정되어 있는데 모든 학생들이 대학졸업장을 가지면 하향 취업문제는 더욱

13) 고용노동부(2015). '14~'24 대학 전공별 인력수급전망. 국무회의발표자료.
14) 한국고용정보원(2012). 2011-2020 중장기 인력 수급 전망. 서울: 한국고용정보원.

심화될 수밖에 없다. 대다수의 학생들이 교육에 투자한 비용을 회수하지 못하는 문제에 봉착하는 것이다.

셋째, 국가 수준에서도 고졸 취업 활성화가 경제 활성화의 중요한 원동력이 될 것이다. 특히 우리나라의 뿌리 산업과 제조업에 집중해보면 기술/기능 인력의 양성은 매우 시급하다. 젊은 인재들이 오지 않아 중장년층이 현장의 주축을 이루고 있고, 이 전문기술자들이 은퇴하면 뿌리산업 기술인력의 대가 끊기는 것이 아니냐라는 우려가 나오고 있다. 또한 앞으로 다가올 고령화 사회 및 생산가능인구 감소에 대응하기 위해서는 노동시장 진입연령을 현행보다 획기적으로 앞당기는 것이 필요하다.

고교 직업교육의 목표가 선취업으로 좁혀지게 되면, 직업교육의 정책은 산업 및 노동시장의 요구에 부합하는 방향으로 정렬되어야 한다. 학생들에게 더 나은 일자리 기회를 제공하기 위해 교육부를 비롯한 관련부처, 시·도교육청 및 지자체의 긴밀한 협력이 필요하다.

2) 탈정치적인 접근, 이전 정부의 공이더라도 객관적인 판단이 필요

직업교육을 비롯한 모든 교육 정책은 탈정치가 필수적이다. 굳이 백년지대계라는 말을 꺼낼 필요도 없이, 교육정책은 현장에 착근하고 성과를 내는 데 오랜 시간이 걸리기 때문이다. 정치적인 논리가 개입되는 순간 선거를 위한 정책으로 전락하고 만다.

그간 다양한 정부에서 추진되었던 직업교육 정책은 이미 그 공과가 드러난 지 오래다. 고교 직업교육의 목표가 일관된다면, 지난 정책에 대한 객관적인 판단으로 탄탄한 정책을 입안해 낼 수 있다. 특히 정권이 바뀔 때마다 새로운 정책을 입안하기 위해 많은 노력이 투입된다. 개중에는 과거에 이미 뚜렷한 실패를 했음에도 불구하고 명칭만 바뀌어 입안되는 정책들도 많다.

충분한 성과가 창출되었던 직업교육정책은 지속적인 지원이 약속되어야 하고, 그 약속은 쉽게 깨어져서는 안 된다. 특히 직업교육은 학생, 학부모뿐만 아니라 기업과의 약속을 담보로 한다. 산업체의 적극적인 협력이 직업교육의 성패를 담보한다는 점을 고려해보면, 직업교육 정책의 일관성은 반드시 확보되어야 한다.

가장 대표적인 사례가 바로 '선취업 후진학 정책'이다. 이명박 정부 이래로 성공적인 정책의 하나로 평가되고 있으나 정부가 바뀌면서 추진동력을 잃었다는 평가가 주를 이룬다. 당시 선취업 정책으로 취업하였던 특성화고, 마이스터고 학생들은 이제 산업역군으로 제몫을 다하고 있다. 지난 3월 한국경제신문은 '마이스터高 10주년 … 고졸인재들 '산업역군'으로 훌쩍 컸다'는 기사를 통해 수도전기공고 1기 졸업생 4명을 추적하여 졸업 후 성장 모습을 소개하였다.[15] 이들은 학교의 산학협력교육과 강한 기초교육, 졸업 후에도 이어지는 밀착 지원으로 선취업 후학습을 병행하며 9년차 산업역군으로 경력개발을 하고 있었다.

또한 1926년에 개교한 취업명문 서울여상은 2011년 당시 국민·신한·우리·하나·기업·외환은행 등 국내 6개 시중은행을 비롯해 증권사 보험사 등에 근무하는 졸업생이 1000명에 달했다. 당시 시중은행 전체 여성지점장(200여 명)의 약 40%인 80여 명이 서울여상 출신으로 '여성금융사관학교'라는 별칭이 붙은 이유다.[16] 2019년 2월 졸업생 100%가 취업을 하고 5년 평균 95%의 취업률로 취업명문학교로서의 브랜드파워를 자랑하고 있다. 2020년에는 210명의 졸업생이 서울소재대학에 재직자전형으로 입학해 명실상부한 선취업 후진학으로 경력개발을 지원하고 있다.[17]

하지만 좀 더 장기적인 관점에서 정책적 보완이 필요했던 '후진학'은 신통치 않다. 박근혜, 문재인 정부에서도 대학평생교육체제지원사업 등 후진학 경로를 확대하기 위한 정책들을 실행해왔지만 "수박 겉핥기"식이었다는 평가가 다수다. 특히 후진학에 대한 대학과 기업의 인식 변화가 아직 미진하다. 4년제 대학의 경우 현직 근로자들을 위한 수업 시간 및 학점 인정 유연화에 대한 의지가 부족한 편이다. 또한 현직자들의 전문성을 강화하기 위한 다양한 전공 학과와 맞춤형 교육과정 운영이 시급하다.

15) [한국경제신문] 마이스터高 10주년 … 고졸인재들 '산업역군'으로 훌쩍컸다_20200311.
16) [한국경제신문. 1926년 개교 '女금융사관학교' … 증권·보험 등 현역. 1000여명_20200612.
17) 서울여자상업고등학교 홈페이지 학교소개(http://sys.sen.hs.kr/index.do)

3) 중앙수준의 집중적인 정책 개발 및 지원 필요, 관련 연구개발도 중앙단위로 접근 필요

국가교육위원회 출범 등 앞으로 초·중등 교육부분의 교육자치는 점차 강화되는 추세이다. 직업교육 및 고등교육부분은 중앙정부의 역할로 남길 것이라는 전망이 지배적이지만, 이 또한 면밀히 들여다볼 필요가 있다. 중등직업교육의 대부분의 정책 및 사업은 중등 일반 행정(교원, 교육과정, 예산, 시설 및 기자재 등)과 매우 긴밀히 연계되어 있기 때문이다. 고등교육처럼 온전히 독립적인 행정권한을 갖는 것이 불가능한 구조이다. 따라서 현행 계획대로 직업교육 정책 수립 역할이 교육부 중심으로 남더라도 시·도교육청의 협력 없이는 정책 및 사업진행이 어려울 것으로 예상된다.

따라서 직업교육 활성화를 위한 정책수립 및 예산집행은 중앙 수준(교육부)에 일정 부분 잔류시킬 필요가 있다. 특히 본격적인 교육자치가 추진되면서 특별교부금 편성 비중과 기간이 현저히 줄어들 것으로 예상된다. 직업교육의 특수성을 고려하여 특별교부금 편성의 예외를 두는 것이 필요하다.

직업교육의 특성상 교육부가 주도적으로 정책을 수립하고 집행하는 것도 어렵다. 유관부처 및 기관과의 협력이 필수적이다. 고용노동부, 산업자원부 등 다양한 유관부처와 각각의 시·도교육청이 협력하는 것은 행정적 효율성이 크게 저하된다. 따라서 교육부가 관계부처와의 의사소통 창구로서의 역할도 충실히 수행할 수 있도록 관련 인력과 예산을 충분히 편성할 필요가 있다.

마지막으로 직업교육 관련 연구·개발 역시 일정 부분 중앙 수준에서 주도할 필요가 있다. 최근 교육부 내의 관련 예산이 크게 감축되다 보니 시·도교육청 각자가 독자적인 연구개발을 수행해야 하는 비효율성이 발생하고 있다. 특히 예산이 각 시·도교육청으로 분산되고 있어 장기적인 관점에서 필요한 정책연구는 소원해질 수밖에 없기 때문이다.

4) 학생들의 요구와 사회적 요구의 균형 필요

또한 교육수요자인 학생과 산업체의 요구의 균형이다. 인력부족이 심각한 산업이나 직무는 역설적으로 고용 환경이 열악한 경우가 많다.[18] 따라서 일자리의 질과 인력수요 모두를 고려한 인력육성 정책이 필요하다. 특히 중앙 주도의 인력양성, 배분, 활용은 예비 인력들의 선호와 눈높이를 함께 고려할 필요가 있다.

더불어 사회적 요구를 확인하기 위해서는 숙련전망(skills forecasting)에 관한 집중적인 연구·개발이 병행되어야 한다. 물론 우리나라에서도 다양한 기관에서 고용 전망 관련 연구가 진행되지만, 산업별 세분화된 접근은 부족한 편이다. 이러한 숙련전망 연구 결과는 정책입안과 결정의 중요한 근거자료로 활용되어야 한다. 신뢰할 수 있는 인력수급 전망 모델을 개발하는 것은 장기간의 집중적인 투자가 필요하다. 숙련 전망의 가장 큰 도전과제는 구체적인 직종 또는 직업군 수준까지 세분화된 인력수급 결과를 도출하는 것[19]이다.

5) 급변하는 시대, 미래변화에 능동적으로 대처하는 평생학습 능력 필요

우리 사회는 급격한 기술발달이 인간의 삶을 크게 변화시킬 것에 대한 기대와 우려가 공존한다. 첨단기술 시대에 경쟁력을 갖기 위한 고심과 노동시장의 변화를 포함한 사회적 변화에 대비하려는 긴장과 노력이 필요한 시기이다. 직업교육 정책 수립에서 가장 중요한 것은 사회의 변화와 산업의 요구를 반영한 맞춤형 인력을 양성해내는 것이다. 이에 4차 산업혁명에 따른 인공지능(AI)시대에서는 직업환경 변화에 맞춘 직업교육이 필요하다. 직업계고 학생들 중 기초학습능력이 부족한 경우 기초학력을 보완하고 학습수준에 따라 심화학습이 가능하도록 프로그램과 자원을 집중적으로 투입하는 것을 고려해야 할 것이다.[20]

4차산업혁명위원회는 미래사회 변화에 보다 유연하고 능동적으로 대응하기 위해서 핵심역량 함양을 지원하기 위한 교육과정 운영, 방법 및 평가의 전

---

18) OECD(2009). Chap 2. Meeting labor market needs. Learning for Jobs. Paris: OECD.

19) OECD(2009). Chap 2. Meeting labor market needs. Learning for Jobs. Paris: OECD.

20) 임언·안재영·권희경(2017). 인공지능(AI)시대의 직업환경과 직업교육. 세종: 한국직업능력개발원.

반에 걸친 전면적 변화의 실천을 강조했다. 특히 평생학습시스템은 미래 일자리 변화에 능동적으로 대처하고 작업현장에서 요구되는 창의적 문제해결력을 신장시키도록 재설계되고 주도적인 학습방식의 혁신도 병행되어야 할 것이다.[21]

이와 같은 미래 변화에 대한 대응은 일찍이 2015년 국가직무능력표준 기반 직업교육과정 개정 기본 방향에서 현장성, 자율성, 책무성을 확보하고, '아는 교육'에서 '할 줄 아는 교육'으로 변화를 유도하였다. 교육과정 개정 방안에서도 직무수행능력 외에서 창의성을 포함한 직업기초능력의 개발, 학습자의 진로개발역량과 평생학습능력 증진 방안을 다루고 있다.[22] 4차산업혁명의 기술변화와 코로나19로 인한 비대면 일자리 변화 등이 급속하게 몰려온다. 평생 직업을 가지고 일하기 위해서는 평생학습이 의무인 시대가 왔다. 직업계고를 졸업하고 선취업을 한 경우에도 변화에 대응하며 일을 하기 위해서는 후진학, 후학습의 평생교육이 필수적이다. 직업계고의 현재 교육에서 이와 같은 변화에 대응할 수 있는 능력과 힘을 길러주고 있는지 성찰하고 새로운 혁신의 노력을 경주해야 할 때이다.

---

21) 대통령직속 4차산업혁명위원회(2019). 4차사업혁명 대정부 권고안. 서울: 대통령직속 4차산업혁명위원회.
22) 장명희 외(2014). 국가직무능력표준 기반 고교 직업교육과정 총론 개발 연구. 세종: 교육부·한국직업능력개발원·서울특별시교육청.

IV

21세기 미래인재를 키우는 대학교육

01 왜 대학교육은 변해야 하는가?

02 4차 산업혁명의 물결에서 대학은 안녕한가?

03 4차 산업혁명 시대의 대학교육, 어떻게 변해야 할까

왜 대학교육은
변해야 하는가?

　4차 산업혁명의 도래로 많은 것들이 변화하고 있다. 산업구조와 일자리가 변하고, 일하는 방식과 학습하는 방식이 변화하고 있다. 우리 사회는 고용형태 및 노동계약의 다양화도 활발하게 이루어지고 있는 가운데, 고용 둔화 및 일자리 양극화 등으로 많은 어려움을 겪고 있다.

　변화하는 사회에서는 새로운 구조를 주도적으로 만들어내는 창조적 능력과 복잡한 문제를 풀기 위해 다른 사람들과 협업할 수 있는 높은 사회적 지능을 보유한 인재가 필요하다.[1] 이에 개인과 기업, 정부 차원의 교육 및 훈련에 더욱 많은 투자가 필요한 시점이다.[2] 대학 또한 마찬가지이다. 21세기의 대학은 기술 변화, 교육대상의 변화, 필요역량의 변화 등 다양한 변화와 마주하고 있는 상황에서 미래가 원하는 인재를 육성하기 위해서는 적극적으로 미래교육에 투자하고 끊임없이 변화해야 할 것이다.

1. 교실에서만 공부하는 시대는 지났다

　트위터(Twitter), 구글(Google), 아이폰(I-Phone), 페이스북(Facebook)으로 대표되는 TGIF 시대가 가고, 사물인터넷, 클라우드, 빅데이터, 모바일로 특징지

---

[1] 대통령직속 4차 산업혁명 위원회(2019). 4차 산업혁명 대정부 권고안. 서울: 대통령직속 4차 산업혁명위원회.

[2] 대통령직속 4차 산업혁명 위원회(2019). 4차 산업혁명 대정부 권고안. 서울: 대통령직속 4차 산업혁명위원회.

어지는 ICBM(IoT, Cloud, Big data, Mobile)의 시대가 왔다. 모든 사물이 인터넷(IoT)으로 연결되어 있다. 이러한 사물을 통해 제공되는 자료들은 용량의 제한이 없는 클라우드에 축적되고, 빅데이터로 분석되어 실시간으로 스마트폰을 통해 모든 사람에게 정보가 제공되는 시대가 도래하였다.[3] 이러한 기술의 발전은 삶의 많은 모습을 바꾸는 것은 물론 '교육' 부분에도 많은 변화와 혁신을 가져오고 있다.

가장 뚜렷한 변화는 수업장소가 강의실로 국한되지 않는다는 점이다. 이제 대학교육은 더 이상 교실 내 교육이 전부가 아니다. 수강자 수의 제한이 없는 대규모 강의(Massive Open Online Courses)를 의미하는 'MOOC'는 강의료 없이 인터넷으로 제공되는 대표적인 교육과정이다. 2008년에 시작된 MOOC는 이후 지속적으로 발전하여 고등교육을 재설계하였다는 평가를 받고 있다.[4] 또한 통신기술의 발달로 가능하게 된 플립러닝[5](flipped learning)과 블렌디드 러닝(blended learning)[6] 등으로 온라인에서 이론강의를 듣고 오프라인에서 소통 및 심화활동을 하는 등의 방법으로 진행하는 수업들도 늘어나고 있다.

미국 샌프란시스코에 본사를 두고 있는 미네르바 대학은 2012년에 개교하여 모든 강의를 온라인 플립러닝으로 진행하는 학교로 유명하다. 미네르바 대학에서는 효과적인 교육이란 열정적인 학생과 현실을 반영하는 교육내용, 그리고 다학문적인 이해가 필요하다는 기조 아래 이를 실천하는데 걸림돌이 되는 모든 요소들을 제거하고 오직 교육목표 달성을 위한 대학을 설계하여 운영하고 있다. 대학이 자체개발한 시스템을 통해 수업시간 동안 학생 각각의 음성을 인식하고 교수의 컴퓨터 화면에 학생들의 발언빈도를 색으로 표시하여 참여도를 확인할 수 있도록 하는 등 원격학습을 위한 뛰어난 인프라를 갖추고 있다.

---

3) 김영식(2018). 4차 산업혁명시대 교육의 미래. 서울: 학지사. 21.
4) [한국경제] 4차 산업혁명 시대 고등교육의 보완재 역할하는 'MOOC'_20190527.
5) '블렌디드 러닝'은 교육이 온라인과 오프라인이 결합된 교육 방식으로 교육내용에 따라 적절히 온라인과 오프라인을 활용하여 진행하는 교육방식이다.
6) '플립러닝'은 블렌디드 러닝의 한 종류로서, 온라인에서 이론에 대해 학습하고 오프라인에서는 온라인에서 학습한 내용과 연계된 내용에 대한 추가학습을 실시하는 방식이다.

2. 포스트 코로나의 시대를 맞이하다

2020년 3월 코로나바이러스 감염증(코로나19)이 전 세계로 확산되었다. WTO
는 세계적 대유행(팬데믹)을 선언하였으며, 미국을 비롯한 세계 각국은 국가비
상사태를 선언하였다. 코로나19는 교육장소 등 교육혁신을 더욱 가속화시킬 것
이다.

우리나라 또한 코로나19의 여파로 유·초·중·고등학교의 개학이 연기되고
온라인강의로 대체되었으며 많은 대학들도 2020년 1학기를 비대면 온라인강의
로 대체하였다. 사이버 대학이 아니면 온라인강의 비율이 20%를 넘을 수 없는
데,[7] 코로나19로 인해 많은 대학들은 충분한 준비 없이 사이버 대학과 같이 대
면강의 대신 '비대면' 강의를 해야 하는 상황에 처하게 되었다.[8] 학생, 교수, 학
교당국 모두가 준비되지 않은 상태에서 비대면 교육이 급속도로 확대되면서
여러 가지 문제점이 야기되었다. 향후에도 이미 새로운 일상(New normal, 뉴 노
멀[9])이 된 비대면 강의를 일상적인 현상으로 적용해야 하는 과제를 안게 되었
다.[10][11]

대면강의를 온라인 강의로 대체하면서 강의의 질 저하 문제가 가장 크게
대두되었다.[12] 일부 대학생들은 등록금 환불을 주장하고 있고, 학과별 특수성을
고려하여 등록금을 부분적으로 환불해야 한다는 정치권의 목소리도 있다.[13][14]
교수들은 갑작스러운 비대면 강의로 인해 강의준비에 어려움이 있으며,[15] 대학
은 온라인 강의를 위한 서버 지원비, 콘텐츠 제작 지원 비용, 코로나로 인한 방

---

7) 온라인 강의의 비중이 20% 이상이면 사이버대학으로 분류되었으나 코로나 19로 인해 교육
　부는 이 규제를 풀었다.
8) [교수신문] 영미권 대학들, 코로나19 장기화 대비_20200521.
9) 과거에는 비정상적인 일이나 현상이 점차 새로운 정상이 되어가는 것을 뜻한다.
10) [한국대학신문] [코로나19 중간 결산] 뉴 노멀 시대, 단순 온라인 수업 대신 미래교육 준비
　해야_20200530.
11) [프레시안] 코로나19 팬데믹 이후 교육의 '뉴노멀'은?_20200525
12) [한국대학신문] 온라인 강의, 연장 또 연장에 학생들은 '폭발 직전'… 대학들도 '답답함' 토로
　_20200325.
13) [국민일보] 등록금 반환 어떻게… '대학 특별장학금→정부 보전' 유력_20200705.
14) [파이낸셜뉴스] 정부−대학, 등록금 일부 환불 카드 꺼내나_20200409.
15) [아시아경제] "영상 편집 못 하는데" 온라인 강의 확대, 교수들 '막막'_20200310.

역 비용 등의 추가 비용 발생 및 외국유학생들의 등록 감소 등에 따른 재정위기를 호소하였다. 또한, 온라인 시험에서 대학생들의 집단부정행위가 발생하여 사회적 이슈가 되면서 대학교육에서의 평가방식과 공정성, 대학생의 윤리의식 등에 대한 문제점을 인식시키기도 하였다.16)

한편, 2020년 7월, 정부는 코로나 이후의 고등교육 혁신을 위한 정책과제를 발표하였다.17) 이 정책과제에는 이전까지는 사이버대학이 아닌 일반대학은 전체 교과목의 20%만 온라인 교육으로 편성할 수 있었지만 이를 대학 자율사항으로 하고, 학생에 대한 평가도 출석 평가 원칙에서 대학 자율 결정 등으로 바꾸는 등의 내용이 포함되었다.18)

3. 일자리와 핵심역량이 변하고 있다

4차 산업혁명이 가져온 기술의 발전은 일자리의 변화를 일으키고 있으며, 이는 곧 미래인재가 보유해야 할 핵심역량의 변화를 의미한다. 그렇다면 인공지능은 사람의 작업을 어디까지 대체하게 될까? 기계학습(machine learning)은 기계가 사람의 인지기능을 대체할 수 있게 하고 있다. 기계학습의 한 종류인 딥러닝(deep learning)이 이미지 인식, 음성 인식, 번역 등을 컴퓨터가 할 수 있도록 만든다.

한국고용정보원의 직업사전 직무기능표를 활용하여 인공지능이 수행할 수 있는 직무기능을 예측해 볼 수 있다. 한국고용정보원의 직종별 직업사전 직무기능표에는 특정 직업의 종사자가 직무를 수행하는 과정에서 '자료', '사람·동물', '사물'을 대상으로 어느 정도 수준의 기능수행이 필요한지에 대해서 제시하고 있는데, <표 4-1>과 같이 낮은 숫자로 표시된 수준이 보다 복잡한 작업을 의미한다.19)

---

16) [시사저널] 거리두랬더니 '시험 컨닝'으로 대동단결한 대학생들_20200623.
17) [한국경제] 일반 대학에서도 온라인으로 학·석사 딴다_20200702.
18) [이데일리] 대학 온라인 강의 20% 제한→ 대학자율로 완화_20200702.
19) 한국고용정보원(2018). 2018 직종별 직업사전. 진천: 한국고용정보원.

〈표 4-1〉 2018 직종별 직업사전 직무기능표

대상 / 수준	자료	사람·동물	사물
0	종합	자문	설치
1	조정	협의	정밀작업
2	분석	교육	제어조작
3	수집	감독	조직운전
4	계산	오락제공	수동조작
5	기록	설득	유지
6	비교	말하기-신호	투입-인출
7	-	서비스제공	단순작업
8	관련 없음	관련 없음	관련 없음

출처: 한국고용정보원(2018) 2018 직종별 직업사전.
주: 회색음영 부분은 인공지능이 대체할 것으로 예상되는 작업.

인공지능은 신문기사 작성, 번역, 법률서비스 정보 제공까지 가능하게 될 것이며, 환자에 대한 진단도 로봇이 내릴 수 있을 것이다. 또한 모바일 로봇이 무인자율주행자동차 운행, 물류센터 내 물류이동 처리 등을 수행할 것으로 기대된다[20]. 즉, 직무 기능표에 나온 작업내용을 보자면 자료에 대한 직무기능은 수집까지, 사람/동물에 대한 직무기능은 교육까지, 사물에 대한 직무기능은 정밀작업까지 인공지능이 대체할 것으로 볼 수 있다.[21]

하지만 직무기능표에서도 볼 수 있듯이, 인공지능이 수행할 수 있는 기능 수준에는 한계가 존재한다. 또한 인공지능이 처리할 수 있는 업무일지라도 결국 일을 종합하고 마무리하는 것은 사람의 관여가 필요하다.[22]

한국직업능력개발원의 국가숙련전망조사 결과에 따르면 21세기에는 사회

---

20) 4차 산업혁명과 HR의 미래 연구회(2018). 4차 산업혁명, 일과 경영을 바꾸다. 서울: 삼성경제연구소.
21) 최진기(2018). 한 권으로 정리하는 4차 산업혁명. 경기: 이지퍼블리싱.
22) 대통령직속 4차 산업혁명 위원회(2019). 4차 산업혁명 대정부 권고안. 서울:대통령직속 4차 산업혁명위원회.

가 필요로 하는 핵심역량이 상당히 변할 것이다.[23] 국가숙련전망조사에서는 직업기초능력[24]을 바탕으로 미래에 중요하게 여겨지는 '역량'에 대해 조사하였는데, 대분류 10개와 중분류 34개 역량 중에 대분류 9개와 중분류 12개만 10년 후 중요하게 여겨질 능력으로 전망되었다. 10년 후에도 중요하게 여겨질 9개의 대분류 직업기초능력은 '의사소통능력', '문제해결능력', '자기개발능력', '자원관리능력', '대인관계능력', '정보능력', '기술능력', '조직이해능력', '직업윤리'이고, 12개의 중분류 직업기초능력은 '의사표현능력', '사고력', '문제처리능력', '자기관리능력', '시간관리능력', '인적자원관리능력', '팀워크능력', '정보처리능력', '기술적용능력', '업무이해능력', '근로윤리', '공동체윤리'이다.[25] 그러나 직업기초능력의 대분류 중 '수리능력'은 모든 중분류가 10년 후 중요하게 여겨질 능력에서 제외되었다.

4. 대학입학 자원이 줄어든다

교육기술의 발전과 더불어 우리나라 대학이 직면해 있는 가장 큰 환경변화는 바로 학령인구의 감소이다. 교육부는 2019년 대학혁신방안에서 2020년에 대학입학 가능한 학생을 47만 9,376명으로 예측하였다.[26] 2020년은 2019년 입학정원인 49만 7,218명보다 1만 7,842명 적은 수치로, 대학 입학가능 학생의 수가 입학정원보다 적어진 첫 해가 된다. 이러한 현상은 가속될 것으로 보인

---

23) 한국직업능력개발원(2019). 국가숙련전망조사. 세종: 한국직업능력개발원.
24) 근로자들의 세부직무와 관계없이 모든 직무에 공통으로 요구되는 역량으로, 국가 차원에서 정의한 역량. 의사소통능력, 수리능력, 문제해결능력, 자기개발능력, 자원관리능력, 대인관계능력, 정보능력, 기술능력, 조직이해능력, 직업윤리라는 10개의 대분류로 구성되어 있고, 하위로 34개의 중분류를 갖고 있다.
25) 제외된 중분류로는 문서이해능력, 문서작성능력, 경청능력, 기초외국어능력, 기초연산능력, 기초통계능력, 도표분석능력, 도표작성능력, 자아인식능력, 경력개발능력, 예산관리능력, 물적자원관리능력, 리더십능력, 갈등관리능력, 협상능력, 고객서비스능력, 컴퓨터활용능력, 기술이해능력, 기술선택능력, 국제감각, 조직체제이해능력, 경영이해능력 등이 있다. 현재에는 모든 직무에 공통적으로 요구되는 필수역량으로 정의된 분류임에도 불구하고, 미래의 숙련을 전망했을 경우에는 필수역량으로 여겨지지 않는 것이다.
26) 교육부(고등교육정책실)(2019. 8. 6.) 인구구조 변화와 4차 산업혁명 대응을 위한 대학혁신 지원방안.

다. 현재의 입학정원을 기준으로 2024년에는 12만여 명이, 2030년에는 9만 7천여 명이 대학입학 가능자가 입학정원에 미달될 것으로 예측된다. 저출산이 심화되면서 학령인구(만 18세)가 되는 학생 수가 점점 줄어들기 때문이다. 학령인구 감소는 수도권보다 비수도권 대학에 더 많은 타격을 주고 있다.[27]

대학입학과 직접 연계되는 고등학교 졸업예정자의 대학진학율도 점차 감소하는 추세에 있다.[28] 고등학교 졸업자의 진학률은 2008년 83.8% 이후로 지속적으로 하락하다가 2018년, 2019년에 소폭 상승하였다.[29]

---

27) [내일신문] '지자체-대학' 지역혁신 플랫폼 구축_20200121.
28) 이기종(2015). 대학 구조 개혁 평가의 배경, 쟁점 및 대안. 교육평가연구. 28(3): 933-954.
29) 한국교육개발원의 교육통계연보. 각 연도별. 고등학교 졸업 후 상황.

4차 산업혁명의 물결에서 대학은 안녕한가?

고등교육법 제28조에 따르면 우리나라의 대학은 인격을 도야(陶冶)하고 국가와 인류사회의 발전에 필요한 심오한 학술이론과 그 응용방법을 가르치고 연구하며, 국가와 인류사회에 이바지함을 목적으로 한다. 즉, 대학은 학생에게 학문과 더불어 소양을 가르치고, 이를 위해 끊임없이 개발(연구)하며, 이러한 활동들은 국가와 사회의 발전에 공헌할 수 있어야 한다.

실제로 우리 대학은 잘 하고 있을까? 대학교육을 구성하고 있는 수업, 교수, 학생의 측면에서 대학교육의 현황에 대해 살펴보자.

1. 교육과정에 대하여

미래사회에서 요구하는 전문능력과 기초능력을 갖춘 기능의 경계를 넘나들 수 있는 범기능적(cross−functional) 인재를 양성하기 위해서는 대학교육에서 전공교육과 교양교육은 적절한 균형과 연계가 필요하다. 수업운영에 있어서도 창의성, 협동심, 문제해결력 등을 함양할 수 있는 다양한 활동과 경험 중심의 교수기법이 요구된다.

1) 교양교육: 무엇을 가르치고 있는가?

대학에서 교양교육의 비중을 줄이고, 더 많은 전공교과목을 개설하려는 경향성은 전공교육의 연장이라고 볼 수 있는 필수교양, 핵심교양 및 학문기초 과목이 차지하고 있는 교양교육의 비중을 보면 알 수 있다.[1] 필수교양 등이 교

---

1) 손동현(2010). 교양교육과 전공교육의 균형과 수렴에 관해. 교양교육연구, 4(2): 19−27.

양과목에서 차지하는 비중의 사례를 살펴보면, 서울대 51.1%(학문기초) 및 23.5%(필수교양), 서울과기대 61.4%(학문기초), 연세대 68.4%(필수교양), 전남대 58.8%(핵심교양), 충북대 35.8%(학문기초)이다.[2]

김미란 외(2017)는 교양교과들이 "학문적 소양을 기르기 위한 교양 수업의 본래 취지와는 달리 실용 교육 또는 취업을 위한 교육에 초점이 맞춰져"[3] 있다고 하였다. 또한 교양과목 이수의 중요성에 대해서는 공감하고 있으나, 이를 해소할 수 있는 방안 및 대책 등이 부족하다고 지적하였다. 학교 밖에서는 비판적 사고, 문제해결능력 등 인문학에 대한 관심이 높은 반면, 대학 내에서는 이러한 사회의 요구를 반영하기보다는 외면하고 있다는 것이다.[4]

21세기형 인재를 양성하기 위해서 대학에서 교양교육을 강조해야 하는 것은 이미 모두가 공감하고 있다. 앞으로 대학은 이러한 요구를 외면하지 않고 대학의 교양교육에서 무엇을 가르칠 것인가에 대해서는 보다 심도 있게 고민하면서 이를 교육과정에서 반영하는 실천적 노력이 필요하다.

2) 전공교육: 무엇을 가르치고 있는가?

개별 전공에서 기본적으로 무엇을 가르쳐야 할 것인가에 대해서는 큰 논란이 없으나,[5] 새로운 시대적 변화를 어떻게 반영할 것인가, 변화를 어느 정도 반영해야 하는가에 대해서는 의견이 분분하다. 최근 시대적 패러다임 변화로 대학 교육과정은 융·복합성, 유연성 등을 갖출 것을 요구받고 있으며, 이에 따라 교육과정에 있어 더 많은 교과통합 설계가 요구된다.[6]

---

2) 대학의 교양교육 명칭은 어느 정도 차이가 있으나, 크게 기초교양(공통교양), 필수교양(핵심교양, 학문기초), 선택교양(자유교양)으로 구분할 수 있다. 기초교양은 작문, 영어 등 학문과 실생활의 기초가 되는 과목들로 구성되어 있으며, 필수교양은 전공기초나 전공 관련 핵심 과목으로 이루어져 있다. 선택교양은 학생의 관심이나 흥미에 초점을 둔 과목으로 구성되어 있다.

3) 김미란 외(2017). 대학교육 혁신을 위한 정책 진단과 방안(Ⅰ): 대학 교육과정 혁신을 중심으로(연구보고 RR 2017-08). 충북: 한국교육개발원. 187.

4) 김미란 외(2017). 대학교육 혁신을 위한 정책 진단과 방안(Ⅰ): 대학 교육과정 혁신을 중심으로(연구보고 RR 2017-08). 충북: 한국교육개발원. 187.

5) 손동현(2010). 교양교육과 전공교육의 균형과 수렴에 관해. 교양교육연구. 4(2): 19-27.

6) 강경리(2019). 4차 산업혁명시대의 대학교육의 방향과 대학교원의 교수역량에 대한 분석 연구: 평생교육 패러다임을 중심으로. 교육문화연구. 25(1): 49-82.

그러나 서울의 주요 5개 대학별 4개 전공의 전공교육 과정의 교과통합[7] 현황을 보면, 일부대학을 제외하고,[8] 대부분 대학의 전공교육 과정에서 교과통합의 비율은 낮다. 몇 개 대학의 사례라는 제한점이 있으나, 전공교육 과정에 학문간 교류나 연계 등과 같은 융합과 통섭에 대한 사회적 요구가 적절하게 반영되어 있는 것으로 보기에는 한계가 있다.[9]

한편 대학은 미래의 요구에 부응할 수 있는 역량을 길러주어야 함에도 불구하고, 현재의 직업을 위해 학생을 준비시키는 일종의 직업교육훈련기관 역할에 치중하고 있다는 비판을 받고 있다.[10] 특히 직업교육의 성격이 짙은 응용학문 분야에서는 학생들이 가능한 많은 시간을 전공공부에 투입하도록 요구받고 있다.[11][12]

3) 어떻게 가르치고 배우는가? 교수-학습방법

교육전문가들은 우리나라 교육제도의 가장 큰 문제점으로 강의식 위주의 획일화 교육, 주입식 교육을 거론한다.[13] 과거 우리는 한국전쟁 이후 낙후되어 있던 문화지체(文化遲滯) 현상을 해결하고, 우리나라의 경제성장에 필요한 인재들을 개발하기 위해 빠른 시간 안에 많은 학생들을 육성하는 주입식 교육시스템을 전략적으로 적용해왔다. 이는 개개인이 효율적으로 기초지식의 토대를 마련하는 데에 기여하여 우리나라 성장의 밑거름으로 작용하였다. 그러나 시대의 변화로 새로운 사회적 패러다임이 등장함에 따라 과연 우리의 전통적인 교육시스템이 오늘날에도 가장 효과적인가에 대해서는 고민을 던져주었다.

---

7) 교과통합적 교과목은 해당 전공과 타 학문과의 연계 또는 전공 간 통합적 지식을 다루는 과목으로, 학제적 접근을 취하는 과목을 가리킨다.

8) 일부 대학의 사회학과에서 예외적으로 비교적 높은 교과통합 비율을 나타내기도 하였는데, 이는 사회학 특성상 간학문적 접근이 필요한 경우가 많았기 때문으로 볼 수 있다

9) 신정철·윤세정·정지선·이소연·정혜주(2011). 우리나라 대학 전공교육과정의 구조적 특징 분석. 아시아교육연구. 12(1): 69-91.

10) 변순용(2015). 대학과 대학교육의 이데올로기와 유토피아(대학의 미래와 대학교육의 문제점에 대하여). 교양교육연구. 9(1): 11-28.

11) 손동현(2010). 교양교육과 전공교육의 균형과 수렴에 관해. 교양교육연구. 4(2): 19-27.

12) 변순용(2015). 대학과 대학교육의 이데올로기와 유토피아(대학의 미래와 대학교육의 문제점에 대하여). 교양교육연구. 9(1): 11-28.

13) [문화일보] 획일화 교육이 주범… 개인 존중하는 시스템 만들어야_20180227.

　　최근 강조되고 있는 창의성, 협동정신, 문제해결 능력 등의 역량을 효과적으로 개발하기 위해서는 학습자의 특성에 따른 차이를 이해하고, 학습자에 맞추어 개별화된 교육을 하는 것이 매우 중요하다. 즉, 주입식 교육도 필요하지만 이것만으로는 상위 위계에 해당되는 교육내용을 가르치는 데 한계가 존재한다.

　　국내 대학의 학생들은 수업에서 어떠한 교수－학습 활동에 참여하고 있을까? 2015년 4년제 대학생을 대상으로 수업 중 어떠한 활동들에 참여하고 있는지를 조사한 결과에 따르면, 교수의 질문에 응답하거나 교수에게 질문을 하는 교수와의 상호작용 활동 참여에 대한 응답은 '거의 안함'과 '가끔'이 '자주'와 '매우 자주'에 비해 더 높다. 반면에 학생 간에 이루어지는 발표, 토론 및 토의, 팀 프로젝트 등에 참여한다는 응답은 '자주'와 '매우 자주'가 '거의 안함'과 '가끔'에 비해 더 많다.[14) 다른 학생들과 협력하고, 능동적, 도전적인 활동에는 많이 노출되어 있는 것이다.[15) 요약하면 대학생들의 학습활동 및 경험은 미래사회에서 요구하는 인재역량을 개발하는 데 긍정적으로 기여할 수 있을 것으로 기대할 수 있다. 그러나 교수와 학생 간 활발한 교류와 소통이 요구된다.

　　자료에 따르면, 전공이나 교양 수업에 대한 대학생들의 만족도는 각각 2.68점, 2.55점으로 5점 만점의 절반을 가까스로 넘는다.[16) 교수－학습활동이 효과적으로 이루어져 수업만족도가 높아지기 위해서는 학습자의 개별 요구와 수준에 맞추어 개별화된 교육을 제공해야 하며, 학생들이 다양한 기회와 자원에 쉽고 빠르게 접근하기 위한 지원이 필요한 시점이다.[17)

---

14) 유현숙 외(2015). 대학의 교수·학습 질 제고 전략 탐색 연구(Ⅲ)－대학 유형별 교수·학습 역량 평가(체제) 다양화: 4년제, 전문대학－(연구보고 RR 2015－10). 충북: 한국교육개발원.

15) 최정윤 외(2016). 2016 대학 특성화사업 성과관리를 위한 교수·학습 평가 활용 및 분석 연구(현안보고 OR 2016－08). 충북: 한국교육개발원.

16) 유현숙 외(2015). 대학의 교수·학습 질 제고 전략 탐색 연구(Ⅲ)－대학 유형별 교수·학습 역량 평가(체제) 다양화: 4년제, 전문대학－(연구보고 RR 2015－10). 충북: 한국교육개발원.

17) 임철일 외(2018). 미래사회 대비 고등교육의 혁신과 발전방안. 대학교육협의회.

2. 교수에 대하여

교육법 제4장 제73조에 따르면, 대학교원의 주요 역할은 학생을 교육·지도하고 학문을 연구하는 것이다. 구체적으로 대학교원은 대학 교육과정 편제부터 교과목 운영(교과목 및 교수－학습 매체 개발, 교육실행, 평가 등), 논문지도, 진로상담, 학생지도 등의 업무를 수행한다.[18]

교수는 대학교육의 질에 상당한 영향을 미친다는 점에서 매우 중요함에도 불구하고, 앞에서 보았듯이 막상 교육을 받는 학생들은 교수와의 상호작용 시간이 그리 많지 않다고 느끼고 있다. 이러한 문제는 연구 중심으로 이루어지는 교원(교수)업적 평가와 상당 부분 연관이 있다고 보여진다.[19][20] 교원(교수) 업적 평가를 살펴보면, 교육 영역의 경우 담당학점 및 강의만족도 등과 같이 양적인 평가가 이루어짐에 따라 교수 간에 그 차이가 크지 않다. 반면, 연구 영역에서는 양적 평가와 함께 질적 평가가 엄격히 이루어져 교원 간의 업적 차이가 존재할 수밖에 없는 구조이다. 이에 따라 교수들은 특히 공과대학, 의학계열 등의 분야에서는 연구 실적이 연구비 확보와 긴밀한 관련이 있어 현실적으로 교육보다는 연구에 치중할 수밖에 없다.

대학은 미래사회의 인재를 양성하기 위한 교육기관인 점을 감안하면, 교원의 연구 역량도 중요하지만, 교육 영역도 강조되어야 한다. 교원의 교수－학습 역량에 대한 문제가 지속적으로 제기되고 있다.[21] 효과적인 수업을 위한 교수의 노력은 국내 대학의 교육의 질 향상을 위해 필수불가결의 요소이다. 교육 영역과 관련된 교원의 역량 향상을 위한 지속적이고 다양한 차원의 노력을 기울여야 한다.

---

18) 김미란 외(2018). 대학교육 혁신을 위한 정책 진단과 방안(Ⅱ)－대학 교원역량 강화를 중심으로. 충북: 한국교육개발원.

19) 김미란 외(2018). 대학교육 혁신을 위한 정책 진단과 방안(Ⅱ)－대학 교원역량 강화를 중심으로. 충북: 한국교육개발원.

20) 최정윤 외(2016). 2016 대학 특성화사업 성과관리를 위한 교수·학습 평가 활용 및 분석 연구(현안보고 OR 2016－08). 충북: 한국교육개발원

21) [문화일보] 획일화 교육이 주범… 개인 존중하는 시스템 만들어야_20180227.

3. 학생역량에 대하여:
뛰어난 성적은 뛰어난 역량을 갖춘 학생을 말하는가?

대학의 학생 평가에 대한 자료를 살펴보면, 우리나라 대학생의 성적은 매우 우수한 편이다. 교육부와 한국대학교육협의회가 주관하는 대학정보공시 사이트(대학알리미). 대학별 '성적평가 분포' 현황을 따르면,[22] 2018년 2학기를 기준으로 전공과목의 성적이 인정되는 총학생수 1,000명 이상의 187개의 대학 중 A학점과 B학점의 비율이 80%를 초과하는 학교는 26개이며, 70%를 초과하는 대학은 122개 대학이다.[23] 한편 교양과목 성적이 인정되는 총 학생 수가 1,000명 이상의 180개의 대학 중 A학점과 B학점의 비율이 80%를 초과하는 대학은 11개이며, 70%를 초과하는 대학은 56개 대학이다.

대학에서 우수한 성적을 받는 학생이 많은데, 그렇다면 우리나라 대학생의 역량은 정말 뛰어나다고 볼 수 있을까? 기업에서의 대졸 신규인력들의 평가를 살펴보면 성실성, 윤리의식, 예절 및 태도, 외국어 구사능력 등에서 신규인력들은 긍정적으로 평가받고 있으나,[24] 많은 부분에서 기업 및 사회의 기대에 미치지 못한다는 인식도 있다.[25] 국제경영개발연구원(IMD)이 발간한 2019년 세계인재보고서에 따르면 대학교육에 대한 기업 임원들의 만족도가 우리나라는 63개 국가 중에서 55위이다. 국내 대기업 인사담당자 337명에게 실시한 대학교육 만족도 설문조사에 따르면, 대학교육 만족도에 있어 불만족(4.4점)이 매우 높게 나타났고, 불만족 사유로 대학생들의 창의성·독창성 함양부족 35%, 인성교육 부족 23%, 외국어교육 부족 4%, 기타 38%이다.[26]

또한 대학생들은 자신의 대인관계역량, 자원정보기술 활용역량, 자기관리

---

22) 대학알리미 홈페이지(https://www.academyinfo.go.kr/).

23) 2018년 2학기 교육대학과 산업대학을 포함한 대학교(방송통신, 사이버대학, 2캠퍼스, 분교 제외) 중 전공과목이 1000명 이상의 성적인정 총학생수가 있는 학교는 503개 중 187개 대학이다.

24) 강성진·박한수(2018). 신입사원 역량에 대한 관광 산업체 인사담당자와 대학생의 인식차이. Tourism Reserach. 43(4): 1-20.

25) [조선일보] 중고생 공교육비 3등, 인재 역량은 34등… 한국교육, 왜 돈 퍼부어도 안되나 _20191220.

26) 홍병선(2012). 대학교육의 현실과 사회적 요구. 교양교육연구. 6(2): 269-291.

역량 등이 높은 수준이라고 응답하였다.[27] 그러나 대졸 신규인력에 대해 기업 담당자들은 대인이해, 대인관계, 상호협력체제 구축, 주도성, 자기조절 등의 역량 교육이 더 필요하다고 평가했다.[28][29] 이러한 역량들은 대학생 핵심역량 진단(K-CESA)에서 대학생들 스스로 자신들의 역량을 높게 평가하였지만, 여전히 기업들은 대학이 집중 육성해야 할 역량으로 강조하고 있다는 점도 주목할 필요가 있다. 전문성, 창의성과 창조성, 문제해결 능력, 분석적 사고, 협력 등이 기업이 신규인력에게 원하는 역량으로 지속적으로 도출된 것은, 앞으로 대학교육이 미래인재 육성을 위해 어떠한 부분에 더욱 집중해야 할 것인지에 대해 시사점을 주는 대목이다.[30]

4. 정부의 규제 및 지원에 대하여

저출산으로 인해 계속되는 대학입학자원의 감소, 고등학교 졸업예정자의 대학진학률 감소, 학령인구에 비해 많은 대학의 숫자, 대학교육에 대한 수요의 변화 등으로 대학의 구조개혁의 필요성은 높아졌다. 그러나 대학들의 실질적인

---

27) 대학생 핵심역량 진단(K-CESA)에 따르면, 2018년도 우리나라 대학생의 6대 핵심역량(자기관리역량, 대인관계역량, 자원정보기술 활용역량, 글로벌역량, 의사소통역량) 중 대인관계역량이 가장 높게 나타났고, 다음으로 자기관리역량, 글로벌역량, 자원정보기술 활용역량, 종합적 사고력, 의사소통역량 순으로 나타났다. 이러한 결과는 매년 비슷한 경향을 보인다. 2015년부터 2018년 상반기까지 가장 높은 점수를 받은 역량은 대인관계역량으로 드러났고, 가장 낮은 역량은 의사소통역량으로 나타났다. 그 외의 자원정보기술 활용역량, 자기관리역량, 글로벌 역량은 연도별 순위에 일부 차이가 존재하였고, 종합적 사고력은 지속적으로 5위로 도출되었다. 손유미·송창용·임언(2018) 대학생 핵심역량 진단(K-CESA) 지원과 활용. 세종: 한국직업능력개발원. 한국직업능력개발원에서는 대학생의 6대 핵심역량을 측정하는 객관화된 정량적 지표인 대학생 핵심역량 진단(K-CESA)을 개발하여, 대학생이 직접 자기응답식으로 자신의 역량에 대해 평가하고 있다. 현재까지 2015년 64개 대학, 2016년 104개 대학, 2017년 92개, 2018년 상반기 39개 대학의 학생들이 참여하였다. 이러한 자료는 대학교육과 노동시장 간 핵심역량 미스매치 최소화, 대학 역량기반 교육과정 컨설팅 등에 활용되고 있다.
28) 박소연·송영수(2008). 대졸 신입사원의 역량에 대한 대기업 인사교육담당자와 대학생의 인식차이 분석. 기업교육연구. 10(1): 27-45.
29) 박순애·오성호·박혜원(2010). 인재수요에 부응하는 역량중심의 대학교육에 관한 연구, 현대사회와 행정, 20(3): 171-197.
30) 선행연구마다 준거로 삼은 역량이 상이하기 때문에 직접적으로 비교하는 것에는 한계가 있다.

구조개혁의 성과가 미흡하여 좀 더 적극적인 대처가 필요하다는 것이 정부의 입장이다.[31] 이와 같은 정부의 인식은 정부의 대학에 대한 규제를 강화시키는 결과로 이어졌다.

우리나라의 대표적인 대학평가는 한국대학평가원이 수행하는 대학기관평가인증과 교육부의 위탁으로 한국교육개발원이 주관하는 대학기본역량진단이 있다. 한국대학평가원이 수행하는 대학기관평가인증은 대학이 최소한의 기준에 충족하면 인증을 해주는 절대평가이다. 한국교육개발원의 대학기본역량진단은 대학 간 서열평가를 통해 입학정원 및 재정지원을 차별화하는 상대평가로서, 대학정원 조정 및 정부사업 참여 제한과 연계되어 있다.[32]

대학기본역량진단의 경우 3주기로 나누어서 실시된다. 주기별로 이전 주기 평가의 진단 지표 및 요소의 타당성을 재검토하여 대학이 갖추어야 할 핵심적인 기본 여건 중심으로 지표(요소)를 보완하여 실시하고 있다.

가장 최근에 실시된 2주기 평가인 2018년 대학기본역량진단은 평가지표(1단계: 발전 계획 및 성과, 교육 여건 및 대학 운영의 건전성, 수업 및 교육과정 운영, 학생 지원, 교육성과, 2단계: 전공 및 교양 교육과정, 전공 교육과정, 지역사회 협력기여, 대학 운영의 건전성)를 바탕으로 전국의 대학을 3개 등급으로 나누었다. 상위 60%의 대학은 자율개선대학으로 선정하여 정원 유지와 일반 재정 지원을 실시하고, 20%의 대학은 역량 강화 대학으로 선정하여 정원 감축을 권고하였다. 그리고 정부의 일반 재정지원 신청은 제한하고, 특수목적 재정지원 사업에의 참여만 허용하였다. 나머지 20% 대학은 재정지원 제한 대학으로서 정원 감축을 권고하고, 일반 재정지원을 제한하였다. 또한 국가장학금 및 학자금 대출도 제한하였다.

대학기본역량진단 평가는 대학교육의 공공성과 책무성을 강화할 수 있다는 점과 대학교육의 질적 개선을 도모할 수 있다는 장점이 있다. 그러나 대학의 서열화를 부추기고, 낮은 평가점수를 받는 대학의 경우 낙인효과를 갖는 부

31) 박춘란(2014). 고등교육의 경쟁력 강화와 대학 구조개혁의 추진. 교육개발.
32) 김순남(2019). 대학평가 주요 양적지표 권역별 분석 및 정책적 시사점. 교육행정학연구. 37(3): 113-139.

작용이 있고, 대학기본역량진단 평가로 인해 대학이 획일화된다는 지적도 존재한다. 4차 산업혁명으로 인해 대학들은 이전과는 다른 인재양성 방식으로의 지속적인 혁신을 요구받고 있다. 그럼에도 불구하고 획일적인 방식으로 평가를 실시하는 것은 대학의 자체 운영을 존중하기보다는 일반화시킨다는 우려가 있으며, 이는 대학의 자율성에 많은 제한을 둔다고 할 수 있다.[33]

더욱이, 교육부가 주도하는 평가로 인해 대학은 교육에 대한 고민보다 '평가'에 대한 고민으로 더 많은 대학의 자원을 투입하게 만들었다. 대학은 대학기본역량진단을 대비하기 위해 많은 시간과 인력 및 재정을 투입하게 됨으로써,[34] 실질적인 대학발전을 위해 투입해야 자원이 부족해지는 결과를 초래할 수 있다.[35] 실제 평가지표를 충족시키기 위한 시설투자, 인력의 채용, 대응투자 등은 교육에 사용할 예산까지 감소시켰다.[36]

많은 대학의 재정난도 문제이다. 법적으로는 고등교육법 제 11조 제7항에 따라 대학이 직전 3개 연도의 평균 소비자물가 상승률의 1.5배 이하 수준으로 등록금을 올리는 것이 가능하지만, 등록금을 올릴 경우에 교육부의 각종 재정지원 사업에서 불이익을 받을 수 있기 때문에 대학은 쉽게 등록금을 올리지 못한다.[37]

또한 2009년부터 계속된 '반값등록금' 정책이 지속되는 가운데 문재인 정부에서는 각 대학의 입학금을 2023년에 완전폐지하는 것으로 결정하였다.[38][39] 반값등록금의 취지는 좋지만 등록금과 입학금이 대부분 대학의 유일한 가용재정자원이라는 점을 고려할 때, 대학들의 재정난은 점차 심해지고 있는 것이다. 대학의 재정난은 우수한 교원의 확보, 첨단 기자재 확보, 실험실습 투자,

---

33) 김형란·김석우(2019). 대학기본역량진단 평가지표 분석 연구: 고등교육의 질 개념을 중심으로. 학습자중심교과교육연구. 19(6): 1143−1164.

34) [조선일보] 출산율 하락에 내년 처음으로 대학 신입생이 정원보다 적어진다 … 인위적 대학 정원 감축 폐기_20190806.

35) 김순남(2019). 대학평가 주요 양적지표 권역별 분석 및 정책적 시사점, 교육행정학연구. 37(3): 113−139.

36) [내일신문] 무한경쟁식 대학평가, 재정고갈 가속화_20180503.

37) [뉴스1] "이게 몇 년 째" 올해도 등록금 동결 정책에 대학들 '한숨'_20200126.

38) [동아일보] 대학등록금 11년째 동결 … 재정난에 학회지 구독도 끊는다_20191129.

39) [한국대학신문] 등록금 동결에 입학금 폐지 수순 … 대학재정난 '심화'_20200515.

대학건물 개보수 등 대학의 발전이 필요한 부분에 투자를 저해하고 결국 대학 경쟁력 하락으로 이어지게 된다.[40] 이러한 이슈가 존재함에도 불구하고 반값등록금 정책을 더욱 강화해야 한다는 정치권의 소리가 지속적으로 등장하는 것이 대학의 입장에서는 답답하지 않을 수 없다.[41]

한편 정부는 대학에 대한 재정지원 방식을 통합·간소화하고, 대학의 자율성을 바탕으로 혁신을 실천할 수 있도록 대학 개혁의 주도권을 대학에 넘기고자 노력하고 있다.[42] ACE+(대학자율역량강화), CK(대학특성화), PRIME(산업연계교육활성화 선도대학), CORE(대학인문역량강화), WE-UP(여성공학인재양성), 국립대학 육성사업, 산학협력(LINC+), 연구지원(BK21플러스), 대학의 평생교육체제 지원사업(LIFE) 등이 정부의 대표적인 대학 재정지원 사업이다. 대학 재정지원 사업의 수는 2018년 기준 858개로, 2010년과 비교하면 약 3배 정도 증가하였고, 대학재정 지원액도 2010년과 비교하여 2018년 기준 약 2배 정도 증가하였다. 그러나 정부의 재정지원 사업은 대학의 미래 발전방향을 정부가 제한하는 틀 속에 얽매이게 할 가능성을 여전히 내포하고 있다. 따라서 정부는 대학들이 자체적으로 경쟁력을 강화하고 자생력을 기를 수 있도록 엄격한 평가를 통한 규제와 자율을 기반으로 한 지원이라는 두 전략을 더욱 지혜롭게 사용해야 할 필요가 있겠다.

---

40) [동아일보] 대학등록금 11년째 동결 … 재정난에 학회지 구독도 끊는다_20191129.
41) [뉴스1] "이게 몇 년째" 올해도 등록금 동결 정책에 대학들 '한숨'_20200126.
42) [국민일보] 대학 재정지원 방식 통폐합, 자율성 높인다_20180322.

03

4차 산업혁명 시대의 대학 교육, 어떻게 변해야 할까

1. '학생 맞춤형' 교육이 되어야

4차 산업혁명과 함께 다가오는 변화에 대비하고, 경쟁력을 향상시키기 위해서는 대학 교육 또한 기술의 변화를 반영할 필요가 있다. 미래사회에는 천편일률적 교육을 제공하거나 학생에게 모든 학습의 선택권을 맡기는 것이 아니라 학생의 상황을 분석하여 학생에게 맞는 개별화된 학습이 되어야 한다는 점에서,[1] 인공지능을 활용한 학습자 맞춤형 교육을 고려해볼 수 있다. '어댑티브 러닝(adaptive learning)'은 학생의 성향과 학습분석 데이터 등을 기반으로 학습 내용과 방식, 평가 방법과 난이도까지 학생에게 최적화된 교육과정을 제공하는 것을 말한다. 어댑티브 러닝은 학습자의 수준과 학습 스타일에 맞는 교수-학습을 제공함으로써 학습자 개인에게 맞춤형 교육 제공을 가능하게 한다.

일례로 미국의 퍼듀대학은 인공지능을 활용하여 학습자의 학습 진도에 따른 피드백뿐 아니라 학생의 학점 취득에 문제가 발생하는 경우 위험 신호를 제공하는 '교육과정 신호 시스템(course signals system)'을 도입하였다.[2] 해당 시스템에 대한 모니터링 결과, 시스템을 적용한 과정에 참여한 학생의 성적이 10% 향상되었으며, 학생의 유지율(강의를 중도 포기하지 않는 학생의 비율)은 21% 향상된 것으로 나타났다. 참여한 학습자의 89%가 교육과정 신호 시스템에 대해 긍정적인 반응을 보였으며, 시각적 신호와 강사와의 의사소통을 통해 동기부여가

---

1) 헤먼트타네자·케빈매이니(2019). 언스케일. 서울: 청림출판.
2) 나일주·임철일·조영환(2015). 학습분석 모델 및 확장 방안 연구. 서울: 서울특별시교육청.

되었다고 응답하였다.[3]

미국 애리조나 대학도 어댑티브 러닝 시스템을 도입하여, 다양한 전공에서 활용하고 있다.[4] 기존의 학습자 특성을 고려하지 않은 획일화된 교육에서 벗어나, 개별화 교육이 가능한 학습 시스템을 적용한 것이다. 바이오스핀(BioSpine)이라는 새로운 학습 플랫폼을 구축하여, 학습 활동을 플랫폼에 연결하고 학생들이 준비되었을 때 더 어려운 과제를 진행하거나 이전 과정을 다시 학습할 수 있도록 지원한다. 또한 학생에게 적합한 수업을 적합한 시간에 교육할 수 있으며, 학생들은 각자 자신에게 맞는 교육계획을 수립해야 한다.

맞춤형 학습의 가장 큰 장점은 학생들의 진도에 맞게 수업을 진행할 수 있다는 점이다. 진도를 빠르게 진행하고 싶은 학생은 자신의 속도에 맞게 빠르게 진행하고, 조금 부진하거나 진도를 천천히 진행하고 싶은 학생은 충분한 시간을 가지고 학습을 진행할 수 있다.

2. 학습공간의 혁신이 이루어져야

4차 산업혁명으로 인한 기술변화가 대학의 교실환경의 변화로 이어져야 한다. 특히 강의 위주의 수업보다는 플립러닝이나 블렌디드 러닝의 도입을 통해 학습자의 능동적 학습을 촉진하는 것이 필요하며, 또한 학생들이 서로 협업하고 창의적 문제해결을 도모할 수 있는 학습공간의 제공이 필요하다. 예를 들어, 스케일업(scale-up) 강의실이나 '액티브러닝센터그란트(active learning center grant)' 학습 공간 등을 생각해 볼 수 있다. 이들은 공통적으로 수업에서 학생의 적극적인 학습을 촉진하기 위한 공간 설계로, 학생 간의 공동 작업을 용이하게 한다. 학생은 협력학습을 통해 자기 주도적으로 학습하며, 교수는 질문을 하거나, 가이드를 제공하는 등의 활동을 한다.

스틸케이스(Steelcase)사에서 제안하는 '액티브러닝센터그란트(Active learning

---

3) https://learnonline.github.io/page4.html.

4) [한국대학신문] [해외대학으로부터 배운다 ASU/인터뷰] 맞춤형 학습(Adaptive Learning) 도입 이후 수학 Fail 비율 42%→22%로 감소_20181119.

Center Grant; ALC 모형)' 또한 강의실에 대한 새로운 대안으로써 학습자의 능동적 학습을 촉진하는 학습공간이다. 이 공간에서는 프로젝트기반 학습, 개별학습, 일대일 학습, 동료학습, 소집단학습 등 다양한 유형의 교수-학습활동 및 조정이 용이하다.

AR, VR 등 새로운 테크놀로지를 직접적으로 학습공간에 도입하는 방안 또한 검토해볼 필요가 있다. 한국기술교육대학교(KOREATECH)은 일명 5G 기반 '스마트러닝팩토리(smart learning factory)'를 학내에 구축하여, 학내 구성원뿐 아니라 다양한 교육 수요자들이 이를 활용하고 있다. 스마트러닝팩토리는 AI(인공지능)과 IOT(사물인터넷), 빅데이터 등을 정보통신기술과 통합해서 시제품기획, 설계, 생산, 유통, 판매 등 전 생산과정을 갖춘 지능화된 공장이다. 스마트러닝팩토리는 아이디어 창출에서 시작품 제작, 생산, 서비스 등의 각 과정에 대한 교육, 연구, 훈련을 위한 테스트 베드 역할을 수행하고 있다.

3. 성인학습자의 재교육의 장이 되어야

우리 사회에는 조기퇴직자 및 경력전환자들의 새로운 직업에 대한 교육의 필요성이 증가하고, 재직생활 중 추가교육의 필요성을 느끼는 근로자들도 늘어나면서 오늘날 어느 때보다 재학습의 수요가 늘어나고 있다. 이제 많은 사람들이 젊은 시절에 한 번 배운 지식으로 경쟁력 있는 일자리를 계속 가질 수 없다는 인식을 하고 있는 것이다.[5] 성인들이 참여 가능한 교육과정들은 직업교육훈련기관이나 평생학습센터 등에 많이 개설되어 있으나 대학 교육은 그에 비해 여러 한계점이 있다.[6]

대학은 성인학습자를 위한 신규 학과개설에 대해 더 깊은 고민이 필요하다. 재직자를 위한 일과 학습을 병행할 수 있는 여건을 제공해 주는 학과나 퇴직자·경력단절자 등을 위한 성인학습자 맞춤형 전일제 학과 등이 대안이 될 수 있다.

---

5) [한국경제] 4차 산업혁명 시대 고등교육의 보완재 역할하는 'MOOC'_20190527.
6) 이현림·김지혜(2006). 성인학습 및 상담. 서울: 학지사.

정부는 대학 내에 성인학습의 친화적 환경조성을 지원하기 위하여 대학의 평생교육체제 구축 및 활성화를 돕는 지원을 지속적으로 해 왔다.[7] 이명박 정부에서 '평생학습중심대학 육성사업'을 신설하였고, 고등교육법 시행령 개정을 통해 '특성화고 재직자 특별전형' 제도를 도입하기도 하였다. 이후 고등교육기관의 평생교육기능을 강화하기 위한 정책적 노력이 계속되었고, 2017년부터는 '평생학습중심대학 지원사업' 및 '평생교육 단과대학 지원사업'을 통합하여 '대학의 평생교육체제 지원사업'으로 개편하였다.

대학의 평생교육체제 지원사업에 참여하는 대학들 중 하나인 대구한의대학교는 미래라이프융합대학을 설립하여 우수한 성인학습자 맞춤형 교육을 하는 대표적인 대학으로 손꼽힌다. 이 대학은 다양한 연령대의 성인학습자들을 위해 온라인 수업, 주말 수업, 다학기제, 유연학기제, 집중이수제, 선행학습인정 등 성인 친화적인 학사제도 등을 운영하고 있다.[8] 대학은 이러한 성공사례를 참고하여 '대학생'의 범위를 확대하고 교육운영을 더욱 유연화하는 등 자생력 강화 방안을 고민해야 할 것이다.

4. 전공 및 교육내용의 융복합, 산학연계가 이루어져야

대학의 교육과정은 1973년 이후로 크게 변화되지 않고 있다. 교양교육은 그 정의가 불명확하여 전공교육의 영향을 많이 받고 있으며, 전공교육은 전공영토주의로 인해 다소 형식적인 개편이 이루어져 왔다. 그러나 기술은 빠른 속도로 변화하고, 21세기 미래인재에게 요구되는 역량도 다변화하는 상황에서, 학생들이 창의력과 문제해결력 등 미래 지향적 역량을 갖출 수 있도록 대학교육은 여러 가지 고민을 해보아야 한다.

첫째, 기존의 틀에서 벗어나 교수의 일정한 지도하에서 학생 스스로 자신이 관심 있는 분야를 선택, 교육과정을 이수할 수 있도록 '학문간 융합'이 필요하다. 국내의 대학들도 미래 지향적 역량을 갖출 수 있는 융복합형 인재를 양

---

7) 국가평생교육진흥원 LiFE 사업 홈페이지
8) [경북일보] 대구한의대, '배움에 나이 없다' 성인학습자 맞춤형 교육 출처_20191217.

성하기 위하여 융합전공을 도입하는 등 다양한 노력을 기울이고 있으나 아직은 갈 길이 멀다.

혁신적 교육으로 유명한 미네르바대학의 경우 '사회과학과 뇌신경과학', '컴퓨터 과학과 데이터 과학'과 같이 여러 대학의 두세 개의 전공을 융합한 학과를 운영하고 있다. 기존의 전공을 기반으로 새로운 미래사회 요구에 부합하도록 학문 간 융복합을 확대하고 있다. 그리고 미국 애리조나 주립대의 경우 기존의 단과 대학과 학과를 통폐합하여 '지속가능성 학부', '지구 및 우주 탐사 학부', '인간 진화와 사회 변화 학부' 등 생소한 이름의 새로운 융복합학과를 개설하였다.[9] 산업체와 밀접한 연계를 통해 창업융합형 교육을 제공하는 대학도 있다. 스페인 몬드라곤대학이 '팀아카데미(MTA)'를 만들어 LEINN 과정(별도의 교수, 강의실, 수업, 시험 등이 없이 학생들이 팀을 이뤄 4년 동안 연간 20여 개, 총 80여 개의 창업 프로젝트를 수행)을 운영하고 있는 것이 그 예이다.

둘째, 교육내용에 대한 유연화가 필요하다. 올린공대(Franklin W. Olin College of Engineering)의 공학전공에서는 다학문적인 문제해결접근법을 도입하여 학문 간 경계를 없애고, 프로젝트 중심으로 교육이 이루어진다.[10] 이론부터 배우고 실습을 하는 것이 아니라, 철저한 실험 위주의 현장 중심교육을 통해 '하면서 배우는 학습(learning by doing)'을 실천한다. 예를 들어, POE(Principle of Engineering) 공학 수업은 기계공학, 전자공학, 소프트웨어 기술을 집약해 하나의 프로젝트에 응용하는 일반 공학 수업으로 한 학기 동안 진행되며,[11] 참여하는 교수 간의 내용적, 방법적 융합을 기반으로 한 학기의 수업이 진행되는 것이 특징이다. 학생들은 수업을 통해 한 학문만을 배우는 것이 아니라, 실제 현장과 유사하게 문제를 판단하고 해결하는 능력을 기를 수 있게 된다.

셋째, 현장적합성 제고를 위하여 산학연계가 강화되어야 한다. 앞서 기술하였듯이, 대졸 신규인력에 대한 역량 미스매치 문제를 해결하기 위해서는 실

---

9) [서울경제] [미래한국 교육에서 길을 찾다] 애리조나주립대 23개 학제융합학과 개설 _20180401.
10) [한국대학신문] [해외대학으로부터 배운다/미올린공과대학] '미래 교육'이 현실로 … '주입'아닌 '경험'으로 배운다_20190224.
11) 진성희·신수봉(2013). 공과대학 융합교육에 대한 사례조사 및 요구분석. 공학교육연구. 16(6): 29-37.

무와 관련된 학습기회를 더욱 확대할 필요가 있겠다. 교육 현장에 산업체 실무 전문가를 적극적으로 투입하여 실무친화적인 강의를 제공하고, 앞서 융합교육 과정 및 학제 간 융합교육 제도에서 언급한 것과 같이 현장 전문가가 교수로서 수업에 참여함으로써 학생들은 현장감 있는 수업 내용을 학습할 수 있도록 개 편해야 한다.

이외에, 아직 교육현장에서는 실제 문제를 다루기보다는 가상의 상황을 가정하여 교육하는 경우가 많으므로 실제 산업체의 현안을 교육현장으로 옮겨 오는 방법도 고려해볼 수 있다. 산학연계를 통해 교육현장에서 산업체의 실제 문제를 다루는 액션러닝(action learning), 프로젝트법 등 프로젝트/문제기반학습 (PBL, Project/Problem Based Learning)을 고려해 볼 수도 있다. 이를 위해서는 산 업체와 대학 간 신뢰를 기반으로 한 협력적 네트워크 구축이 필요하며, 교수와 학생의 적극적인 참여와 대학 차원의 적극적인 지원이 필요하겠다.

마지막으로 교육의 장소를 대학 외부까지 확대하는 것도 고려할 수 있다. 교내에서의 교육으로 장소를 한정하는 것이 아니라 대학 밖에서의 다양한 활 동과의 연계를 통해 학생의 현장에 대한 이해를 제고해야 한다. 많은 대학에 서는 학생의 산업현장에 대한 학습기회를 확대하기 위하여 교육과정을 개편하여 왔다. 그리고 학생들을 파견할 수 있는 산업체 풀을 관리하고 있다. 동시에 학 생의 '일—학습'이 원활하게 이루어질 수 있도록 학생과 산업체에 대한 다양한 지원을 제공하기 위해 노력해왔다.

산학연계 강화를 위한 새로운 교육모델로서의 장기현장실습(IPP, Industry Professional Practice) 제도가 있다. IPP는 3~4학년 대학생들이 4개월 이상 파견 된 회사에서 멘토 선배 직원의 지도를 받으며 전공과 관련된 업무나 프로젝트 에 참여해 전공능력과 조직문화, 태도 등을 배우는 산학협동교육으로 학생들은 이를 통해 학점도 인정받을 수 있다.[12] 한국기술교육대학교(KOREATECH)를 포 함한 총 37개 대학이 학생의 실무역량을 제고하기 위해 IPP형 일학습병행제[13]

---

12) [한국대학신문] [대학通] "산학협력 기반 장기현장실습제로 코로나 돌파하길"_20200410.

13) '일학습병행제'란 한국형 도제제도로, 산업 현장에서 일을 함과 동시에 공동훈련센터 등에서 이론교육을 병행함으로써 일을 통해 경력을 쌓고 경제적 소득을 얻는 동시에 자격 또는 학위를 취득할 수 있는 새로운 형태의 교육훈련제도이다.(출처: 한국산업인력공단 공식홈

를 도입하고 있으며, 2019년도 기준 5,000여 명의 학생이 제도에 참여하고 있다.[14]

교육의 장소를 학교 밖으로 확대하려는 지속적인 노력이 필요하다.

5. 교수법과 교수(teaching)역량 혁신되어야

대학교육이 학습자 중심의 능동적 학습을 증진할 수 있는 방향으로 변화되어야 한다. 토론·토의, 체험, 서로 설명하기 등의 방법을 적극적으로 도입할 필요가 있으며, 이를 복합적으로 활용하는 구성주의 기반의 문제중심학습,[15] 협동학습,[16] 프로젝트법[17] 등을 그 대안으로 볼 수 있다.[18]

미국의 올린 공과대학교에서는 SCOPE(senior capstone program in engineering), ADE(affordable design and entrepreneurship)과 같은 장기 프로젝트 학습 프로그램을 운영하고 있다. SCOPE는 다양한 전공의 학생들이 팀을 이루어 아마존, GE 등 실제 기업에 존재하고 있는 문제를 해결하는 기업 연계형 프로젝트 수업이다. ADE는 빈곤 극복, 건강 개선 등의 사회적 문제를 해결하는 프로젝트 수업으로 전 세계 사람들과의 협력을 통해 프로젝트를 진행한다.

교수자는 가르치는 것(teaching)을 넘어서 코칭(coaching)을 해야 한다.[19] 단순히 교육내용을 전달하는 지식의 전달자 역할에서 비구조적, 비순차적인, 실

페이지)

14) 2019년 기준.

15) 실생활의 문제점 또는 실제문제와 매우 유사한 문제를 교육적으로 접근하여 학생들이 문제를 해결해나가는 학습전략을 가리킨다. 실제 문제를 해결하기 위해 학습자의 자기주도적 학습과 협동학습이 강조된다.

16) 2명 이상의 학습자가 팀을 이루어 진행하는 학습방법으로, 개별 학습자의 창의성, 탐구능력 등을 요구하며, 학생 간의 활발한 상호작용을 강조한다. 긍정적인 상호 의존, 개별학습자의 책무성, 동등한 참여, 동시다발적 상호작용 등을 특징으로 한다.

17) 학습자가 학습내용(주제) 선정부터 활동계획, 탐구 및 자료조사, 결과도출 등의 프로젝트 전 단계에 적극적인 참여를 강조하는 학습전략으로, 학습자의 자기주도적 학습능력 개발에 매우 효과적인 방법이다.

18) 윤관식(2020). 수업설계-교수-학습지도안 개발. 경기: 양서원.

19) 류태호(2019). 성적없는 성적표. 서울: 경희대학교 출판문화원.

제적 과제와 과제를 둘러싼 맥락에 대한 안내자, 조언자 및 촉진자 역할을 해야 한다. 이러한 변화는 교수(teaching) 활동뿐 아니라 학생의 학습성취 평가방식에서도 이루어져야 한다. 무엇인가를 가르쳐주는 학습방법과 비교하여 이러한 학습방법은 교수에게 더욱 전문성을 요구한다.

교수는 변화하는 환경에 대응하기 위해 지속적인 교수역량개발이 필요하다. 영국의 사우샘프턴(Southampton) 대학에서는 교원의 경력경로를 교육, 연구, 기업가 경로로 구분하고, 각 경력경로와 교원수준에 맞추어 전문성 개발 프로그램을 제공하고 있다.

교수의 교수역량개발 노력을 장려할 수 있도록, 교수의 교육영역 관련 노력을 인정할 수 있는 교원평가 기준이 마련되어야 한다. 앞서 언급하였듯이 현재의 교원평가 기준 중 교육영역 관련 평가지표는 양적인 측면만을 고려하는 경향이 있다. 학생에 대한 지도, 강의 등 학생 교육 영역에 쏟는 교원의 노력을 교원평가에서 보다 비중 있게 평가한다면 교원의 교수(teaching)역량 강화를 위한 동기를 촉진할 수 있을 것이다.

교수의 역량강화는 대학의 발전에서 가장 핵심적인 역할을 할 수 있는 부분이다. 대학의 교수학습센터 등의 주관으로 교수 간의 건설적 경쟁을 촉진하여 교수의 교육 영역 관련 역량 향상을 장려할 필요가 있다.

6. 등급이 없는 성적표가 현실화되어야

전공과 교양과목에서 A학점을 받는 대학생이 많음에도 불구하고, 대학을 졸업한 신규인력의 역량에 대한 기업의 평가는 대부분 '아쉽다', '교육이 좀 더 필요하다'이다. 기업들이 신입사원에 대해 이와 같이 평가하는 원인을 대학에서 이루어지고 있는 평가내용과 방법의 이슈로 생각해볼 수 있다. 대학에서 이루어지고 있는 평가는 대부분 지식위주의 평가로 대학의 많은 수업은 '지필시험'으로 학생들을 평가한다. 지필시험은 무엇을 알고, 무엇을 모르는지를 가장 정확하게 파악할 수 있는 수단이기도 하지만 실제 역량과는 별개로 '시험'에 나오는 내용을 잘 '암기'하는 학생이 좋은 평가를 받게 된다.

지필시험 방식에 기반 한 평가결과는 학생들의 현재 역량(능력) 수준을 제대로 보여주지 못하는 것으로, 대학에서도 역량위주의 평가체제로 전환하는 것이 필요하다. 우리는 '어디서 배웠는가'에서 '무엇을 배웠는가'의 시대를 지나왔고, 이제 '무엇을 할 줄 알게 되었는가'가 중요해지는 시대로 가고 있다.[20] 특히, 4차 산업혁명 시대에 경쟁력 있는 인적자원의 양성을 위해서는 실제 역량과 연계가 되는 대학교육을 통해 지금 쓸 수 있는 역량을 갖추었는지에 대해 평가하는 것이 중요하다. 인지적인 측면의 평가보다는 역량을 평가할 수 있는 방법이 필요하다.

미국의 유명한 교육기관인 호킨스쿨(Hawken School)은 역량을 평가하는 성적표를 발행하고 있다. 이 성적표에는 수업에 대한 평가를 A부터 F 등급으로 하지 않는다. 대신 수업에 참여한 결과를 토대로 개인의 '역량'에 대한 점수를 성적표에 기입해서 발행하고 있다.[21] 교육의 결과로서 갖추어야 할 역량을 '분석적이고 창의적인 사고', '복합적 의사소통', '리더십과 팀워크', '디지털·양적 이해능력(literacy)', '세계적 관점', '적응력·진취성·모험정신', '진실성과 윤리적 의사결정', '마음의 습관·사고방식' 등 여덟 가지로 나누어 성적표에 표기하고 있다. 성적 등급 없는 성적표는 일선의 교육현장에 많은 화제가 되었으며 이러한 성적표를 도입한 학교들이 국내를 포함한 전 세계에서 증가하는 추세이다.

7. 민주적, 자율적, 혁신친화 대학운영이 되어야

정부의 대학에 대한 규제와 지원을 위한 평가는 많은 대학의 교육 및 운영 수준을 우리가 보통 수준의 대학이라고 생각되는 수준까지 끌어올리는 것에 많은 역할을 하였다. 그러나 대학의 특성과 학과의 특성을 기반으로 창조적 능력과 사회적 지능을 겸비한 21세기형 인적자원을 배출하기 위해서는 정부의 평가 기준이 아닌 대학 자체적으로 자신들을 평가하고 관리하는 것이 필

---

20) 류태호(2019). 성적 없는 성적표. 서울: 경희대학교 출판문화원.
21) 류태호(2019). 성적 없는 성적표. 서울: 경희대학교 출판문화원.

요하다.[22)]

이에 대학은 민주적, 자율적 대학의 거버넌스(governance)를 구축해야 한다.[23)24)] 대학의 외부 거버넌스인 국가, 정부 유관기관으로부터는 든든한 지원을 받고, 내부 거버넌스인 교무위원회, 대학평의원회, 교수회, 직원회에서는 공신력 있는 자료를 바탕으로 자율적으로 대학의 운영방향을 정하고, 운영되어야 한다. 또한 일방향으로 정해져서 전달되는 정책이 아니라 협의를 통한 교육 관련 정책결정이 필요하다.[25)] 대학이 외부 거버넌스인 국가와 정부로부터의 지나친 규제와 감사를 받고, 내부 거버넌스의 비민주적인 대학정책결정 및 운영을 지속하면 이 시대에 필요한 교육기관으로 개혁할 수 없다.

대학혁신에 친화적인 내부 거버넌스를 만들어 가기 위해서 미국의 많은 대학에서 수행하고 있는 대학기관연구[26)](IR, Institutional Research, 이하 IR)를 참고할 수 있다.[27)] IR은 대학의 모든 기능과 활동(교육, 행정, 연구 등)을 실증적으로 지원하는 곳으로,[28)29)] 해당 대학에 대해 전문적인 데이터를 바탕으로 장기적인 관점에서 대학의 비전과 목표방향을 연구하는 역할을 수행한다.

IR이 수행하는 기능은 대학의 각 부서가 개별적으로 어느 정도 수행하고 있다고 볼 수 있다. 하지만, 기존의 제도에서는 대학의 운영에 대한 평가, 정보

---

22) [매일경제] '대졸 취업 절반이 미스매치' 학과 정원 왜 손도 못대고 있나_20200610.

23) 문보인 외(2019)에서는 바람직한 '대학 거버넌스'를 대학 내·외부의 권한과 책임을 가진 다양한 구성원들이 대학의 지속가능한 발전과 자율적인 운영을 위해 협력적이고 민주적인 의사소통에 기반하여 운영과 관련한 중요한 의사결정을 하는 구조 및 일체로 정의한다. 문보은 외(2019). 대학교육 혁신을 위한 정책 진단과 방안(Ⅲ): 국립대학 거버넌스 개선을 중심으로(RR2019-18). 한국교육개발원,

24) 윤지관(2017). 대학 밖의 권력과 대학 안의 적폐. 대학: 담론과 쟁점(1): 2-9.

25) 대통령직속 4차 산업혁명 위원회(2019). 4차 산업혁명 대정부 권고안. 서울:대통령직속 4차 산업혁명위원회.

26) 대학운영 전체의 기능적 효율성 및 효과성을 제대로 검증할 수 있는 컨트롤타워 및 대학과 관련된 모든 정보를 제공해 줄 수 있는 창고의 역할을 하는 조직이다.

27) 신현석 외(2015). 미국 대학기관연구(Institutional Research) 사례 분석 및 시사점: 연구중심대학을 중심으로. 교육문제연구. 28(2): 201-229.

28) 장덕호(2015). 미국 대학기관연구(Institutional Research)의 발전과 대학조직 관리에의 시사점. 비교교육연구. 25(3): 255-284.

29) 신현석 외(2015). 미국 대학기관연구(Institutional Research) 사례 분석 및 시사점: 연구중심대학을 중심으로, 교육문제연구. 28(2). 201-229.

관리, 의사결정 지원이 여러 행정부서와 위원회 등에 혼재되어 있다. 반면에 IR은 모든 의사결정지원을 위한 핵심기능을 IR 수행조직에 집중시키고 있어 중복적 업무수행 등의 비효율성, 산발적인 정보에 따른 결정적인 핵심정보의 부족 등의 문제를 최소화할 수 있다.[30][31] 또한 대학의 의사결정 등을 수행하는 데 있어서 확보한 데이터를 적극 활용하고, IR에 관련 전문연구자 배치로 지속적·조직적·통합적으로 대학발전을 관리할 수 있다. IR은 대학의 자립 및 발전을 지원하는 조직으로 대학의 거버넌스가 개혁친화적인 모습을 갖추는 기반이 될 것이다.[32] 또한 IR을 통한 각 대학별 대학과 관련한 모든 정보의 투명한 공개는 대학의 발전과 혁신을 촉진할 수 있는 가장 쉽고 빠른 방법이다.

대학 내부 거버넌스의 민주주의적인 운영과 관련해서는 이슈가 많이 되는 부분 중 하나가 '총장 선출'과 관련된 것이다.[33] 총장의 선출에 대한 참여권이나 결정권은 대학 거버넌스 자율화의 핵심으로 여겨지는 부분이다. 사립대학의 72%(99곳)는 구성원 참여 없이 학교법인이 총장을 임명하는 완전임명제를 취하고 있었다. 또한 총장추천위원회에서 총장후보를 복수 추천하고 이사회가 임명하는 간선제를 운영하는 학교는 23%(32곳), 구성원 직접선거로 총장후보를 추천하여 이사회가 임명하는 직선제를 운영하는 학교는 단 5%(7곳)이다.[34]

총장을 이사회에서 선임하는 경우 법인에 의해 학교 운영이 좌우되고, 대학구성원들의 밑으로부터의 지지를 받기가 어려운 것 등이 문제점으로 거론되고 있다. 이사장과 총장의 권한이 학교 전반의 경영구조에 강한 영향을 미친다

---

30) 장덕호(2015). 미국 대학기관연구(Institutional Research)의 발전과 대학조직 관리에의 시사점. 비교교육연구. 25(3): 255-284.

31) 신현석 외(2015). 미국 대학기관연구(Institutional Research) 사례 분석 및 시사점: 연구중심대학을 중심으로, 교육문제연구. 28(2). 201-229.

32) 장덕호(2015). 미국 대학기관연구(Institutional Research)의 발전과 대학조직 관리에의 시사점. 비교교육연구. 25(3): 255-284.

33) 고등교육법 15조에 따르면 대학을 대표하여 교무를 통할하고, 소속 교직원을 감독하며, 학생을 지도하는 역할을 하는 대학교의 기관장으로, 대학 운영에 관한 전반적인 결정권이 포괄적으로 부여된 자를 뜻한다.

34) 직선제 중에서도 교수, 직원, 학생 전원이 직접선거에 참여하는 대학은 이화여대와 성신여대 2곳이다. 또 총장추천위원회가 복수의 총장 후보를 추천하는 간선제 대학 32곳 중 26곳에서는 법인 이사가 후보자 추천에 관여한다. [한겨레] 사립대 72%, 구성원 배제하고 총장 임명_20181009.

는 연구결과 또한 거버넌스의 민주적인 운영과 연계하여 생각해 볼 부분이다.[35] 대학 총장은 구성원 간의 합리적인 논의를 통해 선출될 필요가 있다.[36] 그러나 대학의 개혁이 시급한 과제이고 대학 개혁의 대상이기도 한 교수 등 대학구성원의 투표로 선출한 임기제의 총장이 대학 개혁을 주도하는 데 한계가 있다는 점도 같이 고려되어야 한다.

대학혁신을 위한 거버넌스 구축을 위해서는 재정적 자율성을 확보해야 한다. 대학이 스스로 경쟁력을 강화하고 특성화를 지켜나가기 위해서는 대학의 재정적 자율성이 필요하다. 정부의 대학교의 등록금에 대한 획일적 규제로 대학의 혁신에 필요한 재정확보 계획에 대한 검토조차 불가능하다. 정부는 등록금에 대한 획일적 규제 등을 대학혁신의 관점에서 재검토해야 한다.[37] 정부가 대학혁신을 위해 과감히 검토해야 하는 부분이다.

대학 거버넌스 자율화 운영의 확대를 위해서는 사립대학들의 경영 투명화를 위한 노력도 필요하다. 교육부가 2019년에 적발한 사립대학 비리는 4,500여건에 이르고, 관련 금액은 4,177억이다.[38] 사립대학의 투명성 강화를 위해 사립대학 혁신위원회는 열 가지의 권고안 등을 내놓은 바 있다.[39] 교육부는 권고안을 바탕으로 사립대학 제도개선을 요구하는 등의 노력을 하고 있지만, 실제로 사립대학의 투명성이 확보되기까지에는 더 많은 시간과 노력이 필요할 것으로 판단된다.

결론적으로 정부의 강력한 대학에 대한 규제가 완화되기 위해서, 대학이 스스로 대학혁신에 친화적인 거버넌스를 구축하고, IR과 같은 기관의 신설,

---

35) 간선제를 통한 대학총장 선출은 대학의 비민주적인 운영이라는 점에서 비판을 지속적으로 받아오고 있다. 송지광·한상연(2005). 한국 대학의 거버넌스 체계 개선방향. 교육행정학연구. 23(3): 353-378. [대전일보] 공주교대 구성원들, "총장 후보자 임용제청 거부 철회하라!"_20200213. [조선에듀] '총장 선출 학생 참여' 요구. 교수는 "학생이 뭘 아냐"_20191029.

36) 송지광·한상연(2005). 한국 대학의 거버넌스 체계 개선방향. 교육행정학연구. 23(3): 353-378.

37) 대통령직속 4차 산업혁명 위원회(2019). 4차 산업혁명 대정부 권고안. 서울: 대통령직속 4차 산업혁명위원회.

38) [한겨레] 박용진 "사립대 비리 11년간 4500여건, 관련 금액 4177억"_20191002.

39) [한겨레] 총장이 아들·딸 교수로 채용… 기막힌 사학비리 실태_20190703.

민주적 운영, 재정적 자율성 확보 및 경영의 투명화 등의 방향으로 변모해야 한다.

　고등교육의 전반적 교육수준과 질 확보를 위해 실시하고 있는 정부의 대학평가는 대학들의 교육수준이 어느 정도 확보가 된 이상 더 규제를 강화하는 방향으로 가기보다는 정부가 대학의 자율화와 특성화를 지원하는 방향으로 가야 한다. 규제는 최소화하면서 각 대학의 거버넌스와 운영의 체계적 분석결과에 따른 맞춤화된 대학운영과 정부지원이 이루어진다면 정부의 대학에 대한 지원은 대학의 발전에 날개를 달아줄 수 있을 것이다.

V

기술혁신,
고령화에
부응하는
평생학습

01 지금은 '평생'학습 시대이다
02 그런데, 우리는 '평생'학습을 하고 있는가?
03 전 국민 평생학습체계 구축되어야

지금은 '평생'학습 시대이다

4차 산업혁명이 본격적으로 진행되고 있다. 지식 정보의 수명주기는 점차 짧아지고, 과학기술은 유래 없이 빠른 발전 속도를 보이고 있다. 예전처럼 안정적인 일자리에서 한 번 배운 지식을 오랫동안 활용할 수 있던 시대는 저물어가고 있다. 현재 15세 학생들이 학교에서 배우는 지식의 80~90%는 그들이 40대가 되었을 땐 쓸모가 없어질 것이라고 한다.[1]

급변하는 환경 속에서 도태되지 않기 위해서는 지속적인 학습이 필요하다. 노동시장 진입 전에 학교에서 배운 지식만으로는 개인의 직업생활을 영위하는 데 한계가 있다. (관점에 따라 정의에 차이가 있지만) 정규교육에서의 학습뿐 아니라 태어나서 죽을 때까지 지속적으로 지식, 기술 등을 습득하는 활동을 일컬어 '평생학습'이라고 부른다. 학습은 특정 시기에 집중적으로 일어나는 것이 아니라 평생에 걸쳐 이루어지는 것으로 생활화되어가고 있다. 바야흐로 평생학습시대가 도래하였다.

1. 우리의 일자리는 안전한가?

우리는 4차 산업혁명으로 인해 바야흐로 뷰카(VUCA) 시대, 즉 변동성(Volatility), 불확실성(Uncertainty), 복잡성(Complexity), 모호성(Ambiguity)의 시대를 맞이하고 있다. 4차 산업혁명으로 인한 혁신적 기술 발달로 인공지능이나 로봇이

---

1) 제롬 글렌, 박영숙(2017). 세계미래보고서 2055. 서울: 비즈니스북스. 24.

사람의 일자리를 대신할 것으로 예상되며, 이로 인한 우리의 일자리는 크게 달라질 것이라 생각된다.

　고용노동부의 '2018~2028 중장기 인력수급전망[2]'에 따르면, 4차 산업혁명 시대에 빠르게 대처하면 2,822만 개, 별다른 대책 없이 대응하면 2,774만개의 일자리가 존재할 것이라 전망된다. 우리가 다가오는 4차 산업혁명시대를 어떻게 준비하는가에 따라서 48만개의 일자리의 운명이 갈릴 수 있다. 농어업, 도소매업, 숙박 및 음식점업에서는 일자리 감소가 예상된 반면, 보건·사회복지, 개인생활 서비스직, 문화·예술·스포츠 인력 등의 수요는 증가할 것이라고 전망되었다. 특히 전문과학기술 분야와 전자, 정보통신 분야는 기술혁신으로 인해 2035년까지 각각 12만 5천여 명, 12만여 명, 6만 2천여 명의 일자리가 늘어날 것으로 전망하였다.

　4차 산업혁명에 따라 인간의 노동이 기계로 대체될 위험성이 높은 자리에 종사하는 근로자는 미국은 47%이다. 반면, 우리나라의 경우 전체 근로자의 52%에 달하는 것으로 전망되었다.[3]

　일하는 방식도 달라지고 있다. 코로나19의 여파로 IT기술을 업무에 새롭게 접목하는 비대면(온택트 혹은 언택트) 업무 방식으로 빠르게 전환되고 있다.[4] 인공지능과 빠르게 변화하는 디지털 도구들이 일상과 일터에 접목될 가능성이 더욱 커지면서 시대의 변화를 파악하여 민첩하면서도 지속적으로 학습하는 것이 그 어느 때보다도 요구되는 시점이다.

---

2) [전자신문 etnews] 4차 산업혁명 대응에 최대 48만개 일자리 운명 갈린다_20191217.
3) 직종별로 운수업(81.3%), 도매 및 소매업(81.1%), 금융 및 보험업(78.9%), 사업시설관리 및 사업지원 서비스업(70.3%) 등의 순으로 높게 나타났으며, 직업별로는 판매직(100%), 장치기계조작 및 조립종사자(93.9%), 기능원 및 관련기능종사자(82.9%), 단순노무종사자(73.7%)의 순으로 높게 나타났다. 오호영(2018). 제4차 산업혁명과 한국경제의 일자리 충격. 한국경제포럼, 11(2): 93-115.
4) 비대면을 일컫는 '온택트(Ontact)'에 온라인을 통한 외부와의 '연결(On)'을 더한 개념으로, 온라인을 통해 대면하는 방식을 가리킨다.

2. 죽을 때까지 노동해야 할지도 모른다

우리나라는 OECD 회원국 중 가장 빠른 속도로 초고령화 사회로 진입하고 있는 국가이다. 우리나라의 생산 가능 인구는 2017년부터 감소하고 있다. 2018년 기준으로 우리나라의 출산율은 가임여성 1명당 0.977명이다. 전 세계 국가의 출산율 평균은 2.44명이다. 2067년의 인구 구성비 전망에 따르면, 우리나라는 고령인구가 가장 많은 인구비(46.5%)를 차지하고, 생산 가능 인구(45.4%)와 유소년인구(8.1%)는 크게 감소할 것으로 예상된다.[5]

15세 이상 64세 미만의 생산 가능 인구는 한 나라의 잠재적 노동력 규모를 나타내며, 국가경쟁력과도 연결된다. 인구구조의 변화로 인한 의료비 등 부양비용 부담, 연금재원 마련 등의 과제를 효과적으로 대응하기 위해서는 지속적으로 증가하고 있는 중장년, 고령인구의 경제활동 기간을 최대한 늘리고 노동시장에 오래 머무르게 하는 유인책이 필요하다. 개개인이 노동시장에 머무는 시간을 길어지게 하고, 지속적인 학습을 통하여 노동시장에서의 경쟁력을 유지하고 강화해야 할 것이다.

3. 우리가 일하는 이유는 더 이상 생계유지만이 아니다

세계미래보고서[6]에 의하면 2020년부터 일자리의 약 40%가 프리랜서, 즉 계약직으로 바뀌고, 2055년경에는 거의 모두가 프리랜서로 살아간다고 한다. 풀타임, 한 회사에 소속되는 정규직은 이른바 노예 계약으로, 대부분 회피하는 일자리가 된다고 한다.

사회보장제도에도 변화가 나타날 것으로 전망된다. 2030년부터 기본소득

---

5) 직종별로 운수업(81.3%), 도매 및 소매업(81.1%), 금융 및 보험업(78.9%), 사업시설관리 및 사업지원 서비스업(70.3%) 등의 순으로 높게 나타났으며, 직업별로는 판매직(100%), 장치기계조작 및 조립종사자(93.9%), 기능원 및 관련기능종사자(82.9%), 단순노무종사자(73.7%)의 순으로 높게 나타났다. 오호영(2018). 제4차 산업혁명과 한국경제의 일자리 충격. 한국경제포럼, 11(2): 93-115.
6) 제롬 글렌, 박영숙(2017). 세계미래보고서 2055. 서울: 비즈니스북. 24.

제도가 보편화 될 것이며, 노동은 먹고살기 위해서가 아니라 재미와 자아실현을 위해 일하게 된다. 기본소득이 보편화되면서, 대부분의 국가는 기본소득을 제공하며 사람들은 1년에 2~3개월만 일하거나 하루에 2~3시간 일하게 된다는 예측도 나오고 있다.[7]

　　미래의 근로자들은 일자리 경쟁력을 확보하면서도, 근로시간 단축으로 늘어난 여가시간을 보내기 위한 방법에 대한 고민도 해야 한다. 근로자의 평생학습은 직업생활 영위를 위한 전문성 개발뿐 아니라 건강한 여가를 위해서도 필요하다.

---

7) 제롬 글렌, 박영숙(2017). 세계미래보고서 2055. 서울: 비즈니스북스. 24.

그런데, 우리는 '평생'학습을 하고 있는가?

평생학습은 학업성취, 개인의 능력과 전문성에 영향을 미치는 동시에 취업, 경제활동 참여, 임금 증가 등의 경제적 성과에도 긍정적인 영향을 미치는 것으로 알려졌다. 지식의 생산과 소멸의 속도가 빨라지는 지식정보사회에서는 더욱 그러하다.

1. 국민 절반은 학습하지 않는다

우리나라 국민의 평생학습 참여율은 지속적으로 증가하여 왔으나 아직도 50% 미만이다. 정규교육에 해당되는 형식교육[1] 참여율은 2007년 5.7%에서 지속적으로 낮아져, 2019년에는 1.7%이다. 반면, 비형식교육[2] 참여율은 지속적으로 상승하여, 2019년에는 42.5%이다. 즉, 우리나라 25~64세 인구 100명 중 비형식학습에 참여하는 인구는 약 43명이며, 1~2명 정도가 형식학습에 참여하고 있다. 이중 일부가 형식학습과 비형식학습에 동시에 참여하는 것을 고려하면 42명 정도가 평생학습에 참여하고 있는 것이다.[3]

---

[1] 형식교육은 학교교육과 같이 정규교육과정을 통해 졸업장이나 학위를 취득할 수 있는 교육을 말한다.

[2] 비형식교육은 학교 밖에서 이루어지기 때문에 학위나 졸업장을 취득할 수 없으나, 계획적이고 체계적인 교수과정을 포함하고 있는 교육을 말한다.

[3] 형식교육은 학교교육과 같이 정규교육과정을 통해 졸업장이나 학위를 취득할 수 있는 교육을 말한다. 비형식교육은 학교 밖에서 이루어지기 때문에 학위나 졸업장을 취득할 수 없으나, 계획적이고 체계적인 교수과정을 포함하고 있는 교육을 말한다.

평생학습 참여는 여성이 남성보다, 연령이 낮을수록, 학력이 높을수록, 직장의 규모가 클수록, 근속기간이 적을수록, 실업상태일수록 활발하게 이루어지고 있다. 취업자의 경우 기업규모가 작을수록, 근무기간이 길수록, 고용형태가 불안정할수록 평생학습에 참여하는 비율이 적어진다.[4]

직업훈련과 평생교육에 대한 국가적 지원은 지속적으로 확대되어 왔다. 2018년 직업훈련 참여인원은 5,227천명으로 1998년 대비 약 5.2배 상승하였으며, 지원예산은 2018년 기준 17,877억 원으로 1998년보다 약 4.4배 증가하였다. 평생교육기관은 2017년 5,072개에서 2019년 5,341개로 증가하였으며, 프로그램 수는 214,413개(2017년)에서 244,421개(2019년)로 증가하였다. 교육부의 평생교육 예산은 2018년에 전년대비 감소하긴 하였으나, 2019년에는 약 25% 증가하였으며, 2020년에는 9,383억 원으로 약 26% 증가하였다.

2. 인적자본 감가상각률[5]이 높은 나라, 대한민국

우리나라 청소년의 학업성취도 수준은 세계적으로 상위권이다. 15세 학생의 학업성취도는 79개국 중 읽기 영역 6~11위, 수학 5~9위, 과학 6~10위이다[6]. 이와 달리 우리나라 성인역량은 OECD 국가 중 중하위권에 머무르고 있다. 16~65세의 성인기의 역량은 31개국 중 언어 영역 16위, 수리 영역 18위, 27개국 중 컴퓨터 기반 문제해결 영역 12위이다.[7]

우리나라는 다른 OECD 국가들에 비해 역량이 정점에 달하는 연령대가 20-25세로 비교적 낮은 편이며, 정점에 달한 이후 연령의 증가에 따른 역량하락 폭이 세계에서 가장 가파르다.[8] 16~24세 연령대부터 25~34세 연령대까지

---

4) 형식교육은 학교교육과 같이 정규교육과정을 통해 졸업장이나 학위를 취득할 수 있는 교육을 말한다. 비형식교육은 학교 밖에서 이루어지기 때문에 학위나 졸업장을 취득할 수 없으나, 계획적이고 체계적인 교수과정을 포함하고 있는 교육을 말한다.

5) 인적자본 감가상각률은 인적자본의 가치가 시간이 지남에 따라 떨어지는 비율을 말한다.

6) 2018년 국제학생성취도평가(PISA, The Program for International Student Assessment).

7) KRIVET Issue Brief(2017.01). PISA2012와 PIAAC 분석을 통한 우리나라 청소년과 성인의 교육효율성 분석. 세종: 한국직업능력개발원. 4.

8) 반가운(2017). 인적자본 감가상각률 측정과 스킬활용-국제성인역량조사 자료를 이용한 한국

는 OECD 평균점수보다 높다. 그러나 35~44세 연령대 사이에 OECD 평균과 교차한 이후에는 지속적으로 하락하며, 역량하락의 기울기가 OECD 평균보다 가파르다. 즉, 학령기에 축적된 인적자본(역량)이 다른 나라에 비해 비교적 빠른 속도로 가치를 잃어가고 있다.

취업상태의 인적자본 감가상각률은 연령대가 높아짐에 따라 낮아지는 반면에, 미취업상태의 인적자본의 경우 연령대가 높아질수록 감가상각률 또한 높아진다. 청년층의 경우 취업상태에서의 감가상각률은 비교적 높은 반면, 미취업 상태 청년층의 감가상각률은 상대적으로 낮아서 일반적인 추세와 상반된다.[9]

역량 수준은 중하위권이며, 감가상각률은 매우 높은 수준인 것에 비해 우리나라 성인의 주당 학습시간은 평균 1시간 6분으로 21개 국가 중 4위로 상위권이다. 그러나 우리나라 성인의 학습전략 점수는 2.9점(5점 만점)으로 조사대상 23개국 중 23위에 머무르고 있다. 이 때문인지 교육 연수(年數, 교육의 양)가 역량에 미치는 영향은 매우 낮은 편이다.[10]

3. 평생학습 취약계층이 있다

우리나라의 대기업과 그 외의 기업근로자 간의 평생학습 참여 여건은 많이 다르다. 우리나라에서 중소기업은 국내기업의 대부분을 차지하고, 고용에 있어 국내기업 전체고용의 85% 이상을 차지하고 있음에도 불구하고, 중소기업 근로자의 역량개발 활동 참여율은 9.8%로 매우 낮다.

중소기업의 참여율이 낮은 것은 중소기업이 인력개발에 대해 상대적으로 중요하지 않다고 인식하고 있는 것이 아니다. 중소기업 근로자의 평생학습 참여가 낮은 현상은 교육훈련 참여에 따른 업무 중단, 업무 대체로 인한 생산차

과 OECD 국가의 비교를 중심으로－. 한국국정관리학회 학술대회논문집, 2017(1): 1－39.
9) 반가운(2017). 인적자본 감가상각률 측정과 스킬활용－국제성인역량조사 자료를 이용한 한국과 OECD 국가의 비교를 중심으로－. 한국국정관리학회 학술대회논문집, 2017(1): 1－39.
10) 우리나라 학습전략과 능력 간 상관계수는 0.38이나 조사대상 국가 평균은 0.28이다.

질 등의 손실이 대기업에 비해 크기 때문이다.

한편, 평생학습 관련 정보에 접근할 수 있는 사람은 조사대상의 42.9%에 그치고 있다.[11] 국가에서는 모든 국민의 평생학습을 위해 많은 예산을 투입하고 있음에도 불구하고 실질적으로 평생학습과 관련 정보에 접근하고 활용하는 사람은 성인의 절반도 못 미치고 있는 것이다. 학습비용의 부담 등도 평생학습의 불참의 주요 이유이다.

4. 시장원리에 따라 인기 직종에 집중되는 평생학습

우리는 행정복지센터(주민자치센터, 동사무소), 평생교육원, 대학, 직업훈련전문학교, 학원, 사회복지센터 등 평생교육기관들을 주변에서 흔히 볼 수 있다. 접근성이 높아졌기 때문에 마음만 먹으면 언제든지 교육훈련에 참여할 수 있게 되었다.

평생교육바우처, 내일배움카드제, 계좌제 등이 도입되면서 교육훈련의 선택권은 학습자 개인에게 주어지게 되면서 학습자에게 인기 있는 훈련직종이 교육훈련시장에서 살아남게 되었다. 교육기관은 생존을 위해 비교적 시설투자비용이 낮으며 학습자의 수요가 높은 직종을 개설하고 운영한다. 학습자 수요에 치중하여 훈련과정이 운영되면서 일회성, 단기적 교육훈련에 편중되어 평생학습이 실시되고 있다.

운영하고자 하는 훈련이 고도화될수록 운영을 위한 장비, 강사 등에 대한 투자비용이 상승하는 반면, 훈련수요는 낮아지는 경향이 있기 때문이다. 체계적이고 다양한 훈련과정을 운영하기 위해서는 기관의 재정 및 시설 등의 조건이 일정 규모를 갖추어야 한다.[12]

결과적으로 평생학습 관련 교육훈련은 시장원리에 따라 인기직종에 편중되고 있다. 훈련직종별 실시현황을 살펴보면, 사무서비스업이나 금속, 전기, 정

---

11) 한국교육개발원(2019). 2019 한국 성인의 평생학습실태. 충북: 한국교육개발원. 108.
12) 화학산업 인적자원개발위원회(2019). 직업능력개발훈련의 품질개선을 위한 HRD-Net 리모델링 제안. 서울: 화학산업 인적자원개발위원회. 8.

보 등의 훈련직종이 90% 넘는 비율을 차지하고 있다. 이와 달리 제조연구개발 직 및 공학기술직, 화학·환경 설치·정비·생산직, 기계설치 정비 생산직 등과 관련된 교육훈련은 상대적으로 적다.[13] 노동시장에서의 수요와 교육훈련에서 의 공급이 불일치되고 있는 것이다.

이에 따라 산업별 기술인력 부족 비율은 크게 개선되지 않았다. 바이오헬 스, 화학, 기계, 섬유 등의 분야에서 여전히 기술인력의 부족현상이 심하게 나 타나고 있는 것을 확인할 수 있다.[14]

산학일체형 도제학교를 포함한 일학습병행제도와 같이 일부 개인의 숙련 단계를 고려한 교육훈련이 있다. 그러나 여전히 교육훈련에 개별적으로 참여하 는 개인에 대해서는 그들의 장기적 역량개발이 고려되지 않고 있다.

장기적 경력개발 관점에서 평생학습을 지원하기 위해서는 다양한 방면에 대한 정책적 고려가 필요하다.

5. 평생학습으로는 상향 이동할 수 없는 노동시장의 구조

양극화는 심각한 사회 문제이다. '수저계급론(개인은 부모의 자산과 소득 수준 에 따라 다른 사회경제 계층으로 분류될 수 있다)', 'N포 세대(연애, 결혼, 출산, 경력, 희 망 등 N가지를 포기한 사람들의 세대)', '니트족(노동가능연령대 중 교육훈련을 받지도, 취업하지도 않는 개인)' 등은 우리나라 구성원, 특히 청년층의 사회에 대한 인식 이 담겨있다.

대학생을 대상으로 한 계층이동 가능성에 대한 한 조사에서, 미국, 일본, 중국 등에서는 개인의 성공요인을 재능과 노력으로 꼽은 반면, 우리나라 청년 들은 부모의 재력과 인맥이 성공요인이라고 답하였다.[15]

---

13) 화학산업 인적자원개발위원회(2019). 직업능력개발훈련의 품질개선을 위한 HRD-Net 리모 델링 제안. 서울: 화학산업 인적자원개발위원회. 6.

14) 화학산업 인적자원개발위원회(2019). 직업능력개발훈련의 품질개선을 위한 HRD-Net 리모 델링 제안. 서울: 화학산업 인적자원개발위원회. 6.

15) 대통령직속 4차 산업혁명 위원회(2019). 4차 산업혁명 대정부 권고안. 서울: 대통령직속 4차 산업혁명위원회. 40-41.

우리나라 노동시장은 '1차 노동시장'과 '2차 노동시장'의 이중구조로 구성되어 있다. 1차 노동시장 종사자는 213만 명으로 전체 임금근로자의 약 11%이고, 2차 노동시장 종사자는 전체 임금근로자의 약 89%인 1,787만 명이다.[16] 2017년 기준 1차 노동시장 종사자의 월평균 임금은 398만원으로 2차 노동시장 종사자의 월평균 임금(225만원)의 약 1.8배에 달한다. 1차 노동시장 근로자의 평균 근속연수는 12.2년으로 2차 노동시장 근로자의 5.2년의 2.3배 수준이다.

OECD 보고서에 따르면 우리나라 소득상위 10% 근로자와 하위 10% 근로자 간의 임금차이는 4.5배로, OECD 국가 중 미국 다음으로 2위이다. 임금이 중위임금의 2/3에도 못 미치는 저임금 근로자의 비율 또한 최상위권이다.[17] 우리나라의 56.2%에 해당되는 유주택 가구 중 상위 10%의 자산가액은 9억 7,700만원인 반면, 하위 10%의 자산가액은 2,600만원이다. 이중 1주택 가구는 72.6%이며, 2채 보유 가구 19.9%, 3채 보유 가구 4.7%, 4채 보유 가구 1.3% 등의 비율로 구성되어 있다. 한편, 우리나라 가구의 44%는 여전히 전세나 월세를 전전하는 무주택 가구이다[18].

1차 및 2차 노동시장 간 격차가 심하더라도 근로자의 생산성이나 성과에 따라 양시장 간 이동이 활발하다면 문제가 크지 않을 수 있다. 그러나 우리나라는 1, 2차 노동시장 간 이동이 매우 제한적이다. 대기업 우위적 원·하청관계는 1차 노동시장과 2차 노동시장 간의 격차를 확대시키는 요인의 하나이다.

이러한 사회적 구조와 현상들은 근로자의 역량개발에 대한 회의감을 불러일으킬 수 있다. 개인의 노력이 노동시장에서나 사회에서의 위치를 바꾸는 데 기여할 수 없기 때문이다.

6. 평생학습 안 해도 월급 오르는데, 왜?

우리나라는 근로자의 첫 직장이 개인 경력개발에 미치는 영향이 매우 크

---

16) [국민일보] [1200만 정규직을 말하다] 노동시장 유연성, OECD '꼴찌' … 재취업은 하늘의 별 따기_20150203.
17) [한겨레] 상하위 10% 주택자산 38배 차이 … 서울 집값이 격차 키워_20191119.
18) [한겨레] 상하위 10% 주택자산 38배 차이 … 서울 집값이 격차 키워_20191119.

다.[19] 많은 근로자는 대학 졸업 후 공개채용을 통해 회사에 입사하여 그곳에서 자신의 경력을 유지해 나간다. 기업들은 대규모 신입 공개채용을 진행하는 경우가 대부분이고, 경력직 신입을 뽑는 경우는 극히 드물다. 중소기업에서 대기업으로 이직한다든가 A라는 대기업에서 B라는 대기업으로 이직하기는 하늘의 별 따기이고 비정규직에서 정규직으로의 이동도 자유롭게 할 수 없는 경우가 대부분이다.

많은 청년들은 첫 직장을 '대기업'과 같은 '좋은 기업'에 들어가기 위해 노력한다. 대학 졸업을 늦추고 취업 3수, 4수를 하여 대기업이나 공공기관에 직장을 잡고자 한다.

기업들은 신입사원 선발 시 객관적인 기준을 갖고 평가하기 위해서 '스펙'을 살펴본다. 스펙이란 직장을 구하기 위해 갖추고 있어야 하는 소위 '취업 준비물'로, 학점, 영어 점수, 봉사활동 경험 등이 대표적인 '스펙'이다. '좋은 대학'도 물론 스펙 중의 하나이다.

취업포털 사이트인 잡코리아와 알바몬이 2020년 상반기 취업을 준비하는 4년제 대학생 2,194명을 대상으로 취업을 위해 반드시 갖추어야 할 스펙을 조사하였다. 그 결과, 자격증이 62.7%로 1위였고, 토익점수(45.6%), 학점(36.9%), 인턴경력(34.4%), 학벌(32%) 등이 주요 스펙이었다. 근래에 들어서는 스펙보다는 지원자의 능력을 보기 위하여 스펙을 고려하지 않는 스펙초월 채용, 블라인드 채용이 증가하고 있지만, 대학생들은 여전히 '스펙'을 준비한다.[20]

경력을 가진 구직자들의 재취업은 어떨까? 과거에 비해 은퇴의 시기가 앞당겨진 근로자들은 비교적 이른 나이에 직장에서 반강제적인 퇴직을 경험한다. 조기퇴직자들은 대부분 중장년층으로 자신의 경력에 맞게 재취업하기 보다는 구직을 위해 하향취업을 결정하거나 혹은 어려운 취업의 길을 선택하지 않는 대신 창업의 길에 뛰어든다.

능력이 아닌 스펙으로 좋은 직장에 진입한 후에도 근로자들은 학습에 대

---

19) 박영범(2017). 차별 없는 사회와 열린 노동시장. 서울: 한성대학교 출판부.
20) 블라인드 채용은 전반적인 채용 과정에서 제공되는 자료인 출신지·학력·성별 등 불합리한 차별을 야기할 수 있는 항목을 요구하지 않고, 실력(직무 능력)으로 평가하여 인재를 채용하는 방식을 말한다.

한 필요성을 느끼지 못하고 동기가 부여되지 않는다. 꾸준한 학습과 자기개발을 통해 자신의 역량대로 인정받고, 전문성을 발휘할 수 있는 '능력중심'으로 평가받는 사회가 아니기 때문이다.

우리나라는 전통적으로 학력, 연령, 근속 연수에 따라 임금수준이 올라가는 연공급 임금체계를 갖고 있다. 2019년 9월 기준으로 대기업의 60%가 연공급 임금체계를 채택 중이고, 100인 이상 299인 이하 사업장에도 58.2%가 연공급 임금체계를 채택하고 있다.[21] 연공급 임금체계를 도입함에 따라 근로자의 역량보다는 기업 내에서 오래 머무는 것이 더 높은 임금을 받을 수 있는 요인으로 작용한다.

연공급 임금체계는 고도성장 시기에 근로자의 장기근속을 유도하기 위하여 시작된 임금체계로, 저임금고성장기에 감당할 수 있는 체계였다. 그러나 지금과 같은 저성장고령화 시대에는 기업에게 이러한 임금체계가 많은 부담을 준다. 기업에서는 근로자의 고령화가 기업의 비용부담을 늘리기 때문에 고령자의 조기퇴직을 권장하게 된다. 또한 국내 주된 일자리 은퇴 연령이 49.1세라는 연구결과도 있다(2019년 기준).[22] 이는 청년채용의 감소를 유도하는 악순환으로 연결된다.

7. 일은 많이 하는데 노동생산성은?

2019년 우리나라 성인의 평생학습실태 조사에 따르면, 평생학습에 참여할 의사가 있으나 참여하지 못한 응답자들은 '직장업무로 인한 시간부족', '가족부양에 따른 시간부족'을 평생학습의 대표적인 불참요인으로 응답하였다. 성인학습에 참여하였으나 중도에 포기한 사람들이 응답한 중도포기 이유는 '직장업무로 인한 시간부족(32.2%)'이라고 응답하였다.[23]

---

21) [파이낸셜뉴스] 대기업 60% 여전히 '호봉제' … "노동시장 유연성 떨어뜨린다"_20200203.

22) [중앙일보] 49세가 퇴출 1순위, 근속연수 따라 임금 뛰는 호봉제 탓_20190423.

23) [월간 노동법률] 탄력근로제 개선에 빠진 '과로 방지' 논의 … "벼락치기도 계속되면 성적 떨어져"_20191205.

잡코리아와 알바몬이 공동으로 실시한 설문조사 결과에 따르면 직장인의 74.4%가 자신이 과로 중이라고 응답했다. 많은 근로자들이 현행 주52시간제에서도 쌓인 피로를 풀지 못해 과로를 체감하고 있다. 근로자들은 과로를 하는 원인으로 '부족한 인력(51.9%)' 때문이라고 대답하였다. 이와 함께 '장시간 일하는 것이 성실하다고 생각하는 사회 인식 때문(37.8%)', '야근과 주말근무가 당연한 회사−사업장 분위기(20.4%)'라고 응답하기도 하였다.[24]

장시간 근로는 근로자의 능력개발을 감소시켜 노동생산성 하락을 가져올 수 있다. 우리나라 노동생산성은 OECD 30개 국가 중 28위로, 근로시간에 비해 노동생산성이 낮은 국가로 꼽힌다.[25] 최근에는 52시간 근로제의 도입이 확대됨에 따라 점차 근무환경이 개선될 것으로 기대되고 있다. 그러나 근로시간의 단축은 고용주에게는 다양한 비용을 상승시킴으로써 위협요인으로 작용할 수 있다.

8. 평생학습은 이직하려고?

직장에 다니는 근로자들의 평생학습 필요성에 대한 공감 및 실천의지는 높지 않은 편이다. 근로자는 오로지 취업 그 자체만을 목표로 스펙 쌓기에 몰두하다보니 취업 후에는 교육이나 자기개발에 대해 피로감을 호소하기도 한다.

근로자의 근무시간외 별도의 능력개발을 바라보는 조직의 시선도 곱지 않다. 근로자가 개별적으로 하는 능력개발은 타 회사로의 전직준비 등 긍정적이지 않은 시각으로 바라보는 인식이 여전히 존재한다. 따라서 자기개발에 시간을 투자하기보다는 그 시간에 회사 내 사람들과 인적네트워크 형성에 투자(회식, 동호회 활동)하는 것이 조직 내 성장을 위해서는 더 유리하게 작용할 것이라고 인식되기도 한다.

조직의 인적자원개발 활동에 대한 공감대도 부족하다. 기업 내 평가·승진

---

24) [월간 노동법률] 탄력근로제 개선에 빠진 '과로 방지' 논의 … "벼락치기도 계속되면 성적 떨어져"_20191205.
25) 박영범(2017). 차별 없는 사회와 열린 노동시장. 서울: 한성대학교 출판부.

시스템은 교육훈련에 대한 참여보다는 학연·지연 등 인맥 중심의 인사관리 중심으로 이루어진다는 인식이 여전히 적지 않다. 기업에서 한 근로자가 자기개발 또는 역량강화를 위해 대학원을 진학하거나 업무와 직접 관련이 없는 교육을 받는다고 하면 "이직을 준비하느냐?"는 불편한 시선을 받기도 한다. 자신의 현재 업무에 집중하지 않고 자기가 배우고 싶은 것을 배운다고 부정적으로 생각하는 조직문화, 업무의 연장인 회식에는 참여하지 않고 학원에 간다고 생각하는 조직문화 등이 존재하기 때문이다. 그러나 역설적으로 평생학습에 참여하는 대다수의 성인들은 일하는데 필요한 기능을 습득하는 것을 목표로 하고 있다.[26]

---

26) 한국교육개발원(2019). 2019 한국 성인의 평생학습실태. 충북: 한국교육개발원.

전 국민 평생학습체계
구축되어야

03

근로자들의 적극적인 역량개발을 장려하기 위해서는 조직차원의 다양한 고려가 필요하다. 개인의 역량은 장차 조직과 국가의 발전을 도모한다. 교육훈련을 장려하는 문화뿐만 아니라 제도적인 연계를 통해 근로자가 주도하는 역량개발 방안을 모색하여야 할 것이다.

1. '평생'학습을 유도하는 학습시스템이 구축되어야

조직에서 근로자의 학습 결과를 인정하고 보상하는 시스템이 구축되어야 한다. 이러한 조직환경은 학습동기를 촉진하는 요인으로 작용할 것이다.

아직까지 우리나라에서 평생학습의 결과는 사회 전반적으로 인정을 받지 못하고 있다.[1]

평생학습에 대한 결과가 인정받지 못하는 이유 중 하나는 학습결과에 대한 신뢰성과 관련되어 있다. 정규교육은 학제, 교육과정, 교육내용, 교·강사의 자격 등을 국가가 매우 엄격히 관리하나, 평생교육의 경우 상대적으로 많은 유연성과 다양성이 존재한다. 특히 교육프로그램의 교육내용과 교육운영, 교·강사자격 등에 대해서도 교육 프로그램을 운영하는 비형식교육기관이나 협회 등에 많은 재량이 주어지기 때문에, 형식교육의 졸업장과 기타 형식교육 외의 교육을 통해서 얻은 졸업장에 대해 무게를 달리 평가하는 경우가 많다. 국가공인

---

1) 이현림·김지혜(2006). 성인학습 및 상담. 서울: 학지사. 76−78.

자격증 이외의 자격증의 품질에 의구심을 갖는 것과 같은 이유이다.[2]

평생학습의 결과의 신뢰성 제고를 위해서는 다른 나라에서 도입하고 있는 선행학습인정제(RPL)를 참고할 필요가 있다. 선행학습인정제는 호주나 영국 등의 국가에서 근로자들의 평생학습을 보상해 주는 방안으로 활용하고 있다. 우리나라에서도 교육훈련의 결과가 고용, 기업 내 승진, 연봉평가 등에 반영될 수 있는 체계 등이 마련된다면 근로자들의 학습몰입을 끌어올리는 데 큰 역할을 할 것이다. 다양한 형식과 방법으로 학습한 여러 근로자의 학습내용을 균등하게 인정할 수 있는 평가방법을 개발하는 것이 필요하다.

선행학습인정(RPL, Recognition of Prior Learning)[3]

해외의 경우에는 이전 학습(prior learning)의 결과에 대해서 인정을 해주기 위해 많이 노력한다. 이를 선행학습인정이라고 부르는데, 호주나 영국에서는 이전에 습득한 기술과 지식에 대해 일정한 학점을 부여하여 이후 직업능력개발훈련을 받는 데 있어서 선행학습이 인정되는 경우에는 학습을 제외시켜주기도 한다. 또한, 모든 학습결과에 대해서 엄격하게 평가하고 인증한다.

영국과 호주의 경우에는 '직무능력평가사'라는 직업이 존재한다. 평가사 자격을 가진 사람만 평가사라는 직업을 가질 수 있는데, 이들 또한 여러 훈련과정과 평가를 통해서 이 자격을 얻게 된다. 이들 평가사는 훈련을 받은 훈련생들의 학습내용에 대해 엄격하게 평가하고 자세히 확인한다. 평가를 통해 훈련과정에 대한 수료를 결정하거나 자격증을 발급하고, 이 자격증과 수료증은 나라 혹은 해당 주 전체에서 해당역량을 인정받는 데 사용된다.

---

2) 이현림·김지혜(2006). 성인학습 및 상담. 서울: 학지사. 27-28.

3) 이진구·어수봉·박용호·박소연(2015). 평생직업능력개발을 위한 역량평가사 양성 및 제도화 방안 연구. 충남: 한국기술교육대학교 HRD센터.

더 나아가 평생학습은 장기적인 관점에서 이루어져야 한다.[4] 장기적 관점에서 현재와 미래의 직업생활에 필요한 역량을 탐색하고, 목표를 설정하며, 개발하는 등의 일련의 활동을 일컬어 경력개발이라고 부른다. 전통적으로 이러한 경력개발은 조직에서 조직구성원의 성장을 이끌어주는 제도로 인식되었으나, 대부분 기업에서 현재의 시스템으로는 중장기적 관점을 고려한 직원별 맞춤형 경력개발을 지원해주기에는 한계가 있다.

경력개발제도가 성공적으로 안착되기 위해서는 지속적으로 제도를 관리해야 한다. 조직 내 경력개발 상담 및 관리·지원을 담당하는 담당자가 필요하며, 경력개발시스템 구축을 통해 이를 지원할 수도 있다.

최근 조직 간 이동, 산업 간 이동 등 개인의 경력개발 범위가 확대되면서 경력개발에 있어 개인의 역할이 강조되고 있다. 개인의 경력개발은 개인의 역량과 연계되고, 이는 다시 개인이 속한 조직(회사)이나 산업, 국가에 영향을 미친다. 따라서 조직 차원에서 최대한 개인의 경력개발을 지원해 줄 필요가 있다.

더 나아가 국가 차원에서는 이러한 조직적이고 체계적인 지원으로부터 소외된 개인 및 조직을 위한 경력개발 지원 시스템을 구축해야 한다.

---

[4] 장기적 관점에서 현재와 미래의 직업생활에 필요한 역량을 탐색하고, 목표를 설정하며, 개발하는 등의 일련의 활동을 일컬어 경력개발이라고 부른다. 전통적으로 경력개발은 조직에서 조직구성원의 성장을 이끌어주는 제도로 인식되었다. 조직에서는 승진, 직무순환, 사내공모제도 등을 통해 다양한 직무 경험을 장려하며, 직무·직급별 교육, 사내대학 운영, 학위취득 지원 제도, 자격증 지원 등의 다양한 제도를 지원함으로써 경력개발을 지원하고 있다.

우리나라 경력개발 시스템: 경력역량이동지도(CCMM)[5]

최근 고용노동부에서는 NCS(국가직무능력표준, 직무를 수행하기 위해 요구되는 역량을 국가 차원에서 체계화한 것)를 기반으로 한 경력개발 지원시스템을 구축하고자 노력하고 있다. 경력역량이동지도(CCMM, Career Competency Mobility Map)는 이러한 노력의 일환으로 제안된 국가 차원의 근로자 맞춤형 경력역량 개발 시스템이다. 경력역량이동지도(CCMM)는 근로자의 현재 경력역량과 니즈(needs)를 기반으로, 개발이 필요한 경력역량을 진단하고, 이를 보완할 수 있는 교육훈련 정보를 제공한다. 또한 이들이 성공적으로 전직/이직을 할 수 있도록 관련 정보 제공뿐 아니라 취업지원서비스와 연계를 돕는다. 현재 산발적으로 지원하고 있는 다양한 지원제도를 원스톱으로 이용할 수 있도록 하는 일련의 경력개발 원스톱 서비스인 것이다.

경력역량이동지도의 개념도는 아래의 그림과 같다. 이 시스템은 현재 개념적 모델 도출 및 모델의 타당성 검토 단계에 있으며, 향후 국가차원에서 시스템을 구축하기까지는 시간이 소요될 것으로 예상된다.

경력역량이동지도 개념 모델

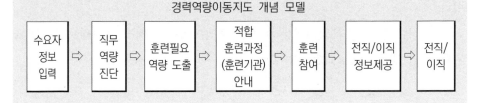

2. 조직 내 학습전략 구축되어야

학습전략은 학습자가 학습을 하는 과정에서 효과적으로 학습할 수 있게 하는 모든 방법적 사고와 행동이다.[6] 개인의 인지적인 측면에 대한 전략뿐 아니라, 동기와 자기조절과 같은 정의적인 측면도 학습전략이 된다.[7] 또한 학습

---

5) 김우철·박지원·우혜정·김지영(2019). 기술·기능 인력을 대상으로 한 경력역량이동지도(CCMM) Model 개발. 충남: 한국기술교육대학교 HRD센터.

6) 임언·박혜석·추지윤(2014). 한국 성인의 학습전략 국제비교 및 역량과의 관계 분석. 직업능력개발연구, 17(1): 131-149.

7) 임언·박혜석·추지윤(2014). 한국 성인의 학습전략 국제비교 및 역량과의 관계 분석. 직업능

전략에는 학습 환경 관리, 동료 학습, 타인에게 도움을 얻는 행동, 실제적 적용, 동기 조절, 학습을 통한 목표달성 여부, 학습을 반영하는 정도, 정보탐색, 환경 조성, 학습 태도, 학습방법, 학습 목적, 사회적 요인 등도 포함된다.

우리나라 성인의 학습전략 점수는 다른 나라와 비교했을 때 낮은 편이다. 학습에 새로운 것을 받아들이고 적용시키는 학습전략의 중요성은 급변하는 현대사회에서 점점 더 중요하다. 특히 4차 산업혁명에서는 4C[8] 역량의 개발이 강조되는데 학습전략이 4C 역량을 갖추게 하는 것에 도움이 되는 방향이어야 한다. 학습전략을 높이기 위해서는 다음의 방법을 고려해 볼 수 있다.

첫째, 일터는 곧 학습의 장이 되어야 한다. 근로시간의 단축과 함께 역량개발을 통한 생산성 향상을 도모하기 위해서는 개인의 학습전략을 제고할 수 있는 환경이 무엇보다 중요하다. 실제적이며, 효과적이고, 일상 안에서 자연스럽게 학습이 이루어질 수 있는 환경이 조성되어야 한다. 기존에는 집체교육 중심으로 주입식 교육이 이루어졌다면, 이제는 학습이 일상적 습관으로 내재화될 수 있도록 조직 차원에서 문화적, 환경적, 시스템적 조건을 제공해야 한다.

이러한 방법의 일환으로 학습조직을 생각해볼 수 있다. 학습조직의 대표적인 학자인 가빈(Garvin, D.A.)에 따르면, 학습조직은 "조직원이 학습할 수 있도록 모든 기회와 자원을 제공하며 학습결과에 따라 지속적 변화를 이루는 조직으로, 변화에 능숙한 조직"을 말한다.[9]

학습조직은 새로운 환경에 적응하고 대응하게 할 뿐 아니라 창의적이고 미래지향적인 아이디어를 생성하는 적응적 학습과 생성적 학습을 동시에 추구한다.[10] 학습조직을 구현하기 위해서 갖추어져야 하는 개인 숙련(개인의 지속적인 학습), 정신모델(학습문화와 같은 학습조직을 위한 철학적 기반), 비전공유(조직과 조직구성원 간의 공감대), 팀학습(개인학습과 조직학습의 연결고리로서 개개인의 노력의 시너지 효과), 시스템 사고(조직 시스템에 대한 이해) 등은 조직구성원 개개인의 학

력개발연구, 17(1): 131 – 149.

8) 비판적 사고(Critical thinking), 의사소통(Communication), 협력(Collaboration), 창의성(Creativity)의 네 가지 역량을 가리킴

9) NAVER HRD 용어사전. 학습조직(https://terms.naver.com/entry.nhn?docId=2179054&cid=51072&categoryId=51072).

10) 유영만(2000). 살아있는 학습조직. 서울: 세종서적.

습과 조직의 성과를 모두 성취할 수 있는 좋은 학습전략이 될 수 있다.

　'포스트잇(Postit)'으로 유명한 쓰리엠(3M)은 우수한 학습조직을 구축한 가장 대표적인 사례로 꼽힌다. 쓰리엠(3M)은 개인의 역량개발은 조직의 문화이며, 이는 조직이 성과를 내는 것에 기여하고 있다. 둘째, 액션러닝(action learning)을 활용하여야 한다. 액션러닝은 '학습자들이 팀을 구성하여 각자 자신의 과제, 또는 팀 전체가 공동의 과제를 러닝코치와 함께 정해진 시점까지 해결하는 동시에 지식습득, 질문 및 성찰을 통하여 과제의 내용 측면과 과제해결과정을 학습하는 프로세스(process)'이다.[11] 액션러닝을 통해 부서 또는 기업차원에서 꼭 해결해야 할 조직의 성과나 생존에 직결되는 기업의 '문제'를 '과제'로 삼고 이를 해결해 나갈 수 있다. 액션러닝은 교육목표, 교육목적, 교육기간, 교육대상, 참여주체 등에 있어서도 기존의 오프라인 교육훈련과 다르다. 조직의 문제해결을 팀 차원에서 주도적으로 고민하고 해결해나가는 과정에서 관련된 학습이 자연스럽게 이루어지고 학습전략의 향상에 도움이 되는 것이다. 학습을 통해 기업의 문제를 해결하는 동시에 근로자의 역량향상까지 이룬다는 점에서 액션러닝은 효과적인 조직 내 학습전략이 된다.[12]

학습조직: 쓰리엠(3M)의 15%룰

스카치 테이프, 포스트잇 등으로 익숙한 세계적 다국적 기업 쓰리엠(3M)은 연구개발(R&D) 투자와 혁신을 장려하는 기업문화로 유명하다. 베일 부회장은 "쓰리엠(3M)은 연간 매출의 6%인 16억달러(약 1조 7000억원)를 R&D에 투자한다"고 했다. 3M이 세계에서 출원한 특허는 10만 개를 넘어섰으며 연간 약 3000개씩 증가하고 있다. 300억달러(약 32조원)가 넘는 3M 연 매출 가운데 30% 이상이 최근 5년 안에 판매하기 시작한 신제품에서 나온다.

쓰리엠(3M)의 발전은 '직원이 계속 도전하고 공부'하도록 하는 데에 있다. 가장 유명한 기업문화로 '15% 룰(rule)'이 있다. 직원들은 15%룰에 따라 개인 일과시간의 15%를 창의

11) 한국액션러닝협회 홈페이지(http://www.kala.or.kr)
12) [jobsN] "이 회사엔 특별한 게 있다", 퇴사율 낮은 기업 찾아보니(https://m.post.naver.com/viewer/postView.nhn?volumeNo=16730049&memberNo=27908841).

성을 발현하는 시간으로 활용한다. 하루 8시간 중 약 1시간 10분 정도를 다른 직원과 커피를 마시면서 얘기를 나누거나, 대학원에 가기 위해 일찍 퇴근한다거나 다양하게 활용할 수 있다. 스카치테이프, 포스트잇 등 우리에게 익숙한 이 상품들이 '15%룰'을 기반으로 탄생하였다.

이외에도 역량개발을 위해 '퍼스트 펭귄 어워드(First Penguin Award, 실패한 프로젝트 중에서 수상자를 선정하여 보상하는 제도)', '제네시스 프로그램(Genesis Program, 제품의 개발부터 샘플 제작까지의 비용을 전액 무제한으로 지원하는 제도)' 등 다양한 제도들을 운영하고 있다. 이러한 문화를 통해 직원들의 자발적인 역량개발과 아이디어 생성을 돕고 있으며, 선정된 아이디어는 사내 펀딩(funding)을 통해 사업화되기도 한다.

세 번째는 러닝코치(learning coach)의 활용이다. '러닝코치'는 근로자들의 학습에 '코칭'을 제공하는 '코치'라고 볼 수 있다.

학습조직과 액션러닝과 같은 집단학습에서 '러닝코치'는 매우 중요한 역할을 한다. 러닝코치들은 학습자 및 학습팀의 동기조절, 학습을 통한 목표달성 여부 확인, 학습이 실제에 반영되는 정도, 정보탐색, 환경 조성, 학습태도 관리, 학습방법 관리, 학습목표 관리, 사회적인 요인 관리 등을 함으로써 학습에 참여하는 근로자들이 학습을 더 잘해나갈 수 있게 해주는 역할을 한다. 러닝코치의 이러한 역할은 개개인의 '학습전략'을 높이는 방법이다. 러닝코치의 이러한 지원을 통해 근로자들의 동기 향상, 학습을 통한 목표달성, 학습전이 향상, 학습태도 개선 등을 이끌어낼 수 있다.

네 번째는 적극적인 피드백의 활용이다. 조직구성원이 끊임없이 질문하고, 성찰하고, 피드백이 이루어지는 상황에서 학습전략은 향상된다. 창의적인 사고를 하게 되고, 문제해결력이 길러지며 이러한 요소들은 인지적인 능력의 향상과도 연계가 된다.

애자일(agile) 방법은 피드백을 유용하게 활용하는 업무 프로세스 중 하나이다. 애자일 방법론은 과제가 진행되고 있는 단계에서 지속적으로 점검하고 즉시적으로 피드백을 제공하여 개선해 나가면서 과제를 완성하는 것이다. 수차례 반복되는 이러한 검토는 산출물의 완성도를 높이는 데 좋은 방법이자, 개인이 업무처리나 학습을 진행해 나가는 중에는 발견하지 못했던 부분을 발견할 수 있는 좋은 방법이다.

페라리 F1 소프트웨어 개발팀은 30명 정도의 팀원이 2주 단위로 모여서 3주간의 업무에 대해 검토한다. 잘한 점과 부족한 점 등을 도출하면서 개선하기 위해 노력하는 것이다. 조직개발 전문가들은 피드백을 위한 커뮤니케이션을 지나치다 싶을 정도로 많이 한 것이 조직의 성과향상에도 주요하게 작용한 점이라고 말한다.[13]

다섯째, 학습전략 향상이 가능한 조직문화가 구축되어야 한다. 개인의 학습전략 개발에 많은 도움이 되는 학습조직, 액션러닝, 애자일 방법 등이 잘 실행되기 위해서 가장 중요한 것은 조직문화이다.

명함 관리 어플로 유명한 '리멤버' 앱을 운영하는 국내 회사인 드라마앤컴퍼니는 비즈니스 현황과 조직의 상황을 분석하여 지속적으로 운영방식을 바꿔보고 검토하고 적용하여 회사 차원에서 애자일한 업무방식을 유지하고 있다. 애자일 방법론의 핵심은 긍정적인 방향으로 나아가고자 하는 마음을 갖고 지속적으로 개선해나가는 것에 있다. 조직에서 애자일 방법론에 관심을 가지고 지원하지 않는다면 지속되기 힘들 것이다. 애자일 방법이 허용 가능한 조직에서는 개인의 업무 수행 과정에서 주도적으로 학습하고 사고할 수 있으며 장려될 수 있다. 이와 같은 결과는 개인의 학습전략 및 역량향상과도 연결될 수 있을 것이다.

3. EduTech 등 효과적이고 효율적인 학습방법 활용되어야

McClusky(1970)의 여유(margin)이론에 따르면, 성인들은 직업생활, 가정생활 등의 여러 환경 속에서 해내야 할 많은 역할들을 수행하기 위해 많은 시간과 에너지를 필요로 한다.[14] 일상에서 자신에게 주어진 많은 역할들을 수행하

---

13) 장재웅(2018.2). 아래서부터 혁신＋경영진 전폭 신뢰 대기업 애자일 프로세스의 교본으로. 동아비즈니스리뷰, 259(https://dbr.donga.com/article/view/1201/article_no/8851/ac/search).

14) Merriam, Caffarella and Baumgartner [기영화·홍선화·조윤정·김선주 역](2007). 성인학습론

는 시간 이외의 시간이 개인이 자유롭게 쓸 수 있는 시간인데, 이러한 여유시간을 개인의 '여유(margin)'로 보고, 이러한 마진(margin)이 많을수록 학습을 할 가능성도 높아진다고 하였다.

고용주 입장에서는 교육으로 인해 줄어드는 근로시간으로 개별 근로자를 학습에 참여시키는 데에 많은 어려움이 존재하므로 보다 효율적이고 효과적인 교육방법들이 개발되고 활용되어야 한다.

대표적인 학습방법으로, 디지털을 활용한 마이크로러닝(micro learning)을 생각해볼 수 있다. 마이크로러닝은 작은 단위로 분절된 콘텐츠를 통해서 진행되는 학습을 뜻한다. 비디오, 전자책(e-book), 웹(web), 애플리케이션(application) 등 다양한 형태의 콘텐츠를 다양한 디지털 장치(device)를 통해 접할 수 있다. 근로자 역량개발을 위한 마이크로러닝 콘텐츠는 사업장에서 근로자들이 언제 어디서나 부담 없이 열어볼 수 있고, 자신들의 업무에 학습한 내용을 바로 적용할 수도 있다.[15]

두 번째로는 AR(증강현실), VR(가상현실), XR(확장현실) 등을 활용하는 것도 고려할 수 있다. 다양한 기술의 활용은 특정 상황 등을 가상현실에서 재현하여 경험하고 배울 수 있도록 한다. 파머스 보험 그룹(Farmers Insurance Group)은 손해 차량 및 주택의 가상 모형을 제작하여 보험금 지급 담당자의 훈련에 활용한다. 헤드셋을 통해 가상의 차량 및 주택 모형을 돌아다니면서 손해 사례를 학습하게 하는 것이다. 가상훈련으로 기업의 훈련을 위한 출장비용을 연간 30만 달러 이상 절감하였다. VR 헤드셋과 소프트웨어를 통해 원격 학습이 가능하므로 이동할 필요가 없다. 또한 XR을 활용하여 먼 곳에 있는 직원교육을 실시하는 것도 가능하다. XR 웨어러블(wearable) 장비 등을 이용해 현장에 발생한 문제를 살펴보고, 해결책을 논의하거나 해결을 위한 도움을 받을 수가 있다.

미래기술을 활용한 교육콘텐츠 보급으로 고가의 대형 장비나 실제 훈련이 어려운 위험상황에 대해 가상으로 훈련할 수 있는 기회를 확대시켜야 한다. 가상훈련을 실시한다면 비용을 절감하고 능력개발을 통해 노동생산성을 향상시

(Learning in Adulthood A Comprehensive Guide). 서울: 아카데미프레스.

15) Axonify(2018). 2018 Microlearning Global Benchmark Report.

킬 수 있다.

세 번째로는 게임학습이 있다. 게임에 참여하여 몰입하는 것이 학습의 결과를 가져올 수 있게 하는 방법이다. 게임학습은 지식 획득은 물론 게임 내에 설정되어 있는 보상이나 도전적인 과업, 뱃지(badge) 등을 통해 학습에 대한 동기를 갖게 한다.[16]

월마트는 근로자 교육 시 게미피케이션(gamification)[17] 등을 적극적으로 활용하는 대표적인 회사이다. 월마트의 직원교육프로그램인 스파크시티는 월마트 매장의 관리자의 업무에 대한 이해를 돕기 위해 공개된 비디오 게임이다. 플레이어는 자신이 원하는 아바타를 설정한 다음, 아바타로 게임을 진행하는데, 매장의 재고관리, 상품진열, 가격표 조정, 고객응대, 상황대응 등 매장관리자의 업무를 수행하면서 포인트를 얻는 게임이다. 게임 내에서 하루의 업무가 끝나게 되면 매장 내 전체 상황을 점검하고 자신이 획득한 점수를 확인할 수 있다. 관리자의 업무에 대해서 경험해보는 게임은 해당 업무를 실제로 수행하는 직원들의 교육용일 뿐만 아니라 관리자의 역할을 원하는 다른 직원들도 관리자의 업무를 경험해 보게 할 수 있는 좋은 교육 도구가 되고 있다.[18]

기업은 이외에도 근로자의 역량 수준 및 교육요구에 따라 자기주도적 학습(self-directed learning)을 지원하는 플랫폼을 제공한다. 이를 위해 오픈소스(open source), 온라인과 오프라인을 융합하는 오투오(O2O) 기반의 새로운 교육 플랫폼을 적극 도입함으로써 학습자들의 학습을 지원할 수 있다.[19]

신세계그룹은 통합교육 플랫폼인 'SSG EDU'를 통해, 각기 다른 시스템으로 운영되던 e-HRD시스템을 통합하고, 온라인 교육, 역량진단, 멘토링, 사내 자격 테스트 등 HRD에 필요한 다양한 교육서비스를 제공하고 있다. 이 플랫폼

---

16) Axonify(2018). 2018 Microlearning Global Benchmark Report.
17) 게이미피케이션(gamification): 게임이 아닌 분야에 대한 지식전달, 행동 및 관심 유도 혹은 마케팅 등에 게임의 매커니즘, 사고방식과 같은 게임의 요소를 접목시키는 것
18) How One Associate Used His Passion for Gaming to Create the Latest Walmart Training App (https://corporate.walmart.com/newsroom/2019/01/23/how-one-associate-used-his-passion-for-gaming-to-create-the-latest-walmart-training-app).
19) 대통령직속 4차 산업혁명 위원회(2019). 4차 산업혁명 대정부 권고안 부록. 서울: 대통령직속 4차산업혁명위원회. 19.

은 기업의 사업부나 브랜드별로 개별 교육 운영도 가능하게 하는 마이크로 플랫폼으로 평가받고 있다.

주52시간제와 평생학습

주52시간 근무제는 근로자의 여건신장과 역량개발을 위한 좋은 신호탄이다. 많은 기업들이 주52시간 근무제를 도입하면서, 변화가 진행되고 있다. 주52시간 근무제도의 성공적인 안착을 통해 우리사회의 근로문화를 바꾸고, 여가를 확산하여 평생학습을 자유롭게 실천할 수 있는 방향으로 나아가야 한다.

주 52시간 근무제 시행에 따라 기업이 가장 우려하고 있는 부분은 노동비용의 상승이다. 한국경제연구원(2015)에 따르면, 주당 52시간을 초과해서 근로할 수 없는 경우 부족한 시간을 추가 고용을 통해 해결한다고 가정할 때 연간 12조 3천억 원의 비용이 추가로 발생한다.[20]

결국 주 52시간제 도입의 긍정적인 효과를 극대화하기 위해서 근로시간 단축이 근로자의 생산성 향상으로 이어져야 한다. 인적자원의 역량개발을 통한 생산성 향상은 근로시간 단축에 따른 부작용을 최소화하고 긍정적 효과를 극대화하기 위한 가장 좋은 돌파구가 될 수 있다.

---

4. 근로자의 '평생학습 권리' 보장되어야

평생학습에서 가장 중요시 여겨지는 부분 중의 하나는 모든 이의 교육에 대한 기회와 내용의 평등이다. 기업규모나 업종, 근로형태 등 근로자의 근로조건이 다르더라도, 모든 근로자의 평생학습에 대한 기회는 평등해야 한다. 그러나 국민의 절반 이상은 평생학습과 관련된 정보를 접하지 못하고 있다. 대기업에 비해 비교적 규모가 작은 기업의 근로자들은 학습 관련 정보에 대한 접근성이 떨어지고 참여기회가 제한되고, 연령 및 소득에 따라서도 참여가 제한되는 등 우리사회 평생교육의 참여기회는 아직까지 평등하지만은 않다.[21]

---

20) 변양규·우광호(2015). 근로시간 단축의 비용 추정(KERI Insight 15-09). 서울: 한국경제연구원. 12.

모든 국민은 평생학습을 할 권리가 있다. 실제로 많은 나라에서는 전 국민의 평생학습권을 제도적으로 보장하고 있다.[22] 평생학습과 관련한 여러 복지정책을 통해 개인의 역량개발을 도모하고, 그것이 개인의 업무역량 향상으로 이루어질 수 있도록 하고 있다. 또한, 평생학습을 통해 이직이나 재취업을 하는 등 직업지위를 상향조정하는 기회들이 많이 나타나고 있다. 우리나라도 모든 사업장 근로자의 평생학습권과 역량개발을 중요하게 여기고, 국가 수준에서 근로자의 평생학습권을 보장해 줄 수 있는 체계를 마련해야 한다.

이를 위해 '유급학습휴가제' 시행을 생각해 볼 수 있다. 유급학습휴가란 일정기간 동안 임금을 받지만 교육상의 목적을 위하여 휴가를 떠나는 것을 일컫는다.[23] 여가와 레크리에이션을 목적으로 하는 휴가와는 다르게 교육이라는 적극적인 목적을 위한 것이다. 기업의 입장에서 근로자의 부재는 일련의 기회비용을 의미한다. 그러나 유급학습휴가제를 통해 근로자의 역량개발을 촉진한다면 이는 장기적으로 경쟁력을 제고하는 데 기여할 수 있을 것이다.

유급학습휴가에 대한 관점은 두 가지로 나누어진다. 첫째, 유급학습휴가를 개인의 권리로 보는 경우이다. 이는 자신이 받을 교육내용과 장소를 선택할 권리 등을 가지는 것을 의미하며, 근로자 개인의 사회이동 및 경력개발을 촉진하는 목적이 있다. 평생학습 시대에서 근로자는 피고용인인 동시에 성인 학습자로서도 매우 중요하기 때문에 회사 직무와 무관한 교육훈련도 받을 권리가 있다. 이러한 유급학습휴가를 개인적 권리의 성격으로 이해하는 대표적인 나라는 프랑스, 벨기에, 이탈리아 등이 있다.

둘째, 회사와 산업사회의 필요에 따른 직업훈련을 받음으로써 노동의 질적 향상을 꾀하는 경우이다. 이런 경우에는 근로자가 단독으로 교육을 선택할 권리가 없고, 고용주와 근로자 양측의 대표가 합의하여 훈련내용이나 장소 등을 결정한다. 현실에서는 고용주 측으로부터의 압력 등으로 인해 두 번째인 경

21) 한국교육개발원(2019). 2019 한국 성인의 평생학습실태. 충북: 한국교육개발원. 99–102.

22) 한숭희·김경애·이정은(2006). 북유럽 국가의 평생학습체제: 오래된 미래. 아시아교육연구, 7(4): 139–166.

23) ILO(1974). Paid Educational Leave Recommendation, 1974(No. 148)(https://www.ilo.org/dyn/normlex/en/f?p=NORMLEXPUB:12100:0::NO::P12100_ILO_CODE:R148).

우가 대부분이다.24) 학습의 결과가 실제 근로자의 직무현장에서 활용되고, 조직의 노동생산성 향상 및 개인의 임금 증가로 직접적으로 연결되어 그 효용을 발휘할 수 있는 구조로 개선되어야 하는 것은 남겨진 숙제이다.

앞서 성인 평생학습의 많은 장애요인이 상황적인 장애요소, 즉 외부상황과 관련된 어려움에 대한 내용이라는 것을 확인하였다.25) 연령층을 고려하면, 생산 가능 인구(15~64세)와 유소년 인구(0~14세)가 급격하게 줄어들고 있는 반면, 중장년, 고령층의 인구가 증가하고 있다.26) 연령층이 올라갈수록 인적자본 감가상각률이나 역량수준이 떨어지는 것을 알 수 있다. 이들의 교육효율성 또한 다른 연령층에 비해 상대적으로 낮다.27)28)

지속적이고 시기적절한 교육훈련으로 개개인이 인적자본의 역량 저하를 방지하고 새로운 역량을 개발해 나가는 데 필요한 국가적 지원이 중요하다. 생산 가능 인구 감소의 부정적 효과를 상쇄하기 위하여 중장년층, 고령층 인적자원의 노동 가치를 제고할 필요가 있기 때문이다. 중장년층, 고령층을 교육훈련에 참여시킬 수 있는 다양한 복지정책과 함께 이들의 특성을 고려한 효과적인 교육훈련 프로그램이 필요하다.

평생학습 참여는 개인의 역량 개발뿐 아니라 경제적인 성과에도 기여할 수 있다. 평생학습이 다양한 계층의 경제적 문제를 해소하기 위한 출발점으로도 작용할 수 있다. 교육은 공공서비스 중 하나이므로 사회구성원 모두가 평생학습의 혜택을 누릴 수 있어야 한다.

중장년/고령층은 기존의 생산 가능 인구에 비해 다양한 특수성을 지닌 집단이다. 중장년/고령층의 경우 요구와 수준에 맞는 맞춤 교육프로그램을 제공하는 것도 중요하나, 이들에 대한 다양한 연계 지원 정책이 필요하다. 예를 들

24) 김환식(2006). ILO, 프랑스와 한국의 유급학습휴가제 비교 연구-법령 분석을 중심으로-. 직업교육연구. 25(1): 115-1361.
25) Merriam, Caffarella and Baumgartner [기영화·홍선화·조윤정·김선주 역](2007). 성인학습론 (Learning in Adulthood A Comprehensive Guide). 서울: 아카데미프레스.
26) 통계청(2019). 세계와 한국의 인구현황 및 전망. 대전: 통계청.
27) 반가운(2017). 인적자본 감가상각률 측정과 스킬활용-국제성인역량조사 자료를 이용한 한국과 OECD 국가의 비교를 중심으로-. 한국국정관리학회 학술대회논문집. 2017(1): 1-39.
28) KRIVET Issue Brief(2017.01). PISA2012와 PIAAC 분석을 통한 우리나라 청소년과 성인의 교육 효율성 분석. 세종: 한국직업능력개발원.

면, 손자 손녀를 돌보는 고령자를 위한 유아 돌보미 서비스를 함께 지원하거나, 정보접근에 상대적으로 취약한 소외계층에 대한 교육지원을 통해 정보격차를 해소할 수 있다.

역량개발이 고용으로 이어질 수 있도록 고용정책과 연계 장치를 마련하는 것도 중요하다. 예를 들면, 산학연 연계를 위한 거버넌스를 구축하고, 중고령자에 대한 노동수요에 따라 역량개발 프로그램을 개발하여, 역량개발이 고용으로 이어질 수 있는 혁신적 평생학습 지원체제를 구축하는 방법이 있다. 이를 통해 일자리 감소 및 확대 등 일자리 변화에 대응할 수 있다.

북유럽 3개국의 평생학습 지원체계[29]

북유럽 3국은 오래전부터 학습의 대상을 모든 연령과 계층의 국민이라고 보아왔다. 매년 국제적으로 조사하는 성인학습참여 관련 통계조사들에서도 북유럽 국가들은 항상 상위권을 차지하고 있다. 평생학습면에서 복지체제가 잘 구축된 북유럽 3국의 성인들은 실업 후에도 적극적인 학습을 통하여 역량개발을 할 수 있어서 학습을 통해 직업지위를 상향조정하는 빈도가 매우 높은 편이다.

덴마크는 교육, 고용, 복지를 연계하는 황금삼각형(Golden Triangle) 모형을 통해, 노동시장의 높은 유연성을 보장하면서 관대한 실업 급여 체계를 구축하고, 직업훈련 기회를 필수적으로 제공하는 적극적인 노동시장 정책을 실시하였다. 이 노동시장 직업훈련 시스템은 지역사회의 기업과 훈련기관과의 긴밀한 협의를 통해, 사회에서 필요한 훈련들을 제공하고 있다. 2000년 이후에는 교육수준이 낮은 성인들의 역량을 숙련된 근로자들의 역량과 비슷한 수준으로 끌어올릴 수 있는 훈련과정을 제공하는 것에 집중하고 있다.

스웨덴의 경우에는 국가에서 성인 직업훈련 자금을 지원하고, 학습자는 적합한 훈련과정을 배정받는다. 정부는 완전 고용과 경제성장에 도움이 되는 노동시장을 구축하기 위해 구직자와 일자리의 효과적인 연결, 구직자 직업훈련 프로그램 제공, 유연하고 안전한 노동 생활 보장 등에 중점을 둔다. 적극적인 직업능력개발 훈련 외에도 개인 역량 계좌제 등의 여러 가지 정책들을 수행하고 있다.

핀란드에서는 폴리테크닉, 중년을 위한 직업능력개발훈련 프로그램 등의 적극적인 정책들이 수행되어 왔다.

29) 한숭희·김경애·이정은(2006). 북유럽 국가의 평생학습체제: 오래된 미래. 아시아교육연구,

5. 능력있는 사람이 인정받는 사회가 되어야

노동시장에서 학벌 등 스펙을 기준으로 채용이 이루어지고 연공형 임금 체계인 우리나라의 상황에서 근로자들은 평생학습을 통한 역량개발이 필요 없다. 역량을 개발한다고 해서 나의 능력이 대학을 졸업한 이후에도 인정받고, 근속을 하는 중에도 인정을 받아 더 많은 보상을 받을 수 있는 것이 아니기 때문이다.

개별 근로자 입장에서는 노동시장에서 성장하는 가장 좋은 방법은 '좋은 대학'을 나와서 '좋은 스펙'으로 첫 직장을 '좋은 기업'에서 잡는 것이다. '좋은 기업'에 들어가게 되면 그 안에서 어느 정도 역량을 유지만 한다면 자연스럽게 임금 등을 포함한 보상은 갈수록 근속 연수와 함께 오르게 될 것이다.

그러나 4차 산업혁명하에 더욱 치열해질 세계 경쟁 환경, 노동시장의 추이, 평균수명의 연장 등을 고려 할 때 스펙 위주의 채용관행 및 연공급 임금체계는 더 이상 경쟁력을 갖기 어렵다. 빠른 변화의 물결 속에서 경쟁력 있는 개인, 경쟁력 있는 기업, 경쟁력 있는 나라가 되기 위해서 '평생학습'을 하는 사회로 나아가야 한다. '평생학습'을 바탕으로 직무와 관련된 능력을 키워 고용되고, 보상 받을 수 있는 사회, 즉 '능력' 중심사회가 되어야 한다.

이를 위해서는 근로자의 역량개발과 관련된 모든 주체가 다 함께 노력하여야 한다. 모두가 '스펙'보다는 '능력'이 최고인 사회인 분위기를 만들기 위해 노력해야 한다. 정부는 학벌과 스펙보다는 '능력'을 기반으로 생애 어느 시점에서나 원하는 직무를 갖고, 원하는 직장에서 일할 수 있도록 정책과 제도들을 더욱 실질적으로 마련해야 할 것이다. 기업들은 채용 및 업무 평가, 승진, 보상 등에서 근로자들의 역량을 기준으로 평가해야 한다. 또한 기업들은 철저한 평가와 검증으로 적재적소에 인재를 배치하고 활용해야 한다.

능력있는 사람이 채용, 선발될 수 있는 환경과 기업 임금체계가 역량 및 직무를 바탕으로 구축된다면, 능력개발을 위한 전 국민 평생학습이 확산될 수 있을 것이다. 스펙보다 자신의 직무관련 역량입증이 채용의 주요 열쇠가 된다

7(4): 139−166.

면 채용기회의 불평등에 우는 모든 구직자에게 많은 희망이 될 것이고, 모든 구직자의 평생학습 참여율 또한 향상시킬 수 있을 것이다.

블라인드 채용: 능력중심 선발의 돌파구[30][31]

블라인드 채용은 채용과정(입사지원서·면접) 등에서 편견이 개입되는 출신지, 학력 등 불합리한 차별을 야기할 수 있는 항목을 요구하지 않고, 실력(직무능력)을 평가하여 인재를 채용하는 방식을 의미한다.

블라인드 채용의 가장 큰 특징은 입사지원서에 인적사항(출신지역, 가족관계, 학벌 등)을 요구하는 것을 금지하며, 면접 시에도 응시자는 자신의 인적사항 정보를 제공하는 것을 금지하며, 면접자 또한 질문할 수 없다. 즉, 직무와 관련된 내용 외에 불필요한 스펙에 대한 질문을 배제하고, 직무중심의 선발요건을 강화하여 균등고용기회를 강조하는 것이다.

우리나라의 경우 2004년 일부 공공기관의 채용에서 나이, 학력 제한을 폐지하는 것을 시작으로, 2005년에는 공무원시험에 블라인드 면접을 도입하였다. NCS가 확산된 이래로 2015년부터 NCS 기반의 능력중심채용이 도입되었으며, 2017년 하반기부터 국내 전체 공공기관과 지방공기업에서는 블라인드 채용을 도입하여 운영 중이다. 롯데그룹의 '스펙태클 채용', CJ그룹의 '리스펙트 전형', 현대모비스의 '미래전략채용' 등 주요 대기업에서도 이름은 다르지만 블라인드 채용을 도입하고 있다.

능력중심의 임금체계를 바탕으로 하는 보상의 실현은 많은 재직자들의 평생학습 참여를 획기적으로 높일 수 있는 방안이다. 많은 근로자들은 근속연수에 따라 증가하는 임금체계와 정년이 보장되는 조직 환경 내에서 근속연수가 증가할수록 더 이상 역량개발의 필요성을 느끼지 못하고 있는 것이 현실이다. 하지만 능력 및 업무 중심의 임금체계로 전환된다면 근로자 개인은 자신의 역량 및 담당업무에 따라 임금을 받을 수 있기 때문에 더 높은 임금을 받기를 희

---

30) 국가직무능력표준(National Competency Standards)의 약자로, 산업현장에서 직무를 수행하기 위해 요구되는 지식·기술·태도 등의 내용을 국가가 체계화한 것을 가리킨다.

31) 고용노동부·한국산업인력공단(2018). 채용모델 활용 우수사례 21선. 울산: 한국산업인력공단. 2-19.

망할 경우 자신의 역량을 개발하기 위해 노력할 것이다. 학습을 통한 업무능력 향상이 곧 자신의 임금향상으로 직결되기 때문에 관련분야 학습에 자발적이고 적극적으로 참여할 것이다.

능력중심의 임금체계가 정착하기 위해서는 기업차원의 체계적인 직무관리가 요구된다. 그리고 개개인의 역량 및 성과를 기반으로 한 평가, 배치전환 및 승진관리가 병행되어야 한다.

직무급 임금체계: DHL 코리아

DHL 코리아는 2005년부터 과장급 이상부터 직무급 연봉제를 실시하고, 2006년부터 전 직원으로 확대하였다. 기존의 직무급 임금체계는 전면적으로 폐지되었고, 글로벌 모기업의 인사·임금제도 시스템을 도입하였다.

DHL 임금체계는 직무등급에 기초해 급여밴드를 단계별로 설정한 뒤 해당 급여밴드 범위 안에서 성과에 따라 임금을 차등 결정하는 직무급이다. 직무등급은 DHL 글로벌 계열사가 동일하게 총 16개의 등급으로 나누어져 있다. 기본급의 경우 평가결과에 따라 설정된 급여밴드 범위 내에서 개인별로 차등 조정되며, 인센티브는 직군별 특성에 따라 다양한 형태로 운영된다.

DHL코리아는 상위 등급 직무를 수행할 역량을 보유한 사람을 승진시키는 '직무중심 승진제도'를 운영하여, 직원들로 하여금 자발적으로 높은 직무등급, 높은 보상에 도전할 수 있도록 유도하고 있다. 사원, 과장, 차장 등 국내 일반적인 직급체계에 준해 보상하는 방식을 폐지하고, 직무중심의 승진제도 운영을 통해 직원들이 자발적으로 높은 등급의 직무에 도전할 수 있도록 유도하고 있는 것이다.

직무에 공석이 발생할 경우, 수시로 내부공모를 하는 '잡포스팅(job posting) 제도'를 활용하고, 직무부여 이후 최소 승진 연한을 1년으로 대폭 축소하면서 성과와 역량에 따라 누구든 승진이 가능하도록 설계하였다.

채용제도는 '채용매니저(hiring manager) 시스템'을 통해 부서장이 본인의 부서에서 필요한 인력을 직접 채용하는 형태로 운영하고 있다. 즉, 국내 기업에서 인사부서의 고유 업무로 분류되기 쉬운 채용권한을 임파워먼트(empowerment)를 통해 현업 부서장에게 위임한 것이다. 채용과 마찬가지로 평가 권한 역시 현업 부서장에게 위임되고 있으며, 성과관리를 위한 목표설정, 피드백, 인건비 예산관리, 연봉협상 또한 현업 부서장에게 모두 위임되어 있다.

6. 노동조합의 역할이 강화되어야

　빠르게 변화하는 환경 속에서 근로자들의 학습을 통한 지속적인 역량개발이 중요해지고 있다. 정부, 기업 차원의 제도적 지원이 뒷받침되는 것도 중요하지만, 무엇보다 근로자 개개인들의 관심과 노력이 요구된다. 즉, 근로자 스스로를 독려하고 학습할 수 있는 권리를 확보하기 위한 노력이 필요하다. 그러나 근로자 개인의 개별적인 노력은 여러 가지 한계에 부딪히기 쉽기 때문에 근로자의 학습 참여를 독려하고 관련된 권리를 대변할 수 있는 창구가 필요하다. 노동조합이 평생학습 촉진을 위한 창구 역할을 할 수 있다.

　우리나라의 노동조합은 근로시간 단축과 급여수준 인상, 시간 외 수당, 고용안정성 강화 등 근로자들의 복지수준 향상에 기여해왔다. 다가오는 평생학습 시대에는 노동조합이 근로자의 지속적인 경쟁력 확보를 위해 평생학습과 경력개발을 위한 역할을 앞장서서 해주어야 한다.

　노동조합은 근로자 여건 신장을 위한 창구인 동시에 근로자 자체이다. 해외국가의 경우 노동조합이 근로자들의 평생학습권 보장을 위해 많은 역할을 하는 반면, 우리나라의 경우 상대적으로 미흡한 실정이다. 근로자의 평생학습 참여 보장에 대한 역할을 노동조합이 적극적으로 한다면, 근로자의 평생학습에 대한 참여가 훨씬 더 활발해질 수 있을 것이다.

　우리나라 노조가입률은 국제적으로 비교하면 높지 않은 수준이다. 기업규모별로 노조가입률을 살펴 볼 때 30인 미만 소기업은 0.1%로 노조결성이 거의 이루어지지 않은 반면, 300인 이상 대기업은 63%로 우리나라는 대기업을 중심으로 하는 노동조합활동이 활발한 나라이다. 국제기준에 비추어 보더라도 우리나라의 노조가입률은 10%대 초반으로 OECD 국가 가운데 매우 낮은 수준이다.[32] 산업별 노조의 형태를 가지고 있으나 실질적으로는 기업별 노조로 활동하고 있는 현실에서는 기업규모에 관계없이 모든 사업장의 근로자들이 평생학습의 권리를 보장 받도록 촉진하는 노동조합의 역할에 한계가 있다. 노조가 평생학습 활성화를 위해 적극적으로 나선다면 평생학습에도 양극화가 초래될 위

---

32) 장근호(2018). 우리나라 고용구조의 특징과 과제. BOK경제연구. 2018(34): 1−46. 19.

험성이 있다. 노조원이 아닌 근로자의 평생학습에 대해서는 공공부분이 더욱 적극적인 역할을 해야 한다.

해외의 노동조합

다른 나라에서는 노동조합이 근로자들의 평생학습 참여를 위해 많은 역할을 하고 있다. 매년 단체교섭을 통하여 근로자들의 직업능력개발훈련과 평생학습에 대한 내용을 협의하고, 여러 교육기관들과 협력하여 근로자들에게 교육프로그램을 제공하고 있다.

스웨덴은 생산직노총(LO), 근로자교육협회(ABF), 사무직노총(TCO), 사무직교육협회(TBV) 등이 근로자들의 평생교육을 위해 많은 역할을 하고 있다. 노동조합에서는 자체적인 노동대학을 통해서 교육을 진행하거나 앞서 언급한 교육협회들과 공동으로 교육프로그램을 진행한다.

덴마크의 경우에도 노동조합과 고용주 간에 매년 체결하는 단체협약에 근로자들의 직업훈련에 대한 지원과 참여의 내용을 반영한다. 이 협약에는 회사 차원에서 직업훈련을 장려할 수 있는 방법과 직업훈련기금 마련, 직업훈련 참여의 자유 보장 등을 포함한다. 이러한 협약은 개별 사업장에서 이루어지는 단체협약만이 아니라 노동조합 총연맹 차원으로도 이루어진다. 덴마크노조총연맹은 사회전체 차원에서 역량개발과 평생학습의 중요성을 강조한다.

핀란드는 1899년에 결성된 '근로자 단체(workers' institutes)'라는 근로자 네트워크가 있다. 근로자 단체는 학력취득을 위한 교육과 직업교육훈련, 기타 교양교육 등을 실시하면서 비형식 성인교육 분야에서 가장 활발한 역할을 하고 있다.

VI

무너진
교육사다리와
닫힌 사회

01 줄어든 개천용과 중산층의 축소

02 금수저에게 유리한 대입제도

03 부모의 경제력이 자녀의 대학입학 경쟁력

04 평준화 교육은 개천출신에게 유리할까?

05 대입이 끝이 아니다: 취업준비도 사교육

06 좌절하는 청년세대: 높아진 역량과 부족한 일자리

07 개천용과 중산층을 늘리기 위해서는

줄어든 개천용[1]과
중산층의 축소

'개천에서 용 난다'라는 속담은 가난한 상황에서 열심히 공부하거나 일을 해서 부를 얻고 높은 사회적인 지위를 얻었을 때를 비유해서 쓰는 말이다.[2] 어려운 집안 환경에도 불구하고 자수성가했다는 부러움과 선망의 눈빛이 담긴 표현이다.

우리나라는 과거 '개천에서 용이 난다'는 믿음이 있었다. '열심히 하면 더 나은 삶을 살 수 있을 것이다', '나의 능력이 뛰어나다면 아버지 세대보다 잘 살 수 있을 것이다'라고 많은 사람이 믿었다.

저성장 국면에 접어들은 현재에는 더 이상 '열심히 하고 능력이 있으면 출신배경과 관계없이 너 나은 삶을 살 수 있다'는 믿음은 유효하지 않은 것으로 인식되고 있다. 특히 '가난하더라도 똑똑하다면 좋은 대학을 진학할 수 있고, 상위계급으로 이동할 수 있다'는 계층이동의 가능성에 대한 회의가 커지고 있다.

과거에는 자갈논을 팔아서 대학을 보낸 아들이 집안을 일으켰다거나, 형제 중 한 명을 성공시키기 위해 희생하는 이야기들이 많았다. 하지만 어느 순간부터 우리 사회에서는 사회적 지위 상향 가능성에 의문을 품기 시작했다.

뿐만 아니라 평균적인 학업성취를 가진 학생들이 중산층으로 자리 잡을 수 있는 기회가 줄어들었다. 1970년~80년대 중반까지 공업계 고등학교를 졸업하고 제조업에 종사하였던 남성 근로자들이 우리나라 경제의 허리를 담당하였고, 이들이 '용'이 되지는 못했어도 이른바 '중산층'의 삶을 영위할 수 있었다.

---

1) '개천에서 난 용'을 '개천용'으로 지칭한다.
2) 안재욱(2010). 개천에서 용나는 사회. 서울: 한국경제연구원.

1968년에 중학교 무시험제도를 통해 농촌 빈곤층의 교육기회가 확대되고 1973년 중화학공업화 육성과 공고(실업계) 특성화 정책을 통해 농촌 빈곤층이 도시에 유입되어 '도시의 중산층'으로 성장할 수 있는 계기가 마련되었다.[3] 1970년대 도시 중산층이 대학진학을 통해 계층 재생산을 하고, 농어촌의 중하층이 기능공 양성이라는 새로운 기회를 통해 계층의 사다리를 올라갈 수 있는 길이 열렸다는 것이다.

1970년대 대표적인 엘리트 집단이었던 경기고등학교와 학업성취가 뛰어나지만 가정의 경제적 환경이 어려운 학생이 입학하던 금오공고 졸업생의 생애사를 비교하면 이러한 현상은 보다 뚜렷하게 발견된다.

1973년 입학생을 기준으로 경기고등학교 출신 학생들은 2013년 기준 약 50%가 기업경영, 대학교수, 공무원 등의 직업을 갖고 있어서 부모의 사회·경제적 지위를 그대로 이어가는 양상을 보였다.[4] 반면 금오공고의 경우 대부분 농촌 빈곤층 출신이었으나, 47.6%가 기업경영과 기술직의 직군을 유지하고 있었고, 특히 기업을 경영 중인 졸업생은 경기고등학교보다도 많았다. 과거 우리 사회는 기술숙련이라는 교육기회를 통해 계층의 상승 이동이 가능한 사회였고, 상승 이동한 저소득층이 현재 도시의 중산층의 다수를 차지하고 있는 것으로 추정할 수 있다. 대통령학교로 불렸던 국립공업고등학교뿐만 아니라 다양한 실업계 고등학교들의 졸업자들이 이른바 '꽤 괜찮은 소득이 보장되는 일자리'에 손쉽게 진입할 수 있었다.

1. 부모세대보다 잘 살 수 있을 것이라는 믿음 사라져

통계청에서 매년 실시하는 '한국의 사회조사'에 따르면 개인의 일생 동안 (세대내) 혹은 자녀세대에서(세대간) 현재보다 사회적 지위를 높일 수 있는 가능

---

3) 류석춘·김형아(2011). 1970년대 기능공 양성과 아산 정주영. 아산사회복지재단 편. 아산 정주영과 한국경제 발전 모델. 서울: 집문당. 99-146.

4) 지민우(2013). 중화학공업화 초기 숙련공의 생애사 연구: '금오공고 졸업생'을 중심으로. 연세대학교 대학원 석사학위논문.

성에 대한 믿음은 점차 줄고 있는 것으로 나타났다.[5] '나의 인생에서 계층 이동이 가능한가'에 대한 질문에 대해 1994년의 한국인들은 10명 중 5명이 계층 이동 가능성에 대해 낙관하였다. 하지만 이러한 낙관적인 인식은 점차 줄어들며 2009년 37.6%, 2013년 31.2%, 2017년과 2019년에는 22.7%로 급격히 감소하였다.

자식의 계층 상향 가능성에 대한 인식 역시 마찬가지로 악화되고 있다. 1999년에는 41.2%가 자식 세대의 사회경제적 지위가 상승할 것이라 기대하고 있었으나, 2015년에는 30%, 2017년 29.5%, 2019년 28.9%로 감소하였다. 가구소득이 낮을수록 계층 이동 가능성에 대해 부정적으로 인식하고 있다. 가구소득이 100만 원씩 감소할수록 상향 이동 가능성에 대한 기대는 약 2%씩 줄고 있다. 일반적으로 소득이 낮을수록 올라갈 수 있는 사다리의 칸은 더욱 넓지만, 상위계층으로의 이동 가능성을 비관적으로 생각한다는 것이다.

한 가지 더 주목할 점은 어느 시기에나 국민들의 자식의 계층상향 가능성에 대한 인식이 본인의 계층상향 가능성을 상회하고 있다는 것이다. 나의 자식은 나보다 더 나은 삶을 살 것이라는 인식과 믿음을 갖고 있다는 것을 의미한다. 추정컨대 이러한 양상은 우리나라의 자녀 교육에 대한 높은 투자와 직결되는 것으로 보인다.

반대로 자식들은 자신이 부모보다도 더 나은 삶을 살 수 있다는 기대와 믿음은 줄고 있는 것으로 나타난다. 실제로 2030 세대의 소득 증가율을 살펴보면 2016년 처음으로 20대와 30대 가구의 소득 증가율이 마이너스를 기록하며 부모보다 가난한 첫 세대가 되었다.[6] 또한 2017년에 조사한 한국의 밀레니얼 경제 낙관지수는 −1% 수준으로, 젊은 세대는 부모 세대보다 경제적으로 나아지지 않을 것이라고 전망하였다.[7]

---

5) 통계청(각 연도). 한국의 사회조사. 대전: 통계청.
6) 통계청(2016). 가계동향조사. 대전: 통계청.
7) Deloitte(2017). The Deloitte Global Millennial Survey 2017.

2. 개천용의 성공신화는 과거보다 줄어들고 있어

소득 상위 20%에 속한 사람(용)들 중 사회 경제적 배경이 최하위 집안(개천) 출신일 확률은 지속적으로 감소 추세이다.[8] 개천용불평등 지수가 0일수록 기회불평등이 없는 상태를 의미한다. 최상위소득을 얻는 사람들 중에서 최하위 환경을 가진 사람들의 비율이 최하위 환경 사람들의 인구비율과 동일한 상태이다. 반대로 1에 가까울수록 개천용이 전혀 나지 않는 것을 의미한다.

개천용불평등 지수는 꾸준히 상승하였으며 2000년 이후 소득기회불평등이 악화된 것으로 나타났다. 특히 가구주 부친의 직업환경(직업의 숙련 수준)으로 분석한 결과, 기회불평등도가 2001년에서 2014년에 이르기까지 2배 이상 상승하여, 2001년에는 1~2명이 기회불평등 때문에 성공하지 못했다면 2014년에는 4명 가까이 기회불평등 때문에 성공하지 못하는 것으로 나타났다. 다른 국가와 비교해보았을 때, 미국과 이탈리아보다는 불평등도는 낮았지만, 독일, 스웨덴, 노르웨이, 영국, 프랑스, 벨기에 등보다는 높았다.

재정패널조사 2007~2015년 자료를 이용하여 소득 이동성의 방향 추이를 상대적 이동성으로 분석한 결과도 유사하다.[9] 빈곤집단은 소득 하위 1~3분위로 정의하였는데. 2007년 이후 우리나라의 소득계층 이동성은 낮아지는 추세이다. 즉, 초기의 소득 수준이 시간에 따라 크게 변화하지 않는 것이다. 빈곤지위 이동성 역시 점차 낮아지고 있다. 2007년 이후 빈곤진입과 빈곤탈출의 확률은 감소하는 추세에 있고, 빈곤상태에 머물러 있을 확률이 증가 추세에 있어 빈곤의 고착화가 심화되고 있을 가능성이 높은 것으로 나타났다.

우리나라에서 세대간 계층이동이 어려운 것은 OECD 국가와의 비교 통계에서도 확인된다. OECD(2018)에 따르면[10] 우리나라는 다른 OECD 국가들에 비해 소득(earning) 불평등지수는 낮고, 총소득(earnings) 이동성은 평균 수준으로 양호한 상태였다. 교육 이동성도 최상위로 부모 학력의 되물림이 매우 적은

---

8) 오성재·주병기(2017). 한국의 소득기회불평등에 대한 연구. 재정학 연구. 10(3), 1－30.

9) 윤성주(2018). 소득계층이동 및 빈곤에 대한 동태적 고찰: 재정패널조사 자료를 중심으로. 재정학연구. 11(1), 21－48.

10) OECD(2018). A broken social elevator? How to promote social mobility. COPE policy brief.

것[11])으로 나타났다. 주목할 부분은 우리나라의 직업이동성이 꼴찌라는 점이다. 우리나라는 관리직 부모를 두고 있는 자녀의 50%는 관리직을 갖지만, 블루칼라 직종 부모의 자녀들은 오직 25%만이 관리직 수준의 직종을 갖는다. 관련하여 OECD 보고서는 "한국의 많은 청년들은 교육에 과투자하면서, 오랜 기간 노동시장 밖에 머문다. 결국 제한된 고소득 직종을 갖기 위해 줄을 서지만 쉽지 않다"고 언급한 바 있다.

3. 줄어든 중산층

개천용뿐만 아니라 중산층도 줄어들고 있다. 중산층을 정의하는 방법은 여러 가지인데, 어떤 추정방식을 활용하여도 우리나라의 중산층은 축소되어 왔다.

정부정책은 OECD 기준을 활용하고 있는데, OECD는 소득 중간 값의 50%에서 150%의 소득계층을 중산층으로 본다.[12] 전체 국민이 100명이라고 했을 때, 그 중 50번째 사람의 소득에서 50%~150%의 구간의 소득을 가진 사람을 중산층으로 보는 것이다. [그림 6-1]에서 보듯이 2019년 2분기를 기준으로 4인가구의 중위소득은 약 475만원인데, 월 소득 237만원(중위소득의 50%)~712만원(중위소득의 150%) 사이의 계층이 OECD 기준으로 중산층이다. 통계청의 2019년 2분기 가계동향조사 자료를 활용하여 OECD 기준 중산층의 규모를 추정하면 전체의 52%이다. 1995년(71%)과 비교하면 16%p 줄어들었고 2015년 이후 지속적으로 감소하였다.

---

11) 이는 우리나라의 급격한 고등교육기회 확대에서 기인한 것으로 추측된다. 교육이동성의 측정은 부모의 최종학력과 자녀의 최종학력의 상관관계로 계산되기 때문이다.

12) OECD는 최근 중산층의 기준을 중위소득의 75 200%로 보는 것으로 바뀌었다. 본 고에서는 과거 자료와의 비교 분석을 위해 예전의 기준을 준용하였다. [이데일리] 나는 중산층 일까 … '복지정책 기준선' 중위소득은 얼마?_20200801.

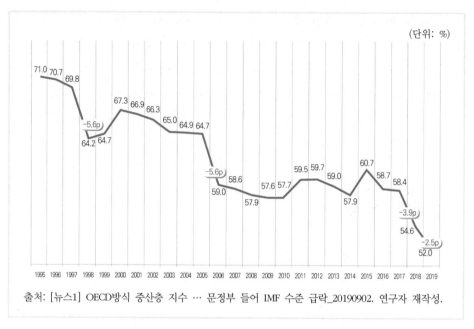

[그림 6-1] **중위소득 50%~150% 인구 비중 추이(1995~2019)**

    국민들이 인식하는 중산층 규모는 OECD 기준보다 작다. 조선일보(2019) 조사 결과에 의하면 48.7%만이 자신은 중산층에 속해 있다고 응답하여 OECD 기준 중산층 추산치 51%보다 낮다.[13] 자신이 저소득층에 속해 있다고 응답한 비율은 48.9%로 나타나 중산층 집단의 수치보다 높았다. 자신의 경제적 위치, 계층이 이전보다 '하락했다'라고 인식하는 비율(35.6%)이 '상승했다'라고 응답한 사람(18.0%)의 두 배이다.[14] 또한 앞으로 자신의 계층이 상승할 것으로 전망하는가에 대한 질문에는 전혀 그렇지 않다는 응답(13.6%)과 그렇지 않은 편이라는 응답(52.7%)이 전체 응답의 2/3 이상을 차지하여 앞으로의 계층 이동에 대해 비관적인 인식을 가지고 있다. 특히 연령이 젊을수록 비관적이었다.

    국민들이 생각하는 중산층 개념과 OECD 기준 중산층 정의는 차이가 있

---

13) [조선일보] '중산층'이 사라진다 30년 전 국민 75% "난 중산층"… 올해엔 48%로 뚝_20190126.
14) 전년 대비 소득의 증감을 조사한 결과 비슷하다는 응답이 46.5%로 가장 많았고, 소득이 줄었다고 응답한 비율은 31%로 소득이 증가했다고 응답한 비율(22.5%)보다 더 많은 것으로 나타났다.

다는 것은 현대경제연구원(2014)의 설문조사 결과에서도 확인된다. OECD 기준으로 중산층에 분류되는 집단 중 스스로 중산층이라 생각하는 경우는 45%이고 나머지 55%는 자신을 저소득층이라 생각하고 있었다.[15]

현대경제연구원(2014)은 소득과 자산수준, 여유로운 생활과 삶의 질, 사회적 기여와 시민의식이라는 세 가지 측면에서 기준을 설정하여 국민들이 생각하는 중산층을 조사하였다. 조사 결과 소득과 자산 수준에서는 세후소득이 515만원 이상, 가구의 순 자산이 6.6억원 이상, 현재 거주하고 있는 주택의 가격이 3.7억원 이상, 주택의 평수는 34.9평형 이상일 때 국민들은 중산층의 조건을 충족한다고 보았다. 여유로운 생활과 삶의 질 기준에서는 한 달 생활비가 341만원 이상, 한 달의 외식 횟수 4회 이상, 회당 외식 비용은 12.3만원 이상인 경우 중산층에 해당한다고 응답하였다. 사회적 기여와 시민의식의 경우 가구 소득 대비 기부후원금액이 2.5% 이상, 한 달의 무료자원봉사 횟수가 3.5회 이상일 때 중산층 계층에 해당한다고 응답하였다.

우리나라의 계층별 순자산은(2018년 기준) 상위 5%가 10억 원 수준이며, 상위 10%가 7억에서 8억 원 미만이다.[16] 현대경제원 조사 기준으로는 물가 상승률을 고려하여도 자산기준으로는 적어도 상위 10%에 포함되어야 중산층으로 볼 수 있다. 세전 중위소득의 140%~150%가 665만 원~712만 원(2020년 기준)인 것을 고려하면,[17] 물가 상승을 감안하여 소득기준으로는 상위 30%에 속해야만 스스로를 중산층으로 인식한다고 할 수 있다.

중산층이 얇아질수록 사회 불평등이 심화되고, 대립과 갈등 수준이 높아진다는 점을 고려하면 매우 우려되는 지점이다. 중산층이 부재한 사회는 소수만이 장악하는 과실을 따기 위해 전 국민이 경쟁하고, 경쟁에서 실패하는 경우 사회의 하위계층으로 떨어진다는 절박함과 불안감이 내재되게 된다.

15) 현대경제연구원(2014). 당신은 중산층입니까? 국민들이 이상적으로 생각하는 중산층의 모습과 현실의 모습 비교. 한반도 르네상스 구현을 위한 VIP리포트 14−20.
16) 통계청(2018). 2018년 가계금융·복지조사 결과 보도자료. 대전: 통계청.
17) 경기도청(2020). 2020년 경기도 지역사회서비스 투자사업 안내. 경기도 보도자료.

금수저에게 유리한 대입제도

한국에서 개천용이 되기 위한 첫 단계는 좋은 대학―이른바 SKY―에 입학하는 것이다. 그렇기 때문에 우리나라에서 입시 전형의 변화는 온 국민의 관심사이다. [그림 6-2]는 2000년대 이후 입시제도 주요 변화를 보여주고 있다.

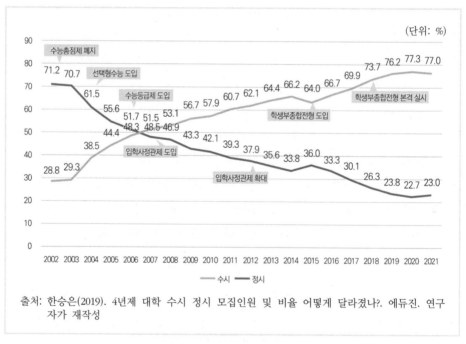

출처: 한승은(2019). 4년제 대학 수시 정시 모집인원 및 비율 어떻게 달라졌나?. 에듀진. 연구자가 재작성

[그림 6-2] 4년제 대학 수시 및 정시 모집비율 및 주요 대학 입학 정책 추이(2002-2021)

그간의 대입제도 변천사를 간단히 확인해보면 다음과 같다. 정시모집에서 주로 활용하고 있는 수학능력시험 제도는 1994년에 도입되었고, 큰 변화 없이 2001년까지 유지되었다. 2002년 수능총점제가 폐지되고, 과목별 점수제가 도입되었고, 2007년 처음으로 입학전형에서 수시 전형의 비중이 50%를 상회하였다. 2008년 수능 등급제가 도입되었으나 이명박 정부의 출범 이후인 2009년 1년 만에 폐지되었다. 이명박 정부에서 수시전형에 대해 입학사정관제가 도입되었고, 2012년 입학사정관제가 확대되었다. 박근혜정부에서 2015년 수시전형에 대해 학생부종합전형(이하 학종)이 도입되었다.

문재인 정부 출범 이후인 2018년은 본격적인 학종 시대가 시작된 시점이라고도 볼 수 있다. 고려대학교에서 논술이 폐지되면서 학종이 본격적으로 도입되었고 연세대, 성균관대, 이화여대 등 정시전형이 입학전형의 중심이었던 주요대학에서 학종의 비중이 확대되었다. 2019년 부모의 경제·사회적 지위로 자녀가 대학 입학에서 특혜를 받는 것이 사회 문제가 된 이른바 '조국사태'가 발생하면서 정부는 정시전형의 비중 확대를 대학에 요구하였고 각 대학은 정부정책을 2020년 입시에서 수용하였다.

입학사정관제 및 학생부종합전형 도입으로 인해 수시 모집비중이 급격하게 상승하여, 2021년 기준으로 약 77.0%가 수시모집에 의해 학생을 선발하고 있다. 2002년 기준 전국 4년제 대학의 정시 모집비율은 약 71.2%로 대다수를 차지하고 있었다.

1. 다양한 형태의 수시 전형제도

일부 언론에서는 수시 전형을 단일한 제도처럼 보도하고 있다. 하지만 수시전형도 대학마다 가지각색이다. 수시 전형은 크게 세 가지 유형으로 구분할 수 있다.

① 학생부 종합전형(학종): 학교생활기록부를 종합적으로 반영하는 전형(내신성적(정량) + 수상, 자격증, 창체 등(정성)) + 자기소개서)

② 학생부 교과전형: 내신성적(정량평가)만으로 평가하는 전형. 학교별 성적편차를 고려하지 않기 때문에 이른바 좋은 고등학교 재학생들에게 불리

③ 특기자전형 : 어학특기자, 과학특기자 등 특수한 부분의 역량을 평가하는 형태

최근 가장 문제가 되고 있는 것은 학생부종합전형(이하 학종)인데, 학종은 입학사정관에 의한 학생부 검토 및 평가로 이루어지는 1차 전형과, 1차 합격자를 대상으로 한 2차 전형으로 나누어진다. 2차 전형은 학교별로 차이가 나는데 구술고사가 포함되는 학교는 서울대, 고려대, 연세대 등이며, 성균관대, 중앙대, 한양대 등은 서류평가만 한다. 구술고사를 치르는 경우에는 학종의 단점인 서류 부풀리기에 대해 일종의 제어가 가능하다는 장점이 있다.[1]

학종은 이명박 정부에서 추진한 입학사정관제가 지나친 스펙 경쟁을 일으켰다는 비판에 따라 박근혜정부에서 도입되었다. 고등학교는 교외 활동을 배제하고 학교 안에서의 교육 활동 위주로 학생부를 작성하고, 대학은 학생부를 바탕으로 학생을 선발하는 제도이다.

학종은 대학이 어떤 기준으로 학생을 선발하는지 알 수 없기 때문에 '깜깜이 전형'으로 불린다. 또한 학교 안에서 다채로운 교육활동을 경험할 수 있는 특목고 및 자사고 등에 유리하다는 비판이 일었다. 특히 2019년부터 불거진 '조국사태'는 학종을 '부모학생부 전형'으로 부르는 시발점이 되었다. 일반 가정에서는 시도조차 할 수 없는 화려한 스펙(논문의 학술지 게재, 학회 사무국에서의 봉사활동, 대학 연구실에서 수행되는 실험 참여 등) 탓에 '어느 정도 지위를 가진 분들의 자녀에게 열려 있는 기회'라는 말이 회자되기도 하였다.

---

[1] 서울대의 입학전형은 다른 대학의 입학전형과 큰 차이가 있다. 정시전형에서는 수능의 비중이 높은 편이고(다른 대학에 비해), 수시 전형은 크게 두 가지 – 일반전형과 기회균형 – 로 구분된다. 기회균형제도는 다른 대학에서는 거의 운영하지 않고 있는 전형으로, 교육기회가 적은 이른바 낙후 지역 학생들을 의도적으로 선발하는 목적을 갖고 있다(전체의 20% 선발). 또한 서울대의 경우 매우 간소하고 단일한 전형을 갖고 있다. 예를 들어, 고려대학교의 경우 일반전형과 학교추천(2) 전형으로 이원화되어 있는데, 학교장 추천을 통한 제출이나 아니냐의 차이만 있을 뿐 평가의 구성요소가 거의 유사하다. 따라서 학생들마다 유·불리를 따지기 위해 치열한 고민과 눈치싸움, 그리고 민간 컨설팅업체의 도움이 필요하기도 하다.

2. 학생부 종합전형도 금수저에게 유리하다

현행 학생부 대입전형이 금수저에게 유리한 방식이라는 증거들은 다양한 곳에서 발견된다. 현행 대입전형 제도는 (1) 복잡성, (2) 불확실성, (3) 장기성, (4) 불신성으로 요약된다. 이러한 특성은 결국 부모의 정보력과 사교육 투자여력이 학생의 좋은 대학 입학 여부를 상당 부분 좌우하게 만든다.

2018년 EBS 다큐프라임에서 대입을 담당하고 있는 교사와 학부모, 그리고 교수들에게서 취합한 인터뷰 자료들은 이를 적나라하게 반영한다.[2]

1) 복잡성: 선생님들도 공부해야 이해하는 다양한 대입전형

한때 3천개에 달하던 대입전형 방식은 800여개로 줄었지만, 여전히 교사, 학생, 학부모에게는 매우 복잡하다. 학교의 진학지도 담당교사들은 이른바 '입시의 달인' 교사에게 별도의 강의를 듣기 위해 줄을 선다. 전형에 따라 내신과 수능점수, 면접의 반영비율이 학교마다 다르기 때문이다. 면접과 논술도 대학마다 차이가 난다. 결국 입시전형 전체를 이해하고 컨설팅 할 수 있는 교사나 사교육기관에 의존할 수밖에 없다.

> 전형이 너무 많으니까 우리 애에게 딱 맞는 전형이 과연 뭔지를 알기가 어려운 것 같아요. 학교마다 과마다 다 찾아봐야 되니까 너무 어렵습니다.(학부모)
>
> 대학마다 원하는 인재상이 다 다르잖아요 그것도 맞춰서 자기소개서도 좀 더 다르게 써야 하고 면접도 다 다르게 준비해야 하니까 학종은 준비가 힘들어요.(학부모)

2) 불확실성: 합격/불합격의 이유를 알 수 없는 깜깜이 전형

학종의 가장 큰 문제는 합격과 불합격의 기준이 모호한 정성평가라는 점이다. 따라서 입시전형별 누적된 데이터를 가지고 일종의 합불 가이드라인을

---

2) EBS(2018). 대학입시의 진실. 세종: 다산에듀.

제시해주는 사교육기관이 문전성시를 이룰 수밖에 없다. 또한 수시 6개의 원서를 준비하는 것과 함께, 정시전형 역시 함께 준비해야 한다. 합격의 불확실성이 크기 때문이다.

> 선생님들이 흔히 말씀하시는 게 정시도 놓지마라. 이 말을 항상해요. 왜냐하면 학종은 엄청 변수가 큰 제도 중의 하나잖아요.(대학생)
> 수시원서 6개를 내야 하는데, 뭐가 합격이 될 만한지 알 수가 없어요.(학부모)
> 너무 제도가 복잡하기 때문에 학부모들은 도대체 어떤 제도가 적합한지, 그것을 선택했을 때 합격할 수 있는지 결과를 예단하기 어렵습니다.(교수)

3) 장기성: 어렸을 때부터 준비하지 않으면 따라잡을 수 없다

학종의 또 다른 문제는 아주 오랫동안 준비하지 않으면 합격을 하기 어렵다는 것이다. 중학교, 심지어 초등학교 저학년 때부터 진로목표를 갖고 차근차근 준비를 해온 학생과 그렇지 않은 학생의 차이는 매우 크다. 결국 이를 좌우하는 것은 부모의 정보력이다. 또 하나의 문제는 청소년기의 진로변경을 부정적으로 평가하게 된다는 것이다. 고등학교 1학년 때 설정한 진로목표가 고등학교 3학년 때 바뀌게 되면, 이 학생의 생활기록부는 대입전형에 쓸 수 없게 된다. 일관되게 스펙을 쌓은 학생에 비해 나쁜 평가를 받게 되기 때문이다.

> 수능이나 학력고사에는 열심히 노력하는 방향이 일원화되어 있었잖아요. 그런데 지금은 굉장히 다양합니다. 그러니까 부모님의 정보의 힘에 의해서 애가 만들어지는 게 있어요. 중학교 때부터 쭉 만들어지는 그런 것들이 있는데, 부모님이 정보력이 없으면 따라가기가 정말 쉽지가 않아요.(교사)
> 결국 이게 정보력 싸움인 것 같아요. 누가 정보를 더 많이 알고, 미리 준비하느냐 사실 그게 제일 중요해요.(교사)
> 왜 19세 아이들에게 완성된 꿈을 요구하는지 모르겠다. 고1때 꾼 꿈이 고3 때 바뀔 수도 있지 않나?(교사)
> 지방소도시, 읍면지역 재학생과 학부모는 입시에 대한 정보가 부족하다.(교사)

4) 불신성: 가짜인재를 만들 수밖에 없다

학종에서는 학생의 역량이 교사가 작성하는 학생부와 학생이 작성하는 자기소개서에 의해 판단된다. 교사의 역할은 막중하다고 할 수 있는데, 한 명의 교사가 수십 장의 학생부를 작성하다 보니 보여주기식 서류를 만들고 가짜인재를 꾸며내는 일 또한 발생한다. 입학사정관에게 좋은 평가를 받기 위해서는 아주 작은 성취를 부풀리는 침소봉대부터, 학업능력과 관련이 없는 태도, 가치관, 교우관계, 리더십 등이 실제와 다르게 기술되는 경우가 상당하다. 특히 담임선생님이 30명가량의 학생을 모두 면담하여 작성하기란 쉽지 않고, 결국 같은 내용을 여러 자기소개서에 복사하여 붙이는 것이 이루어질 수밖에 없다. 기록해야 하는 능력의 가짓수는 매우 많지만, 학업과는 큰 관계가 없는 교과 외 역량인 경우가 대다수이다.

> 자기소개서 준비를 위한 사교육비가 터무니없이 듭니다. 생기부 작성이 학생 생활을 반영하기보다 교사의 글짓기 실력을 키우는 용도인 것 같다.(교사)
> 거짓으로라도 자신을 돋보이게 만들도록 지도해야 하는 불편한 입시제도.(교사)

3. 고교서열화: 특목고, 자사고일수록 대입에 유리하다

사실 학종은 조국사태가 불거지기 전부터 부모의 경제·사회적 지위의 영향을 줄이는 방향으로 개선되어 왔다. 2014년에 학생부에 학생이 개별 참여하는 대학의 체험프로그램을 기재하는 것이 금지되었고, 2015년 학생부에 논문의 학술지 게재 사실을 기재하는 것이 금지되었고, 공인어학 성적, 수학·과학·외국어 관련 수상실적을 기재하면 서류점수를 0점 또는 불합격 처리하는 것으로 되었다. 2017년에 학생부에 부모의 사회·경제적 지위를 암시하는 언급을 하는 것이 금지되었고, 2019년 자기소개서에 학생부상 기재할 수 없는 논문의 학회지 등재나 도서 출간, 발명특허 획득, 해외활동 실적, 교외인증 시험성적을 기재하는 것을 허용하지 않는 등의 조처가 이루어졌다.

313

그러나 이러한 조치는 대학이 학생의 역량을 제대로 평가할 수 없도록 만드는 부작용도 만들었다. 대학은 우수한 학생을 뽑기 위해 결국 고등학교의 명성에 의존하게 되었다. 학교 안의 비교과 활동이 합격 여부의 결정적인 요인으로 작용하면서, 다양한 비교과 활동을 제공하는 소수의 학교들이 대입에 유리하게 작용하고 있다. 공공연한 고교서열화가 다시 수면위로 떠오른 것이다.

교육부가 2019년에 조사한 주요 대학의 학종 전형 실태조사에 따르면 과학고, 외국어고 등 특목고 학종 합격률이 일반고보다 최대 3배 가까이 높게 나타났다.3) 건국대, 경희대, 고려대, 광운대, 동국대, 서강대, 서울대, 성균관대, 연세대, 포항공대, 춘천교대, 한국교원대, 홍익대 등 13개 대학으로부터 2016~2019학년도 총 202만 여건의 전형자료를 제출받아 분석한 결과 일반고 학생은 학종에서 1.5등급 이내가 합격했지만 자사고와 특목고는 2.5등급 내외 학생이 합격한 것으로 나타났다.

대학 입장에서도 항변할 것이 많다. 현행입시제도에서는 고교 등급제를 금지하고 있지만, 특목고, 자사고와 일반고의 학생 수준이 서로 다르다는 것이다. 일반고 1등급과 과학고 1등급을 동일하게 취급할 수 없다는 뜻이다. 부모찬스(chance) 개입을 막기 위해 대외활동 및 비교과 스펙(SPEC) 기입을 금지하면서 결국 대학에서 보고 판단할 수 있는 자료는 내신 성적과 학생발달기록부밖에 남지 않는다.

[그림 6-3]에서 보듯이 실제로 2010년부터 서울대학교에 입학한 학생들의 출신 고교 비중변화를 살펴보면, 특목고, 자율형 사립고, 공립고 등 이른바 명문고등학교의 약진이 두드러진다.

---

3) 교육부(2019). 학생부종합전형 실태조사 결과 발표. 교육부 보도자료.

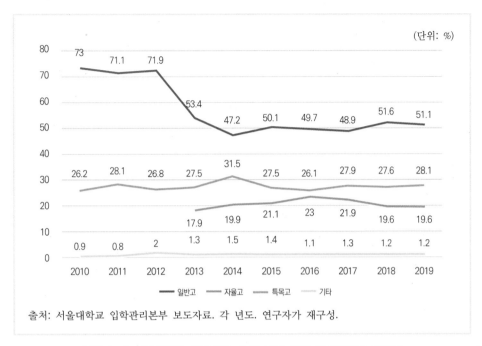

(단위: %)

출처: 서울대학교 입학관리본부 보도자료. 각 년도. 연구자가 재구성.

[그림 6-3] 서울대학교 입학생의 출신 고교 유형 변화(2010~2019)

4. 애매한 개천출신에게는 더욱 불리한 입시제도

다행히 하위 20% 정도의 이른바 흙수저 집단의 경우 과거보다 대입전형
에서 많은 혜택을 받고 있다. 특히 이와 관련한 정책을 적극적으로 펼치고 있
는 곳은 서울대학교이다. 다른 대학과 달리 '지역균형선발제도'를 적극적으로
운영하고 있으며, 2019년 기준으로 약 18.7%의 학생을 이 방식으로 운영하고
있다.

2005년 처음 도입된 이 제도는 각 고등학교별로 최상위권 학생 2명을 학
교장이 추천하고 선발하는 방식으로, 당시 선발인원의 약 18% 가량이 할당되
었다. 일종의 적극적 조치(affirmative action)였다. 사교육에서 소외된 읍면지역의
우수한 학생을 발굴해내는 취지로 도입되었고, 서울대 합격자를 배출한 고교도
점차 늘어나는 효과를 보았다. 일반고 학교 수가 약 1500개라는 점을 고려해보

면, 2개교 중 1명꼴로 서울대 합격생을 배출할 수 있게 되었다. 지역균형선발제에 대한 찬반은 존재하지만, '사교육 소외 지역'에 있는 지방소재 학교의 전교 1, 2등에게 상대적으로 조금 넓은 합격기회를 제공한 것은 분명하다.

서울대 입학생들의 사회경제적 배경 역시 비슷한 양상으로 변화하고 있다. 입학사정관제가 본격적으로 도입되기 전인 2007학년도 서울대 신입생의 전형별 소득 수준은 소득 상위 20%에 해당하는 입학생이 전체의 62.7%로 나타났다.[4][5] 학종으로 입학한 학생이 70%를 넘어가는 2018년 기준으로 서울대학교 재학생들의 약 48%가 소득 최상위 10분위와 9분위의 가계출신이다.[6] 2007학년도의 62.7%와 비교했을 때 약 14.7%p가 감소한 것이다. 서울대에서는 "지역균형선발제와 농어촌선발전형이 서울대 신입생의 고소득층 집중 현상을 완화시키고 있다"고 지속적으로 발표하고 있다.[7]

이 집단은 입학 후에도 저소득층 지원 장학금의 혜택을 집중적으로 받을 수 있다. 서울대학교의 경우 2020학년도부터 하위 20% 학생들이 등록금을 내지 않고 학교를 다닐 수 있도록 저소득층 지원 장학금을 크게 확대한 바 있다. 소득분위와 연계된 국가장학금 Ⅰ유형도 이러한 취약계층에 많은 배려를 하고 있다.

저소득층 자녀가 좋은 대학에 갈 가능성은 앞으로 다소 늘어날 것이다. 2019년 11월 28일 발표된 교육부의 '대입제도 공정성 강화 방안'에 따르면 '사회적 배려 대상자의 기회 확대(수도권 대학에 지역균형 10% 이상 선발)'가 주요한 변화로 예고되어 있다.[8] 현재 서울대학교만이 도입되어 있는 지역균형 선발 (10% 이상)이 전체 대학으로 확대되고, 사회적 배려대상자 10% 선발이 의무화되기 때문에 가정형편이 어렵지만 학교에서의 학업성취가 뛰어난 학생들에게는 종전보다 좋은 대학으로의 입학기회가 늘어나게 된다.

---

4) 입학전형별로는 수시특기자전형이 65.0%, 정시일반 64.4%로 지역균형 58.5%보다 높게 나타났다. 상위 10%로 좁혀보면 수시특기자 전형의 45.7, 정시 일반전형의 41%가 상위 10%의 소득 수준을 갖고 있는 것으로 나타났다.

5) [한겨레] 서울대 신입생 62% 고소득 가정 출신_20070709.

6) [한겨레] 서울대 신입생 62% 고소득 가정 출신_20070709.

7) [한겨레] 서울대 신입생 62% 고소득 가정 출신_20070709.

8) 교육부(2019). 대입제도 공정성 강화 방안. 보도자료.

반면에 개천도, 금수저도 아닌 집단은 이러한 소수자 우대 정책의 혜택을 받지 못하고 있다. 사실 개천이라는 용어에 대한 정의는 매우 상대적이다. 일반적으로는 소득 하위 20% 집단을 지칭하는 경우가 많지만, 국민들의 인식은 다르다. 이른바 중산층에 해당되는 집단(중위소득 50~150%) 스스로를 개천 출신으로 인식하고 있는 것이다. 앞에서 언급한 중산층의 소멸 현상과도 관련이 있다. 최근 많은 공감대를 샀던 금수저-은수저-동수저-흙수저 계급론도 이와 맥을 같이 한다. 흙수저(가구 연 수입 2,000만원 미만)도 아니고 금수저·은수저도 아닌 동수저(가구 연 수입 5500만원) 집단은 스스로를 개천 출신이라고 생각한다.

[그림 6-4]는 애매한 개천 출신들의 SKY 대학비중이 상대적으로 낮음을 잘 보여준다. 그림의 다섯 개의 범주는 대략적으로 하위 20%, 20~40%, 40~60%, 60~80%, 그리고 80~100%로 해석할 수 있다. 물론 가장 눈에 띄는 것은 상위 20%의 학생이 대다수를 차지하고 있다는 점이다. 그렇지만 구체적

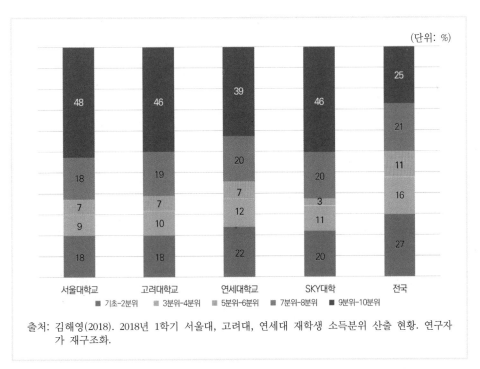

출처: 김해영(2018). 2018년 1학기 서울대, 고려대, 연세대 재학생 소득분위 산출 현황. 연구자
가 재구조화.

[그림 6-4] 서울대, 고려대, 연세대 재학생의 가계소득분위 분포(2018)

으로 살펴보면 3분위~6분위 사이의 집단의 비중이 매우 낮음을 확인할 수 있다. 이들은 월 435만원~720만원 가량의 가구소득을 갖고 있는 대표적인 동수저 집단이다. 대중의 인식과 달리 기초, 차상위~2분위 소득 집단은 약 20% 가량으로 전국 대학 재학생의 가계 소득 분포(27%)와 큰 차이가 없다.

03 부모의 경제력이 자녀의 대학입학 경쟁력

　현재의 대입전형에서 성공하기 위해서는 충분한 사교육의 도움과 이를 뒷받침하는 부모의 재력이 필수적이라고 볼 수 있다. 학부모는 자녀의 중학교 3학년에 선택의 기로에 서게 된다. 일반고에 자녀를 진학시켜 내신으로 승부를 할 것인가, 특수목적 고등학교에 진학시켜 학교 명성 및 다양한 비교과프로그램에 몰입할 것인가를 결정해야 한다. 두 선택 모두 집중적인 사교육이 필요하며, 특히 특목고 입시를 위해서는 초등학교 저학년부터 많은 사교육비를 투자한다. 고교 입학 후에도 △ 3년 내내 내신관리를 위한 사교육, △ 수상경력 몰아주기를 받기 위한 치맛바람, △ 대학별 천차만별인 입시전형 분석 및 컨설팅을 위한 사교육은 여전하다.

　2017년 기준으로 전국 중학교 3학년 7,382명을 대상으로 사교육비 지출 현황을 조사한 결과[1])에 따르면 광역단위 자사고 진학을 희망하는 학생의 경우 월 평균 100만 원 이상을 지출한다고 응답한 학생이 43%에 달했다. 다음으로 전국단위 자사고 희망(40.5%), 과학고 또는 영재고(31.6%) 등의 순으로 사교육비 지출이 많았다. 월 평균 50만 원 이상을 사교육비에 지출한다는 학생도 전국단위 자사고 희망자의 74%였고, 일반고 진학 희망자는 그 절반에도 미치지 못하는 30.1%만이 월 평균 50만 원 이상의 사교육비를 지출하는 것으로 조사

---

1) 교육부에서는 매년 우리나라 초·중·고등학교 사교육 실태 조사를 실시하지만, 현장에서 체감하는 사교육비와 격차가 크다. 조사 문항 및 방식 때문에 과소 추정되는 경향이 있기 때문이다. 따라서 여기서는 사교육걱정없는세상과 오영훈의원이 2017년 조사한 자료(https://www.edaily.co.kr/news/read?newsId=02348486616064712&mediaCodeNo=257&OutLnkChk=Y)를 사용했다.

되었다. 중위 소득 100%가 475만 원(2020년 기준)임을 생각해보면, 보통 가정에서 자녀를 자사고 등에 진학시키기 위해서 월 소득의 1/5 이상을 사교육에 지출하고 있는 것이다.

고등학교 1학년 1만 881명을 대상으로 사교육비 지출 현황을 조사한 결과에 따르면, 현재 과학고 또는 영재고에 재학하고 있는 경우 월 평균 100만 원 이상을 지출하는 비율이 37.7%로 가장 높았고, 다음으로 광역단위 자사고 (35.8%), 전국단위 자사고(22.9%) 등의 순이었다.[2] 50만 원 이상의 사교육비를 지출하는 재학생 역시 광역단위 자사고가 70.5%, 다음으로 과학고 또는 영재고 재학생 67.7%순이다. 즉, 고교 유형에 따라서도 사교육비의 격차가 크고, 자사고, 특목고에 재학 중인 학생일수록 사교육비를 많이 지출하고 있다.

지역별 사교육비 격차가 확연히 드러난다. 서울과 비서울, 서울강남과 나머지 지역 간의 격차는 점차 늘어나고 있다. 특히 사교육이 집중적으로 이루어지는 고교시기에 그 격차가 더 커지는 것으로 나타났다.[3]

서울지역 내의 학원의 수학 수업 수를 자치구별 학령인구 수를 고려하여 나누어본 결과에 따르면 강남의 유명 학원가 지역이 높았다.[4] 사교육의 투자가 가장 적극적으로 이루어지는 서울지역 내에서도 사교육 중심 지역과 사교육 소외 지역이 구별되어 있으며 그 수업의 수준에도 격차가 있다. 이런 사교육 공급의 불균등한 현상은 초등학교에서 중학교, 중학교에서 고등학교로 진학할수록 더욱 심화되며 사교육의 접근성 측면에서 학교급에 따른 차이가 발생하는 것으로 나타났다. 즉, 사교육 프로그램의 양과 질에서 지역별 접근성의 격차가 발생하는 것은 주거지역에 따라 배움의 기회도 달라질 수 있음을 의미하며 주거지역은 또다시 가구의 경제력, 사회경제적 배경을 반영한다는 점에서 결국은 부모의 사회·경제적 배경에 따른 사교육의 격차는 점차 심화되고 있는 것이다.

---

2) [서울경제] 자사고 희망 中3 40% "사교육비 月 100만원 이상"_20170928.

3) [경향신문] 대입도 경제력이 좌우한다_20121105. 앞서 언급했듯이 통계청의 사교육비 조사는 민간기관의 사교육비 조사보다 과소 추정되는 경향이 있으므로, 해석에 주의를 기울일 필요가 있다.

4) 문상균·배한나·최재성(2016). 학원정보 공공데이터를 활용한 서울시 사교육 공급에 관한 분석. 조사연구, 17(3), 81−108.

서울 강남과 나머지 지역 간의 사교육비 격차 및 사교육 공급격차가 점점 더 늘어나는 상황에서 정부 방침대로 자사고와 특목고가 폐지된다고 해도 사교육비 부담은 줄지 않고 부모의 경제적 지위에 따른 교육의 불공정성은 더 커질 가능성이 있다. 강남과 강남 이외 지역의 주거비 격차를 고려할 때 강남 거주자만이 좋은 질의 사교육 혜택을 많을 가능성이 커지기 때문이다.

부모의 사회·경제적 지위와 자녀의 대학입학, 특히 서울대학교 입학확률의 관계를 분석한 결과에 따르면 학생 개인의 잠재력 차이로 설명 가능한 서울대학교 입학확률의 차이는 1.7배 정도로, 2배가 넘지 않는다.[5] 반면에 실제 서울대 입학확률의 지역별 차이는 최대 10배에서 20배 정도로 조사되어, 학생 개인의 잠재력에 의한 차이보다 부모의 경제력 등의 다른 요인이 영향을 미치는 것을 추정할 수 있다. 이 연구에서는 부모의 사회경제적 지위가 자녀의 대학입학, 특히 서울대학교 입학에 영향을 미칠 수 있는 가능성이 있다는 것을 확인하였다.

부모의 최종학력이 자녀의 상위권 대학 졸업 여부에 미치는 영향이 점차 증가하고 있다.[6] 이때 상위권 대학이란 10년 단위로 끊은 출생자 또래가 상위권 대학으로 평가하는 서열 15위 이내 대학과 한국과학기술원(KAIST), 학교와 상관없는 4년제 의·약학 계열 전공을 의미한다.

자녀의 출생연도가 1955년생일 때 부모의 학력과 자녀의 상위대학 진학의 상관관계가 가장 적다. 그러나 대졸자와 고졸자 부모의 자녀의 상위대학 진학 격차는 점차 증가하는 추세다. 예를 들어, 1950년대 코호트(cohort)에서는 4년제 대졸자 자녀와 중졸자 자녀 사이에 상위권 대학 졸업의 예측 확률의 격차가 0.1 정도였다면 1980년대 중후반 코호트들에서는 0.2 정도로 두 배 가까이 증가했다.

청년(20~39세) 1,122명 부모의 사회경제적 지위를 상·중·하로 삼등분한 뒤 청년들의 서울 소재 4년제 대학 졸업 비율을 측정한 결과에 따르면 30대에

---

5) 김세직·류근관·손석준(2015). 학생 잠재력인가? 부모 경제력인가?. 경제논집. 54(2): 357-383.
6) 최성수·이수빈(2018). 한국에서 교육기회는 점점 더 불평등해져왔는가? 부모 학력에 따른 자녀 최종학력 격차의 출생 코호트 추세. 한국사회학, 52(4), 77-113.

비해 20대의 가정배경과 서울소대 대학 졸업률의 관계가 더욱 뚜렷하게 나타나는 것을 확인할 수 있었다.[7]

---

7) 김영미(2016). 계층화된 젊음: 일, 가족 형성에서 나타나는 청년기 기회불평등. 사회과학논집, 47(2), 27−52.

평준화 교육은 개천출신에게 유리할까?

04

1. 평준화 vs 수월성: 오래된 논쟁의 역사

오는 2025년부터 자율형 사립고(이하 자사고)와 외국어고, 국제고가 한꺼번에 일반고로 전환된다. 이러한 조치의 배경은 고교 서열화 해소 및 일반고 교육역량을 강화하겠다는 취지이다. 또한 대입전형에서 공공연하게 고교 등급제가 활용되고 있기 때문에, 고교 평준화를 통해 교육의 공정성을 확립하겠다는 목적을 갖고 있다.

고교평준화의 역사는 1974년으로 거슬러 올라간다. 1969년 중학교 무시험 진학정책으로 인해 국민들의 교육욕구는 고등학교 입학단계로 옮겨갔다. 당시에 일류, 명문고교 진학을 위해 입시준비학원이 증가하고, 지방 학생들의 대도시 유학현상이 발생했다. 이러한 문제를 해결하기 위해 1974년 고교평준화 정책이 서울, 부산의 두 광역시에서 우선 적용되었다. 당시 문교부의 발표자료를 살펴보면 평준화 정책을 통해 사교육비 경감, 대도시 집중 억제, 고등학교 간 격차 해소 등을 기대했다.

사실 고교 평준화의 공과 과에 대해서는 여전히 의견이 분분하다. 약 40여 년간 "수월성 교육"과 "평준화 교육"간의 논쟁이 벌어진 것이다. 학생 수준에 따라 교육과정을 이수하도록 해 교육의 효율성을 높이는 수월성 교육과, 학교 간 차이를 해소하고 전인교육을 달성하자는 평준화 교육은 지속적으로 대립화되었다. 74년의 고교입시가 사라진 후로, 한동안은 "고교 입시지옥"이 사라진 듯 보였다. 그러나 학생들이 하향평준화되고, 잠시 줄어드는 것처럼 보였던 사교육이 대입 준비로 쏠리면서 그 폐해가 부각되었다. 그 결과 경기과학고, 대원외국어고 등이 1992년 특수목적고로 지정되면서 수월성 교육이 부분적으로 보완되기 시작했다. 또한 2002년 자립형 사립고(포항제철고 등)이 지정·운영되면서 다양한 고등학교 유형이 늘어났다.[1]

현재 논쟁의 중심에 있는 자사고는 이명박 정부에서 도입된 고등학교 유형이다. 자사고, 자공고 및 마이스터고 등 다양한 유형의 고교를 제안하였던 고교다양화 300 프로젝트의 일환이었다. 당시에도 고교 다양화를 통해 학생들의 사교육이 줄어들 것을 기대했다. 학교마다 설립 목적에 따른 특성화된 교육을 하도록 교육과정에 자율성을 최대한 부여했기 때문이다. 자사고, 자공고 등에 진학한 학생들이 별도의 사교육 없이도 풍부한 교육경험을 할 수 있을 것이라 기대했다. 또한 자사고는 중학교 내신 상위 30~50% 가운데 추천으로 선발했기 때문에 입시 과열에 대한 우려를 낮추려는 노력을 하였다.

2. 평준화 교육의 결과

지난 40여 년 간의 우리나라 교육은 평준화 교육과 수월성 교육 사이에서 일종의 시소게임을 진행해왔다. 정부의 정치적 색채 또는 이념에 따라 평준화 또는 수월성 어느 한곳에 방점을 찍는 방식이었다. 이에 따라 평준화 교육을 옹호하는 집단과 수월성을 옹호하는 집단 간에 나름의 논리가 무장되어 왔다.

평준화 교육을 옹호하는 집단에서는 1) 고교입시에서 해방됨으로써 중학교 교육이 정상화되었다는 점, 2) 학생들의 평균 학업역량이 상승되었다는 점, 3) 대도시로의 "유학"성 진학이 줄어들었다는 점, 4) 사교육비 절감 효과가 있다는 점을 근거로 삼고 있다.

수월성 교육을 옹호하는 집단에서는 1) 고교입시가 대학입시경쟁으로 옮겨졌을 뿐 별반 차이가 없다는 점, 2) 평균 학업역량이 상승될지는 몰라도, 특출나게 우수한 집단의 학업역량은 줄어들었다는 점, 3) 평준화가 사교육비가

---

1) [한국경제] 고교 평준화 이후 40년 … 수월성 vs 평등성 '끝없는 논쟁'_20140909.

절감 효과가 없다는 점을 근거로 삼고 있다.

이 주장들은 갑론을박이 있을 수밖에 없다. 외부변수를 통제할 수 있는 데이터 확보가 어렵기 때문이다. 예를 들어, 사교육비 절감 효과에 대해서도 서로 다른 논거를 갖는다. 평준화 교육을 찬성하는 측은 특목고 등 학생의 사교육비가 일반고 학생의 사교육비보다 높다는 데이터를 놓고 수월성 교육이 사교육비를 증가시킨다는 주장을 한다. 다른 쪽에서는 지난 40년간 사교육 시장이 엄청나게 확대된 것으로 평준화 교육 무용론을 제기하고 있다.

사실 고교 평준화와 사교육의 상관관계는 명확치 않다. 연구자들이 할 수 있는 시도는 평준화 지역과 비평준화 지역의 사교육비 비교나, 평준화 이전과 이후의 사교육비 증감 정도로 논의를 이끌어낼 수밖에 없다. 문제는 외부 환경 변화를 통제할 수 없다는 점이다. 서울 소재 대학 진학 자체가 개천용을 상징하던 70년대와 SKY를 진학해도 취업난을 고민하는 2020년대는 경쟁의 강도가 서로 다르다. 용이 될 수 있는 문이 좁아지면 좁아질수록 경쟁은 훨씬 치열해지기 때문이다.

하향평준화에 대한 논의도 마찬가지다. 연구에 따라 서로 상반되는 결과를 제시한다. 예를 들어, 2008년 김태종, 이주호, 이영교수의 논문[2]을 보면 중소도시에 한정하더라도 평준화 지역이 비평준화 지역에 비해 성적향상도가 더 낮은 것으로 나타났다. 성적이 우수한 학생 집단에서는 물론 하위 성적 집단에서도 평준화 제도가 성적 향상에 미치는 효과는 대체로 유의하지 않거나 혹은 마이너스 값을 나타냈다.[3] 한국개발연구원(KDI)의 "고교평준화 정책이 학업성취도에 미치는 효과에 관한 실증 분석(2004)"도 비슷한 결과를 보였다. 반면에 성기선 교수의 연구[4]는 평준화가 학업능력의 하향평준화에 미치는 영향이 매우 미비하다고 보고했다.

혹자는 이러한 상반된 결과에 대해 의아하게 생각할 수도 있지만, 사회과

---

2) Kim, T., Lee, J. H. and Lee, Y.(2008). Mixing versus sorting in schooling: Evidence from the equalization policy in South Korea. Economics of Education Review, 27(6): 697−711.

3) KDI 경제정보센터 칼럼 웹페이지(https://eiec.kdi.re.kr/publish/naraView.do?cidx=9405).

4) 성기선(2002). 고등학교 평준화정책과 학력하향화 현상과의 관련성 분석연구. 교육사회학연구, 12: 121−135.

학분야에서는 어찌 보면 당연한 결과이다. 영향을 미칠 수 있는 외부변인이 너무 다양하고, 손에 얻을 수 있는 데이터는 부족하기 때문이다. 문제는 정부의 의도에 따라, 또는 특정 단체 또는 언론의 스탠스에 따라 입에 맞는 연구결과만이 보고된다는 점이다.

3. 자사고 폐지, 개천용에게 도움이 되지 않는다.

자사고, 특목고의 폐지가 보도된 이후로 새로운 강남 8학군 시대에 대한 우려가 커지고 있다. 일반고 정상화가 아니라 풍선효과로 인한 신 명문학군을 만들어낼 것이라는 전망이다. 실제로 폐지 보도 이후 대치동 등 강남 집값이 들썩거린다는 뉴스도 연일 보도된 바 있다.5)

우리나라 교육정책의 변화와 이에 따른 시장의 대응을 보면 놀라울 정도다. 과거 아주 극소수에 불과했던 특목고만이 존재했을 때는 이들이 입시에 미치는 영향을 미비했다. 그러나 자사고, 자공고 등 다양한 유형의 학교가 나타나자, 강남 8학군보다는 이들 학교가 더 각광을 받게 되었다. 사는 지역에 따라 고교가 결정되었지만, 선택할 대안들이 생긴 것이다. 실제로 2019년 7월 서울교육청이 지정 취소하겠다고 밝힌 경희고·배재고·세화고·숭문고·신일고·이대부고·중앙고·한대부고 등 8곳 자사고 중 세화고(서초구 반포동)를 제외한 7곳은 교육 특구로 불리는 곳과는 거리가 먼 지역에 있다. 특목고·자사고가 비(非) 교육 특구 지역에 다수 신설·지정된 배경에도 이런 문제를 완화하려는 교육 당국의 정책 의도가 있었다.

앞으로 과학고 등 극소수의 특목고를 제외하고, 모두 일반고로 전환된다면 학군의 의미는 더욱 중요하게 부각될 것이다. 부동산 가격이 가파르게 상승하고 지역간 갭 벌리기가 더욱 커지면서 주거지역에 따른 계층화는 이미 시작되었다. 과거 고교 입시가 존재했을 때는 이른바 개천출신이지만 우수한 학업능력을 가진 학생들이 좋은 고등학교와 대학을 진학하는 경로가 열려 있었다.

---

5) [뉴데일리] "자사고 폐지되면 8학군 뜬다" … 강남 집값 '들썩'_20190701.

하지만 지금과 같은 평준화가 이루어지면 일부 부유한 집단이 거주하고 있는 지역 중심으로 더 높은 질의 교육이 이루어질 가능성이 높다.

혹자는 공립 고등학교의 교사의 순환근무 등을 이유로 교육의 정상화가 이루어질 것이라는 주장을 한다. 하지만 학교 위치에 따라 학생들의 학업동기, 선행학습 수준, 부모의 사회경제적 배경이 천차만별이기 때문에, 학교 교육의 질은 이에 영향을 받을 수밖에 없다.

05

대입이 끝이 아니다
: 취업준비도 사교육

1. 대기업 공채 폐지로 인해 취업의 문은 더욱 좁아져

개천출신에게 불리한 상황은 대학 졸업 이후에도 계속된다. 대입의 관문을 넘은 이후에는 더 높은 취업의 벽이 기다리고 있는 것이다. "학점이 안 좋았지만 대기업에 갔다", "과사무실에 대기업 추천서가 돌아 다니길래 지원했더니 붙었다"와 같은 말은 2000년대 이후 전설로만 남은 지 오래다.

대기업 취업의 벽이 높아진 이유는 중소기업−대기업 간의 임금격차[1]가 커지고, 대기업의 채용 규모가 점차 축소되었기 때문이다. 특히 대기업이 종전의 대규모 공채 시스템을 폐지하고, 수시채용의 트렌드를 따르고 있다. 2020년 6월 기준으로 국내 주요 10대 그룹의 절반이 공채를 폐지하였다.[2] 급변하는 기업 경영 환경에 맞춰 채용 트렌드가 대규모 정기 공채 방식에서 원하는 시기에 필요한 만큼 뽑는 수시 채용 형태로 빠르게 바뀌고 있다. 한 번에 수천 명씩 채용하던 공채 제도가 폐지되면 전체 채용 규모는 확연히 줄어드는 것은 물론 채용의 준비 형태도 완전히 바뀌게 된다.

사실 대규모의 공채제도는 선진국 가운데 우리나라에서만 유일하게 남아 있는 제도다. 급격한 경제성장에 따라 기업의 신규일자리가 폭발적으로 증가할 때 가능한 채용방식이다. 공채제도의 또 다른 특징은 기업이 잠재적인 인재에 대해 수년간 투자를 하겠다는 일종의 의지 표현이라는 것이다. 실무를 경험해

---

1) 대기업−중소기업간 임금격차는 '334쪽 2.'에서 자세히 설명하였다.
2) http://www.munhwa.com/news/view.html?no=2020061601072103024001.

본 적이 없는 대졸예정자를 미리 뽑고, 3~5년간 그들의 생산성을 훨씬 상회하는 임금을 주며 인적자원에 투자를 했던 것이다. 하지만 코로나 19등 대내외 경제환경이 그 어느 때보다도 악화되어 있는 상황에서 기업이 과거 수준의 대규모 인적자원 투자를 지속하긴 어려울 것으로 전망된다.

소규모 수시채용의 형태로 대기업 채용이 진행되는 순간 청년들의 취업문은 더욱 좁아질 수밖에 없다. 수시채용의 과실은 유경력자가의 차지이기 때문이다. 기업은 바로 실무에 투입할 수 있는 인력을 채용해 인적자원 투자로 인해 발생하는 비용과 위험을 최대한 줄이려 할 것이다. 일반적으로 경기 불황 등의 가장 직격탄을 맞는 계층을 사회초년생이라고 하는 이유도 바로 여기서 비롯된다.

2. 고스펙도 수저계급론, 금수저일수록 기회 많아

이러한 상황에서 취업준비생 간의 양극화는 더욱 심화될 수밖에 없다.[3] 고액취업컨설팅 등 사교육비용을 지불할 수 있는 능력을 가진 취업준비생과 돈이 없어 자력으로 준비해야 하는 취업준비생 간의 괴리감이 커지고 있는 것이다. 취업준비생에게 요구되는 것은 크게 세 가지다. 1) 명성 높은 대학의 졸업장과 관련 전공, 2) 대외활동, 어학연수, 봉사 등 다른 사람보다 눈에 띄는 다양하고 훌륭한 스펙, 3) 그리고 서류, 필기 PT 면접 등 채용프로세스를 통과하는데 필요한 능력이다.

두 번째와 세 번째 능력들은 이른바 금수저와 흙수저의 격차를 더욱 벌리게 된다. 먼저 다양하고 훌륭한 스펙은 결국 취업준비 비용과 직결된다. 취업문턱이 높아지면서 스펙쌓기 경쟁이 과열양상을 보이고 있기 때문이다. 일반적으로 취업에 성공하려면 자격증, 어학연수, 공모전 입상, 봉사활동, 인턴십 및 성형 수술의 식스펙(6종 스펙)이 필요하다고 한다. 이러한 스펙들은 무엇보다도 시간과 돈 싸움이다. 세계일보에서 인용한 서울 4년제 대학을 졸업한 이준호

---

3) [파이낸셜 뉴스] 2020년 8월 16일 1면. 고용절벽 몰린 청년들 취업준비부터 '양극화'.

(31·가명)씨의 사례는 이를 잘 보여준다.[4]. 졸업 유예기간을 포함해 5년 가까이 채용문을 두드렸다가 최근에서야 중소기업에 들어간 이씨는 "전공 공부와 취업 준비, 생활비 마련까지 병행하다 보니 입사가 늦어졌다"며 "학원에 다니지 못해 다른 사람이라면 1년이면 충분했을 스펙 쌓기가 3년이나 걸렸다"고 아쉬워했다. 당장의 생계를 걱정해야 하는 흙수저 청년들에게 어학연수는 언감생심 꿈을 꾸기 어렵다.

특히 봉사활동이나 인턴십과 같이 아무나 기회를 가질 수 없는 스펙들에서 '부모가 곧 스펙'이 현실화 된다. 취업준비와 관련된 신조어 중에 하나인 금턴(부모 백이 없으면 못하는 인턴), 흙턴(허드렛일만 하는 인턴) 등이 이러한 세태를 잘 보여준다. 인턴의 특성상 부모의 네트워크에 의해 기회가 좌우되는 폐쇄적인 형태가 많이 있기 때문이다. 월급과 근무시간이 좋고, 취업에 큰 도움이 될 만한 스펙이지만 정식 공고를 내지 않거나, 내더라도 이미 내정자가 있는 경우가 허다하다.

채용 전 과정을 컨설팅 해주는 '취업컨설팅' 업체들이 성행하고 있다. 취업컨설팅 업체는 대기업·공기업 합격을 위한 채용 전 과정을 컨설팅 한다. 우선 채용 첫 단계인 '서류 심사' 통과를 위해 자기소개서 및 이력서를 준비한다. 업체는 대화를 통해 수강생의 생애 전반을 파악한 후 이를 토대로 자기소개서 작성 방향을 제시하거나 수강생이 직접 작성한 자기소개서를 피드백 해준다. 이력서는 기업에 따른 맞춤형으로 재구성을 돕는다. 서류 심사를 통과하고 나면 '필기시험'을 준비한다. 기업 유형에 따라 인·적성검사나 NCS(국가직무능력표준) 시험을 치르는데, 이를 대비해 업체에서는 문제 유형이나 풀이 방식 등을 제공한다. 채용의 마지막 단계라 볼 수 있는 '면접'은 기본적인 1대 다(多) 면접부터 지원자의 창의력과 문제해결력을 엿보는 PT 면접, 합격의 마지막 길인 임원면접 등 면접 유형에 맞춰 전략을 세운다.[5] 투데이 신문에 따르면 자소서 혹은 면접 준비는 회당 그룹 수업은 8만 8000원, 1대 1 수업은 40만원이었다. 채용 과정 전반을 관리해주는 정규반은 3개월 과정 140만원, 6개월 과정 198만원,

---

4) https://post.naver.com/viewer/postView.nhn?volumeNo=8254482&memberNo=15305315.

5) https://www.ntoday.co.kr/news/articleView.html?idxno=70797

1년 과정 298만원이었다. 취업준비 기간 동안 생활비도 벌어야 하는 청년층이 쉽게 지불할 수 있는 금액이 아니다.

06 좌절하는 청년세대: 높아진 역량과 부족한 일자리

1. 부모보다 높은 역량의 청년 세대

OECD 국가의 고등교육 평균 이수율 44%와 비교하면 우리나라의 대학진학률은 OECD 국가들과 비교해 눈에 띄게 높다.

우리나라의 대학진학률은 급격하게 증가했다. 1990년대 초반까지 30% 초반이었던 대학진학률은 2000년대 후반 80% 이상으로 증가하였다. 1995년 '5.31 교육개혁'으로 인하여 대학 설립에 대한 요건이 대폭 완화되었으며, 정원의 자율화를 보장하여 4년제 대학이 크게 팽창한 결과이다. 대학진학률은 2010년대에 들어서는 감소하기 시작하였으며 2019년 기준으로 고등교육 진학률은 70.4% 수준으로 낮아졌다.

우리나라 대학진학률 상승 폭은 OECD 국가 중 가장 크다. 고등교육을 이수한 청년층 비율은 OECD 회원국 평균 44%로, 이는 55−64세 성인의 27%보다 훨씬 높은 수치이다. 이는 최근 수십 년간 고등교육에 대한 접근이 향상되었음을 의미한다. 고등교육을 이수한 25−34세 성인의 비율은 한국의 경우 70% 이상으로 가장 높다.[1]

고등교육을 받은 청년들이 많아지면서 우리나라 청년세대는 부모 세대에 비해 훨씬 높은 역량을 갖고 있다. 연령이 증가함에 따라 숙련퇴화가 일어나는 것은 어느 나라나 동일한 양상이지만, 우리나라는 그 격차가 크다.[2] OECD 조

---

1) 교육부·한국교육개발원(2019). OECD 교육지표 2019.
2) 이주호(2017). 제4차 산업혁명이 요구하는 한국인의 역량과 교육개혁. 서울: 한국경제연구원.

사 결과에 따르면[3] 노동시장에 막 진입한 16~24세 그리고 25~34세의 경우 수리력, 언어력, 문제해결력 역량 수준에서 모두 OECD 평균보다 높은 역량을 가지고 있는 반면, 34세 이후부터 65세까지는 모든 역량 유형에서 지속적으로 역량 수준이 감소하는 경향을 보이며 연령이 높아질수록 역량 수준은 OECD 국가들의 평균 점수보다도 낮다.

그러나 우리나라의 대학졸업장의 가치는 낮아지고 있다. 기업규모, 재직 연수, 업종을 고려하지 않은 10인 이상 사업체의 대졸 임금의 전체 임금 대비 비율은 1980년 2.42, 1985년 2.18, 1990년 1.71, 1995년 1.44, 2000년 1,41, 2005년 1.34, 2010년 1.27, 2015년 1.28, 2018년 1.24로 지속적으로 하락하고 있다.[4][5]

고영선(2019)에 따르면 고졸대비 대학졸업자에 대한 상대 수요는 2007년까 지는 상승하다 2008년 이후로 감소하는 추세에 있다. 상대임금(학력별 임금격차) 은 2007년까지 상승하였다가 2009년 이후 하락국면에 접어들었다.[6] 기술의 진 보에 따라 고학력자의 수요가 높아짐에 따라 이들의 임금이 높아진다는 숙련 편향적 기술진보 이론과는 달리, 우리나라의 대졸자의 임금 프리미엄은 계속 줄고 있다.

미국과 비교하면 미국은 1960년대 이후 대졸 임금프리미엄이 상승하는 추 세인 반면 우리나라는 1980년 이후 하락하는 추세였다가 2008년 상승하였다가 다시 하락하고(2010년 이후) 있다. 임금프리미엄의 절대치도 2008년 기준으로 미국이 170%인 반면 우리나라는 135%로 차이가 있다.

Goldin & Katz(2009)가 언급한 교육과 기술의 경주(race) 관점에서 보면 우 리나라는 기술의 진보보다 교육이 앞지른 상황(대졸 학력 공급 측면에서)이라고 해석된다.[7]

---

3) OECD(2012). Programme for the International Assessment of Adult Competencies (PIAAC) data.
4) 1인 이상 사업체 경우도 대졸 임금의 전체 임금 대비 비율이 2008년 1.39, 2010년 1.37, 2015 년 1.35, 2018년 1.29로 같은 추세를 보이고 있다.
5) 한국노동연구원(2019). 2019 KLI 노동통계 <표 Ⅲ-8>.
6) 고영선(2019). 임금격차는 어떻게, 왜 변해 왔는가?. KDI 정책포럼. 274. 1-8.
7) Goldin, C. D., and Katz, L. F. (2009). The Race between Education and Technology. Harvard University Press.

2. 괜찮은 일자리의 부족

일부 중견기업의 임금이나 근로 조건이 대기업보다 좋은 경우는 있으나 우리나라에서는 대기업 그리고 제조업의 일자리를 괜찮은 일자리로 본다. 대기업과 중소기업의 임금 격차가 크고 고용안정성이 차이가 나기 때문이다.

대기업과 중소기업의 임금 격차는 점차 늘어나고 있다. 제조업의 대기업 대비 중소기업 월평균 임금 수준은 2010년 56.6%에서 2018년 53.1%로 줄었으나 임금격차는 2010년 198만원에서 2018년 307만 7천원으로 오히려 커졌다. 전사업의 대기업 대비 중소기업 임금의 임금비율도 2010년 62.9%, 2018년 63.8%로 1%p 미만으로 줄어 임금격차는 확대되었다.[8]

대기업의 일자리는 기대만큼 늘어나지 않고 있다. 통계청의 전국사업체 실태조사 결과에 따르면 2017년 기준으로 1인 이상 사업체 전체 종사자 수는 2,163명, 300인 이상 대기업에 14.6%인 316만 명이 일하고 있다. 대기업 종사자 수는 1993년 251만 7천명에서 2017년 316만 3천명으로 64만 5천명 늘어났고 전체 사업체 종사자에서 차지하는 비중은 21%에서 14.6%로 5.4%p 하락하였다.[9]

1980년부터 우리나라 제조업의 전체 근로자 수는 증가하였지만 대기업 종사자 수는 1988년을 기점으로 하여 (2002년까지) 지속적으로 감소하였다.[10] 1987년 이후 노조 운동이 신장되면서 대기업 또는 대규모의 사업장 중심으로 노동조합이 결성되었고 대기업은 추가적 고용을 억제하는 방식으로 상황에 대처한 것이 상당 부분 반영된 것으로 볼 수 있다. 반면에 중소기업의 종사자 수는 경기 상황의 변동에 따라 증가와 감소를 반복하며 전체적으로는 늘어나서 제조업에서의 추가적인 일자리는 중소기업에서 만들어졌다.

전체 취업자의 중위소득 이상의 소득, 정규직 또는 상용직, 36시간 이상 평균근로시간 이하의 주당 근로시간의 일자리를 괜찮은 일자리로 설정한 연구 결과에 따르면, 2010년에는 18만 4천 명(49.0%)의 대졸 취업자가 괜찮은 일자

---

8) 중소기업중앙회(2019). 2019 중소기업 위상지표.
9) 한국노동연구원(2019). 2019 KLI 노동통계 <표 Ⅱ-37>.
10) 정연승·성백남·이원영(2004). 대·중소기업 간 생산성 및 임금 격차에 관한 연구-제조업 중심으로 한 경제발전론적 접근. 서울: 중소기업연구원.

리에 취업하였으나, 2014년에는 17만 5천 명(47.3%)이 취업하여 절대 수도 감소하였을 뿐 아니라 비중도 감소하였다.[11] 성별로 보면 남성이 여성에 비해 매년 25%p 내외로 괜찮은 일자리에 종사하는 비중이 더 많다. 다만 2010년에 그 격차가 27.2%p였던 것에 비하여 2014년의 경우 그 격차가 21.4%p로 감소하였다.

3. 학력 인플레이션과 하향취업 심화

학력 인플레이션은 '일정 직업이 요구하는 이상의 교육수준을 개인이 보유하는 현상'으로 정의되며, 총량적으로는 교육기관이 양성·배출하는 인력이 산업체의 인력수요를 초과하는 것을 의미한다(김주섭, 2005).[12] 학력주의 사회에서 더 높은 교육수준이 사회·경제적 우위를 세대 간, 계층 간 지속시키기 위한 수단으로 인식되면서 과잉학력이나 학력 인플레이션이 발생한다(김안국·장주희·김지영·이상호, 2017).[13] 학력 인플레이션으로 향후 노동시장에서 필요로 하는 교육수준 이상의 과잉학력을 갖게 만들어 임금보상은 하락하게 되고, 교육에 대한 투자는 낭비로 여겨지는 문제가 생긴다.

학력 인플레이션 결과, 하향취업 현상이 심화되고 있다. 하향취업률은 2000년대 들어 꾸준히 증가하였으며 최근 들어 30% 수준까지 높아졌다. 시기별로 나누어 본다면 금융위기 당시 하향취업률이 큰 폭으로 증가하였으며 이후 상승세가 더욱 가파르게 증가하고 있다.

[그림 6-5]에서 보듯이 고학력 일자리 증가수와 비교할 때 대학졸업자 증가 수가 더 빠르게 상승하고 있기 때문에 하향취업 현상이 심화되었다.[14] 2000년부터 2018년까지 대학졸업자는 연평균 4.3%씩 증가하였지만 대학졸업

---

11) 박상현(2017). 대졸 청년층의 괜찮은 일자리(Decent Job)에 대한 실증적 분석 및 정책과제. 2017 고용패널 학술대회 발표집.

12) 김주섭(2005). 청년층의 고학력화에 따른 학력과잉 실태 분석. 노동정책연구. 5(2). 1-29.

13) 김안국·장주희·김지영·이상호(2017). 한국 사회의 학력주의(Credentialism)와 포스트 NCS. 세종: 한국직업능력개발원.

14) 오삼일·강달현(2019). 하향취업의 현황과 특징. 한국은행 BOK 이슈노트. 19(4). 1-9.

자에게 적절하다고 보이는 적정 일자리는 연평균 2.8%씩 증가하였다. 노동시장의 전형적인 구조적 수급 불균형이 반영된 결과이다. 대학졸업자가 하향취업을 하는 선택하는 직업에 대해 분석한 결과 서비스 및 판매 종사자로 취업하는 비율이 57%로 가장 높은 것으로 나타났다.

과잉학력 근로자는 적정학력 근로자 혹은 과소학력 근로자와 비교하여 더 낮은 임금을 받고 있다.[15] 동일한 학력이더라도 직무-학력이 불일치된 일자리에 종사하고 있다면 과잉학력으로 인해 임금 손해를 보고 있는 것으로 나타났다. 대졸자 기준으로 과잉학력 집단은 적정학력 집단에 비해 약 60만원 가량 적은 임금을 받고 있다.

하향취업을 선택한 대졸자들은 취업 후에도 적정한 일자리를 구하는 데 어려움이 있다. 하향취업자 중 85.6%가 1년 후에도 하향취업에서 벗어나지 못한다.[16] 우선 하향취업한 이후 하향취업한 일자리를 괜찮은 일자리로 옮겨가기 위한 디딤돌 역할로 활용하고자 했지만 결국 하향취업의 덫에 빠지는 결과가 된 것이다.

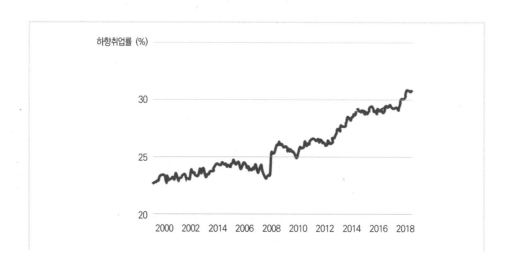

---

15) 박유진·이희연(2014). 직종특성별 과잉학력에 따른 임금효과 및 지역 간 비교. 국토계획. 49(3). 255-276.
16) 김현재·최영준(2015). 주요국 노동시장의 미스매치 현황 및 시사점. 해외경제 포커스. 2015 (37). 1-16.

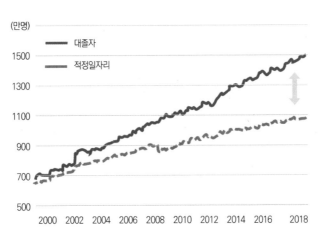

자료: 오삼일·강달현. (2019). 하향취업의 현황과 특징. 한국은행 BOK 이슈노트. 19(4). 3, [그림 1], [그림 2]. 연구자가 재구조화.

[그림 6-5] 하향취업률 추이(2000-2018)

4. 소비 증가에 따른 필요소득 증대

소득의 증감과는 관련 없이 국내 소비자물가는 지속적으로 상승하고, 그에 따라 가구의 소비 역시 증가하고 있으며, 필수적인 소비 이외에도 여가를 위한 소비 역시 모든 소득계층에서 증가하고 있다.

고도 성장기가 끝난 이후에도 우리 경제의 소비자 물가 상승률은 다른 나라보다 높았다. 2000년 이후 2019년까지 우리나라의 연 물가상승률의 평균은 3.52%인 반면 OECD 평균은 3.3%였다.[17)18)]

OECD '회원국 주요 경제지표'에 따르면,[19)] 2001년, 우리나라의 물가 수준이 100이라고 환산하였을 때, 멕시코는 122, 미국 160, 스위스 186, 일본은 217 수준이었다. 그러나 2006년, 우리나라 대비 멕시코의 물가는 78, 미국 107, 일

---

17) 2010년대에는 중반부터 우리나라 물가 상승률 평균(1.72%)이 OECD 평균(1.91%)보다 낮았다. 2014년을 기점으로 우리 경제가 저물가 기조로 접어들었기 때문이다.

18) OECD data base(https://data.oecd.org/price/inflation－cpi.htm).

19) [조선일보] 소득은 2만달러… 소비는 4만달러 수준_20070226.

본 136, 스위스 152로 우리나라의 물가는 OECD 회원국의 65%에서 129%를 넘는 수준으로 급격히 증가하였다.

1990년대의 경우 우리나라의 소비자물가 상승률은 전체 OECD 국가 중 10위권 대에 머물러 있었으나, 2010년 8위로 상승하여 OECD 국가 평균보다 높았다.[20] 2010년 OECD 평균은 1.88%, 한국 2.60%로 0.72%p의 격차를 보였으나, 2011년 OECD 평균이 3.07%, 우리나라는 4.21%로 1.14%p의 격차가 그 차이가 더욱 확대되었다.

2010년대에는 국내 소비수준을 알 수 있는 지표 중 하나인 가구중위소비[21]는 지속적으로 증가하여 왔다. [그림 6-6]에서 보듯이 증감을 고려하여 계산한 10년간 균등화 실질 중위소비 지출액은 2006년 121만 1천 원에서 2016년 128만 5천 원으로 6.1% 가량 증가하였다.

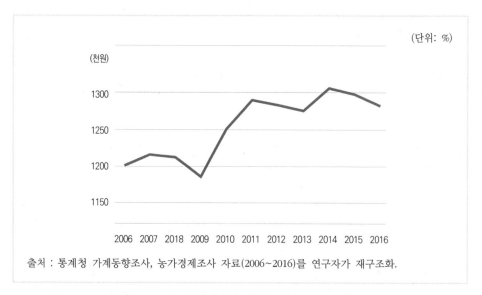

[그림 6-6] **가구중위소비 변화추이(2006~2016)**

---

20) 경제정의실천시민연합(2011). OECD 국가와 비교한 우리나라 소비자물가지수. 경제정의실천시민연합 보도자료.
21) 가구중위소비란 가구의 소비지출을 가구원수에 따라 표준화한 금액의 중위값을 구한 것이다.

소비수준의 증가는 해외여행 빈도 추이에서도 확인할 수 있는데, 13세 이상 인구 중 '지난 1년간 해외여행을 한 적이 있는가'에 대한 질문에 2009년의 경우 전체 13세 이상 인구 중 13.6%가 해외여행 경험이 있다고 응답했으나, 2019년에는 30.4%로 높아졌다(통계청, 2019).[22] 가구소득의 차이에 따라 해외여행 경험에 대한 비율은 40%p 정도의 격차를 보였으나, 고소득층뿐만 아니라 저소득층 역시 10년간 해외여행 경험이 있다고 응답한 비율이 증가하였다.

---

22) 통계청(2019). 사회조사. 대전: 통계청.

07 개천용과 중산층을 늘리기 위해서는

1. 대입제도는 투명하고 시장원리에 따라야

개천에서 용이 더 많이 날 수 있는 사회를 위해 무엇이 바뀌어야 할까? 우선 대입 시스템은 "투명성", "공정성"에 강조점을 두어야 할 것이다. 정시와 수시 모두 사교육이 개입할 여지는 크다. 아마 전혀 새로운 입시전형을 개발하더라도 사교육 시장은 발 빠르게 움직일 것이고, 학부모와 학생들은 이를 소비할 것이다. 사교육을 0%로 만들겠다는 정부의 목표는 현실가능성이 매우 낮다. 현재의 대입시스템은 사교육을 잡지도 못했고, 효율적이지도 못하다. 특히 평가의 대상인 비교과 영역 중 논문, 인턴과 같이 학교 외 활동들은 돈으로도 해결 못하는 계급 간의 차이를 만들었다. 아버지가 교수가 아니면 만들어낼 수 없는 논문과 연구실 인턴들은 개천과 금수저 간의 격차를 유사 이래 가장 벌려 놓았다. 사교육을 없애는 일에 너무 몰두하다 보니, 정작 지켜야 할 것들을 놓치고 말았다.

두 번째는 대입전형의 개선 시 이른바 시장의 원리를 간과하지 말아야 한다는 것이다. 모든 대학은 더 좋은 학생을 뽑고 싶어 하고, 모든 학생은 더 좋은 대학에 진학하고 싶어 하며, 학생들의 학업성취 측면에서는 엄연한 격차가 있기 때문에 대학 간에는 서열이 발생할 수밖에 없다. 이러한 특성들은 인간의 기본적인 욕구와 특성에 기인하는 것이기 때문에 정책으로 개선하거나 억제할 수 있는 성질의 것이 아니다.

그간의 입시제도 개선은 이러한 기본적인 특성을 억누르는 방향으로 진행되어 왔다. 학생들의 학업성취 수준을 직접적으로 평가할 수 없게 억누르면, 대학은 다른 요소들로 평가를 하기 시작하고 이것이 최근 대두되고 있는 부모 찬스, 고교 등급제 등의 부작용으로 연결된다. 결국 개천에서 더 많은 용이 나게 하기 위해서는 대학이 학생의 학업성취 수준을 직접적으로 측정할 수 있는 기회를 최대한 많이 열어주는 것이 방법이다.

세 번째는 기회균형선발제도의 확대이다. 교육접근성이 부족한 지역의 학생들이나 사회적 배려계층의 학생들을 일정한 쿼터를 두어 선발하는 소수자 우대 정책이 확대되어야 한다. 특히 서울대 이외의 명문대학에서 보다 적극적으로 관련 전형을 확대해야 한다. 이러한 정책은 시장 원리에 반하는 것이 아닌, 시장 원리로 인해 소외될 수 있는 집단에 대한 보완정책이다. 학업능력은 뛰어나지만 여러 환경적인 요소로 인해 성적이 다소 낮은 학생들을 위한 보완책이다. 특히 이 집단의 학생들에게는 학비 지원뿐만 아니라 일정 기간 동안의 생활비 지원 등 강력한 지원 정책이 함께 고민되어야 한다.

2. 노동소득이 더 가치 있는 사회가 되어야

사실 개천에서 용이 되기 위해서는 좋은 대학만이 능사는 아니다. 더 큰 문제는 대학졸업 이후다. 저소득층 개천 출신이 이른바 SKY 대학을 간다고 중산층 이상의 삶을 보장받는 시대는 지났다. 대기업에 들어가기 위해, 주택을 구입하기 위해 넘어야 할 도전은 끝이 없다. 좋은 대학을 나왔다고 좋은 일자리를 보장받지 못하는 사회에서는 노동소득의 가치가 점점 줄어든다.

대기업에 근무하는 30~40대 맞벌이 부부의 평균 소득은 약 765만원[1]가량으로 추산된다. 이들은 중위소득 150% 이상, 즉 상위 30% 가량에 해당되는 집단이다. 근로소득은 매우 높지만 최근 주택가격 상승 등으로 인해 순자산은 그에 미치지 못하는 경향이 심해지고 있다. 이런 집단은 유리지갑이라고 불리며 세금정책에서도 늘 불리하다. 신혼특공제도 등 주택공급 제도에서도 제외된다.

1) [조선일보] 재난지원금 받으려면 4인가구 월소득 712만원 이하여야_20200330.

오랫동안 학업에 열중하고 뛰어난 성취를 보인 사람들이지만, 계층의 이동을 시도하지는 못하는 것이다. 아무리 열심히 일해도 자본소득을 넘어서지 못하게 되면 계급 사다리는 이미 끊겼다고 보는 것이 옳다. 따라서 노동소득의 상대적 가치를 올리는 데 정책적인 고민이 필요하다.

3. 수시채용 트렌드에 따른 공정한 채용방식 고민해야

사실상 대규모 공채가 사라지고, 수시채용 방식으로 바뀌면서 개천 출신은 더욱 불리한 게임에 놓여있다. 과도한 스펙경쟁으로 인해 사교육시장이 채용단계까지 확대되고 있는 실정이다. 기업은 앞으로의 소규모 수시채용을 공정하게 진행하기 위한 고민이 필요하다. 박근혜 정부부터 이어진 NCS 기반 채용이나, 블라인드(blind) 채용은 완전한 해결책이라고 보기 어렵다. NCS 기반채용의 경우 대규모 채용에 적합한 지필고사 방식으로 현장에 자리잡고 있기 때문이다. 블라인드 채용은 더욱 고민이 필요하다. 학벌을 보지 않는 대신 다른 스펙을 쌓아야 하는 경쟁 구도를 만들고 있기 때문이다. 한편에서는 블라인드 채용이 중고등학교 시절의 학업에 대한 노력과 대학별 차별화된 교육의 질을 무시하는 처사라고 비판하는 경우도 많다. 인서울 출신 대졸자에 대한 차별이라는 것이다. 최근의 블라인드 채용은 학교는 블라인드하고, 학점은 일부 오픈(open)하되 특정 지역 출신들한테 할당까지 한다는 모순된 정책으로 인해 이미 열심히 스펙을 쌓아온 취업준비생들이 상대적인 불이익을 보고 있다는 비판이 크다.

결국 기업은 한 사람을 채용하기 위해 더 많은 비용을 지출해야 한다. 다시 말해, 더 오랫동안 더 깊숙이 지원자를 알기 위해 시간과 노력을 기울여야 한다. 과연 이 지원자가 우리 조직에 잘 적응할 수 있을지, 헌신할 것인지, 직무에 대한 적성이 있는지 평가할 수 있는 도구와 방법들이 개발되어야 한다. 실제로 몇몇 기업들은 해당 조직의 특성에 맞는 개성있는 채용방식들을 채택하고 있다. 대표적으로 카카오와 같은 IT 기업들은 직무능력을 직접 평가하는 것으로 유명하다. 별도의 서류전형 없이 온/오프라인 코딩테스트로 합격자를 걸러내는 것이다.

4. 중산층이 늘어나야 경쟁이 줄어든다

1) 중견기업을 늘려야 한다

좋은 일자리가 많이 만들어져야 중산층이 늘어날 수 있다. 대기업과 중소기업의 임금격차에서 확인할 수 있듯이 우리나라는 15:85의 양극화 사회이다. 15%의 대기업 일자리를 위해 모든 국민이 경쟁체제에 돌입하고 있다.

85%에 해당하는 중소기업의 근무여건을 개선하는 것이 핵심이다. 이를 위해 선행되어야 할 과제는 3년 연속 매출 1천500억 원, 또는 근로자 1천 명 이상인 기업인 중견기업의 수를 늘리는 것이다.

중견기업연합회에 따르면 2018년 기준으로 우리나라 중견기업 수는 4,635개이지만 우리나라 기업 매출의 15.7%, 수출의 16.3%, 고용의 13.8%를 담당하고 있으며 우리나라 새로운 일자리의 절반이 중견기업에서 만들어졌다.[2] 하지만 우리나라의 중견기업 비중은 독일은 물론 일본, 대만에 비해서도 매우 낮다. 2009년 기준으로 제조업의 경우 우리나라의 중견기업 비율은 1.6%에 불과하지만, 독일은 8.2%에 달한다. 근로자 수 측면에서도 17.4%에 불과하다. 일본은 우리나라와 업체수와 종업원 수의 비중은 비슷하지만, 매출 비중이 26.8%로 한국의 16.1%에 비해 훨씬 높다.[3]

우리나라의 경제는 대기업 의존도가 지나치게 높다. 대기업은 갈수록 비대해지는 반면에, 중소기업은 중견기업으로 올라서지 못하고 제자리에 멈춰서 산업구조의 양극화가 심해지고 있기 때문이다. 중소기업이 제대로 크지 못하는 이유 중의 하나는 대기업 의존도가 높기 때문이다. 대기업의 납품단가 인하 압력에 직접적으로 영향을 받는 하도급업체들은 중견기업으로 성장하는 데 한계를 갖는다. 또한 중소기업의 범위를 벗어나는 순간 기존 정부 혜택이 모두 사

---

2) 중견기업연합회 홈페이지(http://www.fomek.or.kr/main/index.php).
3) IBK경제연구소(2011). 중소기업을 위한 IBK CEO 리포트. 서울: IBK경제연구소.

라지기 때문에 기존의 인센티브를 계속 누리기 위해 안주하려는 경향이 있다.4)

중견기업을 늘리기 위해서는 우선 중견기업을 키우기 위한 집중적인 정책이 필요하다. 우리나라는 대부분의 혜택이 중소기업에 집중되어 있다. 중견기업에 대한 법적 정의조차 2010년 3월 산업발전법 개정안에서 처음 논의되었다.

선진국들은 중견기업을 세계적인 경쟁력을 갖는 기업으로 키우기 위해 다각적인 노력을 기울이고 있다. 독일의 경우 수십 개의 프로젝트를 통해 중견기업들의 기술력, 혁신력 강화를 지원하고 있다. 일본의 경우 1960년대부터 중견기업 지원에 대해 집중적인 논의가 이루어졌다. 그 결과 독점적이면서도 첨단기술을 필요로 하는 고가 제품 중심으로 중견기업이 성장해왔다.

두 번째로는 R&D 투자비율을 높이는 방향으로 정책적인 유인이 필요하다. 우리나라 중소기업의 R&D 투자 비율은 매우 낮고, 중견기업조차도 0.7%로 1%에도 미치지 못하는 것으로 나타났다.5) 대기업 R&D 투자가 매출액의 3%에 달하는 것을 감안하면 장기적인 관점에서 중견기업 및 중소기업이 성장동력을 놓치고 있는 것이다.

세 번째로는 해외판로 개척 등을 통해 중견기업 성장 기회를 제공해야 한다. 2000년에서 2010년까지 11년 사이 중소기업에서 중견기업으로 성장한 업체는 전체 중 0.98%인 77개사에 불과하다.6) 2017년 중소기업 기준 정비에 따라 약 400개사의 중소기업이 중견기업으로 편입되었으나 2018년 기준 전체 기업 중 중견기업은 0.6%에 불과하다.7) 이들 신중견기업의 성장동력은 지속적인 설비 투자와 함께 해외 시장을 겨냥한 수출 중심의 제조업인 것으로 드러났다. 자동차부품, 반도체, IT, 화학 등 중견기업의 대부분은 수출업종이다. 대기업의 의존도를 낮추고, 해외시장을 공격적으로 개척한 곳들이 중견기업으로 성장하였다. 결국 경쟁력을 갖고 있고, 타 기업에서 모방하기 어려운 첨단기술 중심의 기업들이 해외 시장 점유율을 높이면서 탄탄한 중견기업으로 크게 되는 것

---

4) 중견 기업이 되면 세액 공제 및 감면 등 160여 종의 혜택이 사라지고, 30여 개의 새로운 세금을 납부해야 한다.
5) [조선비즈] 중소기업, 매출 '0.7%' R&D 투자 … "사람·돈 부족 기술개발 못해"_20190421.
6) [매일경제] 중견기업, 대기업 품 벗어나 홀로 서라_20110606.
7) 통계청(2020). 18년 기준 『영리법인 기업체 행정통계』 확정 결과. 대전: 통계청.

이다. 특히 한 우물을 파거나, 틈새시장을 발굴하는 등의 전략이 필요하다.

2) 노동시장의 유연화가 필요하다

새 정부가 들어설 때마다 일자리 문제는 가장 중요한 화두다. 정부의 기조에 따라 우리나라 노동시장의 유연성은 높아지고 혹은 낮아지기도 하고 있다. 유연성 문제가 중요한 이유는 일자리의 규모에 직접적으로 영향을 주기 때문이다.

우리나라는 매우 경직된 형태의 노동시장을 갖고 있다. 고용의 형태가 단순하고, 정규직과 비정규직의 복리후생의 차이가 크며, 성과보다는 근무연한에 따라 임금이 결정된다. 이러한 형태의 노동시장은 일단 정규직 일자리로 진입한 근로자에게는 안정감을 주는 반면, 그렇지 못한 사람들에게는 진입장벽을 높이는 단점을 갖고 있다. 기업 역시 추가 고용에 부담을 가질 수밖에 없다. 해고가 어려운 사회에서는 일자리 늘리기에 보수적인 태도를 가질 수밖에 없다.

우리나라는 정규직의 지나친 고용보호를 완화하여 노동시장의 유연성을 확보하는 것이 필요하다. 비정규직을 정규직화 하는 것이 아닌, 정규직과 비정규직의 차이를 없애는 것이 중요하다.

정규직 채용에 대한 부담을 낮추어서, 기업으로 하여금 정규직 고용의 규모를 늘리도록 유인하여야 한다. 다시 말해, 정규직의 고용과 해고가 보다 쉽게, 비정규직의 사용 제한 또는 계약기간 제한의 규정을 완화할 필요가 있다. 이와 함께 다양한 근로형태를 함께 고민해야 한다. 오랫동안 논의되었던 시간제 일자리 등 유연한 근무형태를 동시에 고민하는 것이 필요하다. 특히 생산가능인구 감소 및 저출산 문제에 대응하기 위해서는 무엇보다도 여성과 남성의 일 가정 양립을 높일 필요가 있다.

성과에 따른 임금체계를 구축하는 것이 시급하다. 한국 대기업의 정규직은 이른바 연공임금 관행이 지배하고 있다. 생산성과 무관하게 근속연수에 따라 임금이 정기적으로 상승하고 있다. 이러한 임금구조는 결국 근로자의 생산성 저하와 조직의 경쟁력 하락을 가져온다. 또한 근로자에 대한 성과평가가 표면적으로만 이루어지기 때문에, 성과평가의 방법과 구성원들의 신뢰문제가 늘 대두된다. 노동시장 유연화를 위해서는 무엇보다도 성과 평가 방법이 공정해야 하며, 조직 내에서 일종의 합의가 선행되어야 한다.

3) 기업이 일자리를 만들 수 있는 환경이 조성되어야 한다

　정부는 일자리를 만들어낼 수 없다. 간단하면서도 중요한 말이다. 결국 일자리를 늘리고 줄이는 것은 기업에 달려있다. 정부가 정책적 이니셔티브를 통해 공공일자리 창출을 하는 것은 명백한 한계가 있다.

　새 정부가 들어설 때마다 일자리 창출을 위한 다양한 정책을 펼치고 있지만 대부분 공공 부문에 국한되어 있다. 그렇다면 기업은 언제 새로운 일자리를 창출할까? 결국 매출이 늘고 시장과 판로가 확대되면 고용창출이 늘어난다. 앞서 언급했던 신중견 기업들도 고용창출에 크게 기여하고 있다. 약 10년 동안 매출액이 18배 증가한 한 중견기업은 직원 수를 3배 가까이 늘렸다. 결국 기업이 지속적으로 성장하도록 지원하고, 해외 시장 등 판로를 개척하는 데 정부가 도움을 줘야 한다. 한마디로 기업을 경영하기 좋은 환경을 만들어 주어야 한다.

　최근 코로나 19 등 아무도 예측하지 못한 환경변수로 인해 세계경제가 요동치고 있다. 저성장 시대에 돌입하여 기업의 경영여건은 사상 최악이다. 그에 반해 기업에 대한 대국민 인식은 최악이다. 대기업을 이른바 사회악으로 규정하는 순간 투자에 몸을 사리게 된다. 그간의 불법이나 잘못된 관행을 바로 잡는 것도 중요하지만, 동시에 투자나 일자리 확충을 장려하는 것에도 많은 힘을 실어줄 필요가 있다.

　또한 기업의 경영투명성에 대한 사회적 관심이 높아지면서 강도 높은 규제들이 빠른 속도로 생겨나고 있다. 경영투명성은 당연히 추구해야 하는 가치이지만, 속도 조절과 기업여건 및 상황에 따른 융통성도 함께 고민할 필요가 있다. 또한 최저임금 및 주52시간 근무제 등 최근에 도입된 다양한 규제들도 속도 조절과 융통성을 함께 고민할 필요가 있다.

찾아보기

ㄱ

개발도상국 208
개별적 맞춤교육 36
개별화 교육 251
개별화된 교육 243
개별화된 학습 250
개인의 학교 선택권 143
개천용 비율 28
개혁 대상(교사) 94
개혁방안 213
객관성 131
객관적 공정성 38
거버넌스(governance) 259
게미피케이션(gamification) 288
게임학습 288
경력개발 281
경력개발제도 281
경력역량이동지도(CCMM) 282
경사(經師)의 길 100
경영 투명화 261
경쟁 67, 184
경쟁관리 장치 80
경제 184
경제과목 패싱 163
경제교과의 목표 177
경제교육의 격차 164
경제사회적 인력 수요 215
경험 243
계속교육 모형 214
계층상향 이동성 27
계층이동 273
고교 다양화 300 프로젝트 137

고교학점제 216
고등교육 혁신 236
고등학교 평준화 18, 136
고등학교의 특화 141
고령인구 267
고비용 구조 211
고용정책 292
고용주 위주의 직업교육 시스템 211
고용주로서 기업 169
고졸일자리 224
고졸취업 활성화 방안 217
고학력위주로 재편 209
공교육 18
공교육정상화 58
공동체적 시민의식 64
공부를 놓은 학생들 70
공익적 책임 60
공정한 선발 77
공평한(획일적인) 평가 도구 79
과외 수요 117
과외 전면 금지 124
과외 통제 117
교과 111
교과통합 241, 242
교권확립 25
교사 양성 과정 44
교사들의 경제 이해력 165
교사와 학원 강사에 대한 인식의 경계 97
교수 244
교수(teaching)역량 256
교수들의 사고의 대전환 51
교수법 256
교수역량개발 257

교수-학습 활동 243
교수-학습방법 242
교실환경 251
교양교육 240, 241
교원 승진 103
교원(교수)업적 평가 244
교원평가 257
교육 고통 115
교육 분야 국가 경쟁력 순위 15
교육 영역 244
교육개혁 10, 94, 213
교육공동체 160
교육과정 신호 시스템 250
교육과정 240, 241
교육기본법 59, 151
교육다운 교육 88
교육대학 110
교육방송(EBS) 119
교육부 109
교육수준 262
교육을 위한 사회 장치 81
교육의 디지털화 62
교육자치 218
교육정책 211
교육정책의 실패 58
교육제도 242
교육행정의 권한 218
교육현실 150
교육현장을 정치화 219
교육현장의 탈정치화 44
교육화(教育化) 배제론 128
교직과 교사에 대한 상식(교직관) 107
교직자 본연의 소명의식 99
구성주의 256
구조개혁 247
국가교육위원회 227
국가숙련전망조사 237

국가시험 체제를 폐기 85
국가시험 73
국가역량체계(NQF) 216
국가인적자원개발기본 계획 214
국가장학금 16
국가적 지원 270, 291
국가주도 대입 37
국가주도의 학생평가 47
국가직무능력표준(NCS) 216
군사부일체 92
균등고용기회 294
그림자 교육 131
근로시간 단축 268
근로자 289
글로벌 인재 22
급여체계도 개편 52
기계적인 공부 69
기능·기술인력 210
기능자격제도 208
기본소득 268
기숙형 공립고 137
기초학습능력 228
기형적 신자유주의 213
기회 균형 선발제도 32

ㄴ

내신 75
노동 267
노동생산성 276, 277
노동시장 30
노동시장 진입연령 225
노동시장의 이중구조 31
노동조합 296
뉴 노멀 235
능동적 학습 252, 256

능력 293
능력개발 277
능력중심 276
능력중심사회 216
능력중심의 임금체계 295

ㄷ

다문화 가정 13
다문화사회 161
대입제도 30
대학 개혁 261
대학 거버넌스 자율화 260
대학 자율의 확대 60
대학 정원규제 41
대학 총장 261
대학교육 233, 240
대학교육의 질 244
대학기관연구(IR, Institutional Research) 259
대학기관평가인증 247
대학기본역량진단 247
대학생 273
대학생 핵심역량 246
대학설립준칙주의 209
대학수학능력시험(수능) 37
대학운영 258
대학원 278
대학의 위상 48
대학의 자율성 248, 249
대학의 학령인구 14
대학입시의 굴레 63
대학입학 239
대학입학예비고사 74
대학진학률 210
대학평가 247, 262
대학혁신방안 238

도제 수행 112
독자적 139
독자적으로 연구해결 112
등록금 248
등록금 동결 16, 52
디지털 기술격차 11
디지털 대변환 11
디지털인재 12
디지털정보격차(digital divide) 12

ㄹ

러닝코치(learning coach) 285

ㅁ

마이스터고 137
마이스터고 도입 215
마이크로러닝(micro learning) 287
맞춤형 학습 251
맞춤형교육 11
문재인정부의 노동시장 개입 175
문제해결 284
미디어 리터러시(media literacy) 161
미래교육 233
미래인재 246
미중간 디지털 경쟁 8
미중간 패권경쟁 10
민주시민교육 23, 146
민주시민성 146
민주시민역량 147
민주시민의식 146
민주적 259
민주화 124

ㅂ

반(反)교육적	127
반값 등록금	16
범교과 학습	151
법정의무교육 시수 제한	157
변별력	131
변별을 위한 변별	86
부모의 경제력	164
분절화	30
불평등 확대	157
붕괴된 교육사다리	28
뷰카(VUCA)	265
블라인드 채용	275, 294
블렌디드 러닝	234
비대면 강의	235
비대면(온택트 혹은 언택트)	266
비정년 트랙 교수들의 처우 개선	52
비정상의 정상성	105
비형식교육	269

ㅅ

사교육	17
사교육 정책	114
사교육 흡수	118
사교육비	29
사교육의 식민지	67
사도정립	43
사립대	260
사립학교	139
사립학교의 자율	143
사범대학	110
사회 문제	128
사회보장제도	267
사회의 세속적인 기대	99

사회적 안전망 제공	223
사회적 지능	233
산업구조	209
산업별 기술인력	273
산업화의 성과	178
산학연계	253
삶	127
생산 가능 인구	267
생산성 향상	289
생산성(학습효율성)	126
서열화	133
선거교육	155
선취업 후진학 정책	226
선택권 제약(평준화)	136
선행학습인정제(RPL)	280
성공적인 산업화	208
성과향상	286
성인	271
성인학습자	252
성장경로	211
성적	245
성적표	257, 258
성취기준	177
세계시민교육	161
소명과 헌신	90
수능폐지	39
수업만족도	243
수월성 논쟁	57
숙련노동	208
숙련전망(skills forecasting)	228
스마트러닝팩토리	252
스승 부재	91
스펙	275, 293
스펙 만들기 컨설팅	80
스펙초월 채용	275
시장경제	183
시장실패	170

시장원리 272
시장의 의미 및 기능 173
시장의 한계 173
신뢰 89
실업고 졸업생 동일계 특별 전형 215

ㅇ

아시아인 유학생 14
안정된 직업 107
안정적인 생활 90
애자일(agile) 방법 285
액션러닝(action learning) 255, 284
양극화현상 8
양성화론 123
어댑티브 러닝 250
여유(margin)이론 286
역량 238, 245, 258
역량강화 278
역량개발 290, 296
역량위주의 평가체제 258
역량중심 교육과정 216
연공급 임금체계 276
연구 역량 244
원점 135
유급학습휴가제 290
유연화 254
윤리의식 166
윤리적 소비 168
윤리적 인재 21
융복합적 지식 27
융합형 인재 62
인공지능 237
인구 데드크로스 13
인력수급 전망 모델 228
인력수급전망 266

인사(人師)의 길 100
인성교육 23, 36, 59, 63, 146
인성역량 151
인적자본 감가상각률 270
인적자원개발 277
일(work) 중심의 직업교육 체제의 도입 216
일방적 주입교육 63
일자리 6, 266
일자리 수급 불균형 214
일자리의 변화 236
일자리의 창출 7
일하는 방식 266
일학습병행제 216
일학습병행제도 273
임금체계 276
입시 67
입시 위주 교육 127
입시경쟁 45
입학사정관제 76
입학자원 210

ㅈ

자기개발 277
자기주도적 학습(self-directed learning) 288
자사고 133
자유 184
자율적 259
자율형 사립고등학교 137
잡포스팅(job posting) 제도 295
장기적 경력개발 273
장기현장실습(IPP, Industry Professional Practice) 255
장시간 근로 277
재교육 252
재정적 자율성 261

재정지원 방식   249
저성장고령화   276
저출산   239
전공교육   240
전교조   44
전문대학 육성 정책   215
점수의 오차   132
정규교육   265
정부 실패   170
정상적인 교육   77
정상화   47
정치교육   155
정치체제   152
정치편향성   24
제4차 산업혁명   5
제자 성공의 신화   107
조기취업   217
조직문화   286
주52시간 근무제   289
주입식 교육   242
중고등학교 평준화정책   30
중등직업교육   214
중소기업 근로자   271
중앙정부의 개입   211
지방 교육 재정교부금   15
지방교육재정교부금   222
지방분권화 시대   218
지방자치단체   218
지방자치시대   218
지속가능발전교육(ESD, Education for
  Sustainable Development)   161
지필시험   257
직무급 임금체계   295
직무능력 제고   216
직업계고   210
직업교육   208
직업교육체제 혁신방안   214

직업기초능력   214, 238
직업능력개발훈련   292, 297
직업생활   281
직업선택의 자유   220
직업훈련   208, 270, 290
진로개발역량   229
진영논리의 함정   64
질 확보   262
집필진   183

ㅊ

참여 지향적인 학습   158
창의성   27
창의적 인간   26
창의적 인재   20
창의적 체험활동   151
창조교육   36
청소년   270
초중고 교육예산   15
초중고 통폐합   36
총장 선출   260
출산율   267
취업   275
취업 활성화   216
취업교육   216
취업기회   30
취업률   212

ㅋ

커뮤니케이션   286
커트라인   41, 131, 132
커트라인의 신화   86
큰 정부   166

ㅌ

탈정치적인 접근	225
테크놀로지	252
통합적 접근	156
통합형 고교 도입	214
특목고	133, 139
특성화고등학교	214
특수목적을 지닌 학교	139

ㅍ

패러다임(정상성)	105
편향된 역사교육	178
평가 제도	103
평가방법	280
평등 대 수월	134
평생교육	12, 270
평생교육기관	272
평생교육체제	249, 253
평생직업교육	213
평생학습	272, 279, 297
평생학습 권리	289
평생학습 능력	228
평생학습 참여율	269
평생학습권	290, 296
평생학습능력 증진	229
평생학습시대	265
평생학습시스템	229
평생학습체계	279
평준화	133, 144
포스트 코로나	235
프로세스(process)	284
프로젝트/문제기반학습(PBL, Project/Problem Based Learning)	255
프리랜서	267

플립러닝	234
피드백	285

ㅎ

하면서 배우는 학습(learning by doing)	49, 254
학교 교육과정	151
학교 수호론	128
학교 자율성 확보	223
학교 통폐합	13
학교교육	47
학교생활기록부	39, 82
학교생활기록부(학생부)	76
학교에서 잡무	102
학교와 대학의 재량과 전문성	83
학교운영의 자율화 확대	35
학교의 입시학원화	18
학교의 학생 구성	140
학령인구	238, 239
학령인구 감소	210
학령인구의 급격한 감소	13
학문간 융합	253
학생 구성의 통합성	144
학생 맞춤형	250
학생부 전형	37, 75
학생선발권	38
학생역량	245
학생자치활동	152
학습공간	251, 252
학습몰입	280
학습방법	257, 286
학습성취 평가방식	257
학습시간	271
학습시스템	279
학습자	252
학습자 중심 교육으로의 전환	94

학습자 중심의 능동적 학습   50
학습자의 다양한 개성을 존중   137
학습전략   282, 283
학습전략 점수   271
학습전이   285
학습조직   283
학습활동   243
학업성취도   270
학원 강사   95
한국기술교육대학교(KOREATECH)   252
한국직업능력개발원   237
합리적 소비   168
핵심덕목   151
핵심역량   151, 236
혁신   248, 251
혁신적 교육   254
현장 연구   112
현장실습   211
형식교육   269
형평성 논쟁   57
훈련직종   273
훌륭한 교사   97
훌륭한 선생님   89

기타

1차 노동시장   274
2차 노동시장   274
4C 역량   283
4차 산업혁명   62
5.31 교육개혁   115, 117
52시간 근로제   277
7.30 교육개혁   76, 124
AI 인재 양성   11
AI 전문 인력   9
AI화   4
AR(증강현실)   287
EduTech   286
ICBM   234
ICT화   4
IPP형 일학습병행제   255
NCS   294
VR(가상현실)   287
XR(확장현실)   287

저자소개

:: 이경태

미국 죠지 워싱턴대학교에서 경제학 박사를 취득하였다. 재무부, 산업연구원에서 근무하였고 대외경제정책연구원장, 무역연구원장, OECD 대사를 역임하였다. 고려대학교 국제대학원에서 한국경제론을 강의하였고 SSCI 등재지인 Korea Observer의 편집주간을 지냈다. 〈산업정책의 이론과 현실〉, 〈평등으로 가는 제3의 길〉 등의 저서가 있다.

:: 박영범

미국 코넬대학교에서 경제학 박사 학위를 취득하고 현재 한성대학교 교수로 재직하고 있다. 제6대 한국직업능력연구원 원장과 제13대 한국산업인력공단 이사장을 지냈다. 일자리, 노사관계, 교육훈련, 공공부분이 주요 연구 대상이다. 〈전환기, 한국노동시장의 길을 묻다(문화체육부 우수학술도서)〉, 〈해외진출기업의 고용관계(문화체육부 우수학술도서) 등 200여편의 논문과 책을 발간하였으며, 한국고용노사관계학회의 학회지 편집위원장과 회장을 지냈다.

:: 강태중

서울대학교와 미국 위스콘신대학교에서 교육학을 공부했다. 한국행동과학연구소와 한국교육개발원에서 일한 경험이 있고, 중앙대학교 교육학과에서 연구하고 가르치다 은퇴했다. 학교와 사회 그리고 교육이 어떻게 엮여 왔는지 역사사회적으로 고찰하는 데 관심을 두고 있다.

:: 장명희

한국교원대학교에서 교육학 박사학위를 취득하고 현재 한성대학교 교수로 재직하고 있다. 한국직업능력연구원에서 약 18년간 재직하였으며 직업교육과 평생교육, 고등교육 분야의 교육정책, 교육과정 및 교사교육 등이 관심 연구 분야이다. 최근에는 미래 변화를 만들어가는 새로운 교육설계와 실천, 공유에 관심을 두고 있다.

⣿ 최수정

서울대학교에서 교육학 박사 학위를 취득하고 한국직업능력연구원 부연구위원을 거쳐 현재 서울대학교 농산업교육과 교수로 재직하고 있다. 직업교육, 진로교육, HRD 관련 연구를 수행하였고, 지금은 직업교육 성과 분석, 국제개발협력 등의 연구를 주로 하고 있다.

⣿ 김우철

미국 펜실베니아주립대학교에서 인적자원개발/조직개발 박사학위를 취득하고 현재 한국기술교육대학교 부교수로 재직하고 있다. 삼성전자 인사부서에서 약 6년 간 근무하였으며, 한국기술교육대학교에서 교수학습센터장을 지냈다. 임직원/업무몰입, 직업교육훈련, 훈련전이, 경력개발, 리더십이 주요 연구 대상이다. 국제 저명학술지를 포함해 60여편의 논문과 책을 발간하였다.

한국 교육의 진로

초판발행	2021년 7월 30일
엮은이	이경태·박영범
펴낸이	안종만·안상준
편 집	배근하
기획/마케팅	조성호
표지디자인	이미연
제 작	고철민·조영환
펴낸곳	㈜ **박영사**
	서울특별시 금천구 가산디지털2로 53 한라시그마밸리 210호(가산동)
	등록 1959. 3. 11. 제300-1959-1호(倫)
전 화	02)733-6771
f a x	02)736-4818
e-mail	pys@pybook.co.kr
homepage	www.pybook.co.kr
ISBN	979-11-303-1348-1 93370

copyright©이경태, 박영범, 2021, Printed in Korea

정 가   18,000원